国家哲学社会科学成果文库

NATIONAL ACHIEVEMENTS LIBRARY
OF PHILOSOPHY AND SOCIAL SCIENCES

犹太史研究新维度

——国家形态·历史观念·集体记忆

张倩红　胡　浩　艾仁贵　著

人民出版社

作者简介

张倩红 教授、博士生导师，郑州大学副校长、河南大学犹太—以色列研究中心主任，享受国务院特殊津贴专家。第十、十一届全国政协委员，第十二届全国人大代表；兼任国家社会科学基金学科规划评审组成员、中国中东学会副会长、中国世界近现代史学会副会长、中国中外关系史学会副会长、河南省历史学会会长等职。主要从事犹太—以色列史及中东问题研究，出版《以色列史》《犹太文化》《困顿与再生：犹太文化的现代化》《以色列经济振兴之路》《犹太教史》《中国和犹太民族》（战略报告，译著）等10余部学术著作，在《历史研究》《世界历史》《史学理论研究》《世界宗教研究》《人民日报》《光明日报》等国内外刊物上发表论文90余篇。

作者简介

胡浩 1982年生，河南大学犹太—以色列研究中心副教授，河南省高等学校青年骨干教师，中国中东学会理事，全国高校国际政治研究会理事。曾在耶路撒冷希伯来大学、美国布兰代斯大学做访问学者。主持国家社科基金和教育部人文社科项目各1项，获中国博士后基金一等资助和特别资助。主编或参著《犹太历史文化散论》《论犹太文化》等，翻译并出版《美国犹太教史》等译著，在《世界历史》《宗教学研究》《西亚非洲》等刊物发表论文25篇左右。

艾仁贵 1987年生，郑州大学历史学院博士生。曾赴以色列巴伊兰大学交流访问。主要从事犹太—以色列研究，参著有《犹太文化》（第二作者）《犹太史研究入门》等，翻译并出版《犹太人与现代资本主义》（上海三联书店）等译著，在《史学理论研究》《社会科学》《世界民族》《史林》《世界宗教研究》《国际安全研究》等刊物发表论文20多篇。

《国家哲学社会科学成果文库》
出版说明

为充分发挥哲学社会科学研究优秀成果和优秀人才的示范带动作用，促进我国哲学社会科学繁荣发展，全国哲学社会科学规划领导小组决定自 2010 年始，设立《国家哲学社会科学成果文库》，每年评审一次。入选成果经过了同行专家严格评审，代表当前相关领域学术研究的前沿水平，体现我国哲学社会科学界的学术创造力，按照"统一标识、统一封面、统一版式、统一标准"的总体要求组织出版。

全国哲学社会科学规划办公室
2011 年 3 月

目　　录

上编　古代希伯来国家形态与政治传统

中编　现代犹太历史观念的产生及演变

下编　当代以色列国对民族记忆的建构

CONTENTS

Part I Ancient Hebraic State Morphology
and Its Political Tradition

Part II The Emergence and Evolution of Modern Jewish Historical Viewpoints

Part III   The Construction of National Memory in Contemporary Israeli State

绪　　论

　　犹太人在世界民族之林中是很小的一个分支，当今生活于世界各地的犹太人约有 1300 多万，不到全球总人口的 2‰。作为"散居五大洲、跨越数千年"的弱小民族，犹太人却在疆域缺失、民族离散的复杂环境下，谱写出辉煌的历史篇章，并深刻地影响着人类文明的发展进程。犹太人的历史不仅漫长而且很复杂，复杂的原因在于：早期历史除了《希伯来圣经》之外，有价值的印证资料非常有限；进入大流散以后，作为"边际性客民"的犹太人生活在不同区域，其历史发展深受主体社会历史进程与重大事件的制约和影响，从而给历史叙述带来很大的困难；当代以色列国的建立为犹太历史树立了新的坐标，但当今生活在以色列的犹太人仅有 600 多万①，即仍有一半以上的犹太人居住在以色列之外的不同国家。不仅如此，犹太人是一个酷爱争论、善于求异的群体，常常出现"十个犹太人有十二种观点"的现象，在许多重要的历史问题上，犹太学者几乎总是观点纷呈。

　　自近代以来，犹太学研究一直都是国际学术界经久不衰的热点。近年来，随着研究视野的拓展与分析方法的转变，国际学术界对于犹太史的研究日趋深入。在此过程中，学者们对政治制度的演变、史学思想的观察、国家构建的关注等致使许多问题得到了更深入的学理阐释。就中国学界的情况来看，改革开放以来的三十多年是犹太学的重要突破期，在此期间经过几代学

---

① 据最新人口统计，2015 年 1 月以色列人口已达 829.6 万，其中犹太人 621.8 万人，占总人口的75%。

者的艰苦努力，取得了一系列丰硕的成果。尤其是步入新世纪以来，中国的犹太学研究朝着更加专业化的方向发展，走进了更多大学的课堂，大批的研究论著相继出版发表，与国际学术界的交流合作也日趋频繁。但客观而论，与国外研究相比，中国的犹太学研究还存在着诸多不足之处。具体表现在：许多新领域尚未触及、新材料未能利用、研究方法相对滞后等。因此，推动犹太学研究的进一步深化、细化势在必行。本书立足于实证分析的基础上，充分吸取国内外的研究成果，运用历史学及其他相关学科的研究方法，尝试从国家形态、历史观念、集体记忆等维度考察犹太历史的演进，展示国际犹太学领域的最新成果，以期在深化研究领域、拓展研究视野上为中国的犹太学研究贡献绵薄之力。

国家形态、历史观念与集体记忆是当前历史研究领域内的重要课题，就犹太史研究而言更是如此，学者们虽有所论及，但多局限于个别问题的分析，未能形成深入系统的整体性研究。本书从立项到完成，前后历时近 7年，课题组成员从以色列、美国搜集了大量相关资料，围绕希伯来王国"有限君主制"、政治希伯来主义与近代共和思想、现代犹太历史观念的产生、当代以色列民族国家构建、纳粹大屠杀的创伤记忆、巴以冲突与后犹太复国主义等关键性问题先后在《历史研究》、《世界历史》、《史学理论研究》、《社会科学》、《史林》、《宗教学研究》、《世界民族》、《人民日报》、《光明日报》等刊物上发表阶段性成果 20 余篇学术论文，为本书的写作奠定了前期基础。其中《国际学术界关于大屠杀研究的新趋向》（《世界历史》2013 年第 4 期）、《神权与律法之下：希伯来王国的"有限君主制"》（《历史研究》2013 年第 6 期）、《纳粹大屠杀纪念日的确立及其英雄主义内涵》（《学海》2014 年第 3 期）等先后被《人大复印资料·世界史》2013 年第12 期、2014 年第 3 期、2014 年第 8 期全文转载。

一、希伯来政治传统及其对西方文明的贡献

19 世纪英国著名批评家马修·阿诺德对希伯来精神和希腊精神进行了十分精彩的分析，他把体现了人类根本发展方向的两大动力——思考与行动归结为这两大民族的创造："最显著最辉煌地展示了这两种力的两个民族可

以用来为之命名，我们可以分别称之为希伯来精神（Hebraism）和希腊精神（Hellenism）。"① 希腊与希伯来这两种文化精神代表了人类的终极目标：一个注重"求知"，强调如实观察世界之本相；另一个提倡"遵行"，对秩序之服从与遵守为其最大特点。希腊人的支配性观念是人的"意识的自发性"，而希伯来却强调"严正的良知"。弗里德里克·勒纳（Frederick Lehner）就这样评价道："古希腊和希伯来的遗产共同组成了西方文明的核心骨干，它们堪称精神和知识力量的'支柱'。它们以不同的方式，有时是交替的，有时是联袂的，各自通过其精神实体中的固有特质，共同架构起了西方世界。"② 可以说，希腊人缔造了西方人的理性与科学精神，而希伯来人则形塑着西方人的道德和信仰世界，这两大内容是相辅相成、互为补充的。因此在追溯西方文明的精神源头时，人们习惯上将希伯来文化与希腊文化并列起来，共同视为哺育西方文明的两大母乳。贝文和辛格在他们编著的《以色列的遗产》结语中写道，"正是在希腊思想的涓涓之流与来自希伯来源头的悠悠之水的汇合处，人们才能看到世界进步的主要方向。"③

犹太人对于西方文明的贡献，是一个历久弥新的话题，在探讨犹太人何以发挥这种贡献作用的原因过程中，有学者将之具体归纳为"犹太—基督教传统"（Judeo-Christian Tradition），意指犹太人在《希伯来圣经》中首次阐发而后来为基督教所继承发扬并共同坚持的某些价值观念与行为准则。④ 由于这两大宗教文明都是在圣经传统的文化氛围中成长起来的，《圣经》是滋养它们的共同文化基因，因而"犹太—基督教传统"通常也被称为"圣经传统"（Biblical Tradition）。虽然犹太人的许多精神遗产早就由基督教传承下来并影响到世界其他地区，但这一专业术语的出现却是比较晚近的现象。根据《牛津英语词典》，具有思想内涵的"犹太—基督教"（Judeo-Christian）一词的连用首次出现在 1899 年的《文学指南》，被用来指教会的

---

① ［英］马修·阿诺德：《文化与无政府状态》，韩敏中译，三联书店 2002 年版，第 111 页。

② Louis Finkelstein, ed., *The Jews: Their History, Culture, and Religion*, New York: Harper & Row, 1949, p. 1473.

③ E.R.Bevan & C.Singer, eds., *The Legacy of Israel*, Oxford: Clarendon Press, 1927, p.323.

④ Gordon Schochet, "The Judeo-Christian Tradition as Imposition: Present at the Creation?" in Gordon Schochet, Fania Oz-Salzberger & Meirav Jones, eds., *Political Hebraism: Judaic Sources in Early Modern Political Thought*, Jerusalem: Shalem Press, 2008, pp.259-282.

许多仪式实践与第二圣殿时期的犹太教有不少关联。直到 20 世纪 30 年代，才有学者将这个词汇用于指称犹太人与基督徒共同拥有的价值与理念。[①] 值得注意的是，不少犹太学者在此之前就犹太人对于西方世界的贡献进行了具体探讨，从而为"犹太—基督教传统"这一命题提供了来自犹太人方面的有力学术支撑。犹太学者在此领域的代表性著作有：约瑟夫·雅各布斯的《犹太人对文明的贡献：一项评估》、塞西尔·罗斯的《犹太人对文明的贡献》与路易斯·芬克尔斯坦主编的《犹太人及其历史、文化与宗教》，等等。[②]

第二次世界大战结束后，许多基督徒学者在反思纳粹暴行的同时也对犹太教与基督教的关系以及基督教的道德责任问题进行了全面反思，开始关注两者之间的内在联系。真正使"犹太—基督教传统"这一术语普及开来的是，著名的基督教神学家保罗·蒂利希（Paul Tillich）于 1952 年发表《是否存在一种犹太—基督教传统?》一文，作者对这一概念进行了确认，并将之界定为对正义与良善的共同追求。[③] 1962—1965 年梵蒂冈第二次大公会议（简称"梵二会议"）的召开更是一个里程碑的事件，在这次会议上通过了声明《我们的时代》（Nostra Aetate），基督教会解除了针对犹太人的许多指控，承认基督教与犹太教的同源性，承认耶稣的犹太出身，并力倡两大宗教之间的和解与对话，从而促使一股研究犹太—基督教传统的热潮在西方学术界兴起。在此过程中，学术界对西方文明中的犹太因素问题进行了深入的关注与详细的探讨。

可以说，犹太—基督教传统与希腊—罗马传统是共同构筑现代西方文明的两大基石。作为西方文明的两大源头之一，希伯来传统对后世的影响不仅仅局限于以一神信仰为代表的宗教精神，其政治体制所蕴含的许多观念也是重要的历史遗产。摩西出埃及和之后士师时代的自由精神，希伯来王国时期

---

① 当时人们除使用"Judeo-Christian"以外，还使用了"Hebraic-Christian"、"Hebrew-Christian"、"Jewish-Christian"、"Judeo-Christianity"、"Judaistic-Christian"等等。参见 Mark Silk，"Notes on the Judeo-Christian Tradition in America"，*American Quarterly*，Vol.36，No.1（Spring，1984），pp.65-85.

② Joseph Jacobs，*Jewish Contributions to Civilization：An Estimate*，Philadelphia：Jewish Publication Society of America，1919；Cecil Roth，*The Jewish Contribution to Civilization*，London：Macmillan & Co.，1938；Louis Finkelstein，ed.，*The Jews：Their History，Culture，and Religion*，New York：Harper & Brothers Publishers，1949，etc.最新对于这种贡献的探讨就是：Jeremy Cohen & Richard I.Cohen，eds.，*The Jewish Contribution to Civilization：Reassessing an Idea*，Oxford：The Littman Library of Jewish Civilization，2008。

③ Paul Tillich，"Is There a Judeo-Christian Tradition?"*Judaism*，Vol.1（1952），p.107.

对王权的诸多限制，犹太人在丧失国家后，这种政治传统仍然得到了顽强的维持。"然而不论有无国家主权，政治总归普遍存在。散居在外的犹太社区设法组织共同生活——先是在古巴比伦，然后是在埃及、叙利亚和罗马，最终遍布整个欧洲和北非。他们就分配权力和影响力作出政治选择；发展甚至实施一系列律法措施，为了维护公共安全、福利、宗教和教育而向他们的社区成员征税；维系同非犹太官方之间的这种或那种关系。同时，他们还通过寻求限制犹太人或非犹太人使用权力，防止出现腐败的结果。"① 下文拟就几个重要的方面对希伯来人的政治传统加以具体说明。

法制的观念。《希伯来圣经》中蕴含着许多法制的内容，《申命记》就被称为"第一部宪法"。② 传统犹太社会是一种以《托拉》法度为核心的社会，其主要的理想即人人遵守《托拉》的法度，并且在律法面前一律平等。神圣的律法是为全体犹太人制定的，君王的统治、法官的裁决必须遵照《托拉》而行，《托拉》是世界的准则，所有人务必遵从；甚至就连上帝自身也受到《托拉》的限制，上帝治理世界不是恣意而为而是凭借《托拉》的法度："谁也不可凌驾于律法之上——不管他堪配《托拉》之冠、祭司之冠或君王之冠——因为所有的人都是平等的，都平等地受制于律法并服从于它；不但如此，世界本身也服从于《托拉》；上帝是根据律法缔造了世界。上帝本身不也受到律法的制约吗？"③

民主的观念。实际上，对律法《托拉》的绝对尊崇为民主意识的伸张提供了必要前提。犹太式的民主不同于"由下制约"的希腊古典民主模式，希伯来人发明了一套"由上制约"的路径：在希伯来王国虽也有君主及其专制，但由于存在一种神权与律法的至高无上而得以制约世俗的最高权力；而且，对权力的分割与制衡早就在希伯来人那里有着鲜明的体现，希伯来人

---

① ［美］迈克尔·沃尔泽等编：《犹太政治传统（卷一）》，刘平等译，华东师范大学出版社 2011 年版，导论，第 1—2 页。

② 有学者将《申命记》称为人类史上体现后世宪政两大基本原则——法治与分权——的"第一部宪法"，参见 Bernald M. Levinson, "The First Constitution: Rethinking the Origins of Rule of Law and Separation of Powers in Light of Deuteronomy", *Cardozo Law Review*, Vol. 27, No. 4 (2006), pp. 1853–1888; Daniel J. Elazar, "Deuteronomy as Israel's Ancient Constitution: Some Preliminary Reflections", *Jewish Political Studies Review*, Vol. 4, No.1 (Spring, 1992), pp.3–39。

③ Milton R. Konvitz, "Judaism and the Democratic Ideal", in idem, ed., *Judaism and Human Rights*, New York: W.W. Norton & Co., 1972, p.138.

很早就意识到最高权力不能集中在一人身上。① 有学者就此分析到，"犹太教在其最深层确实孕育着民主理想，虽然这种理想受到各历史事件的制约，但它按照本身的意愿永久珍藏着真谛。正是这一深层的动机、这意义深远的核心，才能确保犹太教一直作为一种生活方式和一种生活哲学。"②

自由的观念。从摩西出埃及到第二圣殿被毁时期，犹太历史自始至终贯穿着一条追求自由与解放的主旋律。犹太民族所演绎的"出埃及"的壮丽景观已被作为人类摆脱奴役、寻求自由的象征而长存于东西方的历史画卷之中；在巴勒斯坦沦于强国统治的非常时期，犹太人为反抗塞琉古、罗马帝国的压迫与控制，进行了可歌可泣的反抗与斗争，"为了以色列的自由"是支撑马卡比人、奋锐党人、巴尔·科赫巴起义者的坚强支柱，"宁为自由而死，不做奴隶而生"是马萨达将士们集体自杀之前留下的最后遗言。在大流散时期，犹太人又竭力保存精神的火种，通过社会精英的努力而传承了民族智慧，对自由意志的追求与向往仍然是犹太文化传统的核心内容。③ 阿克顿在追溯自由历史的由来时，认为希伯来人首次验证了自由的精神实质："希伯来民族的垂范确立了赢得全部自由的同等条件——民族传统的原则与高级法律的原则；宪政的生长自有其根源，其过程为渐进而非剧变的原则；一切政治权威都必须根据一部不由人制定的法典予以检验和改革的原则。"④以色列前总理西蒙·佩雷斯也说："自由选择的观念是圣经思想对人类作出的最重要的贡献。自由选择的观念认为，人们已经学会分辨善与恶，享有自由的个人要为自己行动的后果负责。这样，决定一个人在世界上地位的，并不是某条古代的律令，也不是盲目的命运，而是这个人的选择、行动和成败。自由选择建立在自由意志的原则基础上。每个人都可以自由作出自己的

---

① David C.Flatto,"The King and I: The Separation of Powers in Early Hebraic Political Theory",*Yale Journal of Law & the Humanities*,Vol.20,No.1(2008),pp.61-110.

② [美]路易斯·芬克尔斯坦编:《犹太人与世界文化》,林太、张毛毛等编译,上海三联书店1993年版,第250页。

③ Fania Oz-Salzberger,"The Jewish Roots of Western Freedom",*Azure*,Vol.13(Summer,2002),pp.88-132.

④ Lord Acton,"The Bible and the Rule of Law",in Milton R.Konvitz,ed.,*Judaism and Human Rights*,pp.89-90.

决定。"①

平等的观念。追求平等、蔑视权威也是犹太民族精神的集中体现。在犹太人的心目中，上帝是基于完全平等的观念来塑造人、要求人，人与人之间虽然存在着智能、职位、出身、遗传、财产、品质、贫富等差异，但在本体上都是平等的生灵，任何人不得凌驾于他人之上。自古以来，犹太人极力否认特权，强调人与人之间的平等。犹太人铭记撒母耳的训导，即使有幸成为君王者，也不可压迫他人、肆行专制，而要遵循神的律法，向人间播撒上帝的爱心与公义，真正成为民众的公仆。尤为难能可贵的是，犹太人能以一种平常心态去看待君王们的功过是非，在充分肯定其作用、歌颂其美德的同时，并不刻意掩饰他们的弱点甚至罪过。萨迪阿加昂就强调："所有生物都是上帝的生物，我们没有理由说上帝为自己选择了某些人而排斥了另一些人，或者某些人比其他一些人有一种更高的地位。上帝是全人类的上帝，每个人的价值和机遇在上帝面前都是平等的。"②

可以毫不夸张地说，犹太人在许多方面都是现代性的先驱，古老的犹太传统浓缩了许多现代人所追求的思想观念，也就是说在传统犹太文化的肌体中很早就孕育了可贵的现代意识。犹太文化的现代性主要体现在对一系列现代理念的推崇与实践上，如追求自由与平等、重视生命的价值、追求现世目标的实现以及商业合理性思想，等等。犹太人正是由于较为恰当地对待了神圣与世俗、信仰与功利、传统与变革、凝聚与分化等思想范畴，从而得以在历经现代主义的一次次挑战后依然存活，在历史的沧桑沉浮中守住了自己的一片空间，并为现代人提供了宝贵的精神滋养与历史借鉴。总之，在犹太人那里，我们可以发现它早已具有许许多多与现代思想、现代精神、现代风格相似的特征，从而对其他文化有着独特的参考价值与直接启迪。可以说，犹太人即是"现代"事物的先行者与推动者，他们对于现代政治文明的重要贡献不容低估。

---

① ［以］西蒙·佩雷斯：《新创世纪》，高秋福、戴惠坤译，新华出版社2002年版，第12页。

② Judah Goldin, "The Period of the Talmud", in Louis Finkelstein, ed., *The Jews: Their History, Culture, and Religion*, p.194.

二、历史主义与现代犹太历史意识的重塑

　　由于宗教的桎梏，迟至 18 世纪中后期，对于犹太人和犹太教所经历的漫长而复杂历史过程的精确考察是不存在的。自约瑟夫斯时代以来长达1700 年的时间内，在犹太学领域没有出现过可以称道的一流历史学家。犹太人的历史通常被犹太学者和拉比①解释为神意支配的历史，对犹太民族历史发展进程的描述都被打上了强烈的宗教烙印，对《圣经》和《塔木德》②的反复评注、编纂犹太教法典、关乎宗教律法的答问成为传统意义上犹太历史编纂学的主要内容。在很长的时间内，犹太人对所谓的本民族的精确历史（如语言的历史、民族的历史、宗教的历史、流散的历史）是冷漠的，更谈不上具有现代意义上的历史观念。

　　这一状况在 18 世纪末和 19 世纪上半叶由于哈斯卡拉（即犹太启蒙运动）的兴起而得以改变。哈斯卡拉作为一场宗教与文化改良运动，矛头直指拉比犹太教的权威，向传统犹太教启示神学对犹太历史所作的诠释发起挑战。哈斯卡拉是培育现代犹太历史意识的摇篮，其所倡导的世俗知识教育改变了传统宗教文化统治犹太生活的局面，更新了犹太知识系统，培养了具有现代精神的新一代犹太人，有利于打破拉比的宗教权威，增强宗教怀疑精神。哈斯卡拉在一定程度上改变了犹太知识阶层的社会历史观。在世俗文化特别是世俗历史教育的影响下，犹太人扩展了历史的视野，认识到历史是包罗万象的，也是变化发展的，处在不断的进步之中。决定历史的力量不只是上帝，更重要的是人类本身，人依靠自己的理性可以推动历史的发展。历史的进程不是为了证明上帝的存在，而是为了证明人类存在的价值。于是，犹太历史开始从以上帝启示为中心的历史转向以人及人性实现为中心的历史，历

---

　　①　犹太教教职人员，一般精通犹太经典，承担犹太社区的布道、礼拜及教育工作。

　　②　《塔木德》希伯来语意为"教导"，犹太教认为仅次于《圣经》的经籍。为公元前 2 世纪到公元 5 世纪间犹太教关于律法、条例、传统、风俗、祭典、礼仪的论著和注疏的汇编。从整体上看，它反映了 7 世纪前犹太教信仰、教规、礼仪、伦理等发展的历史。内容分三部分：(1)口传律法典，即《密释纳》，意为复述；(2)口传律法典注释，即《革马拉》，意为完成；(3)圣经经文注释，即《米德拉西》，意为讲解。

史研究和人性教育逐渐受到重视。① 哈斯卡拉强调历史延续性，坚持在不割裂同过去联系的基础上进行宗教与文化变革，对过去的研究受到一定程度的重视。② 尽管哈斯卡拉所表达的现代历史意识显得零碎而不系统，但受到那个时代启蒙精神尤其是理性哲学的深刻影响，因而鼓励了质疑与批判性的思维，为后来人们对犹太教的科学研究准备了条件。与启蒙相伴而生的是，欧洲国家从 18 世纪 80 年代开始拉开了解放犹太人运动的序幕，犹太人大规模地走出隔都，与主流社会与主流文化沟通和融合的进程大大加快。在这一过程中，新的时代观念使得犹太宗教文化和思想传统得以进一步更新，同时也影响到犹太历史体系和身份的重构。

　　19 世纪初，当理性主义光辉还没有全然退却，浪漫主义和历史主义思潮正悄然兴起，德意志民族主义思潮由此得以强化，并在思想层面对启蒙超越历史和传统的理性主义提出激烈批判，进而引发了德国历史观念的重大革命。这一时期，历史研究在德国大学逐渐兴盛起来，并被视为确认德意志民族与文化合理性的基本方式，历史主义的方法被普遍应用到宗教、文化、语言研究诸领域。在历史学作为一种科学、一种实证性质的诠释学发展的同时，历史哲学也在 19 世纪上半叶取得了巨大的成就。黑格尔开始超越康德的纯粹理性哲学并消解了历史与理性、经验和形而上学之间的根本对立，确立一种后启蒙时代的历史理性主义。他以精神的概念取代了纯粹理性，认为人类的发展是绝对精神进化的历史，而世界历史的最终目标是绝对精神的实现。在黑格尔精神进化论哲学的影响下，新的以犹太精神进化思想为核心的犹太历史观念和哲学开始出现。黑格尔认为犹太教是一种"具有精神个性的宗教"，在走向精神宗教过程中发挥了积极作用。作为民族宗教的犹太教发展出了一种普遍的上帝观念，为普世宗教基督教和绝对精神的发展开辟了

---

① Shmuel Feiner, *Haskalah and History: The Emergence of a Modern Jewish Historical Consciousness*, trans. Chaya Naor & Sondra Silverston, Oxford: The Littman Library of Jewish Civilization, 2002.

② 然而，18 世纪末到 19 世纪初，门德尔松之后的一代犹太知识分子，如大卫·弗里德兰德（David Friedländer）、本·大卫（Ben David）、所罗门·迈蒙（Solomon Maimon）、扫罗·阿舍尔（Saul Ascher）等人对犹太教历史的勾勒具有强烈的康德主义倾向，试图打破拉比犹太教神学历史观束缚，以自然宗教的理性来改造犹太教。

道路。[1] 确信犹太教能被理解为一个有机整体，这一整体是由一种实质而又全面的观念发展过来的，是深受哲学家黑格尔影响的结果。[2]

在德意志历史科学和历史哲学思潮的影响下，19 世纪 20 年代，在犹太知识界兴起的科学运动试图对犹太教进行批判性研究并力图将其重建为欧洲学术的一部分，强调犹太教作为一门科学应享有同一切欧洲学术同等的地位和尊严。犹太教应当致力于重述犹太人的历史、阐释他们的宗教，展示他们的成就并纠正基督教在神学上对犹太教的忽视甚至扭曲，并且要同犹太教的幸存和活生生的犹太社区紧密联系在一起。犹太教构成一种存在的现实，学者对它的研究与它的命运息息相关。[3] 随着 1819 年犹太文化与科学协会的成立，在以利奥波德·聪茨（Leopold Zunz）、伊曼纽尔·沃尔夫（Imanuel Wolf）、李斯特（List）、摩西·摩斯尔（Moses Moser）、爱德华·甘斯（Eduard Gans）为代表的年轻犹太学术圈中，开始表现出与启蒙时代的犹太知识分子不同的维持犹太性的动机以及宏观地、历史地理解犹太教的方式。他们力图在现代欧洲学术的语境中阐释"犹太教科学"的概念，并运用科学方法构筑现代犹太研究的新体系。当时对精细历史研究及科学方法论的尊崇，成为一种新的实证理想，它取代了 18 世纪对"永恒事实"的关注。由于"科学"既不崇拜历史，也不否定历史，因而，它是通达可信知识的手段，这种知识能引导社会有机体沿着健康的精神方向前进。[4] 科学的意识还使得他们将传统犹太教历史置于一种更深刻的文本背景和更宏大的历史背景之中，注重观察犹太教及犹太历史在整个世界历史中的地位，在强调犹太历史进步性的同时，指出现时代的犹太教应主动适应进化法则，顺应时代潮流，以融入世界精神和世界历史之中。以整个 19 世纪的宏观视野观之，现代犹太教在科学精神的影响下，出现了鲜明的历史意识。这一意识实现了对传统拉比神学历史观的根本性超越，开始转向对于自身历史的关注和检

---

　　① Nathan Rotenstreich, *The Recurring Pattern: Studies in Anti-Judaism in Modern Thought*, London: Weidenfeld & Nicolson, 1963, pp.63-65.

　　② [美]罗伯特·塞尔茨:《犹太的思想》,赵立行、冯玮译,上海三联书店 1994 年版,第 578 页。

　　③ Ismar Schorsch, "The Ethos of Modern Jewish Scholarship", in idem, *From Text to Context: The Turn to History in Modern Judaism*, Hanover: Brandeis University Press, 1994, p.158.

　　④ [美]罗伯特·塞尔茨:《犹太的思想》,第 577—578 页。

视，并重新思考犹太教的本质。简单地说，犹太教科学，被认为是犹太教研究最好的方式，居于 19 世纪犹太学术史的中心。

在历史编纂学领域，以马库斯·约斯特（Marcus Jost）和海因里希·格雷兹（Heinrich Graetz）为代表的犹太历史学家开始以科学和宏观的视野编写犹太历史，采取客观的态度和世俗的眼光将犹太史描述为一部不囿于宗教的犹太民族的生活史，一部关于犹太思想发展和学术知识的历史，从而推动了现代犹太史学的形成和发展。著名犹太史家耶鲁沙尔米也将现代犹太史学的出现与犹太教科学联系起来，将之视为一次前所未有的突然断裂，一种新的超越："现在很明确的是，（现代犹太历史学）并不起源于先前的历史书写或者历史思想。它也不是渐进与有机进化的结果，就像一般的现代史学的根源可以追溯至文艺复兴一样。现代犹太史学的产生出人意料……"①

加利西亚的犹太哲学家科罗赫马尔（Nachman Krochmal）深受黑格尔精神进化论哲学的影响，提出了对于犹太历史更加哲学化的理解。他一方面强调现代犹太历史相较过去历史的更新和突破，另一方面强调犹太教和犹太民族历史发展的延续性。他参照维柯的民族循环兴衰理论，建构了一种犹太历史哲学，认为犹太民族像生物有机体一样，经历早期形成期、成熟期和最终崩溃灭亡三个阶段，虽然有形的界限逐渐模糊，但民族精神永存。犹太民族存在的目的就是为了实现上帝精神，这是一种绝对精神，其本质是神圣统一的原则。②《圣经》的精神和伦理是犹太民族贡献给世界的最伟大遗产，具有普世主义的特征，趋向形成一种绝对主义理念。

犹太教科学运动以及与其密切关联的犹太历史主义思潮动摇了拉比犹太教对犹太教的超历史性的神学解读，一定程度上纠正了启蒙的普世主义和同化主义倾向。但科学运动本身在建构独立的犹太历史（尤其是学术史）和融入欧洲历史之间存有内在张力，因而难以确立明晰的目标。事实证明，把犹太教当作一门纯粹的学术进行研究在基督教占据主流的欧洲学术界显得异常艰难。最终，以历史主义为导向的犹太教科学运动在犹太教改革过程中获得了巨大的生命力并产生重大影响。19 世纪 40 年代末在德国举行三次宗教

---

① Yosef H.Yerushalmi,*Zakhor*：*Jewish History and Jewish Memory*,Seattle & London：University of Washington Press,1982,p.85.

② 参见［美］罗伯特·塞尔茨：《犹太的思想》，第 570—571 页。

会议，提出了犹太教改革运动至关重要的原则，即历史主义原则，主张建立历史的犹太教。亚伯拉罕·盖革（Abraham Geiger）出版了《犹太教及其历史》等一系列重要的著作，较为系统地阐明了经典改革派理论。其基本导向是在启蒙普世价值的基础上强调历史主义原则，使得犹太教成为一种不断进化的精神宗教。在以犹太教科学构建的犹太历史主义结构中，盖革阐明了一种将现代理性主义、文化浪漫主义、黑格尔唯心主义结合在一起的精神历史主义观念。基于犹太教历史进化与发展，盖革认为犹太历史实际上是犹太教精神发展的历史，是犹太创造性不断展现的历史。一方面，他强调历史的更新，每一个时代都有自己的新精神，启示本身也处在更新之中。另一方面，精神历史主义并没有否认犹太过去的意义。盖革历史犹太教的另一个向度是在过去、现在和未来之间建立延续性。宗教改革并不意味着同过去决裂，而是同过去建立一种活生生的精神联系。按照精神有用性的原则，盖革试图为犹太教精神在当代的发展寻找历史先例。例如，他非常欣赏法利赛人在犹太历史发展中所起到的民主、进步和革新作用并将之看作当代犹太教改革可供参考的先例。盖革对于《圣经》和《塔木德》的研究也贯彻了其历史主义原则。在《圣经》研究上，他一方面批判了其中的献祭仪式和繁冗的宗教律法，认为它们已经不合时宜。另一方面，他强调摩西五经是犹太宗教原创性的体现，创造了一种精神和伦理的一神教形式，对世界影响巨大。另外，他还突出了《圣经》文本随政治社会环境变化而呈现出的流动性特征，确立了经文与历史之间的对应关系。盖革的《圣经》学术与其宗教改革的意图是一致的，即坚持犹太伦理一神教原则，打破传统的超历史宗教权威，以经文变动的合理性来证明宗教观念和仪式变革的合法性。盖革对于《塔木德》和拉比文献采取了辩证的态度。一方面，盖革认为，《塔木德》对于改革者而言已经不再是一种权威性资源，盲从《塔木德》将使犹太教丧失创造性和活力；另一方面，也不应当全盘敌视《塔木德》，因为《塔木德》是犹太教的经典之一，没有《塔木德》，人们无法解释圣经时代、后圣经时代和拉比犹太教之间的联系，必然造成犹太教精神生活的断裂。更为重要的是，对于盖革而言，《塔木德》和拉比文献中具有犹太创造性的元素，在一定时期内和一定程度上对犹太教精神的进化和发展意义重大，提取和重申这些元素对犹太教的现代改革无疑具有促进作用。

盖革将犹太教的发展划分为启示时代、圣经时代、塔木德时代和自由时代四个阶段，这四个阶段揭示了犹太历史和精神进化的历程。盖革强调，现今的犹太教阶段属于自由犹太教阶段，即对犹太教进行自由的、学术式的批判。作为犹太教科学的倡导者，盖革坚定地主张对犹太教历史进行全面而系统的研究，研究应涵盖犹太教中哲学的、历史的（特别是有关犹太文献和文化的历史）以及宗教等多方面的内容。不过，盖革的历史犹太教并未拒绝启蒙哲学理性主义的基本预设，而是按照历史主义的方式深化和拓展了犹太教作为普世宗教的内涵，即犹太教作为一种普世宗教不是任何外部力量影响或强制的结果，而是源于犹太教启示的本质和犹太历史发展的自身逻辑。在盖革看来，"自由犹太教"和"历史犹太教"这两种观念是统一的，"自由犹太教"意在以宗教和学术自由的精神来反叛传统宗教权威，而"历史犹太教"在反叛传统犹太教超历史神学的同时，更有着明显的保护现代犹太身份的动因。如果说"自由犹太教"是一种原则的话，那么"历史犹太教"则是践行这一原则的方式。在盖革看来，只有历史的犹太教最终才能成为自由的犹太教。盖革上述思想成为犹太教改革观念的重要组成部分。

总体上看，18世纪中后期以来出现的现代犹太历史意识强调对犹太人和犹太教历史地与世俗地理解，并与犹太人追求文化同化和融合、进行宗教改革的进程密切联系在一起，旨在以新的方式来确认现代犹太身份。现代犹太历史意识对后来的犹太复国主义运动、当代以色列民族国家认同的建构产生了深远影响，并随着历史和时代的发展获得更加丰富的内涵。

三、当代以色列国对民族记忆的政治化运用

历史之根是现代民族认同建构的重要资源，通过对"过去"进行选择、重组、诠释，乃至虚构、误读，来为当前群体创造共同身份与认同的努力提供一种悠久的传统。[①] 据此来界定这一新兴群体的本质，确立族群认同的边

---

① 20世纪80年代以来，随着集体记忆研究在西方学术界的日渐流行，犹太研究领域也逐渐受到这种新方法的影响，其中最为突出的代表就是耶鲁沙尔米在1982年出版的《扎克霍：犹太历史与犹太记忆》。此后陆续出现从"记忆史学"来研究犹太史的论著。参见 Yosef Hayim Yerushalmi, *Zakhor: Jewish History and Jewish Memory*, Seattle & London: University of Washington Press, 1982。

界，并维系群体内部的凝聚。著名作家乔治·奥威尔曾有名言：谁控制了过去，谁就控制了未来；谁控制了现在，谁就控制了过去。康纳顿也强调，过去往往被用于使当下的社会秩序合法化："控制一个社会的记忆，在很大程度上决定了权力等级。……我们对现在的体验，大多取决于我们对过去的了解；我们有关过去的形象，通常服务于现存社会秩序的合法化。"① 实际上，占有记忆、控制记忆、管理记忆是确立与维护权力合法性的重要体现。

进入 19 世纪与 20 世纪之交，犹太世界所发生的一个根本性变革就是，许多欧洲犹太人在犹太复国主义的号召下，开始集体移居民族的精神故土——巴勒斯坦。传统犹太流散社会的主要政治单位是社团，主导者是拉比，主要义务是学习《塔木德》。而返回故土的新型犹太人，面临的是建立一个与西方国家一样的现代民族国家，要求具有完备的政治、经济、社会组织机构。在此情况下，以追求"正常化"为目标的犹太认同之焦点从"宗教性"转向"民族性"，正如亚柯·塔尔蒙所说："上帝在 18 世纪的死亡导致了许多人寻求宗教之外的集体认同焦点。一个重要的替代物就是对于民族的想象。"② 对此剧变的调整与适应成为转型时代犹太社会的根本性问题。

犹太复国主义在创建现代民族国家的过程中，充分借助了历史资源来唤起犹太集体认同，以在故土恢复民族之根。圣经时代被犹太复国主义者视为理想的民族辉煌时代，因而《希伯来圣经》经常被用来进行世俗的民族教育以创造新一代的希伯来人。此外，跨越两千年流散而与圣经时代建立起联系的其他做法有：以希伯来名字对许多地名进行了重新命名、印制了大量带有希伯来地名的地图、大力提倡圣经考古活动等。其主要目的就是唤起人们对古老故土的体认，在本土层面上增强一种今天与过去的整体意识，从而最终导向"以色列地的救赎"（redemption of the Land）。然而，对于犹太复国主义者来说，复兴古代的辉煌并非一味地回到过去，而是淡化其中的宗教神学内涵，强调其中的世俗民族思想。

除对圣经传统的运用以外，犹太复国主义运动还致力于更新犹太身体形

---

① ［美］保罗·康纳顿：《社会如何记忆》，纳日碧力戈译，上海人民出版社 2000 年版，导论，第 1—4 页。

② Yehuda Lukacs & Abdullah M. Battah, eds., *The Arab-Israeli Conflict: Two Decades of Change*, Boulder & London: Westview Press, 1988, p. 42.

象，主张去除犹太人的无根状态以实现"正常化"（normalization），提倡塑造一代"新型犹太人"（New Jew）。所谓的"新型犹太人"即是建立在古代希伯来人的理想原型之上，后者与流散犹太人（Galut Jew）有着本质的不同：古代希伯来人通常被描绘成身体强健、热爱劳动、扎根故土、崇尚战斗的形象，而流散犹太人则是完全相反的模样。① 为此，犹太复国主义者重新发现了流散以前的犹太历史，特别是从第二圣殿时代末期反抗异族的斗争中汲取力量，那一时期的英雄典范如马卡比人、马萨达人、巴尔·科赫巴都成为他们称颂的代表。可以说，这些象征符号是在政治文化转型中为了服务于民族国家构建而"被发明的传统"（invented tradition）。正如罗伯特·阿尔特所说："以色列孕育于民族神话之中，如果说赫茨尔与他的早期继承人通过他们的组织与外交活动创造了民族运动的机器，那么锡安的古老神话则为其提供了必要的动力……犹太复国主义者能够创造一种英雄的现在，是因为他们从一开始就发现了一个英雄的过去，以便为犹太人存在的新模式提供心理平台。"②

　　以色列作为一个再造的国家，其内部面临文化、种族、肤色、语言等方方面面的多样性，用诺亚·卢卡斯的话来说，以色列是"用欧洲的手术在亚洲腹地用剖腹生产的方法诞生"的新国家。③ 以色列国建国初期，涌入了大约70万移民，这相当于该地区原来的犹太总人口数，新移民人数众多且来自不同的文化背景。出于现实政治的需要，以色列历届政府高度重视对国家认同的整合，从而把对民族记忆的政治化运用推向顶点。为将新移民熔进新国家，以色列政府借助于犹太传统文化来达到这一目的，因为漫长的流散导致了犹太人在语言、习俗、文化等方面的巨大不同，而流散前的犹太人则被认为是相对同质的。通过对传统文化的强调，得以超越流散时代形成的多样性，在古代的历史辉煌与现代的民族复兴之间架起一座桥梁。为此，以色列政府在公共节日、国家建筑等方面大量采用犹太传统象征符号，以此来唤起来自不同地区的流散犹太人对于新国家的政治认同。

---

① Uri Ram, "Zionist Historiography and the Invention of Modern Jewish Nationhood: The Case of Ben Zion Dinur", *History & Memory*, Vol.7, No.1 (Summer, 1995), pp.109-113.

② Robert Alter, "The Masada Complex", *Commentary*, Vol.56, No.1 (July, 1973), p.20.

③ ［英］诺亚·卢卡斯：《以色列现代史》，杜先菊等译，商务印书馆 1997 年版，第 402 页。

　　民族主义思想家本尼迪克特·安德森曾提出，近代以来的民族乃是一种 "想象的共同体"（imagined community），[①] 通过一系列共同的历史记忆和共同的命运意识，一个个民族得以建构起来，历史资源由此成为连结每个群体和个体的精神纽带和文化线索。近代民族主义理论的集大成者、法国杰出的思想家厄内斯特·勒南在其于 1882 年在索邦大学发表的《民族是什么？》的著名演讲中，强调了历史资源对于建构集体记忆与塑造民族认同过程中的巨大作用，号召应对 "祖先的崇拜" 和 "英雄的过去" 给予相当的重视：

> 　　民族是一种灵魂，一种精神原则。实际上，这两样东西是一体的，共同构成了这个灵魂或精神原则。一个存在于过去，一个就在现实中。一个是共同记忆的丰富遗产的所有物；另一个是当前希望生活在一起的愿望，这种人们以不可分割的形式接受遗产的价值。……与个体相似，过去长久的努力、牺牲和奉献的顶点造就了民族。在所有的崇拜中，对祖先的崇拜最具合法性，因为正是我们的祖先造就了我们。英雄的过去、伟大的人物、昔日的荣光（我所理解的真正的荣光），所有这一切都是民族思想所赖以建立的主要基础。拥有过去的共同光荣和拥有现在的共同意志；一起完成伟大的事迹并希望完成更伟大的功绩——这些就是形成一个民族的基本条件。……这首斯巴达的歌曲——《我们是你们的过去，也是你们的将来》——以其简要的形式成为每个爱国者的缩略版圣歌。[②]

人们常常为了自己的需要，而有意或无意误会历史（getting history wrong）。几乎可以这么说，谁掌握了过去，也就同时掌握了现在与未来。因此，后现代主义学者特别注重对于过去的建构，强调过去之于现在以及未来的特殊含义。

　　许多民族尤其在国家建立之初，都力图去创造体现自身历史与认同的神话、象征与仪式，援用与过去事件相关的人物、场所与对象，通过这些象征形式创造了一种共同的根源与延续的传统。他们对于民族历史延续性的强调

---

　　① ［美］本尼迪克特·安德森：《想象的共同体：民族主义的起源与散布》，吴叡人译，上海人民出版社 2005 年版。

　　② Ernest Renan, "What Is a Nation?" in Homik Bbabha, ed., *Nation and Narration*, London: Routledge, 1990, p.19.

不仅确认了共同的过去，而且提供了共同未来的意识。而且，这种对于共同体起源的强调在反对外在的压力与斗争中得到了强化，这种民族斗争的经历增强了创造支持民族存在的象征形式的需要。然而，不断变化的政治形势将使这些象征形式的地位与意义发生改变。在民族动员的伟大号召下，内部派别的分歧往往被掩盖与被压制；而当这种宣传霸权超出限度时，反抗的异音也就随之而起。随着大众热情的丧失，主导意识形态在发展中遭受到越来越多的批评责难，从而导致其不断走向衰退。

以色列建国过程中以及建国后很长一段时间，国家认同的塑造是建立在对东方犹太人、宗教群体、阿拉伯人的抑制之上的，有意或无意地忽略这些群体的政治与社会诉求。以色列人长期对阿拉伯人政治权利的漠视，终于导致 1987 年"因提法达"大起义的爆发，他们拿起"弱者的武器"抗拒着以色列的占领，从外部冲击着以色列立国的合法性。而从社会内部来看，进入 20 世纪 80 年代以后，犹太复国主义民族认同日益遭受来自族群的、宗教的新犹太复国主义（Neo-Zionism）与自由的、世俗的后犹太复国主义（Post-Zionism）这两大阵营的挑战，它们共同从内部瓦解着以色列的主体政治认同与社会整合进程。① 需要指出的是，在此过程中，后犹太复国主义提倡的"修正史学"发挥了重要的解构作用。民族主义理论家勒南一针见血地指出，历史真相是民族建构中的重要威胁："遗忘，甚至可以说是历史的错误，是创造一个民族的关键，这也是为什么历史研究的进步通常对民族性构成了威胁。事实上，历史研究常常揭露了那些发生在政治体初创时期的暴力事件，即使它们的结果是有益的。"②

四、本书的研究思路与基本框架

在犹太史的宏观背景下，本书以古代希伯来王国政治体制以及散居犹太人的国家观念、犹太启蒙运动与现代犹太历史观念的兴起、集体记忆与以色列民族国家构建等关键性问题为研究视野，以长达 3000 余年的犹太历史演

---

① Uri Ram, "National, Ethnic or Civic? Contesting Paradigms of Memory, Identity and Culture in Israel", *Studies in Philosophy and Education*, Vol.19(2000), p.405.

② Ernest Renan, "What Is a Nation?" in Homik Bbabha, ed., *Nation and Narration*, p.12.

变为宏观背景，重点探究了早期希伯来人的政治传统，透视了圣经时代希伯来人神权历史观的基本理念；梳理了现代犹太历史观念的形成过程和发展脉络；分析了犹太复国主义语境下犹太集体记忆与当代以色列国家认同的同构及变迁。本书之所以以国家形态、历史观念、集体记忆为维度，并作为串联全书的主线，主要是基于以下几方面的考虑。

第一，立足于体现国际犹太史研究的学术前沿与热点问题。

如前所述，犹太—基督教传统与希腊—罗马传统是构筑现代西方文明的两大基石，古代希伯来文化对后世西方文化的孕育与影响也一直为学界所公认。但长期以来，学术界关注的焦点主要集中于犹太一神教与基督教、伊斯兰教的渊源，以及犹太人的宗教伦理、哲学理念、教育思想对后世的影响。自 20 世纪 80 年代以来，在全球兴起的文化反思与文明探源（特别是探寻西方文明的起源）的热潮中，犹太人的政治传统引起了广泛的关注，一些犹太学者、非犹太学者纷纷参与到相关的研究与讨论中，一系列有分量的成果相继问世。与此同时，在后现代主义与多元文化主义思潮的影响下，犹太史研究也呈现出多元化趋势，在传统的实证史学之外出现了社会史、文化史的转向，学者们通过充分借鉴当代西方社会史与文化史的学术理念与研究方法，使犹太史研究超越了早期的问题意识与单一化思考路径。特别是犹太裔法国历史学家皮埃尔·诺拉（Pierre Nora）主编的七卷本《记忆的场所》（*Les Lieux de Mémoire*）出版以后，有关民族历史记忆的研究便成为一项国际性议题，许多犹太学者成为记忆史学的推崇者与建构者，圣经文本、大流散、犹太复国主义、纳粹大屠杀、以色列国家构建等都成为记忆史学的关切点。正是在这样的学术语境下，犹太历史意识、历史观念、史学学术之脉的成长及其在当下的社会功能等也再度成为前沿热点问题。在以色列，历史学甚至被推到了国家政治的风口浪尖，以"新历史学派"命名的学界精英所掀起的后犹太复国主义思潮对以色列国家的合法性提出了根本性的挑战。用本尼·莫里斯的话来说，"在过去的二十年间（1980—2000），以色列发生了一场历史学革命（historiographical revolution）"。[①]

---

① Joel Beinin，"Forgetfulness for Memory：The Limits of the New Israeli History"，*Journal of Palestine Studies*，Vol.34，No.2（Winter，2005），p.6.

　　虽然说后现代主义与多元文化主义所导致的史学碎片化趋势，在国际学术界引起了很大的分歧与担忧，由此出现的对其科学性的质疑也一直存在，但必须承认的是，历史学研究的新趋向推动了一些新观点、新思想、新成果的问世。中国的犹太学研究要想有更多突破，必须了解主要的学术前沿、把握最新的学术动向。具体来说，中国学者对于古代希伯来国家形态与政治传统的研究涉猎甚少，对于希伯来王国的权力体制、社会结构、力量制衡以及政治理念等问题的研究没有真正展开。关于古代犹太人的历史观念问题，王立新教授曾进行了若干有益的研究与分析，[①] 但对于犹太历史观念的现代演进，中国学者的涉猎还十分有限。实际上，现代犹太历史观念的兴起为犹太社会的现代转型提供了重要的思想前提。此外，犹太人是一个十分重视集体记忆的民族，集体记忆对于犹太民族身份的维持与延续有着不可忽视的重要作用；而对于犹太集体记忆的研究在国内还刚刚起步，许多方面的重要内容都尚未涉及。因此从上述三个方面考察犹太史的表象特征与演进历程，从历史学的视角审视犹太观念与犹太认同之间的内在关联与文化内涵，无疑有助于深化我国的犹太学研究，推进其国际化进程。本书在很大程度反映了国际学术界的最新成果，也是国内少有的关于犹太史的专题研究成果，从而展现了新的学术维度，拓展了犹太史的研究空间，并体现了犹太学研究的跨学科发展趋势。

　　第二，以希伯来政治传统与犹太历史观念的变迁为切入点，力图展现犹太史研究的独特视角。

　　18世纪以前，对于许多犹太人来说历史仍然是上帝意志的彰显与干预、惩罚与救赎的过程。在这种神定论的基调下，犹太人把他们的历史视为上帝与其子民之间契约关系的记录。因此，中世纪与近代早期的犹太编年史基本上延续古代犹太人的观念，把历史理解为神启的产物，继续期待末日救赎的到来。《希伯来圣经》作为犹太人的宗教文化典籍，并不是严格意义上的历史著作，体现出来的是历史与神学互为一体。然而，进入启蒙时代之后，天启与神定的观念开始被怀疑，上帝逐渐退出了对历史的支配，理性与进步的自然规律取代神圣的超自然意志成为历史的主宰。具有人文主义思想的基督

①　参见王立新：《古代以色列历史文献、历史框架、历史观念研究》，北京大学出版社2004年版。

教学者拨开神权历史观的迷雾，从《希伯来圣经》中解读出了符合时代精神的新信息，"政治希伯来主义"即是一个典型；而且，在对此前神权历史观进行批判的基础上，后解放时代的犹太学者产生了现代的犹太历史意识。在当代犹太学界对古代政治传统以及近代以来学术思想进行梳理与研究的过程中，犹太人的历史遗产再次被关注、被解读、被阐释，这些成果为本书的研究奠定了必不可少的学术基础。

本书从圣经语境与神权历史观的论述出发，梳理了古代希伯来人的政治理念，追溯了早期希伯来政治传统如何在近代欧洲政治思想建构过程中被托古喻今、挪用改造，进而被吸纳传承、固化为西方文明的因子，从而为我们探讨西方价值理念的起源、认识西方文明的早期形成提供了独特的视角。不仅如此，本书还试图从圣经传统中为现代犹太学术寻找思想渊源，以及探讨圣经传统与建构现代犹太民族认同之间的关联，从不同维度探讨政治传统、历史观念、身份认同与犹太历史的演进如何息息相关，从而折射出传统遗产和社会发展之间纷繁复杂的历史面相与交错相应的独特意蕴。

第三，考察犹太历史意识、集体记忆与民族认同之间的同构与交错。

对于流散世界各地达两千余年的犹太民族而言，"谁是犹太人"历来都是一个争议不休的话题。犹太认同在各个不同的阶段有着不同的体现以及独特的内涵，不同时期的犹太人以各种方式来维持、延续自身的民族认同。在古代时期，希伯来王国的建立为犹太身份的界定奠定了历史性的基础。进入流散时代以后，以色列故土成为维系犹太身份认同的重要纽带，流散犹太人以各种方式渴望返回故土。启蒙与解放时代的到来，对犹太认同提出了严峻的挑战，现代犹太历史意识的兴起在很大程度上正是为了适应解放后犹太人的需要，以便为犹太人融入西方主流社会提供文化铺垫。在解放之后历史获得了前所未有的地位："重构犹太人过去的现代努力开始于见证着犹太人生活连续性发生急剧断裂的时代，因此也是犹太集体记忆快速衰退的时代。在这个意义上，……历史获得了此前从未获得的地位，即作为世俗犹太人的信仰。有史以来第一次，历史而非神圣的文本成为犹太教的裁决者。"[1] 这种新的历史意识的出现，为犹太社会的现代转型提供了重要思想前提。

---

[1]　Yosef H. Yerushalmi, *Zakhor: Jewish History and Jewish Memory*, p.86.

本书在比较系统地梳理了犹太历史观念之后，又着力于集体记忆与民族认同的建构以及变迁问题。现代犹太历史意识的出现，成为塑造现代犹太民族认同所必不可少的重要条件。在此情况下，犹太人所共有的历史意识被充分地挖掘、放大与利用，借助于集体记忆的形式成为塑造与建构现代民族国家这个新型政治认同的重要资源；犹太复国主义者通过跨越漫长的流散历史，对犹太人的民族身份进行新的界定与塑造，从而促使"共同认同感和统一归属感的达成"。但随着政治环境的变迁，20世纪80年代以来在多元文化主义的影响下，许多原先被压制的群体开始觉醒，特别是以后犹太复国主义为代表的"修正史学"的深入开展，致使集体记忆所建构的许多认同要素日益遭到质疑。

本书以几千年的犹太史作为宏观背景与论述脉络，紧扣犹太思想与历史观念的演变，以如下三方面的问题意识为主线：

（1）传统史学在谈及西方的政治源流时，往往"言必称希腊"，而对其希伯来源头关注不够。犹太人对西方文明的贡献除了一神信仰与伦理维度之外，在精神理念与政治制度层面到底有哪些建树？这些成就在何种程度上为后来的西方国家所借鉴和吸收？

（2）在前现代时期，犹太人几乎很少去书写历史，为什么到启蒙时期突然兴起了犹太史学？犹太史学观念如何在犹太思想与主流文化的碰撞中应运而生？犹太史学对犹太社会的转型起到了什么样的作用？

（3）如果说以色列国的诞生是现代世界的一个奇迹，那么集体记忆的建构则是创造奇迹的精神基础，进入19世纪末以来的犹太人如何发掘历史资源、运用集体记忆来建构现代犹太民族国家这个"想象的共同体"？就以色列国而言，集体记忆与民族认同的形塑之间存在着何等的张力与"迷思"（myth，也作"神话"之意）？

——对以上问题的回答，正是本书的着力点之所在。

就基本框架而言，本书除绪论以外，分为三部分，分别从国家形态、历史观念与集体记忆等维度对犹太史进行全方位的学理分析。主要内容概括如下：

上编：本编内容分为四章，主要致力于分析古代希伯来人的政治传统及其对后世的影响。第一章对希伯来人的早期国家观念与国家形态进行了研究，强调以色列社会转向君主制是当时社会发展的需要，受到神权历史观的影响，希伯来人形成了与外邦有着根本不同的君主制。第二章重点探究了希伯来王国时期的政治体制，通过考辨指称希伯来王权的术语与考察"申命历史"视阈下的王国权力体制，表明王权受到来自宗教及社会等领域的多重制约，在神权支配下的希伯来王国形成一种独特的"有限君主制"，其根本特征是，作为世俗最高权力的王权受到神权与律法的双重限制。第三章对散居时代犹太人的政治权威观进行分析，特别是以"王国之法便是法"的准则为例，探讨流散犹太人与所在国政治权威之间的关系，表明犹太政治主权意识非但没有在流散过程中消失，相反以一种更加隐蔽的形式体现出来。第四章通过回溯至近代早期的欧洲政治思想世界，梳理政治希伯来主义的思想内涵以及该思潮在这一时期的兴衰，指出近代早期的基督教思想家们出于构建反王权理论的现实需要而构想出理想的希伯来政体，进而揭示希伯来传统在近代政治思想中的独特作用及其对于西方现代文明的历史贡献。

中编：本编共分为四章，重点研究近代以来犹太史学观念的兴起及扩展。第五章分析犹太启蒙运动与现代犹太历史意识的出现，犹太启蒙运动作为犹太社会迈向现代化的第一步，它不仅致力于改变以宗教为主导的传统生活而且成为培育现代犹太历史意识的摇篮，从而在一定程度上改变了犹太知识阶层的历史观。第六章探讨民族主义与浪漫主义对于犹太人重新发现自身民族传统和历史的影响，在世俗文化特别是世俗历史教育的影响下，犹太历史开始从以神启为中心的历史转向以人及人性实现为中心的历史，历史研究和人性教育逐渐受到重视，鼓励了批判精神的发展，为犹太教的科学研究准备了条件。第七章分析德国历史主义对犹太人的影响以及由此出现的犹太历史主义，在以黑格尔为代表的德国思想家对犹太教进行评判以及科学思想的影响下，犹太知识精英开始对犹太历史体系进行重构，犹太文化与科学协会的成立以及犹太教科学运动就是这个方面的重要努力。第八章论述现代犹太历史观念与犹太教改革运动的关联，重点以盖革为例进行分析，指出后解放时代的犹太知识精英通过对犹太教赋予历史意义、对犹太经典进行学术批判，从而形成现代的犹太历史意识，这种新的历史意识为犹太教改革运动的进行奠定了思想基础。

　　下编：本编内容也分为四章，主要探究当代以色列国家构建进程中对于民族集体记忆的运用。第九章追溯了犹太传统中的集体记忆，表明集体记忆对于犹太民族身份认同的维持与延续具有重要的作用，特别是进入大流散以后记忆的作用更加凸显出来。第十章分析了犹太复国主义对于历史资源的政治运用，研究了民族传统遗产如何被用来作为再造民族身份、创建现代国家的重要手段，具体体现为对民族历史进行重新分期、重新解读《希伯来圣经》并加以当代的运用、对新型犹太人的塑造以及民族传统象征的挪用（特别是对马萨达神话的建构），这些历史资源以集体记忆的形式在犹太政治生活中频繁出现并发挥着重要作用。第十一章探讨了纳粹大屠杀作为犹太历史上空前规模的民族浩劫如何被用来服务于以色列的国家构建与社会化，在此过程中以色列政府对大屠杀创伤记忆赋予英雄主义的价值内涵，其中的突出表现就是确立纳粹大屠杀纪念日作为国家纪念节日、建造亚德·瓦谢姆大屠杀纪念馆作为国家记忆场所，随后又通过"艾希曼审判"将大屠杀创伤记忆推向一个顶点；而且，随着战后世界对大屠杀反思的深入开展，以及大屠杀教育、纪念与研究活动日益走向国际化，大屠杀发展为一项全人类共同的记忆遗产。第十二章研究了犹太复国主义主流意识形态在以色列建国后所遭受的一系列挑战，特别是巴勒斯坦人从外部、新犹太复国主义与后犹太复国主义从内部对以色列主流社会发起了冲击，产生了对于"以色列性"（Israeliness）的质疑与否定；在此情况下，以色列社会的集体记忆和身份认同日益走向多元化与碎片化。

上 编

古代希伯来国家形态与政治传统

第　一　章

圣经时代以色列人的国家形态

　　国家观念与国家形态是社会发展到一定阶段的产物，恩格斯在《家庭、私有制和国家的起源》中从两个方面界定了国家的特征，其一，"它按地区来划分它的国民"；其二，"公共权力的设立"，并指出"国家决不是从外部强加于社会的一种力量。国家也不像黑格尔所断言的是'伦理观念的现实'，'理性的形象和现实'。确切地说，国家是社会在一定发展阶段上的产物"。[①] 国家观念与国家形态的形成、发展与演变是一个社会、一个民族文明化进程的路径与标识之一。大约在公元前2000年左右，游牧于阿拉伯半岛上的犹太人在人类文明的视野中出现以来，便对世界文明史的发展做出了与自身人口不成比例的贡献，并引起了学术界的广泛关注，但对于犹太人在社会组织结构方面的贡献，尤其是对国家观念的感悟、对国家形态的建构等问题的研究明显不足。本章探讨古代以色列国家的起源及其早期形态，进而分析圣经时代[②]以色列人对国家、君主的看法。

---

　　① 《马克思恩格斯选集》第4卷，人民出版社2012年版，第186—187页。

　　② 以色列人称希伯来《圣经》为《塔纳赫》(Tanach)，《圣经》的主要篇章成书于公元前800年至前400年之间，此处所说的"圣经时代"是就广泛意义而言的，指的是约公元前2000年到公元135年左右这样一个漫长时段中以色列人的历史，包括犹太民族的族长时期、散居埃及时期、第一圣殿与"巴比伦之囚"时期、第二圣殿时期，即以色列人进入大流散之前的整个历史。

一、前国家社会形态

以色列人的早期历史被史学家划分为"族长时期"（前 20 世纪—前 17 世纪）与"散居埃及"（前 17 世纪—前 1230 年）两个阶段。在这一时期，以色列人的经济结构处于游牧时代，政治结构处于原始氏族社会向奴隶制的过渡时期，社会结构则表现出前国家形态的普遍性特征，即以家长制与血缘关系为基础的家族与部族统治是社会体制的核心。可以说，早期以色列人的历史就是一部家族的历史。在《圣经》的开卷之篇《创世记》中，前 10 章描述了上帝的创造、人类犯罪与洪荒时代，后 40 章反映的就是家族的迁徙、繁衍、内政与纷争。在亚伯拉罕、以撒、雅各的时代，这一家族处于相对分散的组织状态，族长负责整个家族的财产，主宰一切重大事务，并捍卫全族的安全，如《创世记》第 14 章中记载了亚伯拉罕率领 318 名男丁长途奔袭，追回家族财产与被掳掠之民的故事就说明了这一现象。雅各之后，随着人口的增长，希伯来家族的势力扩大，雅各有两房妻子、两个妾，共生子 12 人：流便、西缅、利未、犹大、以萨迦、西布伦、玛拿西、便雅悯、但、拿弗他利、迦得、亚设。这 12 人的后代发展成为以色列人的 12 个支派。[①] 12 支派的形成标志着以色列人社会形态的变化，即由单一的家长制发展为较大规模的部族制，但划分社会结构的标准与原则仍然是血缘与家族关系。

在前国家形态中，以色列人表现出明显的夫权制色彩，对男性的张扬与对女性的贬抑同时贯穿于《圣经》之中。例如，上帝总是被称为"天上的父"，亚伯拉罕的名字含义就是"多国之父"，男性更多地被刻画为伟大形象与英雄主义的体现，而女性只不过是男性的财产与依附，以色列人很流行的格言有："凡沉溺于跟女人闲聊者，必降灾于自己，荒疏对《托拉》的研习，并终将进入地狱"；[②] "男人每天要为三件事情而感谢主：主使他成为以

---

① 犹太历史上的 12 支派并不完全与雅各的 12 个儿子的名字相吻合，因为利未的后人成为祭司阶层，不参与土地分封，不作为一个独立的支派而存在，但是约瑟的两个儿子玛拿西与以法莲独立存在，各自成为以色列支派的始祖，所以总数仍为 12 支派。

② ［美］亚伯拉罕·科恩：《大众塔木德》，盖逊译，山东大学出版社 1998 年版，第 143 页。

色列人，主没让他做女人，主没让他当乡下佬"。以色列人祈祷书的祝词有："（感谢）主没让我成为异教徒、奴隶、女人"。[①]

公元前 17 世纪，迦南发生了严重饥荒，很多迦南人开始逃亡埃及。尽管希伯来人极力适应当地的生活环境，还是很难融入埃及社会，埃及人古板而封闭的礼仪成为他们之间的障碍。特别是公元前 13 世纪，埃及法老拉美西斯二世（约前 1290—前 1224 年）任意屠杀希伯来人，甚至制定一条极其残酷的法律：凡希伯来人的新生男婴必须溺死。在面临生存危机的非常时刻，摩西带领希伯来人逃出埃及，辗转西奈，颁布了"摩西十诫"，开始了重返迦南的艰苦历程。"摩西出埃及"成为人类摆脱奴役、走向光明的一种象征，后世的历史学家往往把它看作是民族和社会获得解放的标志，"不论是为了摆脱外来的压迫，还是为了从贫困和屈辱中解脱出来，人们总是用摩西出埃及的壮丽场景象征一种可能的变化，即'从奴役到自由，从黑暗到光明'的变化。所以，迁出埃及——这一以色列历史上的决定性篇章，逐渐变成了推动社会前进的神话。"[②]

"出埃及"也促成了希伯来民族的形成与社会结构的演变，摩西不仅颁布了律法，对人身、财物、节日、献祭、个人行为等作了规定，而且还听从其岳父叶忒罗的建议，"选立百姓的官长"，叶忒罗说"要从百姓中拣选有才能的人，就是敬畏神、诚实无妄、恨不义之财的人，派他们作千夫长、百夫长、五十夫长、十夫长，管理百姓。叫他们随时审判百姓，大事都呈到你那里，小事他们自己可以审判。"[③] 于是，摩西就听从了岳父的建议。摩西的历史贡献不仅局限于创立了一神教，而且他还是杰出的民族领袖，在摩西之后以色列人才有了独特的精神品质与生活方式，他们坚信自身是负有特殊使命、并致力于服务上帝的神圣民族，从而为后来建立民族国家奠定了必不可少的宗教、政治、文化与社会基础。

---

① 关于希伯来《圣经》中对妇女的歧视态度基本上没有争议，但对《塔木德》中妇女的地位问题，犹太学者中存有歧义。亚伯拉罕·科恩认为，《塔木德》中对于妇女的作用给予了充分的肯定，"尤其当我们考虑到同一时代其他民族妇女的命运时，《塔木德》给予妇女的崇敬便产生了强烈的反差"。参见［美］亚伯拉罕·科恩：《大众塔木德》，第 180 页。

② Abba Eban, *My People: The Story of the Jews*, London: Weidenfeld & Nicolson, 1969, p.15.

③ 《出埃及记》18:21—22，本书所引圣经内容均来自中文《圣经》（和合本），中国基督教协会 1989 年版。

　　入主迦南之后，以色列的 12 个部落中出现了被尊称为"士师"的部落首领，历史进入了"士师时代"（前 1250—前 1030 年）。"士师"一词的希伯来文含义为"审判者"或"拯救者"。士师有双重责任：平时管理民事，战时率兵疆场。《士师记》中记载了 12 位士师的事迹，其中最著名的是底波拉、耶弗他和参孙。他们被看作是上帝所选定的融先知、统帅与救世主为一体的角色。从士师出现到公元前 11 世纪王国建立，前后相隔两个世纪，《圣经》称之为"士师时代"。士师统治被认为是犹太历史上的军事民主制时期，用《士师记》上的话来说："那时以色列中没有王，各人任意而行。"① 士师时代希伯来社会的领袖还包括长老，长老由部族中受人尊敬的老者担任，《申命记》以神的语气说道："你们按着各支派选举有智慧、有见识、为众人所认识的，我立他们为你们的首领"。士师时代实际上是以色列社会向王国时代的过渡时期，为君主制的产生奠定了基础。

二、选择君主制

　　《撒母耳记》反映了以色列人立王、建国的情景。以色列长老与民众聚集起来，要求撒母耳："你年纪老迈了，你儿子不行你的道。现在求你为我们立一个王治理我们，像列国一样。"② 根据《圣经》的记载，撒母耳得知民众的要求之后，立即祈祷上帝，听取了神的意见，然后试图劝解民众不要立王，但百姓并不听他的话，继续要求说："我们定要一个王治理我们，使我们像列国一样，有王治理我们，统领我们，为我们争战。"③ 在此情况下，撒母耳先知从便雅悯支派中挑选出青年扫罗，为他行膏油浇头的仪式，立他为全以色列的领袖，扫罗成为第一代君王，希伯来王国④宣告建立。从上述记载中可以看出民众对统一王权的呼求，也就是说以色列人的王不是通过武

---

① 《士师记》21:25。

② 《撒母耳记上》8:6。

③ 《撒母耳记上》8:19—20。

④ 希伯来王国(约公元前 1030—前 586 年)，通常分为"统一王国"与"南北分国"两个阶段：统一王国(约前 1030—前 933 年)从扫罗开始，经大卫、所罗门统治，历时约一百年；所罗门死后王国一分为二，北国以色列(前 933—前 722 年)，历 19 王，最终亡于北部强国亚述；南国犹大(前 933—前 586 年)，共 20 王，最后为新巴比伦所灭。

力征战产生的，而是长老们和平协商的结果。那么当时的以色列人为何要选择君主制？充满神话色彩的《圣经》对此并没有给予理性的解释，但是，这一现象的背后蕴藏着深刻的社会与文化背景。

第一，社会经济结构的变化。进入士师时代以后，单一的游牧生活方式已逐渐被多元化的定居生活方式所取代，社会分工越来越细化，畜牧业、农耕业、商业、手工业获得了同样的认可。随着战争与贸易的发展，社会交往也越来越频繁，氏族血缘关系趋于松散，人与人之间由生产与分工所维系的地域纽带日益重要，成为社会结构中重要的单元因子，并为个人能力的彰显与发挥提供了前所未有的舞台。在这个充满变数的年代里，一些部落长老与氏族首领，尤其是那些士师们集中了财富与权力，并出现了立王的动向。《士师记》第7章22节记载说，以色列民众曾对士师基甸说："你既救我们脱离了米甸人的手，愿你和你的儿孙管理我们。"虽然基甸拒绝了百姓欲立他为王的建议，在他死后其庶子亚比米勒却以武力夺权，宣称为王，因多行不义，三年之后被民众推翻。许多社会历史学家也都关注到了士师时代公众人物的出现与公共权力的变化，马克斯·韦伯曾指出："士师统治是以个人的超凡魅力为基础确立的领导阶层，它既不同于传统的家长与部族首领，也不同于后来形成的君主政体那种制度化的威权。"[1]

第二，与异族争战中的不利地位，民族危机感的加重，促进了王权的产生。公元前11世纪前后，来自爱琴海诸岛的非利士人定居到了地中海沿岸地区，控制了从加沙到雅法的海岸线，并不断进攻希伯来人，夺走他们的土地。非利士人是西亚地区最先使用铁制武器的民族，具有很强的战斗力，被称作"海上民族"（People of the Sea）[2]。希伯来人在与非利士人的战争中屡战屡败，特别是前1050年的亚弗一战，甚至连神圣的"约柜"[3]也一度被

① H.H.Ben-Sasson,ed.,*A History of the Jewish People*,Cambridge:Harvard University Press,1985,p.67.

② "海上民族"除了非利士人之外，还包括许多部落，如杰卡尔（Tjekkar）、谢克莱什（Sheklesh），达努纳（Danuna）、韦舍什（Weshesh）等。自前12世纪以来，他们发动了一系列的陆地与海上战争，并试图征服埃及，他们居住在迦南地区，破坏了许多城市。参见 T.Dothan & Moshe Dothan,*People of the Sea:The Search for Philistines*,New York:Macmillan Publishing Co.,1992,pp.26-35。

③ 根据《圣经》记载，约柜是一个装饰华丽的镀金木柜，内存上帝与摩西在西奈山立约时的两块法板，上面刻着摩西十诫。它是希伯来人与上帝特殊关系的象征。希伯来人在逃出埃及、辗转西奈、征服迦南的过程中，约柜都被利未人随身携带。

非利士人缴获。在士师时代，虽然有士师与长老为政，但希伯来人并未形成一个紧密团结的群体，各支派往往独自为政且常常发生冲突。为了抵御非利士人的侵扰、摆脱民族危机，希伯来人必须联合起来，这一客观要求促进了统一王权的出现与国家的形成，正如大卫·托马斯分析的那样："以色列人要求由君王统治主要就是出于对外战争的需要，所以他们对君王的首要要求，就是他必须勇猛善战，具有超人的军事才能。"①

第三，以色列君主制的产生不能排除受到埃及等邻近国家的影响。根据《圣经》的描述，以一神教为核心的犹太思想纯粹是上帝启示与以色列人智慧的结晶，从而否认外来传统。事实上，对于频繁迁徙、广泛交往的希伯来人来说，其思想与文化肯定无法排除外来因素的影响。犹太人一直生活在欧洲、亚洲和非洲的交界处，这一地区自古以来就是东西交通的枢纽和世界贸易的桥梁，也是不同文化碰撞与沟通的焦点。地缘环境是人类文明起源与发展的决定性条件之一，所以与其他文化的相互影响与内在涵化是不可避免的。因此，历史学家提出了"迦南传统"的可能性影响，但由于后人对迦南文化的了解十分有限而无法得以明证；也有人极力主张"埃及传统"，认为以色列人在埃及生活了400年时间，埃及人的信仰与生活方式肯定影响到他们，更有学者大胆指出摩西本来就是一位埃及人、犹太教也起源于古埃及的一神教改革。②"埃及传统"的有力佐证是《圣经》多次提到埃及及其法老，如《列王纪上》说"所罗门与埃及法老结亲，娶了法老的女儿为妻，接她进入大卫城"；"所罗门又为所娶法老的女儿建造一宫"；"所罗门的马是从埃及带来的，是王的商人一群一群按着定价买来的。从埃及买来的车，每辆价银六百舍客勒③，马每匹一百五十舍客勒。"④《圣经》编撰者在描述所罗门的智慧时，特别强调说"超过东方人和埃及人的一切智慧"。因此，一些历史学家认为，尽管除《圣经》以外没有任何实证材料，但王国时期受埃及政治与文化的影响是不可否认的，有人甚至认为所罗门王的行政划分

---

① ［美］大卫·托马斯：《犹太人历史》，苏隆编译，大众文艺出版社2004年版，第17页。
② 这一观点的代表作有［奥］弗洛伊德：《摩西与一神教》，李展开译，三联书店1988年版；［美］加利·格林伯格：《圣经：摩西出埃及与犹太人的起源》，祝东力、秦喜清译，光明日报出版社2001年版。
③ 舍客勒为古希伯来人的重量与货币单位，1舍客勒折合现代计量约11.5克。
④ 《列王纪上》3：1—2；7：8；10：28—29。

就是对埃及的仿效。① 《圣经》在描述以色列人的重大事件时，多次提到"要像列国那样"，可见，以色列人并没有隔绝于周围的世界，而是对"列国"情况有一定的认知，并借鉴了周围国家的经验。②

从政权结构上看，希伯来王国形成了以王权为中心的权力体制，并设有常备军。据《圣经》记载，大卫王曾建立了一支卫队"基伯尔"作为常备军，直属君王指挥，并任命自己的侄子押尼珥为军队总指挥。希伯来王国还形成了一定规模的官僚机构，并直接由君王任命与控制。据记载所罗门王严格控制着 12 个地方税务官。《撒母耳记下》中有大卫任命官员的记载："大卫作以色列众人的王，又向民众秉公行义。洗鲁雅的儿子约押作元帅；亚希律的儿子约沙法作史官；亚希突的儿子撒督和亚比亚他的儿子亚希米勒作祭司长；西莱雅作书记；耶何耶大的儿子比那雅统辖基利提人和比利提人。大卫的众子都作领袖。"③ 所罗门上台后，继承了大卫王创建的官僚体制，任命了一些臣子官吏，听命于君王："所罗门作以色列众人的王。他的臣子记在下面：撒督的儿子亚撒利雅作祭司；示沙的两个儿子以利何烈、亚希亚作书记；亚希律的儿子约沙法作史官；耶何耶大的儿子比那雅作元帅；撒督和亚比亚他作祭司长；王的朋友拿单的儿子撒布得作领袖；亚希煞作家宰；亚比大的儿子亚多尼兰掌管服苦（役）的人。所罗门在以色列全地立了 12 个官吏，使他们供给王和王家的食物，每年各人供给一月。"④ 从所罗门的任命来看，他一方面延续了他父亲统治时期一些显赫家族的利益，使他们拥有世袭权，另一方面，也注意回报对自己登基有功的人，如拿单等。除了延续旧制外，所罗门还设立了新的官职如专门负责王宫事务的家宰以及专门管理苦役的官员。为了加强对地方的控制，所罗门王把全国划分为 12 个行政区（或称行省），对每省的管理区域作了明确的规定，每省设立行政官吏一人，直接对君王负责，每年要供奉王室一个月。"所罗门通过增设三种官职使官

① Donald B.Redford, *Egypt, Canaan, and Israel in Ancient Times*, Princeton: Princeton University Press, 1992, pp.308-310; Yohanan Aharoni, *The Land of the Bible: A Historical Geography*, trans.& ed. Anson F.Rainey, Philadelphia: Westminster, 1979, pp.323-328.

② Elie Kedourie, ed., *The Jewish World: Revelation, Prophecy and History*, London: Thames & Hudson, 2003, pp.42-43.

③ 《撒母耳记下》7:15—18。

④ 《列王纪上》4:1—7。

僚机构复杂化，主要目的是为了增加王国收入，并强化管理。"① 君王直接任命官员对于稳定君主统治具有十分重大的意义，这一现象说明直接听命于君王的各级官吏开始取代氏族部落的首领，以色列人在建立民族国家的道路上迈出了关键性的一步。

统一王国时期，是希伯来民族发展史上的重要阶段，希伯来人不仅成功地入主迦南，而且建立了一个从美索不达米亚平原到埃及边境的小型帝国，国内政治稳定、商贸繁荣。"统一王国时期也是犹太教历史上最为重要的时期，以色列第一次以中央集权的、具有强烈的团结意识的民族国家而出现，尽管所罗门统治下曾滥用权力，但仍然被认为是'黄金时代'。在后来经历的王国分裂、放逐与流散的整个过程中，统一王国时期一直是犹太教的理想之所在。"② 古代以色列社会虽然没有像中国那样经历了邦国形态—王国形态—帝国形态的非常典型的国家形态的演变与递进过程，但完备的君主制度的确立无疑树立了早期国家的典范，为我们研究上古时期的国家形态提供了典型的个案。

三、神权历史观的形成及其影响

在古代近东世界，王权与神祇之间往往存在着十分复杂的关系，几乎各地都存在一套"王权意识形态"（royal ideology）：其首要核心即"宣传王权作为全社会的中心"，而宗教在此建构过程中起到根本性的作用，可以说王权若没有宗教的支持就将无法维持。在此观念之下，许多地区将王权视为神圣：两河流域的国王被描述成"神之骄子"③，亚述国王被说成是神的赐物，迦南国王兼有祭司职能而享有神圣的光环，④ 埃及法老则被视为神的化身以

---

① Norman K.Gottwald, *The Politics of Ancient Israel*, Louisville, KY：Westminster John Knox Press, 2001, pp. 50–51.

② Menahem Mansoor, *Jewish History and Thought*, Hoboken, NJ：Ktav Pub.House, 1991, p.7.

③ 根据苏美尔王表，王权在历史上曾两次"自天空中来"：一次是在大洪水之前，降临于埃利都；后一次是在大洪水之后，降临于基什。参见"The Sumerian King List", in J.B.Pritchard, ed., *Ancient Near Eastern Texts Relating to the Old Testament*, Princeton：Princeton University Press, 1955, p.265。

④ 参见 H.F.Lutz, "Kingship in Babylonia, Assyria, and Egypt", *American Anthropologist*, New Series, Vol. 26, No.4(Oct.-Dec., 1924), pp.435–453。

及神在人间的代言人，具有常人不可企及的神性①。与之形成鲜明对照的是，希伯来君王远远不具备以上其他地区国王的威权，上帝与民众之间虽然需要中介，但中介的承担者不是君王，而是掌握精神力量的祭司与先知。在希伯来"王权意识形态"中，唯有雅卫②才是以色列真正的主宰，而君王只是上帝谦卑的仆人，"雅卫的仆人"（ʿebed YHWH）这一君王形象在《希伯来圣经》中随处可见。王国时代的政体是以上帝为中心的统治，故而可被称为"上帝之治"（Godocracy）。

这种观念反映到《希伯来圣经》的历史书写中就被称为"神权历史观"，也作"上帝中心史观"，认为人类历史即是上帝用来展示其神圣计划、彰显其神圣意志，并最终实现对人类进行干预和审判的应许史与救赎史。③希伯来人的神权历史观主张《希伯来圣经》是从神的角度来书写的，而且其作者也声称受到神的默示。它将历史书写与道德评判结合起来，因而它所叙述的历史是一种神学历史，不能作为严格意义上的史学，其压倒一切的历史主题就是应许与救赎，正是这二者之间的持续张力构成了历史发展的根本动力。当法老准备灭绝所有希伯来男婴时，上帝施以大能之手将选民从埃及为奴之地解救出来，并在荒野中提供指引，而后又赐予神圣的《托拉》和迦南应许之地。

---

① 在古埃及人的观念中，法老即鹰神荷鲁斯的化身而被赋予超自然的力量，他的王权与宇宙的诞生同时，法老的权威是一切权力的来源。参见［美］亨利·富兰克弗特：《王权与神祇》，郭子林等译，上海三联书店 2007 年版，第 19 页。

② 上帝之名在《希伯来圣经》中以 4 个辅音字母 יהוה/YHWH 来表示，读音为"雅卫"，意为"我是"（I Am 或 I Will Be）。由于"不可妄称上帝之名"，古希伯来人遇到上帝之名时不直接读出，而是读作"阿东乃"（Adonai），意为"吾主"（My Lord）。圣经时期，只有大祭司在圣殿进行赎罪日祈祷时才能说出上帝之名。第二圣殿被毁后，犹太人更加忌讳读出上帝之名。公元 6、7 世纪以后犹太学者创造出元音字母，开始在 Y、H、W、H 这四个辅音字母中标注元音字母 e、o、a，于是出现 Yahweh、Yahve 等新名词，该词若不避讳地读出仍为"雅卫"。基督教继承《希伯来圣经》作为《旧约》之后，将上帝之名误读为"耶和华"（Jehovah）。本书凡涉及上帝之名一律采用"雅卫"译法，这虽与现有基督教《圣经》中文版的译名不一致，但遵循了犹太传统，因为犹太人通常不认可"耶和华"之称谓。参见《犹太教上帝名讳考》，载周燮藩主编：《犹太教小辞典》，上海辞书出版社 2004 年版，第 302—310 页；Julian Obermann, "The Divine Name YHWH in the Light of Recent Discoveries", *JBL*, Vol.68, No.4(Dec., 1949), pp.301-323。

③ 有关希伯来神权历史观的研究，参见 Robert Karl Gnuse, "Holy History in the Hebrew Scriptures and the Ancient World", *Biblical Theology Bulletin*, Vol.17(1987), pp.127-137；王立新：《古代以色列历史文献、历史框架、历史观念研究》，北京大学出版社 2004 年版，第 241—254 页；艾仁贵：《信仰与历史的互动：犹太历史发展的神学思考》，《世界民族》2006 年第 2 期，第 18—28 页。

众所周知，古代希腊、罗马的史学家们奠定了以人本主义为主要特征的西方古典历史观念的基础，而圣经时代的以色列人却形成了典型的神学历史观，上帝不仅是人类的创造者，而且是掌管者、指引者与拯救者，在他们看来，历史的演变过程就是上帝实现对人类救赎的全过程。可以说，"希伯来民族的特定历史生活为其神学史观的产生提供了现实的政治依据。希伯来人是一个弱小而顽强的民族。惟其弱小，千余年间他们才无力抗拒四邻大国的欺压；而惟其顽强，他们又从不甘心任人宰割。正是这种命运与性格的尖锐冲突，促使一个关于雅卫神拣选、救赎、福佑希伯来民族的神话应运而生。这个神话寄寓了希伯来人苦难中的幻想与追求，表现出他们坚韧不屈的民族精神。"①

正是在神权历史观的支配之下，王权对神权的从属贯穿于希伯来人的文献之中。从《撒母耳记上》中关于立王过程的记载可以看出：上帝起初并不乐意百姓立王的呼声，所以对撒母耳说："他们不是厌弃你，乃是厌弃我，不要我作他们的王。"当百姓执意要求时，他才不得不妥协，令撒母耳"只管依从他们的话，为他们立王"。撒母耳先膏立扫罗为王，后来由于他"没有遵守雅卫的吩咐"，注定了"王位不能长久"。后来"大卫被膏为以色列与犹大的王"。从《撒母耳记》与圣经的其他篇目中我们很容易解读出这样的信息：第一，神的旨意决定了君王的任免，所立之王必须符合神的旨意，如果君王违背了上帝的意愿，就会被上帝废弃，并以新的君王来代之。第二，君王的力量与权能都来自神，一切战功都是"靠着万军之神雅卫的名"，君王的能力是有限的，而上帝的能力是无限的。一则以色列人的寓言说：有位君王驾临一座城池，全城的人都出来向他欢呼，君王得意地对百姓说：明天我要为你们建造各种浴池，为你们装配通水管道。君王许诺后便去就寝，可惜就再也没能起来。以色列智者对此事的评论是："他（君王）以及他许下的诺言又何在呢？上帝的情形就不一样了，因为上帝永生，其宰治长存。"② 第三，"雅卫即王"，如《诗篇》第93篇写道："雅卫作王……雅卫以能力为衣，以能力束腰，世界就坚定，不得动摇。你的宝座从太初立定，你从亘古就有。"第98篇写道："全地都要向雅卫欢呼，要发起大声，

---

① 朱维之主编：《希伯来文化》，上海社会科学院出版社2004年版，第142页。
② ［美］亚伯拉罕·科恩：《大众塔木德》，第18—19页。

高歌颂扬。要用琴歌颂雅卫，用琴和诗歌的声音歌颂他。用号和角声，在大君王雅卫面前欢呼……他要按公义审判世界，按公正审判万民。"正是在神权至上观念的支配之下，以色列人的王权受到了种种限制，没有形成绝对君权。

如果说君主制的确立是神权与王权妥协的产物，而二者之间的冲突与纷争一直贯穿于王国历史的始终。随着君主专制的加强，国家权力日益集中到君王手中。以君王为首的统治集团，要求民众听从君主的命令、服从君王的意志，并在很多方面需要宗教依附政权并为政权服务。而传统以色列人的宗教观念则视上帝为其生命的主宰，抵制其他任何精神控制，他们甚至认为"君王不是众民崇拜的对象"。在许多人的心目中一直潜伏着以上帝否认君王权威的心理因子，"君王既不是上帝之子，也不是上帝的化身，更不是上帝的代理人。他只是受上帝委派遵照上帝旨意和启示来进行治理的统领者。社会的核心不是君王或祭司，而是上帝与犹太民族所立的契约"。① 一旦君王背离"上帝的约"，这种心理因子就要张扬，从而构成了对世俗权威的严重威胁。但是，王国政权的政治属性决定其只能反映王权意志，维护君王、军事将领等上层集团的利益，实现他们对众民的统治。因此，世俗政权和宗教权力的斗争从王国建立之初就一直存在。然而，世俗政权的建立和巩固是希伯来民族发展不可跨越的历史阶段，对外征战捍卫民族独立、掌管内政谋求社会发展，都必然要求形成一个强有力的政治核心，要求中央集权的不断加强。所以，犹太教的宗教权力与君王的世俗政治权力斗争的结果只能是神权服从于王权。而在这种教权与政权的矛盾与斗争中，先知们挺身而出，以传递"上帝之语"、维护上帝权威为己任，留给后世的先知书就是这种呼声的体现。由此可见，"权力和权威在宗教信仰和社会秩序之间的分离，王权、预言权和祭司权的分离是理解犹太教最具重要性的事实"。②

四、古以色列人的君主观

探讨以色列人的君主观是理解君主制的关键所在，这一观念不仅仅反映

---

① Abraham J.Heoschel, *The Prophets*, Philadelphia: The Jewish Publication Society of America, 1962, p.474.

② Abraham J.Heoschel, *The Prophets*, p.477.

了古以色列人对民族遭际、社会浮沉及历史命运等具体问题的思索与理解，而且体现了一个古老民族富有文化底蕴与思辨智慧的世界观与认识论。在此，可以以古埃及人的国家观念为参照，从三个方面来概括以色列人的君主观：

第一，"上帝—先知—君王"的观念模式。上帝、君王与民众之间的关系是古代国家观念的核心命题。古代埃及人曾建立高度集权的国家，也形成了独特的王权观念：国王不仅仅是神在世间的代理者，而且国王本身具有常人不可企及的神圣性。在他们看来，"君主也是与世界一样古老的，因为造物主本人自造物之日始就已承担了国王的职能。法老是他的后代和继承者。'国家'这个词是缺乏语言环境的，因为国家所有的方面都是以国王为中心的。他是所有权威、力量与财富的源泉。"① 因此路易十四的著名谚语"朕即国家"其实对埃及人来说早就是历史的事实。在上述理念的支配下，古埃及留下的文献中往往把国王与神相提并论，如一位国王代理人（维西尔）的墓志铭中写道："上下埃及的国王是什么？他是一位一个人依靠他的分配得以生存的神，所有人的父母，无人能与之匹敌。"② 埃及人曾保留了不少歌颂太阳神的文献，太阳神有时也被比作埃及国王。认识了古埃及人的王权观念之后，就不难理解不计其数的老百姓为什么甘心终身为奴，为他们的国王建造巨大无比的金字塔。

与古埃及形成鲜明对照的是，古代以色列的君王远远不具备埃及法老的威权，上帝与民众之间虽然需要中介，但中介的承担者不是君王，而是先知。在希伯来语中，把先知称为"navi"，意为"代言人"，引申为"以上帝的名义说话的人"。就《圣经》的本意而言，"先知"一般是指接受上帝委派、具有神圣的启示天赋和超凡魅力的智者。③ 统一王国时期曾有两位著名的先知撒母耳与拿单作为神权的代言人与王权的监督者而活跃于历史舞台之上。先知的存在势必制约了王权，君王尽管是一国之君、万民之首，但自身不具有神性，只具有人的品质与德能，君王所创立的一切业绩也都是以神

---

① [美]亨利·富兰克弗特：《古代埃及宗教》，郭子林等译，上海三联书店2005年版，第23页。

② 转引自[美]亨利·富兰克弗特：《古代埃及宗教》，第30页。

③ R.J.Zwi Werblowsky & Geoffrey Wigoder, eds., *The Oxford Dictionary of the Jewish Religion*, New York: Oxford University Press, 1997, pp.547-548.

的旨意与先知的教诲为前提，在上帝的律法面前，君王不具有高于庶民的特权。由此可见，以色列人的上述观念孕育了可贵的现代意识，即否定君王权威，主张人格平等。这一古老观念也深刻影响了后人。1931 年，爱因斯坦在接受《纽约时报》采访时说出了这样的名言："国家是为人而设立的，而人不是为国家而生存。"在爱因斯坦去世 50 年之后的 2005 年，德国政府纪念这位伟人的方式是把爱因斯坦的国家观念刻在政府大楼上，以警示世人。

第二，君王是高尚道德与优秀人格的象征。以色列人认为，君王虽然不具有神性，但他必须是"与神同行"的义人，以播撒公平与正义为己任。《塔木德》中以上帝的口气说："比起圣殿来我更喜欢你们所遵行的公理与正义"，"世界立于称之为义的柱子上"。撒母耳训导说，有幸成为君王的人，不可凌驾他人之上，要向人间播撒爱心与公义，聆听万民的呼声，不渴求腐化之坛，不鄙视贫乏之人。正如《诗篇》第 72 章 1—14 节所表达的那样：

> 神啊，求你将判断的权柄赐给王，
> 将公义赐王的儿子。
> 他要按公义审判你的民，
> 按公平审判你的困苦人。
> 大山小山都要因公义使民得享平安。
> 他必为民中的困苦人伸冤，
> 拯救贫乏之辈，
> 压碎那欺压人。
> 太阳还存，月亮还在，
> 人们敬畏你，直到万代。
> ……
> 因为穷乏人呼求的时候，他要搭救；
> 没有人帮助的困苦人，他也要搭救。
> 他要怜恤贫寒和穷乏的人，
> 拯救穷苦人的性命。
> 他要救赎他们脱离欺压和强暴，
> 他们的血在他眼中看为宝贵。

在古代以色列的历史文献中，赋予君王一系列高尚的品质与个性，如《圣经》中对扫罗王的记载是："又健壮，又俊美，在以色列人中没有一个能比上他的；身体比众人高过一头"；《列王纪上》把所罗门王描述为各种智慧的化身，不仅会判案断狱，明察是非，而且熟悉花草树木、飞禽走兽。君王和常人一样有个性，有喜怒哀乐。以色列人的历史书中对君王个性的肯定和张扬与古代埃及形成了鲜明对照，"埃及纪念物和文献已是令历史学家们失望的材料，因为他们一贯地把国王的个性隐藏在共性之下。政府的所有举措都是以统治者的名义实行的，这些统治者们造就了巨大的纪念物，并为这些伟大的事迹而沾沾自喜，但对我们来说这些统治者是完全缺乏个性的。……文献提供给我们的完全是传统的国王观念，相似的，雕像提供给我们的是理想，而非肖像。"①

第三，君王是人性弱点的体现者。在希伯来历史上，有作为的君王常常被作为民族英雄而载入史册，难能可贵的是以色列人能以一种平常心去看待君王的功过是非，在充分肯定其作用、歌颂其美德的同时，并不刻意掩饰他们的弱点甚至罪过。他们推崇英雄但并不迷信英雄，这一点在《圣经》中体现得极为明显。《圣经》编纂者对参孙的胆识赞不绝口，但又指出，参孙并未脱俗，且常常违约，有很多远离神道的行为。《圣经》中所描述的扫罗王，统一各部落，制伏强敌，并捐躯疆场，洒然而去，表现出一代君王的威力与勇敢；但另一方面，他又嫉贤妒能，狭隘偏执，甚至不惜陷害忠良。《圣经》中的大卫王智能超人，才华横溢，作为国家的真正缔造者而名垂史册；但他又表现出许许多多的人性弱点，他曾卑劣地违背自己的诺言，并有过夺人之妻、残害无辜的可耻行为。② 可见，在《圣经》编纂者的笔下，君王也是普普通通的人，他有自己的过人之处，也有常人的弱点与过错。在希伯来人留下的文献资料中有许多揭露王公罪恶的内容，这并不是说古以色列人的王就恶于其他民族的王，只不过是古以色列人特别强调君王的过失与"民族之弱点的表现"而已，并且较多地把这些内容载入了他们的编年史。

---

① 转引自[美]亨利·富兰克弗特：《古代埃及宗教》，第 32 页。
② 参见《撒母耳记下》11 章。

第　二　章

希伯来王国的"有限君主制"

　　王权被誉为"最古老文明社会的核心"，象征着秩序、权威与强大；作为其载体的国家形态之出现则是文明起源的主要路径与标识。古代近东地区是人类文明的发祥地，完备的君主制度率先在此确立，从而树立了早期国家的典范模式。著名学者亨利·富兰克弗特强调说："古代近东把王权看作是文明的真实基础。只有野蛮人才会在没有国王的情况下生活。没有统治者的捍卫，安全、和平和正义都不会奏效。如果曾经有一个政治制度获得被统治者的认可而起作用的话，那一定是君主制，它迫使劳动者建筑了金字塔，并靠无休止的战争训练了亚述农民。"[①] 在不同文明形态下，君主制的内在机制、权力分配与运作方式不尽相同。如果说强大的埃及帝国是绝对君主制的样板，而弱小的希伯来王国则创造了"有限君主制"的雏形。

　　希伯来人进入迦南后经过几个世纪的发展，终于在周边民族的影响下建立了王权。希伯来王国的建立只是实现了短暂的政治统一，随后绝大部分时期皆处在南北分裂、国势衰微的状态之中。然而，希伯来王国却在绝对君主制充斥遍地的古代近东独树一帜，为后世留下"律法至上"、"君权有限"等创新性政治思想，并以其"有限君主制"的独特实践而成为古代世界政体中的一支奇葩。那么，应该怎样看待希伯来王权的独特性？神权的至高无上给政治体制带来怎样的影响？更进一步说，"有限君主制"这一政治传统

---

　　① ［美］亨利·富兰克弗特：《王权与神祇》，第1页。

何以在国力孱弱的希伯来王国萌芽成长？这些都是值得着力探讨的重要问题。

不可否认，现代史家在试图重构古以色列社会时面临着许多困难。在文献来源上，关于希伯来王国时代的情况，除《希伯来圣经》以外的相关文献十分稀见；就考古资料而言，有关古代巴勒斯坦"铁器时代Ⅱ"（约公元前 1000—前 550 年）的实物材料极其零碎且互不关联。相对而言，对王国时代的研究更多有赖于《撒母耳记》、《列王纪》、《历代志》等几部历史书卷的文本分析；学界一般认为这几部书卷中有关希伯来王国总体框架的记载基本属实，并在某种程度上能够得到经外材料及考古实物的佐证。[①] 在对以上书卷进行文本解读的基础上，本章旨在就希伯来王国政治形态与权力体制作一项长时段的考察，表明希伯来王权受到来自宗教和社会等领域的多重制约，并对希伯来"有限君主制"的历史成因、具体实践以及不足之处进行阐述，最后思考由希伯来王国滥觞的"有限君主制"之于后世的深远影响及历史启迪。

一、指称希伯来王权的术语辨析

希伯来早期国家的建立是通过立王而实现的，[②]《撒母耳记上》第 8—12章反映了以色列人立王、建国的情景。[③] 士师时代的松散部落联合体制无法

---

① 就《希伯来圣经》究竟包含多少真实可信的以色列古史而言，历来争论不休、异见纷呈，详见 Lester L.Grabbe, *Ancient Israel: What Do We Know and How Do We Know It*? London: T&T Clark, 2007。当前学界对圣经文本与王国时代历史的关系形成"文本至上派"、"尊重传统派"与"虚无否定派"；比较而言，"尊重传统派"更可取。参见陈贻绎：《早期以色列历史中的统一王国阶段研究现状》，《犹太研究》第 6 辑，山东大学出版社 2008 年版，第 87—96 页。

② 有关希伯来早期国家的起源及建立，参见张倩红：《圣经时代以色列人的国家观念与国家形态》，《世界历史》2007 年第 2 期，第 26—36 页；F.S.Frick, *The Formation of the State in Ancient Israel*, Sheffield: JOST Press, 1985。

③ 由于《撒母耳记》记载了希伯来王权的诞生及早期情况，《圣经》七十士译本将之与《列王纪》合起来冠以"王国史记"(*Basileion*)之名。在圣经评断学中，自威尔豪森开始的许多学者认为《撒母耳记上》8—12 章在"申命历史"的编修下具有更早的"赞成王权"(proto-monarchic)与较晚的"反对王权"(anti-monarchic)双重来源：前者包括 9:1—10:16, 10:27b—11:15；后者包括 8:1—22, 10:17—27a, 12:1—25。若用字母 AB 来分别表示赞成与反对王权的内容，这段叙述就由 B、A、B、A、B 交替构成(J.Wellhausen, *Prolegomena to the History of Israel*, Gloucester: Peter Smith, 1973, pp.245-256)。

整合民众以应对外部强敌，"那时以色列中没有王，各人任意而行"①；在非利士人不断侵扰、神圣约柜被掳的空前危机下，王国的建立已被正式提上议事日程。长老与民众聚集起来请求先知撒母耳，"像列国一样"为以色列人立王以实现对内治理、对外征战："你年纪老迈了，你儿子不行你的道。现在求你为我们立一个王（*melek*）治理我们，像列国一样。"② 之后撒母耳祈祷求问上帝雅卫，上帝将其意见告知了撒母耳，然后后者又转告民众不要立王。但民众并不听从，而是继续请求道："我们定要一个王（*melek*）治理我们，使我们像列国一样，有王（*melek*）治理我们，统领我们，为我们争战。"③ 撒母耳再度求问上帝，上帝在无奈之下允许了立王；在此情况下，撒母耳从便雅悯支派选中"又健壮又俊美"的勇士扫罗，为他行膏油浇头的仪式，立他为全以色列的领袖④：

> 扫罗未到的前一日，雅卫已经指示撒母耳说："明日这时候，我必使一个人从便雅悯地到你这里来，你要膏他作我民以色列的君（*nāgîd*）。他必救我民脱离非利士人的手；因我民的哀声上达于我，我就眷顾他们。"……撒母耳拿瓶膏油倒在扫罗的头上，与他亲嘴，说："这不是雅卫膏你作他产业的君（*nāgîd*）吗？"⑤

---

① 《士师记》17:6;21:25。

② 《撒母耳记上》8:6。

③ 《撒母耳记上》8:19。希伯来文中，"请求"（*sha'al*）与"扫罗"（*sha'ul*）有着相同的词根——שאל，可能寓意着扫罗的王权是经请求而来。

④ 通过对交代立王由来最为关键的《撒母耳记上》第 8 章进行修辞学分析，其中采用了重复、类比等手法，由此反映出民众—先知—上帝之间就立王而展开的相互关系（Ronald F. Youngblood, "1 & 2 Samuel", in Frank E. Gaebelein, ed., *The Expositor's Bible Commentary*, Vol. 3, Grand Rapids, MI: Zondervan Publishing House, 1992, p.612）：

A.民众请求撒母耳(5 节)

B.撒母耳求问上帝(6 节)

C.上帝告知撒母耳(7—9 节)

D.撒母耳转告民众(10—18 节)

D′.民众请求撒母耳(19—20 节)

C′.撒母耳求问上帝(21 节)

B′.上帝告知撒母耳(22 节 a)

A′.撒母耳转告民众(22 节 b)

⑤ 《撒母耳记上》9:15—16,10:1。

值得注意的是，在以上立王的记载中同时出现了指代王权的"*nāgîd*"与"*melek*"两个词。细心观察便可发现，这两个词在立王的使用上存在着差别：民众希望的是立一个"*melek*"为之争战，但上帝并未按照民众所希望的去做，而是指示撒母耳膏立一个"*nāgîd*"。

名本出自实，有名则有实。文字的出现，是文明起源的重要标志；而且，它作为过往历史的重要载体，很大程度上反映着早期人们的观念。王权在古代语汇中有着不同的称谓，体现出各自不同的语境与文化内涵：在两河地区称为"卢伽尔"（*lugal*，意为"大人物"），埃及是"法老"（*pharaoh*，意为"宫殿"、"大房子"），希腊为"巴赛勒斯"（βασιλεύς，意为"军事党魁"），罗马称作"勒克斯"（*rex*，意为"治理"）[1]。而在《希伯来圣经》中，指称王国时代君王的有"נגיד"（*nāgîd*，汉译为"纳基德"）与"מלך"（*melek*，汉译为"梅勒克"）两个专有名词。透过对这两词的词源学分析，以期分析古希伯来王权的来源及其权限特征。

从著名学者阿尔特开始，[2] 许多研究者已经注意到"*nāgîd*"与"*melek*"之间的区别，这些研究虽有助于澄清"*nāgîd*"的意义，但都没有彻底解决它与"*melek*"之间的混淆。希伯来词根"נגד/*n-g-d*"在使用上有三种派生用法：作为介词，意为"在……前面"、"面对"、"相对的"；作为动词，意为"指导"、"伸展"、"推动"；作为名词，意为"告知"、"建议"、"咨询"。因此有语言学者认为，希伯来人把首领称为"*nāgîd*"是因为他是"在前、在先的"，引申之义即为"统治"、"治理者"。[3] 该词在早期两河流域的语言中十分普遍，有多种拼写形式：*nagida*、*nagada*、*naqidu*，等等。[4] "*N-g-d*"在苏美尔语中并非国王的称号，而用在城邦长老身上；在近东某

①　帝制时代后，罗马的王称为"凯撒"（Caesar）、"奥古斯都"（Augustus）。

②　阿尔特认为，希伯来君王存在政治职能与宗教职能的区分，而"*nāgîd*"与"*melek*"正是其反映。详见 Albrecht Alt，"The Formation of the Israelite State in Palestine"，in idem，*Essays on Old Testament Religion*，trans. R. A. Wilson，Garden City：Doubleday，1968（1930），pp.274-280。

③　参见 J. J. Glück，"Nagid-Shepherd"，*Vetus Testamentum*，Vol. 13，Fasc. 2（Apr.，1963），pp.145-146；Garcia-López，"Article on נגד/*ngd*"，in G. J. Botterweck，H. Ringgren & Heinz-Josef Fabry，eds.，*Theological Dictionary of the Old Testament*，Vol.9，trans. David E. Green，Grand Rapids，MI：Wm. B. Eerdmans，1998，pp.174-176；G. F. Hasel，"Article on נגיד/*nāgîd*"，in G. J. Botterweck，H. Ringgren & Heinz-Josef Fabry，eds.，*Theological Dictionary of the Old Testament*，Vol.9，pp.191-192。

④　J. J. Glück，"Nagid-Shepherd"，*Vetus Testamentum*，Vol.13，Fasc. 2（Apr.，1963），p.144.

些地区，通常也指军事或民事官员、神殿监督。①

学术界历来对"*nāgîd*"（原意为"领袖"）的确切意义存在诸多含混之处。它在《希伯来圣经》中共出现 44 次，但在不同的地方有着不同的含义。②通过对该词的诸多理解进行梳理，大致可以归纳为以下几种意义③：其一，指前君主时代的神圣称号：一种与以色列各部落联盟相连的战争领袖（war-leader）；其二，选定的君王（king-designate）：由上帝所拣选的人间统治者，反映了王权与神权的密切关系；其三，"*melek*"的同义词：申命历史对民族领袖的称谓；其四，未来的君王：法定继承人（heir apparent）与君王之子（crown prince）；其五，一种行政性称呼：高级官员，既指宗教职务也指世俗职务。

但从圣经文本来看，"*nāgîd*"一词主要与扫罗、大卫这些君主制初期的君王联系在一起，它不同于扫罗时代之前的士师，其专有名称是"*šōpēt*"；也不同于大卫王之后君王的习惯通称"*melek*"，因而这种联系并非是简单而偶然的。"*nāgîd*"的出现，标志着希伯来政体中诞生了一种新的权力形式——神授的王权。这种新的权力形式是与扫罗特别联系在一起的，扫罗成为君王是应民众的请求而为，但在此"君王"一词并没有使用按民众所请求的"*melek*"，而是上帝许可下的"*nāgîd*"：由此充分体现出雅卫对于立王的绝对主宰地位，同时这也是王权得到上帝许可的表现。它的使用，很大程度上是强化王权的合法性而为。④因此，对于多与受膏联系在一起的"*nāgîd*"而言，"选定的君王"（king-designate）这一身份显然更为符合其本义。总之，"*nāgîd*"一词是为适应希伯来社会从支派部落迈向王权国家的转型而来，王权的出现是多种社会力量共同作用的结果，王权并非由于自身的

---

① G.F.Hasel,"Article on נגיד/*nāgîd*",p.189.

② 该词在《撒母耳记》与《列王纪》中主要与君王密切相关,因此此处探讨的"*nāgîd*"主要集中于这几卷书的分析。该词在这些书卷中共出现 11 次:扫罗（《撒母耳记上》9:16,10:1）、大卫（《撒母耳记上》13:14,25:30;《撒母耳记下》5:2,6:21,7:8）、所罗门（《列王纪上》1:35）、耶罗波安（《列王纪上》14:7）、巴沙（《列王纪上》16:2）、希西家（《列王纪下》20:5）。以上统计数字,参见 Baruch Halpern,*The Constitution of the Monarchy in Israel*,Chico:Scholars Press,1981,p.1。

③ Tomoo Ishida,*History and Historical Writing in Ancient Israel*,Leiden:Brill,1999,p.57.

④ 参见 Tomoo Ishida,"Nāgîd:A Term for the Legitimation of the Kingship",*Annual of the Japanese Biblical Institute*,Vol.3（1977）,pp.35-51。

强大而产生，起初上帝对立王并不情愿，后来迫于对外征战的军事压力而在宗教力量与民众的共同认可下才确立王权。

希伯来君王的另一名称也是最为常见的称号为"melek"，《圣经》七十士译本作"Μολοχ"，该词来自闪米特语汇"malku"，本意为"首领"（chieftain）。从经外考古材料看，该词的同根词"malik"最初见于公元前2400年左右叙利亚北部的"埃卜拉文献"（Ebla Texts），例如"Ma-li-kum"，其抽象的形式为"ma-li-ku-tum"（意为"王国"）；其他与之同源的近东词汇有：阿摩利与南迦南的"milk"、腓尼基的"mulk/lmlk"、乌加里特的"malk"，等等。① 阿卡德语中指称"王"的词汇除"šarru"外，就是"mal（i）ku"（本意为"顾问"）；腓尼基城市推罗的神祇名为"Melqart"（King of the City，意为"城市之王"）。② 结合现有考古材料，迦南王的称呼中基本上都含有"m-l-k"的词根；可以说，"melek"主要是个迦南词汇并大量用于指称迦南统治者。正如约翰逊在论及该词的起源时指出，"对于此类名字的使用，……在君主制开始之初就与结束之时一样普遍；而且更重要的是，从现有的联系看，它在迦南地具有一段漫长的历史。"③ "Melek"一词在许多近东古文字中都有见到，起初意为"建议、劝告"（counsel）④；作为人称名词，其含义大致经历了"顾问"（counselor）→"领袖"（leader）→"君王"（king）的演变，最终确定为"治理、管辖、作王者"并普遍使用开来。

"Melek"在《希伯来圣经》中共出现347次，而其使用在专门记载君王事迹的《列王纪》与《历代志》中达2/3以上。⑤ 以其为词根的"王国"一词在《创世记》中就已出现（10：10），而且许多圣经人名也含有"melek"一词：麦基洗德（Melchi-zedek，意为"王是公正的"）、亚比米勒

① 更多关于"m-l-k"的研究，参见 H.Ringgren，K.Seybold，H.-J.Fabry，"Article on מלך/melek"，in G.J.Bot-terweck，H.Ringgren & Heinz-Josef Fabry，eds.，*Theological Dictionary of the Old Testament*，Vol.8，trans. Douglas W.Stott，Grand Rapids，MI：Wm.B.Eerdmans，1997，pp.352–353。

② G.C.Heider，*The Cult of Molek：A Reassessment*，Sheffield：JSOT Press，1985，p.175。

③ A.R.Johnson，*Sacral Kingship in Ancient Israel*，Cardiff：University of Wales Press，1967，p.45。

④ P.Haupt，"The Hebrew Noun *Melkh*，Counsel"，*JBL*，Vol.34，No.1/4（1915），p.54。

⑤ H.Ringgren，K.Seybold，H.-J.Fabry，"Article on מלך/melek"，p.354。

（Abi-melek，意为"父亲是王"）①、以利米勒（Eli-melek，意为"神是王"），等等。《历代志上》记载了扫罗有个名叫米勒（Melek）的后代（8：35），很可能反映了这个家族对于王权的怀念。从语汇学的角度看，作为王权称号的"melek"与"摩洛神"（Molek）有着相同的词根"m-l-k"，这表明希伯来的王权概念及形式很可能借鉴自周围的迦南部落。摩洛神有多种拼写形式，包括Moloch、Molech、Molekh、Molok、Moloc等等，在《圣经》中共出现8次②；它是古代亚扪、腓尼基和迦太基人所信奉的神灵，作为"王权之神"而拥有王权般的权威。③为何异族神祇之名"摩洛"与希伯来君王的称号联系在一起？《圣经》也给出了一些相关线索，从大卫王冠的来历可以探知一二："于是大卫聚集众军，往拉巴去攻城，就取了这城。夺了亚扪人之王所戴的金冠冕（'王'或作'玛勒堪'。玛勒堪即米勒公，又名摩洛，亚扪族之神名），其上的金子，重一他连得，又嵌着宝石。人将这冠冕戴在大卫头上。"④冠冕在古代是王权的象征，希伯来王权的名称很可能由此得名。⑤

　　学者海德通过词义学考辨指出，"m-l-k"从君王的指称转为摩洛神的名号，其间大概经历了"maliku"→"moleku"→"molek"的演变过程。⑥实际上，在希伯来语中"molek"一词乃由"melek"与"bōšet"（意为"耻辱"）组合而成，因而较为合理的解释是：《圣经》编修者对诱引希伯来君王偏离上帝的外邦神祇深感可耻，在对迦南王权之神"m-l-k"命名时，将"bōšet"一词的元音插入早已形成的辅音组合"מלך"之中，故而形成

---

　　①　亚比米勒是士师基甸之子，他在示剑人的支持下杀死其余七十弟兄，作王统治以色列三年。有学者据词源学指出，"亚比米勒"这个名字暗示其父基甸也曾作王。参见 K. M. Heffelfinger，"'My Father is King'：Chiefly Politics and the Rise and Fall of Abimelech"，*JSOT*，Vol.33，No.3（2009），pp.277—292。

　　②　H.-P.Müller，"Article on מלך/molek"，in G.J.Botterweck，H.Ringgren & Heinz-Josef Fabry，eds.，*Theological Dictionary of the Old Testament*，Vol.8，1997，p.386.

　　③　摩洛神崇拜的主要仪式是用儿童向他进行献祭，通常将之定性为献人祭的神祇。据学者海德考证，摩洛神崇拜起源于迦南，王国初期传入以色列后受到下层膜拜，一直到耶路撒冷陷落王国灭亡而少有间断（G.C.Heider，*The Cult of Molek：A Reassessment*，p.405）。在著名的"以撒献祭"故事中，童子以撒就被其父亲亚伯拉罕准备献给上帝作为燔祭。

　　④　《撒母耳记下》12：29—30。

　　⑤　马丁·布伯将士师时代希伯来人中间出现的立王倾向，称之为"摩洛化"（Molochization）。参见 Martin Buber，*Kingship of God*，trans.Richard Scheimann，New York：Harper & Row，1967，p.68。

　　⑥　G.C.Heider，*The Cult of Molek：A Reassessment*，p.226.

"molek" 这一摩洛神名，使之污名化。① 可以说，"melek" 的使用体现出对于王权的负面评价，意在批评和谴责王权往往具有偏离上帝、随从外邦肆行专制的统治倾向；这也可从圣经编纂者对所罗门王的批评中得到印证："所罗门随从……亚扪人可憎的神米勒公。所罗门行雅卫眼中看为恶的事，不效法他父亲大卫专心顺从雅卫。所罗门为摩押可憎的神基抹和亚扪人可憎的神摩洛，在耶路撒冷对面的山上建筑邱坛。"②

从 "nāgîd" 与 "melek" 的使用区分来看，前者具有积极意义，而后者则不乏消极内涵。学者麦克卡特认为，"nāgîd" 是较早的称谓，倾向于赞成王权；而 "melek" 则是稍晚的称号，很可能带有反对王权的意思。③ 归结起来，"nāgîd" 是上帝的顺从仆人，具有宗教神圣内涵，可以称为 "神所选定的领袖" (divinely-appointed leader)；而 "melek" 容易倾向于武断与专制，充满世俗政治意味，可以称作 "君主式的统治者" (monarchic ruler)。④ 通过对 "nāgîd" 与 "melek" 的考辨可以发现，希伯来君王的称谓从王国初期开始在词义与词形的使用上发生了深刻的变化，可以大致探知有关希伯来王权的若干历史信息：首先，指称希伯来君王的两种称谓均来自近东其他地区的语汇，反映出王权这种统治形式并非希伯来人原生，它的产生晚于其他许多社会权力，系从周围的外邦借鉴而来，其中受迦南王权的影响较为显著；其次，"nāgîd" 一词的出现及其内涵表明，王权的产生并非是其自身的强大所致，起初上帝立王是不情愿的，后来迫于对外征战的军事压力而在神意民愿的基础上由上帝所赐予，其合法性来自宗教力量与普通民众的共同认可；第三，"melek" 与外邦神祇摩洛有着共同的词根，这从某种程度上说明王权自诞生起就有负面的评价，王权因随从外邦扩大权力、试图摆脱神权控制而遭到批评和谴责。总之，这些观念折射出希伯来王权的外来性与有限性。

---

① 这种观点由 19 世纪著名的犹太教改革派学者亚伯拉罕·盖革提出，是为 "粗话假设" (dysphemism hypothesis)。参阅 Abraham Geiger, *Urschrift und Übersetzungen der Bibel*, Frankfurt am Main：Madda, 1928, S. 299–308, 转引自 G.C.Heider, *The Cult of Molek：A Reassessment*, p.4. 从事《圣经》翻译的中国学者冯象将此神的名字形象地汉译为 "耻王"，见冯象：《宽宽信箱与出埃及记》，三联书店 2007 年版，第 170 页。

② 《列王纪上》11：5—7。

③ P.Kyle McCarter, *I Samuel：A New Translation*, Garden City：Doubleday, 1980, p.178.

④ Donald F.Murray, *Divine Prerogative and Royal Pretension：Pragmatics, Poetics and Polemics in a Narrative Sequence about David*, Sheffield：Sheffield Academic Press, 1998, p.249.

二、基于文本的王国权力体制考察

在其他民族的古史书写中，通常将王的出现看成是历史之使然、人间的神迹，王权被形容为诸般美好事物的化身。希伯来人虽然也留下不少期待王权、赞美君王的记载，但难能可贵的是，对王权的负面评价贯穿于《希伯来圣经》之中；这种"申命历史"[①] 的评判将王权与一系列"恶"行联系在一起从而形成所谓的"反王权传统"（anti-Monarchic tradition），具体体现在：君王像外邦君主一样专断、压迫，视自己为百姓的总督与主子；善恶不明，陷害忠良；具有自私、嫉妒、狡诈、残暴等人性弱点。[②] 由于充分了解其"恶"和弊端，希伯来人很早就意识到必须对王权施加种种限制；根据"申命历史"的安排，对君王的限制性规定甚至在王权尚未诞生前即已制定，[③]《申命记》有一段关于立王的律法（the Law of the King）：

> 到了雅卫你神所赐你的地，得了那地居住的时候，若说："我要立王治理我，像四围的国一样。"你总要立雅卫你神所拣选的人为王，必从你弟兄中立一人，不可立你弟兄以外的人为王。只是王不可为自己加添马匹，也不可使百姓回埃及去，为要加添他的马匹，因雅卫曾吩咐你

---

① 19 世纪以来主导圣经学界的"底本假设"（Documentary hypothesis）理论强调，《希伯来圣经》在正典过程中由多个不同底本组成，其中记载前王国及王国历史的《约书亚记》《士师记》《撒母耳记》《列王纪》等历史书卷都受到《申命记》"赏善罚恶"观念的影响而源自同一底本；该观点由马丁·诺特首次提出，认为自约西亚王开始直到巴比伦流放后，编修者以"申命历史"（Deuteronomistic history，简称 DtrH）的标准经一至两重的编修而具有相对统一的语言风格、组织结构及神学思想。详见 Martin Noth, *The Deuteronomistic History*, Sheffield：JSOT Press, 1981（1943）；Thomas C. Römer, *The So-called Deuteronomistic History*, London：T&T Clark, 2005。"申命历史"编撰下的文本内容有着明显的"层次性"，是在相对较晚的某个时间段经多次编修而成；尽管如此，但其中所反映的希伯来人对于王权的批判以及强调应对其施加限制的观念显然很早即已扎根并有着长期的发展过程。对圣经文本体现的历史层次性的分析，参见王立新：《古代以色列民族律法观念下的王权特征》，《南开学报》2008 年第 4 期，第 49—50 页。

② 关于希伯来君王的人性弱点，参见张倩红：《圣经时代以色列人的国家观念与国家形态》，第 34—35 页。

③ 这个规定通常被认为是君王施政的根本准则，因此是理解希伯来王权有限的密钥；实际上，它的形成比较晚近，大概不早于公元前 8 世纪，显然是后来申命史家编修的产物（Gerald E. Gerbrandt, *Kingship According to the Deuteronomistic History*, Atlanta：Scholars Press, 1986, pp. 105–108）。

们说："不可再回那条路去。"他也不可为自己多立妃嫔，恐怕他的心偏邪；也不可为自己多积金银。他登了国位，就要将祭司利未人面前的这律法书，为自己抄录一本，存在他那里；要平生诵读，好学习敬畏雅卫他的神，谨守遵行这律法书上的一切言语和这些律例，免得他向弟兄心高气傲，偏左偏右，离了这诫命。这样，他和他的子孙，便可在以色列中、在国位上年长日久。[①]

从以上文本中可以解读出这样的信息：其一，君王必须是"神所拣选的人"。也就是说上帝才是真正的统治者，君王只是他在人间的代理人而已；其二，君王的权力是有限的。为了避免专制、服从上帝，君王被告知不可篡夺上帝作为人民统治者的地位，所以他在权力的使用上被给予了种种限制：马匹、妃嫔、金银分别象征着诱引君王偏离上帝的权力、女色与财富，对它们进行限制就是为了防止君王由对雅卫的忠顺服从转为傲慢自大；其三，君王要做以色列人的典范。与其他所有人一样，他必须"谨守遵行"律法书上的一切诫命，并以之作为治国与生活的指导。总之，"理想君王"的形象即是作"雅卫的忠仆"："申命史家眼中的王权与古代近东模式并无根本不同，但他是站在以色列的历史观上进行表达。以色列君王必须通过履行作为契约管理者的责任以确保民众的福祉，然后相信雅卫保护并庇佑着他们。"[②] 现以圣经文本为对象，就"申命历史"所呈现的王国权力体制及其特征进行考察：

（一）律法对王权的制约

希伯来社会是一种以《托拉》法度为核心的社会，其基本的社会理想

---

① 《申命记》17:14—20。这段内容只字未提君王的权利与民众对其的服从，反而强调君王应该履行的义务，与它前后关于设立祭司与先知的指令（《申命记》17:11,18:15）形成鲜明的对比。有学者指出："与其他的职位相比，君王的职位——最高的职位和权力——在此受到了更大的限制……君王的律法完全没有提及君王的权利与权力、人民的服从或他所执行的各种职务……唯一提及的正面责任，就是君王必须抄写律法书，并且要经常诵读。这条律例的目的显然要限制君王的权力，并说明他必须遵守上帝的话，像其他所有的人民一样。"参见 J. H. Tigay, *Deuteronomy*, Philadelphia: The Jewish Publication Society of America, 1996, p.166。

② Gerald E.Gerbrandt, *Kingship According to the Deuteronomistic History*, p.190.

即是人人遵守《托拉》的法度并且在律法面前一律平等,这便形成一种"律法之治"(nomocracy)。① 神圣的律法是为全体犹太人制定的,君王的统治、法官的裁决必须遵照《托拉》而行,《托拉》是世界的准则,所有人务必遵从;甚至就连上帝自身也受到《托拉》的限制,上帝治理世界不是恣意而为而是凭借《托拉》的法度。君王不仅不能像其他地区国王那样制定法律,而且必须无条件地服从律法,遵从神意和依据律法来进行统治,他没有任何特殊的律法也不享受任何特别的豁免。故而,律法构成了王权的最大制约因素:"君王并不是立法者,但却必须执行他接受的律法,同时必须遵守它们,虽然这些律法并非他所制定。……在所有的制约性因素中,后果最为持久、影响最为深远的当数西奈约法传统和被神圣化了的摩西律法文本。正如我们此前反复强调的,在这一点上古代以色列是独一无二的。"②

在希伯来人那里,服从律法即是服从上帝,上帝通过与子民以色列立约,双方进入律法的契约之中。立约的结果就是以色列接受了上帝赐予的律法;作为回报,上帝眷顾这个民族。一方面,上帝作为宇宙万物与人类的造物主具有至高无上的神圣地位,通过对上帝律法的服从,使以色列人的遵行获得了神圣性;另一方面,律法由上帝赐予,遵行律法即是承认上帝的至高地位,对于遵守一方来说,"在上帝之下"实际就是"在律法之下",反之亦然。上帝及其律法高踞以色列之上,构成了以色列人信仰与服从的终极对象;而上帝赐予的律法相对于人所制定的法律而言构成了一种"更高级的法律"(a higher law),所以在逻辑上排斥了具有随意性的人之意志而成为人类所服从的终极对象,从而为所有人都在法律之下奠定了坚实的基础。③从律法的角度看,希伯来君主制的根本特征体现为王在"法"下——君王虽在万人之上,但却在上帝与律法之下:"重要的是有史以来第一次君主不再是无所不能的了,而是要受到神圣规约的限制。犹太人发明了这一教义,

---

① 有关"律法之治"的介绍,参见 Martin Sicker, *The Political Culture of Judaism*, Westport, Conn.: Praeger Publishers, 2001, pp. 51—68。

② [英]芬纳:《统治史(卷一):古代的王权和帝国》,马百亮、王震译,华东师范大学出版社 2010 年版,第 117、137 页。

③ 参见肖滨:《在约法之下:〈创世记〉与〈出埃及记〉的政治哲学解读》,载《现代政治与传统资源》,中央编译出版社 2004 年版,第 87 页;William A. Irwin, "The Rule of a Higher Law", in Milton R. Konvitz, ed., *Judaism and Human Rights*, p. 101。

并由此发明了'有限君主制'的概念。有些领域君王本人是不可干涉、不可修改的。他的存在仅仅是为了执行神圣律法，因为律法面前，人人平等"。[1]

（二）祭司对王权的制约

祭司群体早在出埃及时就已确立，摩西奉上帝之命将亚伦及其后代立为祭司，利未人则世代充任专门的神职人员，他们都不受行政力量的左右。王国建立后，撒督及其后裔世袭担任大祭司一职。祭司职位由世袭产生，而非出自君王的任免，这一特征保证了祭司群体得以相对独立地履行宗教职权。但这并非意味着祭司群体在希伯来社会就是一个特权阶层："祭司不允许将自己视为社群的头领，他们是一个社会地位由其职能所决定的阶层；在某种特定意义上，他们就是上帝的仆人。正是由于这个仆人身份，他们担负着义务而非特权。"[2]

祭司通过献祭行为与上帝沟通得到神的指示和决断，对此君王必须加以执行，这一原则早在摩西时代就已确立。摩西在立约书亚为继承人后，要求后者遵照祭司的判断而行："他要站在祭司以利亚撒面前，以利亚撒要凭乌陵的判断，在雅卫面前为他求问。他和以色列会众，都要遵以利亚撒的命出入。"[3] 进入王国时代，君王必须听从来自祭司的神谕，而不能妄加行事。不仅如此，君王的登基通常要由祭司膏立，扫罗、大卫等许多君王皆以此确立王权。祭司也能废除君王，祭司耶何耶大率领兵士杀死信奉巴力的女王亚他利雅，拥立约阿施为王。[4] 此外，与近东其他国王往往兼有祭司的功能不同，希伯来君王不仅不能充当祭司，而且被再三警告不得代替祭司进行献祭以干预宗教事务。扫罗在与非利士人交战前代替撒母耳擅自献祭，结果得到"王位必不长久"的警告，等等。[5]

---

① ［英］芬纳：《统治史（卷一）：古代的王权和帝国》，概念性序言，第 20—21 页。
② Milton R. Konvitz, "Judaism and the Democratic Ideal", in idem, ed., *Judaism and Human Rights*, p.127.
③ 《民数记》27：21。
④ 《列王纪下》11：4—16。
⑤ 《撒母耳记上》13：13—14。

（三）先知对王权的制约

"先知"在古代近东地区是个较为普遍的现象。但与近东其他社会不同的是，先知在以色列几乎与王权同时出现①：如前所述，通常被视为"第一个先知"的撒母耳传达上帝的旨意膏立扫罗，从而宣告了王权的确立。与君王和祭司的世袭特征不同，先知是经由神之呼召来向民众或君王传达神言的使者。"言说"在希伯来人那里不只是一种话语，更是一种权力。先知通常在狂迷中接受神之默示，通过发布预言被赋予独特的领袖气质；著名学者韦伯认为，先知意指一种"纯粹个人性之卡里斯玛禀赋的拥有者"，肩负使命以宣扬神之诫命。② 在前赴后继的先知推动下，从公元前8世纪中叶开始兴起一场影响深远的先知运动。在此运动中，先知们强烈谴责了君王的专断残暴："他们双手作恶；君王徇情面，审判官要贿赂，位分大的吐出恶意，都彼此结联行恶。"③ "以色列家啊，要留心听！王家啊，要侧耳而听！审判要临到你们，因你们在米斯巴如网罗，在他泊山如铺张的网。这些悖逆的人肆行杀戮，罪孽极深。"④

先知没有阶层、年龄、性别，甚至没有国别之分，被神蒙召为先知者几乎来自社会各个群体；而且各先知之间几乎没有任何承继关系，他们的担当完全来自神之拣选，故而很难形成稳定的利益集团，只是因为共同为神代言才形成所谓的先知群体，这保证了他们可以无所顾忌地斥责社会不公与宗教混合现象，从而对王权构成了极大的威胁。先知对王权的制约主要表现在，君王通常由先知膏立，例如扫罗、大卫、所罗门、耶户等王。先知通过"神谕"（Oracles）对君王施政建言献策，这些忠告通常代表着正确的政治方向，有力地引导着希伯来社会的发展。⑤ 例如约沙法王攻打亚兰前，先知米该雅劝其不可进攻。此外，君王的所作所为通常受到先知的监督，一旦偏离律法就将遭到先知的极力斥责：大卫与拔示巴通奸而被先知拿单谴责；先

---

① Frank M.Cross, *Canaanite Myth and Hebrew Epic*, Cambridge: Harvard University Press, 1973, p.223.

② ［德］马克斯·韦伯：《宗教社会学》，康乐等译，广西师范大学出版社2005年版，第57页。

③ 《弥迦书》7:3。

④ 《何西阿书》5:1。

⑤ "神谕"是先知介入政治、制约王权的关键法宝，参见 M.F.C.Bourdillon, "Oracles and Politics in Ancient Israel", *Man*, New Series, Vol.12, No.1(Apr., 1977) , pp.124−140。

知以利亚严厉斥责侵夺拿伯的葡萄园后又纵容王后害死拿伯的亚哈王；玛拿西王因崇拜偶像、肆行巫术而被众先知宣告灾祸降临……故此，"先知的存在势必制约了王权，君王尽管是一国之君，万民之首，但自身不具有神性，只具有人的品质与德能，君王所创立的一切业绩也都是以神的旨意与先知的教诲为前提"。①

（四）民众/长老对王权的制约

"全体以色列人"（Klal Yisrael）的观念要远远早于王权的形成。上帝与以色列人的契约不是与某个人，而是与全体民众订立的，据此他们成为上帝的"会众"（edah/assembly）："我不但与你们立这约，起这誓；凡与我们一同站在雅卫我们神面前的，并今日不在我们这里的人，我也与他们立这约，起这誓。"② 据载在西奈山赐予《托拉》时，在场民众有60万之多，这一数字显然过于夸大，但这个记载体现了全体民众的重要性。进入士师时代，"会众"的影响力更加普遍，《士师记》经常提及"所有以色列的会众"或者"所有以色列人"。"会众"后来为"众民"（am ha-aretz/people of the land）的观念所代替。③ 立王必须要得到全体民众的认可：君主制的产生始于民众对统一王权的呼求，全体民众在吉甲立扫罗为王，由此标志着王国的开始；大卫即位也经过民众的膏立。④ 此后许多君王的即位都得到民众的认可。君王并不能独断专行，而是时常受到民众意见的掣肘。约拿单立下军功却误违扫罗誓约，按规定要被处死，民众却以强硬的态度否决了扫罗的决定，挽救了约拿单的性命。民众的意见甚至可以左右王位的废立，北部民众背弃专断残暴的罗波安即为一例。⑤ 因此，"在希伯来政体中，君王为其人民而活，他由自己无法制定的固定法（a fixed law）所统治并不能使之废除，

---

① 张倩红：《圣经时代以色列人的国家观念与国家形态》，第33页。

② 《申命记》29：14—15。

③ 关于古以色列民众代议机构的研究，参见 Robert Gordis, "Democratic Origins in Ancient Israel, The Biblical *Edah*", *Alexander Marx Jubilee Volume*, New York: Jewish Theological Seminary, 1950, pp.369-388; Mayer Sulzberger, *The Am Ha-aretz, the Ancient Hebrew Parliament: A Chapter in the Constitutional History of Ancient Israel*, Philadelphia: Julius H.Greenstone, 1909。

④ 参见《撒母耳记上》11：5；《撒母耳记下》2：4，5：1—3。

⑤ 参见《撒母耳记上》14：45；《列王纪上》12：16。

而且还受到人民的代表——民众会议的制约。"[1]

在古以色列，民众的声音通常由长老（zaqen/Elders）来传递。长老在出埃及之初即已设立，主要职责是协助军事首领管理民政：摩西被晓谕"从以色列的长老中招聚七十个人"，上帝降在摩西身上的灵被分赐给长老们以使之与摩西"同当这管百姓的重任"。[2] 长老还具有司法裁决的权力，他们通常在城门口聚会并在那里进行审判。《申命记》多次提及长老会议作为常设法庭解决法律纠纷，它是主要的地方法庭形式。[3] 实际上，士师的本义即是"审判官"（Judges）；王国建立后，这种部落权威在很大程度上仍得以保留，长老实际充当着每个村镇的权威。村镇长老由基层民众推举产生，更高级长老则由下级长老推选而来，其职责是代表民众与上层进行交涉，并在当事各方间做出裁决以伸张公义。[4] 长老还起到咨询的作用，罗波安向长老询问对待北部支派的做法，亚哈王召集长老求问如何应对叙利亚的入侵，等等。[5]

大体而言，王国时代的权力体制可以划分为：上帝高踞权力之最高巅，并且是一切权力的终极来源，其权威主要通过永恒的律法来体现；祭司充当神人之间的中保，在神面前代人祈愿又在人面前代神施恩，因而握有宗教权；先知作为神的代言者，将神之默示宣告世人，从而发挥监督权；君王作为上帝的世俗代表，直接治理民众，故而行使行政权；地方上，长老与民众不时抵抗中央王权的入侵，保护着承自远古的自由平等观念。上帝及其代表——律法、祭司、先知等神权力量从权力顶端对王权施加着种种限制与监督，而作为地方力量的民众/长老则在权力底层发挥着制约平衡作用。著名学者哈本指出，这些力量对王权构成了"制度性限制"："对以色列王权的制度性限制，首先可以从那些产生王权的内在动力得到合理的阐释。祭司极

① Mayer Sulzberger, "The Polity of the Ancient Hebrews", *JQR*, Vol.3, No.1 (July, 1912), p.2.
② 《民数记》11:16—17。有关希伯来长老的研究，详见 H.Reviv, *The Elders in Ancient Israel: A Study of a Biblical Institution*, Jerusalem: Magnes Press, 1989。
③ R.R.Wilson, "Israel's Judicial System in the Preexilic Period", *JQR*, Vol.74, No.2 (Oct., 1983), p.237.
④ 这种民众代表机构被视为古以色列社会实行民主的痕迹，参见 C.U.Wolf, "Traces of Primitive Democracy in Ancient Israel", *Journal of Near Eastern Studies*, Vol.6, No.2 (Apr., 1947), pp.98—108。
⑤ 参见《列王纪上》12:6, 20:7。长老问事的传统被一直延续下来，第二圣殿时代作为最高司法机构的犹太教公会（Sanhedrin）即由七十名长老构成。

力坚持君王由神所指定，而这附带保证了它自身在王位继承问题上的作用。部族也是一样，需要阻止君王随便掠夺他们的财产与权利。……制度上，会众独立于行政权，司法权独立于行政权，从而创造了某种平衡。"① 在此情况下，受到上下多重权力制约的君王并不能乾纲独断、专横跋扈，从而形成古代世界中独具特色的"有限君主制"之雏形②；因此可以说，希伯来王国开辟了"有限君主制与律法至上的先河"、希伯来君王是"历史上第一位'受限制的君主'（Limited Monarch）"。③

三、神权与王权二元对峙的萌芽

通过前文对王国时代政治、社会状况的考察可以发现，对王权的最大制约来自神权。实际上，雅卫被视为以色列人唯一而至高的统治者，其他任何世俗统治者都是他对万民进行统治的工具。④ 而且，贯穿《希伯来圣经》所有篇目的根本性隐喻就是，"雅卫作王"（YHWH is King）。⑤ 早在士师时代，当民众要求基甸建立王权时，基甸回答道："我不管理你们，我的儿子也不管理你们，惟有雅卫管理你们。"⑥《撒母耳记上》关于立王的记载中，

---

① Baruch Halpern, *The Constitution of the Monarchy in Israel*, p.252.

② 通过对有关文献的梳理，拉姆佩最早将希伯来王国政体称为"有限君主制"（M.Willard Lampe, *The Limitations upon the Power of the Hebrew Kings: A Study in Hebrew Democracy*, Philadelphia: University of Pennsylvania, 1914, p.42），哈奇森等人采纳了这一称呼并将之视为希伯来人的主要政治贡献（John A.Hutchison, "Biblical Foundations of Democracy", *Journal of Bible and Religion*, Vol.15, No.1（Jan., 1947）, p.35）；随后著名的圣经学者克罗斯也强调扫罗开启了希伯来"有限君主制"（Frank M.Cross, *Canaanite Myth and Hebrew Epic*, p.219）。最近有学者对《希伯来圣经》中的君主制进行了系统研究并将之划分为三种形态：士师时代的"直接神权制"（direct theocracy）、周边国家的"神性王权制"（royal theology）以及王国时代的"有限君主制"（limited monarchy），参见 Yair Lorberbaum, *Disempowered King: Monarchy in Classical Jewish Literature*, London: Continuum, 2011, pp.1-36, esp.26-35。

③ ［英］芬纳：《统治史（卷一）：古代的王权和帝国》，第 117 页。

④ Baruch Halpern, *The Constitution of the Monarchy in Israel*, pp.61-62.

⑤ 参见 Marc Zvi Brettler, *God is King: Understanding an Israelite Metaphor*, Sheffield: Sheffield Academic Press, 1989；Shawn W.Flynn, *YHWH is King: The Development of Divine Kingship in Ancient Israel*, Leiden: Brill, 2014.在《希伯来圣经》中，以"melek"直接称呼雅卫达 41 次之多，另有 13 处以动词"malak"描述雅卫登基进行统治的动作（Horst Dietrich Preuss, *Old Testament Theology*, Vol.1, Louisville: Westminster John Knox Press, 1995, pp.152-153）。

⑥《士师记》8:23。

多次强调上帝就是以色列人的王：起初上帝并不乐意百姓立王的呼声，所以对撒母耳说"他们不是厌弃你，乃是厌弃我，不要我作他们的王"；在击败亚扪人之后，上帝又借撒母耳之口说"其实雅卫你们的神是你们的王"。[①]《诗篇》中更是充满了"雅卫即王"的主题："神自古以来为我（们）的王，在地上施行拯救。……雅卫作王，万民当战抖。……王有能力，喜爱公平，坚立公正，在雅各中施行公平和公义。"[②] 经常用来指称上帝的"Lord"（主）一词，本身就有统治、主宰之意。

　　在希伯来人的观念中，上帝的王权作为一种隐喻，有别于一般意义上的王权。在普遍意义上，作为创造天地及万物之主，亘古常在、广渺无边，上帝是对世界享有绝对而至高主权的"大君王"（the Great King），是为"普世之王"、"万王之王"："因为雅卫至高者是可畏的，他是治理全地的大君王。……因雅卫为大神，为大王，超乎万神之上。地的深处在他手中，山的高峰也属他。海洋属他，是他造的；旱地也是他手造成的。"[③] 在特殊意义上，上帝还是其特选子民之王，这是针对以色列人所独有的，反映出与其子民的亲密关系："雅卫是我们的王，他必拯救我们。"[④] 当法老准备灭绝所有希伯来男婴时，上帝施以大能之手、伸展的臂将选民从埃及为奴之地解救出来，并在荒野中提供指引，而后又赐予神圣的《托拉》和迦南应许之地。[⑤]

　　如前所述，君王的力量与权能皆来自上帝，一切战功皆是"靠着万军之神雅卫的名"；君王的能力是有限的，而上帝的能力是无限的。上帝作为宇宙万物的创造主是"绝对的善"，代表着终极的公平、正义及良善，因此人民对其的服从是无条件、无保留的；而承担地上统治职责的君王只是"相对的善"，他时常为贪婪、偏邪、专制等恶的倾向所左右，故而人民对

　　①　《撒母耳记上》8：7，12：12。

　　②　《诗篇》74：12，99：1—4。

　　③　《诗篇》47：2，95：3—5。另见《出埃及记》15：18；《列王纪上》22：19；《以赛亚书》6：3，5；《诗篇》24：10，47：3，103：19。

　　④　《以赛亚书》33：22。另见《民数记》23：21；《申命记》33：5；《士师记》8：23；《撒母耳记上》8：7，12：12；《诗篇》48：3；《以赛亚书》41：21；《耶利米书》8：19；《弥迦书》2：13。

　　⑤　有学者指出，出埃及的经历即是上帝王权在历史之中的彰显，象征着雅卫（上帝王权）对法老（世俗王权）的战胜。参见 Thomas B.Dozeman, *God at War : Power in the Exodus Tradition*, New York : Oxford University Press, 1996, chap.2. 而且，著名的红海之歌也表达了上帝的王权属性："雅卫必作王，直到永永远远！"（《出埃及记》15：18）

其的服从是有限度、有保留的。当这两种义务发生冲突之时，应当毫不犹豫地选择服从上帝而非服从王权。在此基础上，形成了两大权力领域——上帝的权威与世俗的权威——的区分，并对后者施加了许多限制。其结果是，"犹太王国的君主是多余的，只有上帝才是君王。世俗君主不能违犯上帝启示给会众集会的成文法。君王不是专制的，因为虽然没有宪法机制对其加以约束，但人们的宗教情感禁止他做一些事情。这就是有限君主制"。① 希伯来人在人类历史上第一次提出了君王在上帝的约束之下的观念，并将之付诸实践："自从苏美尔和埃及开始出现有记录的历史以来，在两千五百多年的时间里，每一个国家实行的都是君主制，不仅我们所了解的中东和地中海东部地区如此，在印度和遥远的中国也是如此。这些君主实行专制，被其附庸视为神明，只有犹太王国例外，因为在那里君王要接受上帝的统治。"②

　　在此双重忠诚的抉择面前，希伯来人在历史上首次清楚地划分了王权与神权的各自职责。犹大王约沙法在进行改革时，强调了这种权力区分："凡属雅卫的事，有大祭司亚玛利雅管理你们；凡属王的事，有犹大支派的族长以实玛利的儿子西巴第雅管理你们。"③ 在神权与王权的职责区分中，萌生出了二元权力的对峙，④ 这种对立无疑是对王权的一种根本性制约。具体而言，唯有上帝同时兼有立法者、统治者、审判者三重身份："雅卫是审判我们的，雅卫是给我们设律法的，雅卫是我们的王，他必拯救我们"⑤，而世俗统治者只有行政权，立法权与审判权往往被给予君王以外的力量，从而形成一种"有限的君权"："任何人都不可妄立法度，因为上帝已将《托拉》赐予他的子民——即每个以色列人；从而没有给君王预留任何空间。……以色列人不同于其他一切民族：它的立法只来自上帝。如果一个君王无权立法，那他还能发挥什么作用？"⑥ 神权的绝对至高地位由此确立起一种"更高级的权威"（a higher authority），将所有人置于神权统辖之下，普通人据此实现了与君王在上帝之下的人格平等。这就使王权不再高高在上，而是与

---

① ［英］芬纳：《统治史（卷一）：古代的王权和帝国》，概念性序言，第72页。

② ［英］芬纳：《统治史（卷一）：古代的王权和帝国》，第160页。

③ 《历代志下》19:11。

④ J.G.McConville, *God and Earthly Power*, London: T&T Clark, 2006, pp.133-134.

⑤ 《以赛亚书》33:22。

⑥ Milton R.Konvitz, "Judaism and the Democratic Ideal", in idem, ed., *Judaism and Human Rights*, p.135.

普通人一样都要接受上帝的管辖；而上帝进行统治的主要依据就是律法，这个根本准则由是成为捍卫民权、限制王权的法宝。实际上，律法之治是有限君权具体执行的根本依据，而有限君权又是律法之治得以实现的基本保障。

希伯来"王权意识形态"的突出特点就是，立王活动在根本上是一个宗教契约，对君王权威的限制即君王必须遵守《托拉》的诫命；实际上，希伯来王权是通过"契约"（běrît）的形式确立的，这种契约观念下的王权是一种契约君主制。① 王权契约既是在上帝与君王之间订立，也是在君王与民众之间订立："王和民与雅卫立约，作雅卫的民；又使王与民立约。"② 这种立约形式表明，上帝与民众各自让出部分权力给君王从而达成一致③：上帝赐予君王合法性并委托其代理行使统治职能，民众转而接受君王的直接统治权威，而君王则负有服从上帝、保护民众之义务。④ 从仪式行为来看，契约君主制的确立通过加冕典礼得以实现。⑤ 在此加冕仪式上，有两个步骤是极其关键的：一是宣读律法书（edût）。"edût"通常指契约、法规，有学者将之译为"法度"（testimony），⑥ 因为在它上面写有立王契约的条款，而君王在统治期限内必须遵守⑦；二是由祭司往君王头顶浇膏油，通过受膏使之

① 撒母耳在米斯巴立扫罗为王时，强调"国法"（mishpat ha-melekh，应译为"王权的法规"）的重要性："撒母耳将国法对百姓说明，又记在书上，放在雅卫面前，然后遣散众民，各回各家去了。"（《撒母耳记上》10:25）有学者认为，这个米斯巴契约标志着希伯来契约君主制的建立，参见 Z.Ben-Barak,"The Mizpah Cove-nant(I Sam 10:25);The Source of the Israelite Monarchic Covenant", ZAW, Vol.91(1979),pp.30-43。

② 《列王纪下》11:17。

③ 这种权力让渡被称为"Consent"（公意），希伯来人通过立约首次确立了这一原则，意为君王的权力并非绝对，上帝与民众能将权力让出也能将之收回。有关犹太政治传统中的"公意"原则，详见 Martin Sicker, The Political Culture of Judaism, chap.3,pp.41-49。

④ 由于王权契约是在先知、君王、民众等力量的共同参与下订立的，因此又有学者将之称为"参与君主制"（participatory monarchy）。参见 S.Talmon, King, Cult and Calendar in Ancient Israel, Jerusalem: Magnes Press,1986,p.25。

⑤ 希伯来君王的加冕仪式一般包括以下环节：前往圣所。圣殿作为最为神圣的宗教场所，象征着上帝的临在；授予权标。祭司或先知将王冠（nezer）与律法书（edût）授予君王，它们分别代表统治的权柄与统治的准则，因而被视为象征王权的两大标志；行受膏礼。借此赋予王权以神圣的色彩，标志着王权的合法性源自神授；欢呼确认。受膏之后，乐师吹响羊角号、民众高声欢呼庆贺，代表着民众对王权的认可；登基典礼。君王一般选择在宗教场所举行登基，象征自己的王权由神所赐予；效忠仪式。君王完成登基之后，并不意味着仪式的最终完成，高级官员要来到他跟前宣誓效忠。详参 R.de Vaux, Ancient Israel: Its Life and Institutions, trans.John McHugh,London:Darton,Longman & Todd,1961,pp.102-107。

⑥ 参见 Z.W.Falk,"Forms of Testimony", Vetus Testamentum, Vol.11,Fasc. 1(Jan.,1961),pp.88-91。

⑦ Baruch Halpern, The Constitution of the Monarchy in Israel, p.49。

与上帝之间建立一种密切关系，"神的灵大大感动"，君王由此被称为"受膏者"。

王权的契约性质要求君王务必遵守立约所规定的王权律法，小心谨慎地使用经委托而来的权力而不得有任何僭越。对契约遵守与否的裁定主要取决于上帝，遵守契约将得到奖赏："你的众子若守我的约和我所教训他们的法度（edotai），他们的子孙必永远坐在你的宝座上"；君王对民众也负担义务："王若服侍这民如仆人……他们就永远作王的仆人"。[①] 而违反契约将遭受惩罚，上帝将使用各种手段对君王的违犯行为施行惩罚："亚述是我怒气的棍，手中拿我恼恨的杖。"[②] 这种契约并非是不可废除的，它不仅是由雅卫订立的，而且可以由雅卫所废除。君王们往往滥用权力、罔顾律法、肆意僭越，特别是到后来他们肆行偶像崇拜，"致使雅卫的怒气向以色列人发作"。上帝借先知何西阿之口发出了对王权的摒弃："你曾求我说：'给我立王和首领。'现在你的王在哪里呢？治理你的在哪里呢？让他在你所有的城中拯救你吧！我在怒气中将王赐你，又在烈怒中将王废去。"[③]

四、"有限君主制"的成因、局限及其实践

通过前面的分析可以看出，王权对于希伯来人而言不仅在词源上而且在实践上皆是一个外来的制度。希伯来人对王权的接受经历了一个较长的反复：士师时代各支派自行其是，难免造成军事软弱，而且士师作为军事首领从未保持真正的连续性；而君主政体的优点在于其稳定、高效与集权化，君主作为政治领袖成为社会权力的核心，并通过王位继承的原则使之延续。王权尽管也存在不足之处，但由于它的独特优势而使王权的建立势在必行。迫于对外争战及管理国家的需要，王权得以在希伯来人那里建立，但它固有的诸多弊端并未被他们所忽略，因此王权对于希伯来人而言是一种"必要之恶"。实际上，早在希伯来民众要求立王之初，撒母耳对有王统治的"恶"和弊端有过一段入木三分的揭露：

① 《诗篇》132：12；《列王纪上》12：7。
② 《以赛亚书》10：5。
③ 《何西阿书》13：10—11。

管辖你们的王必这样行：他必派你们的儿子为他赶车、跟马，奔走在车前；又派他们作千夫长、五十夫长，为他耕种田地，收割庄稼，打造军器和车上的器械；必取你们的女儿为他制造香膏，作饭烤饼；也必取你们最好的田地、葡萄园、橄榄园，赐给他的臣仆。你们的粮食和葡萄园所出的，他必取十分之一给他的太监和臣仆；又必取你们的仆人婢女、健壮的少年人和你们的驴，供他的差役。你们的羊群，他必取十分之一，你们也必作他的仆人。那时你们必因所选的王哀求雅卫，雅卫却不应允你们。①

在此，希伯来人首次将人的权利与王权对立起来，对后者进行不留情面的批判与谴责，充分反映出他们早在几千年前就对王权固有的压迫本性有着深刻的洞察；这种认识不但在古代近东社会前所未有，而且在人类历史上也极为超前："人类历史上没有比《撒母耳记上》第8章对王权不信任的程度更加强烈与对君王掠夺腐败行径的控诉更为尖刻的革命性文献。"②

由于希伯来王权的产生晚于其他许多权力，已有的宗教与社会权威不免对其起到制约作用。因此，希伯来人在引入外邦君主制度时，对之进行了适当改造、为之添加了诸多限制，所以没有出现"像列国一样"的绝对君主制，而是形成颇具特色的"有限君主制"："他们即使为自己加上了君王这一'轭枷'，也不能容忍压迫与专制。君王被视为民众的公仆而非他们的主人；他是在上帝之下进行统治而非取代上帝之人。于是，犹太人成为一个'反叛'（rebellious）的民族；因为他们不能容忍一名暴君，即便他来自大卫的谱系……《托拉》即是以色列人的宪法，任何人不得凌驾于《托拉》之上。君王的统治、法官的裁决都只能在《托拉》的法度内进行。正如上帝是施行公义的，君王也必须如此；正如上帝是保护弱者的，君王也必须如此。"③ 这种独特王权的形成，有着思想与制度、宗教与社会等多方面的原因。

---

① 《撒母耳记上》8：11—18。

② Abba H.Silver, *The Democratic Impulse in Jewish History*, New York：Bloch Publishing, 1928, p.4.

③ Milton R.Konvitz, "Judaism and the Democratic Ideal", in idem, ed., *Judaism and Human Rights*, pp. 136–137.

　　由希伯来人首创的"独一神论"是造成王权有限的根本原因。在希伯来人的观念中，作为宇宙创造者的雅卫是唯一而真正的主宰，世间万物无不处在他的管辖之下；这种上帝的绝对主权意味着所有人皆处于从属地位，君王自然也不例外。君王必须服从上帝的最高权威，遵守神赐的律法，以之作为统治的根本法则。此外，王权由上帝所赐，并且自一开始便被施加了诸多限制，从而为"有限君主制"的形成创造了根本前提。伊曼纽尔·拉克曼如此写道："就上帝的其他许多属性而言，我们无法武断地讲出何为上帝的主权。但可以从它不是什么来更好地知晓。它意味着没有任何人是最高统治者……所有创造物都在上帝指定的秩序中拥有各自的位置，没有人能够在上帝的许可之外行使更多的权力。实际上十分明确的是，由于犹太教仅仅承认上帝的主权，故而它得以激发如此之多的民主思想。"[①]

　　祭司、先知等精神力量的极力抗争成为限制王权的关键因素。虽然律法的规定造就了"有限君主制"，但王权具有不时扩张而违背律法的本能冲动，因此需要有力量对之进行不断的谴责与告诫。由于受到上帝的启示，祭司与先知充当起了反抗王权的"精神斗士"，他们不以一己安危为念，极力斥责君王的悖逆违法行径，奋起为公平正义奔走呼号。在他们的监督与抗争之下，君王的僭越不法行为不免有所收敛。可以说，若没有祭司与先知的抗争，将很难保障有限王权的运行，它正是在历史与制度中经过不断锤炼与挣扎而得来的。民众自由意志的发达也是抑制王权的有效砝码。民众通常借助"上帝的旨意"以作为对抗王权的合法手段，[②] 因为"反抗暴君即是服从上帝"，由此充分体现出希伯来人追求并捍卫自由的精神品格。

　　深厚而强大的部族传统也是制约王权的重要条件。以色列人自定居迦南以来一直以支派形式聚族而居，遇有战事所有支派进行商议共同对敌，某个支派并不拥有对其他支派的支配地位，这种维持了几个世纪之久的平等关系制约着部族之上的更高权威。[③] 王权的确立并没有在根本上动摇部族社会的

---

　　① Emanuel Rackman, *Modern Halakhah for Our Time*, Hoboken, N.J.: Ktav Publishing, 1995, p.18.

　　② 自由意志很早就在希伯来人那里扎根：早在埃及为奴时，法老吩咐收生婆杀死所有新生希伯来男婴，但她们因为"敬畏神"而拒绝执行法老的命令；扫罗吩咐左右的侍卫去杀给大卫提供庇护的祭司亚希米勒及其全家，侍卫却不肯伸手加害"雅卫的祭司"。参见《出埃及记》1:15—17,《撒母耳记上》22:17。

　　③ 参见 Norman K.Gottwald, *The Tribes of Yahweh：A Sociology of the Religion of Liberated Israel*, 1250-1050 *B.C.E.*, Maryknoll: Orbis Books, 1979, pp.608-621。

基础，大卫王朝的建立使犹大支派暂时获得了支配地位而损害了其他支派的利益，很快在所罗门死后北部十个支派因不满从属地位而选择了与大卫王朝决裂。① 部族势力在分裂后的南北两国仍发挥着重要作用："部落联盟与后流放社群都不是国家。在这两者之间的君主制，以不同的形式在北部支派立足三个世纪与在犹大立足四个半世纪，但很难说它渗透与改变民众心理的程度有多深。后流放社群极其容易地回到前君主制时代的生活方式，这暗示着宗族与村镇机构的某种连续性。"②

希伯来王权的不强大更有其经济与社会上的深层原因。虽然限制王权的律法传统在民众与宗教群体中拥有影响，但对于在现实政治中握有实际的、多方面权力的君王来说，仅靠精神力量来限制其权力扩张显然是难以做到的。在希伯来王国的社会结构与政治体制中存在着某种相对的、原始意义上的民主因素，正是它为各种势力与中央王权相抗衡提供了现实基础。根据铁器时代的考古资料表明，自游牧半游牧转入农耕定居生活以后，希伯来人生产资料所有制形式并未发生根本性的改变。就土地制度而言，进入王国之后的希伯来人仍然采用由部族到宗族、再到家族层层分割的集体公有形式，这种状况一直维持到君主制末期。③ 王权一旦没有有力的经济支撑，势必难以维持庞大的官僚机构以实行有效的集权统治。

正是在以上诸多条件的影响下，希伯来君王受到一系列的制约，从而表现为一种"有限君主制"的初步形态。下面选取有代表性的事件来阐明此点。

事件之一。大卫王是犹太史上最为著称的君王，也是后世弥赛亚的历史性源头；但他也犯下许多不可饶恕的罪行，其中最为突出的就是夺取赫人乌利亚之妻并将乌利亚害死。一日，闲来无事的大卫"在王宫的平顶上游行，看见一个妇人沐浴，容貌甚美"，欲火攻心的大卫随即派人进行打探，得知她是赫人乌利亚之妻拔示巴，立即将之接入宫中并使其怀上身孕。大卫与有

---

① 《圣经》中有句地方势力反抗王权的名言："以色列人哪，各回各家去吧"（To your tents, O Israel）（《撒母耳记下》20:1；《列王纪上》12:16），"tents"应译为"帐篷"，反映了人们期望回归悠久的部族传统，以此对抗王权的压迫。

② R. de Vaux, *Ancient Israel: Its Life and Institutions*, p.98.

③ 王立新：《古代以色列民族律法观念下的王权特征》，《南开学报》2008年第4期，第56—58页。

夫之妇私通，严重违反了律法的规定。但为了掩人耳目，大卫设计"借刀杀人"，写信给统帅约押将乌利亚派往"阵势极险之处"，并责令其他将士退后，致使无辜的乌利亚丧生疆场。等拔示巴为丈夫哀哭的日子一过，大卫就差人将她接到宫中，"她就作了大卫的妻，给大卫生了一个儿子"。在这整个事件中，大卫实际上犯奸淫罪于前，又犯杀人罪于后。代上帝传言的先知拿单挺身而出，为维护正义直斥大卫王的丑恶行径，并预言将引来刀兵战祸："你为什么藐视雅卫的命令，行他眼中看为恶的事呢？你借亚扪人的刀杀害赫人乌利亚，又娶了他的妻为妻。你既藐视我，娶了赫人乌利亚的妻为妻，所以刀剑必永不离开你的家。"作为对大卫的警告，雅卫"击打乌利亚妻给大卫所生的孩子"，使之染上重病并在七日内夭折。[①] 这个事件表明，即便是上帝十分宠爱的大卫王，一旦僭越律法犯有罪行也逃脱不了责罚。

事件之二。所罗门之子罗波安即位后专断残暴、恣意妄为，不仅没有改变其父苛捐重赋的政策，反而变本加厉地进行压迫剥削。所罗门王使民众负重轭，而他使之负更重的轭；所罗门用鞭子责打民众，他则用蝎子鞭责打。北部的以色列民众特地请求罗波安缓解这种高压政策，并以此作为效忠的条件。在劝说王无效后，以色列人决意与之决裂："以色列众民见王不依从他们，就对王说：'我们与大卫有什么份儿呢？与耶西的儿子并没有关涉。以色列人哪，各回各家去吧！'"[②] 北部支派对罗波安的废弃，导致统一王国自此分崩离析、由盛转衰。由此表明，君王不能恣意压迫剥削民众，否则就将失去后者的效忠。

事件之三。分裂后的北国君王亚哈看中了耶斯列人拿伯靠近王宫的葡萄园，提议与之更换或者将其买下。拿伯以葡萄园受自先人而拒绝卖给这个专制的君王，亚哈随后听从王后耶洗别的毒计，假借司法、以权谋私，以两名匪徒诬告拿伯亵渎"神和王"，然后用石头将之砸死，从而达到夺取葡萄园之目的。先知以利亚奉雅卫之名谴责亚哈的恶行，最后在民众的压力下，君王不得不"撕裂衣服，禁食，身穿麻布，睡卧也穿着麻布，并且缓缓而行"，以示知道自己之过错。[③] "拿伯的葡萄园"充分表明，君王只能在上帝

---

①　参见《撒母耳记下》11—12 章。

②　参见《列王纪上》12:1—20。

③　参见《列王纪上》21 章。

的法度内统治，而不得肆意侵夺臣民的土地或财产。

事件之四。能征善战、治理得当的犹大王乌西雅在位期间国力强盛，遂而骄傲自满，僭越王权的本分，染指祭司的献祭活动，准备"进雅卫的殿，要在香坛上烧香"。大祭司亚撒利雅率领勇敢的祭司88人一同阻挡乌西雅，斥责此举乃是犯罪："乌西雅啊，给雅卫烧香不是你的事，乃是亚伦子孙承接圣职祭司的事"，并要求他离开圣殿否则就将遭到惩罚。被激怒的乌西雅固执地坚持在祭坛上焚香，结果额上突然长出大麻风。从而，一直到死乌西雅都与神的殿隔绝，他再也无法行使王权而由其子代理。[①] 乌西雅对祭司权的侵犯而遭惩罚再度表明，神圣的事务与世俗的事务有着明确的界限，君王必须不能任意扩张自己的权力。

当然，从以上事例也可看出，大卫、罗波安、亚哈、乌西雅等王的僭越违法行为，都没有在一般法律程序上受到惩罚，而主要通过勇敢无畏的先知、祭司或民众挺身而出，捍卫律法的尊严而为。这种严重依赖于个体的制约因素使之对王权的监督无法长期有效地发挥作用，从而成为"有限君主制"的严重不足之处；正如有学者指出的，其缺陷就是"没有一个制度性机制纠正君王，使这些限制发挥作用。任何纠正君王的行动都必须是制度之外的，并取决于某一个人的英勇无畏。"[②] 而且，国势的弱小也影响着"有限君主制"的制度化运作。在埃及、亚述、巴比伦等强邻环伺的近东世界，王国政治不时遭到大国强权的插手干预，这从外部动摇着有限王权的实践。此外，缺乏制度化的重要表现就是，祭司依附于圣殿，而圣殿由君王供养，使之难以保持完全的独立性，势必使祭司的正义精神大打折扣，而且王权不时在祭司与先知之间制造矛盾、削弱神权影响以扩张自身权力。在王国后期，几乎很少看到祭司对王权的制约就是一个重要表现。与制度化的君王和祭司有固定的活动场所（王宫和圣殿）不同，先知没有固定的所在，虽然这确保了其以独立身份对君王进行监督，但先知往往是在僭越行为发生之后才进行警告，因而存在相当程度的滞后性。到王国后期，不仅先知对君王的权力监督完全失控，而且先知本身的命运也越来越悲苦，以致出现以赛亚、

---

① 参见《历代志下》26:16—21。
② [英]芬纳：《统治史（卷一）：古代的王权和帝国》，第117页。

耶利米被王权迫害致死的惨剧。正如先知们一再预言的那样，王国的厄运也随之而来：公元前586年，新巴比伦王尼布甲尼撒二世攻占耶路撒冷、焚毁第一圣殿，至此王国时代结束，"有限君主制"的早期实践也由此成为犹太史上的一段精神记忆而被尘封在《希伯来圣经》之中。①

权力制约究竟从何而来？在追溯西方民主源流时，人们往往"言必称希腊"，而对其希伯来源头关注不够。"由下制约"的希腊式民主固然是西方民主的主要源流，但希伯来人的独特贡献同样不容忽视，他们发明了一套"由上制约"的路径：在希伯来王国虽也有君主及其专制，但由于存在一种"更高级的权威"与"更高级的法律"，从而使王权受到制约。与近东其他地区神化君主的行为不同，在希伯来人那里，作为世俗权力最高代表的君王在人类历史上第一次受到多种力量的制约，对民众没有绝对的主宰地位；更重要的是，在宗教权威对君王权力进行限制的缝隙中，民众意识得以萌芽并有了一定程度的伸展。可以说，希伯来王国确立的新型权力运作模式及其所蕴含的独特而超前的政治理念，代表着对以往统治模式的革命性突破。它不仅在犹太政治传统中留下了深刻印记，而且深深影响着西方的法律与政治文化。塞西尔·罗斯对此有深刻的分析：

> 　　大卫所建立的君主制仍然保留了某种我们在今天称之为"立宪思想"的成分。作为希伯来种族的祖先的阿拉米游牧部落的民主意识非常之强。君王的权力受到公众舆论的限制，而这种舆论又往往是毫无顾忌的。人们有个基本的观念，认为在君王和他的臣民之间有个"契约"，由一个憎恨压迫、不容忍非正义的"神"来监督执行。我们找不到传统上同东方的统治者相联系的那种极端的专制主义的影子。……他（君王）已经意识到了加在自己权力上的限制。当一个受人民欢迎的代表指责他的行为时，他虽然无言以对，但却不敢流露出自己的不满。从这些小事以及其他类似的事件中可以看出，显然他明白自己的特权是受

---

①　限于历史文献与考古资料的极度匮乏，对希伯来王国政治体制的研究难以进行全景式的论述而只能呈现为很有限的片段，但体现在《希伯来圣经》中的律法至上、王权有限等观念的后续影响不可低估。后世许多思想家从中寻经据典作为以资利用的思想资源，他们并不在乎《圣经》有关记载是否为真实的历史而是将之作为一种话语，但这种话语却在后世西方政治思想的构建中发挥了实实在在的推动作用。

到严格限制的。在他之后的继任者身上，我们也可以发现类似的情形。这种对最终基于统治者与其臣民之间的一种协定的君主制度并使统治者的权力受到公共舆论和道德约束的观念，无疑是人类思想史上极为重要的观念之一。因为正是 17 和 18 世纪对这种观念的研究、复兴和仿效，才导致了现代欧美立宪思想的产生，并因此在人类命运的发展进程中起到了不可估量的重要作用。①

通过对希伯来王国"有限君主制"的考论，可以形成以下几点认识：

其一，希伯来王国的独特性不仅表现在王权的有限性上，而且体现于君主制与氏族制的关系之上。按照马克思主义的观点，国家是"阶级矛盾不可调和的产物"，国家起源的道路是打碎氏族制度，国家的产生主要是为了镇压的需要而来。实际上，希伯来国家的形成没有经历一个奴隶社会，而且它与王权的诞生同步，其产生主要出于管理需要（社会结构变化、外族入侵、邻国影响等）；希伯来王国的建立不仅没有打破部族制度，并且是在此基础上建立，长老与民众的作用得到极大的保留。由此体现出一种全新的国家形态，树立了早期国家的典范，为国家起源理论的新探索、新认识提供了典型的个案。

其二，希伯来人对人类政治形态发展的历史贡献绝不容忽视。希伯来王国政治所体现的"律法至上"、"君权有限"等观念，作为一种铭刻在《希伯来圣经》中的精神遗产为基督教所承继，在耶稣等人的发挥下正式形成二元权力的区分②；经基督教的再度传递，到中世纪后期随着主体权利意识的滥觞而发展为现代西方国家分权制衡机制的历史性起源。众所周知，王权的压缩与民权的扩张是中世纪晚期以来人类政治文明发展的一条主线。在13 世纪的英国，反抗王权的贵族们高高举起《圣经》，援引其中希伯来王国王在律法之下的观念，迫使专制跋扈的约翰王签署了象征限制王权、扩大民

---

① ［英］塞西尔·罗斯：《简明犹太民族史》，黄福武等译，山东大学出版社 1997 年版，第 22 页。
② 希伯来王国对王权与神权各自职责的区分，在耶稣那里得到进一步的发展："凯撒的物当归给凯撒；神的物当归给神"（《马太福音》22:21）。如果说希伯来王国的二元权力区分只是萌芽，而基督教则将之作为一条根本准则固定下来。有关希伯来—基督教传统在民主之链中的作用，参见 Millar Burrows, "Democracy in the Hebrew-Christian Tradition: Old and New Testaments", in Lyman Bryson & Louis Finkelstein, eds., Science, Philosophy and Religion: Second Symposium, New York: Harper and Brothers, 1942, pp.399-412.

主的《大宪章》(*Magna Carta*)。差不多与之同时的"普通法之父"、中世纪英国著名法学家布拉克顿,也认为必须为王权套上"法律的笼头",从而阐发出"王在法下"的宪政金科玉律:

> 国王不在任何人之下,但却在上帝与法律之下,因为法律造就了国王。故此,国王应当将法律赐予他的东西——统治和权力——归还给法律。这是因为,实际上在由意志而非由法律行使统治的地方没有国王。由于他是上帝的代理人,那么就应当置诸于法律之下,⋯⋯就让法律这个权力的笼头来抑制他的权力,这样他将依据法律而行。①

这一概念的提出,标志着宪政制约理念取得了根本性的突破。到了近代,霍布斯、洛克、孟德斯鸠、卢梭等人又在此基础上完成"社会契约"、"分权制衡"等理论的建构,从而为绝对君主制敲响了丧钟。

其三,"有限君主制"反映了犹太民族追求自由、争取平等的宝贵精神传统。这种独特而超前的希伯来政治理念,萌芽成长于希伯来人漫长的社会体验之中:"古代闪族游牧者(即希伯来人)可能并不理解'democracy'一词,但深深植根于他的无意识地生活理念(unconscious theory of life)与该词所要表达的意思相一致。那些为公元前5世纪雅典自由公民所标榜的最高成就,实际上在以色列的祖先那里是理所当然之事。我们有必要记住这个事实:在以色列人随后的历史进程中,这种感觉的存在——它几乎不是一种观念,也未发展出对应的词汇——对这个民族的实际维系以及对希伯来人最终贡献给世界的启迪有着深远的意义。"② 另如米尔顿·康维兹指出的,"先知与拉比们并没有预见所有的民主制度;这些机构的演进是由那些感到对它们的需要是不可阻挡的有识之士推动的,甚至也是由那些阻挡它们出现的人们所推动的。但是,民主的根本精神与民主的内在价值牢牢植根于犹太民族

---

① Henry de Bracton, *On the Laws and Customs of England*, Vol.II, trans.Samuel E.Thorne, Cambridge, MA: Harvard University Press, 1968, pp.33,306.其实,布拉克顿的推论十分简单(其一,国王<上帝;其二,上帝=法律;那么,必然推出:国王<法律),这主要从希伯来王国有限君主制的传统中获得启示:上帝高于一切,上帝的话即是法律,法律是上帝意志的体现;如果国王在上帝之下,那么他一定也在法律之下。

② W.O.E.Oesterley & T.H.Robinson, *A History of Israel*, Vol.1, Oxford:Clarendon Press, 1932, p.105.

的心中。"① 虽然古代的权力制约与现代的分权制衡之间有着本质的区别，但"律法至上"、"君权有限"的思想及其实践既是对前王国时代自由平等观念的历史继承，也见证了希伯来人为确立、捍卫、维护这一原则所作的不懈努力。

---

① Milton R.Konvitz，"Judaism and the Democratic Ideal"，in idem，ed.，*Judaism and Human Rights*，p.139.

第 三 章

塔木德时期散居犹太人的国家权威观

在漫长的散居过程中，犹太人不可避免地被置于非犹太政权的统治之下，从而遭受犹太律法与外邦法律的双重约束，与之相应的权威问题随之产生。著名学者萨洛·巴龙强调道，"有关'王国法律'的相关问题对散居中的犹太—非犹太关系的整个历史极端重要"[①]。由于犹太律法与外邦法律之间存在巨大差异，为了维护散居犹太人的生存就有必要对前者作出某些调整。这种调整的最典型体现即是"王国之法便是法"（*dina de-malkhuta dina*/the Law of the Kingdom is Law，也作"所在地之法便是法"）的准则[②]，它代表着散居犹太人对于所在地国家权威的深刻认知，既是对流散生活的积极回应也是对现实秩序的政治默许。换言之，犹太人虽然在散居中丧失了政治主权但政治传统并未就此中断，因而它在犹太政治观念史中有着承上启下

---

① Salo W.Baron, *A Social and Religious History of the Jews*, Vol.5, New York: Columbia University Press, 1967, p.324, n.93.

② 对此准则的研究主要集中在国外学界，利奥·兰德曼率先对其所体现的犹太流散生活的适应性特征进行了系统分析（Leo Landman, *Jewish Law in the Diaspora: Confrontation and Accommodation*, Philadelphia: Dropsie College, 1968），撒母耳·施洛探讨了其在犹太律法中的依据（Shmuel Shilo, *Dina de-Malkhuta Dina* (in Hebrew), Jerusalem: Jerusalem Academic Press, 1974），而格里·格拉夫则以其在解放之后的演变为研究对象（Gil Graff, *Separation of Church and State: Dina de-Malkhuta Dina in Jewish Law*, 1750—1848, Alabama: University of Alabama Press, 1985），等等。国内学者张淑清在探讨中世纪犹太社团的法律地位时，对其略有介绍但未详细展开，张淑清:《中世纪西欧犹太社团及其历史作用探析》,《世界历史》2006 年第 6 期,第 48 页。总体来看,以上有关研究缺乏犹太政治思想史的视阈考察。

的重要地位。①

　　现以塔木德及中古时代为考察时段，拟对这项准则的历史背景、经典依据、适用范围以及有限性等方面进行分析，源自《巴比伦塔木德》的著名法律箴言——"王国之法便是法"，经许多拉比的讨论辩驳进而发展为散居犹太人处理与非犹太人关系的基本准则之一。一方面，它明确了散居犹太人对于居住国的义务：作为所在地域的子民，应当像本地人一样尊重属地权威、承担纳税职责；另一方面，所在国的权威又是有限的：一旦超出某种限度或与犹太律法相冲突，它便不再是法。其实质是，为维持犹太社团而向外邦权威所作的必要妥协；与其说它是一项法律准则，毋宁说是一种生存策略。

一、第二圣殿被毁对犹太政治的影响

　　对于犹太散居史而言，公元 70 年的第二圣殿被毁是具有决定意义的标志性事件。它给犹太世界带来巨大的精神创伤，与上帝进行沟通的渠道遭到破坏，一道无形的高墙自此横亘在上帝与以色列之间。② 丧失政治主权后，拉比贤哲对流散前的犹太政治进行了重新评判。③ "因为我们的罪而遭流放"，拉比传统将第二圣殿被毁归于杀戮与亵渎，《塔木德》贤人对此作了极为沉痛的反思："为什么第一圣殿被毁灭了？因为三件事，……偶像崇拜、不洁和谋杀。那第二圣殿毁灭的原因呢？因为他们没有努力学习《托拉》、遵守诫律并施行善行吗？为什么会在那时被摧毁？是因为他们相互之间没有理由的憎恨。"④

　　进入大流散后，散居的特殊处境使犹太人遭受着双重文化的困境；作为

---

　　① 犹太政治观念研究是近年来蓬勃兴起的重要领域，以迈克尔·沃尔泽为首的众多学者计划陆续推出四卷本的巨著——《犹太政治传统》；该书英文版已出两卷并且被译成中文，[美]迈克尔·沃尔泽等编：《犹太政治传统（卷一、二）》，刘平等译，华东师范大学出版社 2011 年版。

　　② 参见 Baruch M.Bokser, "The Wall Separating God and Israel", *The Jewish Quarterly Review*, New Series, Vol.73, No.4(Apr., 1983), pp.349-374。

　　③ Adiel Schremer, "'The Lord Has Forsaken the Land': Radical Explanations of the Military and Political Defeat of the Jews in Tannaitic Times", *Journal of Jewish Studies*, Vol.59, No.2(Autumn, 2008), pp.183-200.

　　④ *Babylonian Talmud*, Yoma 9b.

犹太社群的主导者，拉比们将着眼点放在如何为散居犹太人提供精神力量、维持民族延续之上。具体来说，确立拉比在社团中的领导地位，重建犹太教法庭（Beth Din）与犹太教公会（Sanhedrin）处理一切民事刑事问题。此外，制定统一的祈祷仪式"阿米达"（Amidah，意为"站立"），规定一日三次祈祷，祈祷时站立面朝圣殿的方向；由于共有十八条内容，也被称为"十八祝祷词"（Shmoneh Esreh）。值得注意的是，该祝祷词第十二条——"异端"（Birket ha-Minim）[1]是拉比派大规模清除异端、整顿教规的标志，通常被视为对当时置身于犹太人中间的基督徒之革除驱逐。通过一系列有力的举措，拉比成功地实现了内部整合与权威建构。[2]

公元135年巴尔·科赫巴起义的再度失败，导致犹太人彻底被逐出圣地。更为重要的是，拉比派中仅存的支持反抗者在这场战争中被摧毁。幸存下来的拉比们汲取反抗战争的惨痛教训，强调通过循环往复的仪式遵守积极为《托拉》修筑更多的藩篱。《塔木德》的成书正是这种努力的最高体现，它的整理与编订成为后圣殿时代犹太社会转型的深刻缩影。[3] 由于经常的战乱及政局的动荡，大约在公元200年前后，犹太教公会首领犹大·哈纳西（Judah HaNasi）在许多拉比学者的协助下着手将此前众多拉比贤哲的言论汇编成书，名为《密释纳》（Mishnah，意为"诵读"、"复述"）。此后经过几个世纪的努力，终于在500年左右完成对《密释纳》的解释即《革马拉》（Gemara，它由巴勒斯坦与巴比伦两地的拉比分别进行），两者合起来统称《塔木德》。《塔木德》的成书，为处境极度艰难的散居犹太人提供了一本可供参考、以资借鉴的生活指南，由此标志着一个新的时代——塔木德时代的到来。对此，纽斯纳一针见血地指出："与其说它（《塔木德》）是一部书，

---

① 有关此条祝祷词的分析，参见 Yaakov Y.Teppler，*Birkat HaMinim：Jews and Christians in Conflict in the Ancient World*，trans.Susan Weingarten，Tübingen：Mohr Siebeck，2007；Ruth Langer，*Cursing the Christians? A History of the Birkat HaMinim*，Oxford：Oxford University Press，2011。

② 实际上，拉比的权威也来自想象的建构：为防止社团内部的犹太人为异端所引诱，拉比们不惜使用各种手段（甚至巫术、奇迹等非常规方式），以增强宗教吸引力、确立自身合法性。参见 Kimberly Stratton，"Imagining Power：Magic，Miracle，and the Social Context of Rabbinic Self-Representation"，*Journal of the American Academy of Religion*，Vol.73，No.2（June，2005），pp.361–393。

③ 对《塔木德》成书背景的详细介绍，参见《密释纳·第一部：种子》，张平译注，山东大学出版社2011年版，导论，第14—27页。

还不如说它是一项精神上的千秋大业。"①

尤为值得注意的是，第二圣殿被毁与犹太人开始大流散对此后的犹太政治产生了深远的影响。两次反抗罗马的失败表明，武装斗争并不能使犹太人摆脱异族的统治；相反，他们应当为自己居住的国家祈求和平。安于流散而不抗拒的思想可以在先知耶利米那里找到源头："我所使你们被掳到的那城，你们要为那城求平安，为那城祷告雅卫，因为那城得平安，你们也随着得平安。"② 生活于罗马—犹太战争期间的副祭司哈尼那，也体会到承认外邦政府的必要性："为朝廷的安宁而祈祷吧。要是没有了对朝廷的敬畏，人就会活活吞噬他的同类。"③ 而拉比传统的重要开创者约哈南·本·撒凯揭开了与异族统治者合作的序幕，他通过与罗马帝国合作得以在亚布内建立学院，从而保存了犹太民族的火种。编定《密释纳》的犹大·哈纳西也是与统治者合作的代表，他在任期间修复了与罗马当局的关系并取得后者的认可，获得了向犹太人征收税收、任命法官等权力。

二、"王国之法便是法" 准则的由来与经典依据

到 3 世纪，拉比撒母耳（约 165—257）正式将与外邦统治者合作的思想发展为一种政治哲学。撒母耳出生、成长并受教于巴比伦流散地，他与当地统治者萨珊波斯宫廷关系十分密切，并从统治者那里获得流放领袖（Exilarch）一职。为了避免触怒波斯统治者，他甚至拒绝为反抗波斯而惨遭杀害的 1.2 万巴勒斯坦犹太人哀悼，这在当时引起一些拉比的不满。④ 实际上，他与外邦统治者合作的深刻用意植根于其独特的神学政治观念之中。撒母耳强调，外邦统治者是上帝的工具，因此反抗外邦统治者即是反抗上帝；与外邦统治者的合作对于犹太人在散居地的生存延续至关重要，甚至构成等待弥赛亚降临获得最终解救的必要前提："当前与弥赛亚时代之间

---

① ［美］亚伯拉罕·柯恩：《大众塔木德》，前言，第 2 页。

② 《耶利米书》29：7。

③ Aboth，3：2，参见《阿伯特：犹太智慧书》，阿丁·施坦泽兹诠释、张平译，中国社会科学出版社 1996 年版，第 37 页。

④ Leo Landman，*Jewish Law in the Diaspora：Confrontation and Accommodation*，p.20.

的唯一区别即是遭受外邦国家的奴役。"① 而"王国之法便是法"的准则正是撒母耳现实主义政治哲学的根本体现。与该准则相关的四处《塔木德》来源均表明撒母耳是其提出者。现将《塔木德》有关段落及评注摘录转译如下：②

（1）《巴比伦塔木德·许愿》28a：

撒母耳说：王国之法便是法？③ 拉比赫勒纳以拉比卡哈纳（而后者是以撒母耳的名义）的名义说：《密释纳》指一个不受法律限制的收税官。④ 拉比亚纳的学派回答道：这指一个未经授权的收税官。

（2）《巴比伦塔木德·离婚》10b：

所有为异教法庭接受的文件，即使它们由外邦人签署，都是［对犹太法庭］有效的；但离婚与奴隶解放的令状除外。拉比西缅说：这些也是有效的，只有当它们由未经授权者起草时被宣布［为无效］。［《密释纳》］规定了在出售物和馈赠品之间没有区别的综合性准则。可以理解为，这项准则应当适用于出售物，因为买方于当面⑤交付价款时便获得了标的物的所有权，而单据仅是一个凭证；如果他不能当面交付价款，他们将不会冒险⑥为他开示出售单据。但就礼物而言［它是不同的］。［接受者］通过何种途径获得所有权？通过这份单据［，不是吗］？这份单据仅是一块黏土？⑦ 撒母耳说：王国之法便是法。

---

① David Biale,*Power and Powerless in Jewish History*,New York:Schocken Books,1986,p.40.
② 主要有四处：Nedarim,28a;Gittin,10b;Baba Kama,113a-b;Baba Batra,54b-55a.现今最权威的《塔木德》英文版本为宋西诺版《巴比伦塔木德》(Isidore Epstein,trans.& ed.,*The Babylonian Talmud*,35 vols.,London:Soncino Press,1935—1952;Reissued in 18 vols.,1961)；后来全部被做成网络版，参见 http://www.halakhah.com/,此处所引《塔木德》内容即来自于此。
③ 因此,收税官拥有合法的要求:为什么法律允许所有权人以虚假宣誓的方式逃避纳税?
④ 在罗马代理人的情况中,存在着大量的非法勒索,尤其是入市的通行税。
⑤ 当非犹太法官的面。
⑥ 即对自己(他们的声誉)造成伤害。
⑦ 假设一份源自非犹太法庭的契据不构成购买凭证,为何应当将这份契据视为有效?

（3）《巴比伦塔木德·首门》113a—b：

　　为什么撒母耳"王国之法便是法"的格言不适用于关税征收官？拉比卡哈纳说，关税征收官不受任何限制［显然没有依法行事］。拉比亚纳的学派说：我们这里是针对随心所欲的关税征收官而言的。① ……前面的内容［讲到］，"撒母耳说：王国之法便是法。"拉巴说：这可以如下事实来证明：政府当局［未经所有者同意］砍倒棕榈树［以之］建造桥梁，而我们通过在桥上行走使用了它们。② 阿巴耶对他说：这或许是因为所有者与此同时放弃了这些树木的所有权。然而，拉巴对他说：如果王国之法不是法，他们为何要放弃所有权？还有，官员们并没有充分执行统治者的命令；因为统治者命令他们去每个山谷［以同等的比例］砍伐树木而他们仅从某个特定的山谷砍伐，［那么我们为何要使用由那些比例失衡的木材所建成的桥梁呢？］统治者的代理人就如同统治者本人，他们并不为此［以同等比例去安排］而感到麻烦。正是树木的所有者为自己带来了损失，因为他们从所有山谷的拥有者那里获得了税款，并将款项上交［以用于支付公共开支］。

（4）《巴比伦塔木德·末门》54b—55a：

　　拉夫犹大以撒母耳的名义说：异教徒的财产③如同荒地，谁先占有谁将获得所有权。原因在于一旦异教徒接受了款项，他便不再是所有权人，而犹太人直到获得出售契据后才成为所有者。④ 因此，［在此期间］这块土地便如同荒地，第一个占有者将成为所有者。⑤ 阿巴耶对拉比约瑟夫说：撒母耳的确说过这个吗？难道撒母耳没有制定王国之法便是法，国

---

　　① 没有得到统治者的授权。

　　② 根据宗教法律，如果王国之法不是必须遵守的，那么以这种方式建造桥梁来使用就是一项罪行。

　　③ 这指随后出现的情况，异教徒将财产出售给已经支付款项但尚未收到出售契据的以色列人。

　　④ 规则是如果一个犹太人从另一犹太人手中购买土地，卖方仍保留其所有权直至买方收到地契为止，而且直到那时任何一方都可撤回。但如果是异教徒将土地出售给犹太人，一旦支付款项后，双方都无法撤回；尽管在这种情况中，犹太人也是直至收到地契后才成为所有权人。

　　⑤ 然而，他必须对买方进行赔偿。

王没有规定土地不能通过一份契据而获得？拉比约瑟夫回答道：我对此毫不了解。[1] ［我只知道］在一件来自杜拉村[2]的案例中，一名犹太人从异教徒手中购买了土地，而另一名犹太人来到此地并开垦了其中一小部分；当这个案件被呈递至拉夫犹大跟前时，他将这块土地分配给了后者。阿巴耶回答道：你讲到的杜拉村？那里的土地属于那些隐藏身份且不向国王交税的人们，国王曾规定谁交纳税收[3]谁就应当享有土地的收益权。[4]

根据上述《巴比伦塔木德》原文有关这项准则的最初讨论，可以解读出若干基本信息：在（1）和（3）中，臣民有承担合理税收、建造桥梁等必要的公共义务，正当任命的收税官的正当行为被视为有效；但由于不能完全以同等比例分配，统治者可能损坏某些人群的利益从而造成实际的不公平，故此外邦收税官的随意征税通常被视为抢夺。（2）对出售物与馈赠品进行了区分，强调犹太人有义务遵守异教徒的法规；而在（4）中，犹太人可以占有并使用异教徒的土地，谁先占有即是它的所有者，谁向政府替拖欠税收的所有者缴纳土地税就应因此成为该土地的新主人。但这些规定暗含着犹太律法的独立性，即主张在遵照犹太自身规定的基础上对外邦法律表示接受与认可。

三、"王国之法便是法"的适用范围、限制条件及其所反映的国家权威观

值得注意的是，《塔木德》除多次提及拉比撒母耳是"王国之法便是法"的提出者外，并没有对其最初渊源加以说明。[5] 而直到后塔木德时代的加昂们[6]，尤其是 12 世纪的迈蒙尼德才为之完善了神学及法理上的依据。

---

① 至多可以说，他不相信国王对此进行了规定。
② 一个村庄名，大概位于巴格达北部的提格里斯。
③ 在那个情况中，犹太人来到并从事开垦工作。
④ 因此，我们从此推断出从异教徒手中买进的土地就如同荒地。
⑤ Shmuel Shilo, "Dina de-Malkhuta Dina", in *Encyclopaedia Judaica*, Second Edition, Vol.5, Detroit: Macmillan Reference, 2007, p.664.
⑥ 加昂（Gaon），起初在希伯来语中意为"卓越"、"荣耀"，后来发展为对犹太学院首脑的一种尊称，特别是广泛用于 7 至 11 世纪巴比伦流散地的律法权威与杰出学者。

主张圣经来源（de-'oraita）的拉比认为，[1] 早在"巴比伦之囚"后处于异族统治下的犹太人已经意识到应当遵守外邦法律，这也是来自上帝的意志，正如经上所说："这地许多出产归了列王，就是你因我们的罪所派辖制我们的。他们任意辖制我们的身体和牲畜。"[2] 而坚持拉比来源（de-rabbanan）者，强调犹太人在某些方面接受非犹太法律是因为后者的目标同样是为了维持正义与秩序，这可以从2世纪产生的关于外邦正义的概念——"挪亚七诫"（seven Noahide laws）[3] 找到依据，其中第七条即建立正义的法庭进行裁判："由于（非犹太人）同样服从法律（dinim）……这些规定都是有效的法律。……这不是国王权力的结果，而是因为对挪亚诫命所规定的法律之服从。"[4]

更为实际的依据是，犹太人服从属地法律及权威是出于一种功利主义的实用目的。为了在异族统治的情况下生存，犹太人有必要以适当的经济损失换取社团的独立地位。中世纪法国著名的拉比撒母耳·本·迈尔（Samuel b. Meir）将之解释为与外邦统治者订立的契约关系（contractual）——所有的居民以其自由意志接受了国王的法令与律例，通过承认王国的法律秩序而得以在国境内居住："所有正式的与特别的税收，以及国王颁布的一切法令都是法律，因为王国的所有臣民都自愿接受国王的法规与命令。因此，这些都是必须遵守的。"[5] 迈蒙尼德进一步提出"默许的公意理论"（Tacit Consent），强调臣民对国王权威的承认是集体意志的默许，从而界定了两者之间的基本关系："（臣民）视（国王）为他们的主人、而视自己为他的仆人。"[6] 这种契约关系暗示着双方各自放弃了一部分主权：犹太人承认王国法律的权威，王国法律要对犹太人进行保护；犹太人主动向国王交纳税收，

---

① Aaron Kirschenbaum & Jon Trafimow,"The Sovereign Power of the State:A Proposed Theory of Accommodation in Jewish Law",*Cardozo Law Review*,Vol.12,No.3-4(Feb./Mar.,1991),p.925.

② 《尼希米记》9:37.

③ *Babylonian Talmud*,Sanhedrin,56a.据说它是由上帝直接颁给挪亚子孙的诫律,犹太传统相信这是所有人类都应当共同遵守的命令。

④ S.L.Stone,"Sinaitic and Noahide Law:Legal Pluralism in Jewish Law",*Cardozo Law Review*,Vol.12,No.3-4(Feb./Mar.,1991),p.1209.

⑤ Leo Landman,"Dina D'Malkhuta Dina:Solely a Diaspora Concept",*Tradition*,Vol.15,No.3(Fall,1975),p.90.

⑥ ［美］迈克尔·沃尔泽等编:《犹太政治传统(卷一)》,第406—407页。译文有所改动,下同。

而国王则给予犹太人自我管理的权利。

具体而言，"王国之法"在土地与税收等民事经济领域（dinei mamonot）对犹太人具有约束力。在土地问题上，由于国王是其领地上的最高统治者，整个领地都是国王的财产，因而他对此拥有绝对的处置权；所有生活在其领地上的臣民均应承担相应的公共义务，国王有权将不遵从王国法律者从领地逐出。由于土地属于国王，因此他向民众征收相应的税收为合法，实际上国王也只有通过征税才能维持各项必要的公共设施。犹太人作为所在地居民自然也不例外，承担纳税义务是理所应当的职责，《塔木德》多次对国王拥有的征税权表示认可，逃税的行为被视为对国王的抢夺。莫迪凯·本·阿什肯纳齐对此解释道："我们必须向统治者交纳他认为合适的税额。任何拒绝交纳者都应被处死或监禁，并罚没收全部财产。……这是根据'王国之法便是法'。他们的行为纯粹是抢劫，等同于无法无天的收税官，《密释纳》将之与谋杀、掠夺列在一起……"[1]

与征税权密切相关的就是，国王是否有权惩罚臣民以及没收其财产的问题。这种权利在《塔木德》曾被提及，拉比权威也对此加以确认但同时又规定它只在某些情况下有效。因此，犹太人对于外邦权威的承认是有条件的。首要的前提条件即外邦国王必须为遵守法律并能行使有效管辖的合法统治者，其重要标志就是发行铸币并在国境之内流通，否则他的法令就不是"王国之法"："以上所有法则仅仅适用于这样的国王：他所发行的铸币在相关地区流通，这表明此国的居民已经认可他，并明确将其视为他们的主人、而视自己为他的仆人。但是，如果他所发行的铸币不在上述地区流通，那么，他将被视为使用武装匪徒实施暴力的抢夺者，他的法令没有约束力。而且，这样的国王及其所有官员在各个方面都被认为是抢夺者。"[2] 而且，外邦统治者必须遵照王国古老的法律而非自己制定的法律，因为后者往往具有恣意专断的倾向而不如前者可靠有效：在中世纪，古老的法律即是纯正的法律，纯正的法律也是古老的法律。[3] 为了否定国王新的立法，拉比们更加偏

---

① George Horowitz, *The Spirit of Jewish Law*, New York: Bloch Publishing Co., 1978, p.79.

② *Mishneh Torah*, Gezelah, 5:18, 转引自 Shmuel Shilo, "Maimonides on 'Dina De-Malkhuta Dina (The Law of the State Is Law)'", *Jewish Law Annual*, Vol.1(1978), p.147。

③ Fritz Kern, *Kingship and Law in the Middle Ages*, trans.S.B.Chimes, Oxford: Basil Blackwell, 1939, p.151.

好古老的习惯法:"王国之法为犹太律法所接受的唯一条件是,当这些法律为王国境内所有人都知晓并接受,并且它们为现任统治者之前的所有国王遵守。这些法律必须记载于王国编年及法典之中。"① 换言之,"王国之法"(*dina de-malkhuta*)应当遵守,"国王之法"(*dina de-malka*)则不然。

法律之下的平等原则也是必不可少的前提条件,王国之法必须对境内所有居民一视同仁、同等对待,不得针对某些人群制定特别的法律,否则被视为"王室的抢夺"(royal robbery)而无效。② 迈蒙尼德对此解释道:"任何由国王颁布的适用于所有人而非某个人的法律,就不被视为抢夺。但如果他不是遵照为所有人都认可的法律而是以暴力行为从某个臣民那里夺取,那么,不论从后者身上夺走什么,都被视为抢夺。"③ 国王不能为一己私利随意增加税额,歧视性的税收不被视为法律,税收如果从一开始就不被固定,国王可能将之作为压在社团身上的专制负担——"王国之轭"。因此,对于法律平等的要求甚至超过了对于政府合法的要求:"即使征税的政府是合法的,但如果税收体制不公正,就正如——一部分人受到歧视而需交纳比其他人更多的税收——那么,这项准则也不适用。"④ 实际上,由于犹太人在各地普遍的外来者身份,争取平等对待对于克制犹太人被歧视有着至关重要的作用。

对于视《托拉》律法为其最高主宰的犹太人而言,这项准则实际上不仅受到不少条件的限制,而且在许多具体的领域不被适用。几乎所有的拉比都认为,"王国之法"不适用于安息日、饮食法、节日遵守等宗教仪式领域(*issur ve-heter*):"当拉比们开始标明这两种司法权存在差别时,他们采取的是一种更为实用的术语:他们在 *mamona* 和 *isura* 之间作出区分,前者指民事和经济事务,在这些方面,王国法律可以合法地支配甚至超越《托拉》

① Aaron Rakefet-Rothkoff,"Dina D'Malkhuta Dina-The Law of the Land in Halakhic Perspective",*Tradition*,Vol.13,No.2(Fall,1972),pp.10-11.

② Shmuel Shilo,"Equity As a Bridge Between Jewish and Secular Law",*Cardozo Law Review*,Vol.12 No.3-4(Feb./Mar.,1991),p.738.

③ *Mishneh Torah*,Gezelah,5:14,转引自 Shmuel Shilo,"Maimonides on 'Dina De-Malkhuta Dina(The Law of the State Is Law)'",*Jewish Law Annual*,Vol.1(1978),p.150.

④ Hershel Schachter,"'Dina De'malchusa Dina':Secular Law as a Religious Obligation",*The Journal of Halacha and Contemporary Society*,Vol.1,No.1(1981),p.104.

律法；后者的字面意义是'被禁止的'，指宗教事务，在这个领域中，《托拉》律法不可僭越。"①

　　在处理犹太同胞之间的法律纠纷问题上，这项准则也不适用。根据圣经传统，每个以色列人都是其同胞的看护者（his brother's keeper），都负有爱自己同胞的义务。如果某个犹太人将与另一犹太人之间的纠纷起诉至外邦法庭，即便后者的审判是公正的，也被认为有违"以色列之爱"（Ahavas Yisrael）的诫命，② 这是散居犹太人可能犯下的最严重罪行之一。《塔木德》将此行为视为"告密"（mesirah），著名的"十八祝祷词"内容之一即"愿告密者没有希望"③。后来迈蒙尼德将之发展为一条"告密之法"（Din Moser）："禁止将犹太同胞移交给异教徒，而无论是前者的人身还是财产，即使他是个邪恶或犯罪之人，也即使他给其他犹太人造成不幸与痛苦。不论是谁将犹太同胞移交给异教徒，他都与来世无份。法律允许杀死告密者，而无论他是谁；甚至允许在他移交（犹太同胞）之前将之杀死。"④ 有关犹太人内部的事务必须并且只能呈递到犹太法庭，根据哈拉哈进行审理裁决；⑤ 它不仅体现了犹太律法的优先地位，而且更是一种重要的自我保护措施。

　　尤为关键的问题是，当王国法律与犹太律法发生冲突时，应该以哪个为准。犹太传统认为，如果政府的法令有违《托拉》诫命时，就不再是法律。对于犹太人及犹太社团而言，以613条诫命为核心的哈拉哈是必须遵守的律法，因为它来自摩西从西奈山上接受的神启；而王国法律并不具有同等的效力，它之所以是法律仅仅因为哈拉哈承认其有效性。⑥ 对此，拉比传统规定："如果政府责令你们放弃《托拉》和律法，不要服从。要对它说，我愿意按你们的意愿遵循国王的法律；但'指神起誓，不要离开王（指上帝）

────────────

① ［美］迈克尔·沃尔泽等编：《犹太政治传统（卷一）》，第392—393页。

② Pinchas Doron-Spalter, *Major Concepts of the Talmud*, Vol.1, Jerusalem：Targum Press, 2008, pp.13-14.违反此条诫命即是对上帝及其《托拉》的否定与蔑视，从而亵渎了圣名、将荣耀献给了偶像。

③ *Babylonian Talmud*, Berakhot, 28b.

④ *Mishneh Torah*, Torts, 8：9，转引自 Yaakov Malkin, ed., *Free Judaism & Religion in Israel*, Jerusalem：Milan Press, 2002, p.47.

⑤ 尽管如此，历史上仍有不少犹太人将同胞起诉至非犹太法庭；作为回应，拉比当局将一些违反者革出社团，甚至施以鞭刑及处死的惩罚。

⑥ Chaim Povarsky, "Jewish Law v.the Law of the State：Theories of Accommodation", *Cardozo Law Review*, Vol.12, No.3-4(Feb./Mar., 1991), p.942.

的面前'；因为，他们这不是要你不守律法，而是迫使你离弃神圣的上帝。"① 因此，《托拉》及其诫命对于犹太人而言是最高的法律，任何外邦法律都不得与之相冲突，否则就被视为无效。正如萨洛·巴龙所说："无论对国家或城市法令的承认或排斥，拉比们都是以严格的犹太律法词汇与严格的犹太先例来衡量其价值，并以此做出最终的裁决。"②

总而言之，这项准则使犹太人明确哪些王国法律是合法哪些又是非法的，从而为应对所在地国王对于犹太人的管辖权提供了法律基础。加上哈拉哈在犹太社团中的绝对主导地位，这种状况无疑使之成为名副其实的"国中之国"（imperium in imperio）。正如芬克尔斯坦所说，"'自治政府'（Self-Government）一词，可以恰当地应用于中世纪的犹太机构，这是因为无论在法律上还是在事实上犹太社团都是自治实体。拉比的法令通常要比国家的法令更为严格地得到了遵守。"③ 一旦国王超出其权威范畴，肆行专制、横加压迫，根据这项准则犹太人将有权进行反抗并拒绝遵守王国法律："犹太人会在世俗领域适应（当别无选择时）外邦法规，但这在宗教领域绝无可能；他们将会反抗，如果有必要甚至选择为此而殉道。"④ 这种反抗已不再是流散前那种武装斗争的形式，而更多体现为非暴力不合作——迁徙出走，中世纪犹太社团的一次次出走即是鲜明的例证。这种反抗行为虽是非暴力的，但它意味着犹太人视自己为与国家有着契约关系的自由子民、而非专制君主的无能附庸。一言以蔽之，犹太政治主权意识非但没有在流散过程中消失，相反以一种更加隐蔽、更为柔韧的形式体现出来。

从政治思想史的角度来看，"王国之法便是法"的准则通常与散居犹太人从现实政治生活中的退缩联系起来，可以将之视为犹太人与非犹太权威进行合作的依据。然而，在该准则究竟代表何种政治特点的问题上，学者们对此分歧较大。有学者注意到散居犹太人在社会中的边缘地位，认为客观环境的需要迫使犹太人主动认可外邦权威，从而将这项准则视为"流放心态"

① *Midrash Tanchuma*，Noach § 10，转引自［美］亚伯拉罕·柯恩：《大众塔木德》，第 216 页。

② Salo W.Baron，*The Jewish Community：Its History and Structure to the American Revolution*，Vol.1，Philadelphia：The Jewish Publication Society of America，1942，p.215.

③ Louis Finkelstein，*Jewish Self-Government in the Middle Ages*，New York：Philip Feldheim，1964，p.viii.

④ ［美］迈克尔·沃尔泽等编：《犹太政治传统（卷一）》，第 393 页。

（Galut mentality）的产物："'王国之法便是法'通常被视为犹太人在流散地无权（powerlessness）的法律体现。无法控制周围的环境，犹太人最终承认——尽管由这种让步引起了许多宗教与伦理上的困境——甚至根据这种环境气质来塑造其自身的法律关系。很明显，这种调整的动力是政治的而非法律的。"① 而以利奥·兰德曼为代表的学者反对将之视为流散犹太人政治无权的代表，强调他们在社团事务尤其是宗教上的独立性体现了对于王国权威的自由意志，它实际上只是一种"权宜之计"："如果犹太人接受'王国之法便是法'是由于恐惧，那么这种恐惧在有关宗教仪式法律方面就绝不明显。实际上，犹太人将它作为流散生活的权宜之计，而对世俗政府没有任何'屈尊'或'对抗'。"②

　　实际上，丧失主权的散居犹太人虽然在现实政治领域无所作为，但却始终没有放弃其神学政治理想，这个根本性的目标预设将时间划分为两种截然不同的政治状态：现在，犹太人遭受着外邦国家的奴役，但他们坚信对于外邦权威的屈服是暂时的、相对的，这种苦难在终极的救赎面前一文不值；而未来，弥赛亚把犹太人从外邦奴役中解救出来，他们将恢复曾经遗失的一切。届时犹太人将重新获得政治主权，而且这种主权是永恒的、绝对的，外邦的所有君主都将匍匐在上帝的主权之下接受审判："他们（散居犹太人）顺服外邦统治者，只不过是以实用主义的方式承认残忍的暴权，……日常的顺服隐藏了愤怒与怨恨——也隐藏了他们期待救世主将来惩罚暴权。"③ 正是这种神学政治理想塑造了散居犹太人的权力观，进而左右着他们对所在国政治权威的认知。因此，"王国之法便是法"准则的根本意义不在于解决实际的法律纠纷，而在于反映了流散犹太政治生活的基本特点：通过向掌管世俗主权的外邦权威作出有限的让步与承认，犹太人获得了必要的政治生存权利与合法的法律社会地位。

---

　　① Gerald J.Bildstein,"A Note on the Function of 'The Law of the Kingdom Is Law' in the Medieval Jewish Community",*Jewish Journal of Sociology*,Vol.15(1973),p.213.

　　② Leo Landman,"A Further Note on 'The Law of the Kingdom Is Law'",*Jewish Journal of Sociology*,Vol.17(1975),p.37.

　　③ [美]迈克尔·沃尔泽等编：《犹太政治传统（卷一）》，第391页。

第　四　章

政治希伯来主义与近代早期共和话语的构建

在 16—18 世纪的欧洲政治思想界，一些基督教学者援引《希伯来圣经》，认为古代希伯来社会就是上帝为以色列人设计的完美共和政体。这股绵延近三个世纪的"政治希伯来主义"思潮发端于意大利，随后向北蔓延，尤其在荷兰与英国达到高潮，甚至一度被纳入政治实践中。就本质而言，政治希伯来主义是套用希腊罗马的古典政治概念来理解形态迥异的古代希伯来社会，目的是借助所谓的希伯来理想先例为近代早期反抗王权、确立共和的话语构建提供合法依据，希伯来因素从而以这种被异化、甚至被歪曲的方式参与到近代欧洲政治文明的创建中。

著名学者怀恩斯（E. C. Wines）在 1853 年写道："自由并不发源于希腊……而是发源于雅卫神谕所赐予政府的完美框架之中……我们在那里找到了我们自身宪法的典范与样板，甚至美国《独立宣言》……也不过是来自西奈山惊雷般的回音。"① 长期以来，研究西方近代政治思想史的学者均不同程度地强调来自希腊罗马与基督教的巨大影响，而对希伯来因素的贡献关注不足。实际上，在近代早期的欧洲政治思想界，希伯来传统以一种隐形而独特的方式为共和话语的构建提供了理论资源与思想动力，这股推崇希伯来

① E.C.Wines, *Commentaries on the Laws of the Ancient Hebrews*, Philadelphia: Presbyterian Board of Publication, 1853, p.118.

政治体制的思潮大致活跃的年代为 1546—1710 年,[①] 从意大利开始,随即扩展到法国、德国,之后在荷兰与英国达到鼎盛,并同时在北美大地扎根;当时的众多主流思想家如格劳修斯、约翰·塞尔登、弥尔顿、哈林顿、阿尔杰农·西德尼、洛克等都参与到这场政治思潮之中,在此基础上构成一幅颇具影响的"希伯来共和思想路线图";正是通过他们的阐释与挪用,希伯来因素得以直接介入到近代早期欧洲共和话语的构建之中。

一、政治希伯来主义的兴起及其思想内涵

进入文艺复兴与宗教改革时代以后,不仅作为古典象征的希腊罗马传统,而且许多与古代相关的其他事物也都得到了重新关注。在此情况下,希伯来语与《希伯来圣经》被时人所推崇,并开始有基督教学者对其中所记载的政治体制产生了浓厚兴趣。正如埃里克·尼尔森观察到的,"在宗教改革的驱动下,政治神学重新进入到欧洲思想生活的主流之中。新教徒号召回归圣经文本,不断寻找上帝体现在经文中的政体偏好 (constitutional preferences)。……在这一时期 (16、17 世纪),基督徒开始将《希伯来圣经》视为一部政治宪法 (political constitution),认为它是由上帝亲自为其以色列子民所指定的。他们还把可以找到的拉比文献当作这个完美共和国在制度与实践方面的权威指南。"[②] 在一批基督教学者的推动下,借助于希伯来复兴运动的力量,政治希伯来主义正式兴起为一股颇具影响的思潮,并快速跨越宗教派别的界限而成为 16—18 世纪欧洲政治思想界的重要流行话语之一。

政治希伯来主义思潮之所以能在近代早期的欧洲迅速兴起并流行三个世纪之久,关键在于其背后的思想内核——"*Respublica Hebraeorum*" 所蕴含的巨大政治动力。"*Respublica Hebraeorum*" (对应的英文为:Hebrew Republic)

---

① 选取 1546—1710 年这个时段作为研究对象,是根据 1739 年《国王图书馆出版图书目录》(*Catalogue des livres imprimez de la Bibliothèque du Roy*)第一卷"神学"条目下所列的"犹太人的共和国与政体"(*Traitez de la République et de la Police des Juifs*),其中收录了这一时期内的 12 部有关著作。参见 François Laplanche,"Christian Erudition in the Sixteenth and Seventeenth Centuries and the Hebrew State",*Hebraic Political Studies*,Vol.3,No.1(Winter,2008),pp.5-6。

② Eric Nelson,*The Hebrew Republic:Jewish Sources and the Transformation of European Political Thought*,Cambridge,MA:Harvard University Press,2010,pp.2-3。

作为一个政治术语，并不见于希伯来经典之中，而是来自拉丁语。它是一个近代早期的特定概念，被当时的基督徒学者用来指称圣经时代希伯来人确立的理想政治体制。在它的驱动下，当时的希伯来学家纷纷将自己的国家视为"新以色列"（new Israel），认为自身得到了上帝的特殊眷顾而肩负着独特的历史使命。实际上，希伯来国家成为他们的政治楷模与理想目标：既不是雅典、斯巴达，也不是罗马，而是以色列，特别是其部落与长老、制度与法律成为当时人追慕渴望的政治目标。如曼努尔所说，"在十七世纪之前，有许多人将《旧约》视为世俗性的故事来分析族长时代、摩西治理时代、第一及第二犹太联邦时代的机构，似乎他们的这段历史与其他民族有着相似性。"①

为了理解"Respublica Hebraeorum"何以成为近代早期欧洲的理想政体，首先有必要对"Respublica"进行简要分析。"Respublica"一词最初来自拉丁古典作家，意指"公共财产"、"共同利益"和"公共事务"；在西方政治思想史上首先对其做出阐释的是西塞罗，他在《论共和国》（De Republica）中定义道："'Respublica'乃人民之事业。但人民不是人们某种随意聚合的集合体，而是许多人基于法的一致和利益的共同而结合起来的集合体。"② 归纳起来，"Respublica"至少具有两层基本含义：一是中性意义的国家，在这种意义上，它几乎可以用来指称一切政体形式的国家；二是理想意义的国家，在这种意义上，它主要用来描绘理想形式的国家、政制、政体。作为理想国家，它具有两个典型特征：首先在宗旨上，国家应当以公共福利、共同利益为目标，这才合乎正义；其次在制度上，国家应当采取最优良的政体形式，而这往往指混合政体、均衡政体、立宪政体。③ 因此，理想意义的"共和"可能是君主制的，也可能是非君主制的；实际上，将"共和"与非君主制联系起来是十分晚近的事情，直到1649年英国君主制的废除，与君主制相对立的"共和"（即非君主制）才开始流行。

具体到15、16世纪的欧洲政治思想语境中，希伯来理想政体首先代表的是一种国家（state）形式：良好的国家、高尚的国家、德治的国家。当时

① Frank E.Manuel, *The Broken Staff*: *Judaism Through Christian Eyes*, Cambridge, MA: Harvard University Press, 2010, p.118.

② ［古罗马］西塞罗：《论共和国·论法律》，王焕生译，中国政法大学出版社1997年版，第39页。

③ 对"Respublica"一词的分析，参见刘训练：《"共和"考辨》，《政治学研究》2008年第1期。

的基督教学者（尤其是希伯来学家）援引《希伯来圣经》，将之视作政治体制架构的典范，认为古希伯来社会是上帝为以色列人设计的理想政体；此外，十二个部落在上帝统治下的完全平等更是一种典型的古代联邦制。[①] 而且，希伯来理想政体的根本特点是神治下的共和政治，故而得以避免一切人治统治形式（包括君主制、贵族制、民主制）的缺失与过错。[②] 总之，这种思想的核心内容为：古代希伯来人的政治体制是完美无缺的典范，因为上帝是这个政体的设计师，而上帝通过摩西赐给希伯来人的律法是其根本的准则；在这些赞美希伯来理想政体的言说中，几乎无一例外地将摩西视为立法者，在西奈山接受的《托拉》为神启的宪法，摩西之下的七十长老则是理想政府的具体治理者。由于希伯来人确立的理想政体以摩西律法为核心，因而它也被称为"摩西共和政体"（*Respublica Mosaica*）。

在此言说的影响下，他们对希伯来社会采取选择性强调，过分偏重摩西出埃及至撒母耳膏立扫罗的前君主制时代（约前 1220—前 1030 年），而对此后的希伯来王国时期（约前 1030—前 586 年）有意忽略。因此，被话语化的"*Respublica Hebraeorum*"实际是后人赋予的理想政治形态；作为一个高度政治化的言说，它服务于某种现实的需要而非历史的真实。随着 1649 年英国君主制的废除、共和国的建立，"共和"一词的定义及所指也相应地发生着重大的改变，逐渐失去了原来泛指一切理想政体的内涵而狭义化为"非君主制"的同义词。

二、希伯来共和思想在意大利、荷兰的早期发展

率先对希伯来共和政体给予关注的是来自文艺复兴运动的中心——意大利。1574 年，法国加尔文教徒科内伊勒·伯特拉姆（Corneille Bertram）在热那亚出版《论犹太政体》（*De Politia Judaica*）而成为探讨古代希伯来政体的开创者。他在这本十分简明的著作中，梳理了从亚当直到希腊罗马时期

---

① Jonathan Jacobs, "Return to the Sources: Political Hebraism and the Making of Modern Politics", *Hebraic Political Studies*, Vol.1, No.3(Spring, 2006), pp.328-342.

② Kalman Neuman, "Political Hebraism and the Early Modern 'Respublica Hebraeorum': On Defining the Field", *Hebraic Political Studies*, Vol.1, No.1(Fall, 2005), pp.57-70.

的古代犹太政体的各种特征，将希伯来社会视为某种程度的混合政体：长老作为贵族的代表，民众带有民主的成分，摩西则是连接他们的关键。他强调，"与斯巴达人相比，这个政体有着最为完美的节制力，因为拥有君王般权力的摩西始终处在上帝的指导下，上帝是以色列人真正而独特的君王。"[1]

　　而将希伯来社会奉为理想政治形态的系统观念是由一位天主教学者完成的。在伯特拉姆的影响下，意大利人文主义者卡洛·西格尼奥（Carlo Sigonio）用拉丁文于 1582 年写成《论希伯来共和政体》（De Republica He-braeorum）。该书在当时教皇国境内的第二大城市——博洛尼亚出版，[2] 他在扉页中标明献给时任教皇格里高利十三世，随后多次再版而成为近代早期欧洲这一领域最为知名的著作之一。他认为，希伯来政体的根基在于上帝赐给摩西的律法，从而使其内在地优于古代其他政体形式。该书第一卷第五章的标题即为"以色列人的共和形式"。其中，他借助亚里士多德与波里比阿有关政体的概念对希伯来社会进行分析并指出，希伯来人有着两种形式的国家体制：一是建立在神圣律法之上的贵族制（从摩西到撒母耳），它由上帝的意志所确立因而在律法准则之内；另一是建立在个人意愿之上的君主制（从扫罗到第二圣殿毁灭），王权的产生是基于对神圣意志的违背故而容易导致个人的专制独断。从犹太人要求像外邦一样立王起，他们实际上即已宣布放弃了上帝对他们的统治，律法也就失去了真正的价值，因为君主制的统治并不依据律法。[3] 可以说，对共和制的美化与对君主制的贬低是贯穿西格尼奥著作的根本主线。通过西格尼奥的著作，有关希伯来理想政体的思想迅速传播开来，法国的让·博丹、[4] 德意志地区的约哈南·阿尔图修斯[5]即是

　　①　Jonathan R. Ziskind, "Cornelius Bertram and Carlo Sigonio: Christian Hebraism's First Political Scientists", Journal of Ecumenical Studies, Vol.37, No.3/4(Summer-Fall, 2000), pp.381-382.

　　②　Carlo Sigonio, The Hebrew Republic, trans. Peter Wyetzner, Jerusalem: Shalem Press, 2010, introduction.

　　③　Guido Bartolucci, "Carlo Sigonio and the 'Respublica Hebraeorum': A Re-evaluation", Hebraic Political Studies, Vol.3, No.1(Winter, 2008), pp.19-59.

　　④　著名思想家让·博丹对希伯来共和政体也是大加赞赏，参见 Anna Maria Lazzarino Del Grosso, "The Respublica Hebraeorum as a Scientific Political Model in Jean Bodin's 'Methodus'", Hebraic Political Studies, Vol. 1, No.5(Fall, 2006), pp.549-567。

　　⑤　参见 Alan Mittleman, "Some Thoughts on the Covenantal Politics of Johannes Althusius", in Gordon Schochet, Fania Oz-Salzberger & Meirav Jones, eds., Political Hebraism: Judaic Sources in Early Modern Political Thought, pp.72-89。

其中的突出代表；随后又向北传入荷兰、英格兰，并在那里产生出更大的影响。

到16世纪末17世纪初，推崇希伯来之风在欧洲大陆北部的新教国家——荷兰得到了狂热的发展。荷兰人对希伯来的事物进行了许多模仿，当时的阿姆斯特丹被称为"新耶路撒冷"（New Jerusalem），荷兰人自称为"新以色列"、"尼德兰的以色列"（Neerlands Israel），并声称"上帝拣选犹太民族成为他的子民，我们可以说，上帝也同样拣选了尼德兰人民。"① 希伯来人的十二支派被与当时荷兰的联合诸省联系起来，认为荷兰各省应当像希伯来人的支派一样，并肩对抗来自天主教西班牙的入侵。更有荷兰人对《旧约》进行了爱国主义的解读，"《旧约》即是爱国主义的经卷，它是上帝的选民通过他们的历史照耀世界的编年史"。②

实际上，政治希伯来主义思潮在荷兰抗击西班牙、争取民族独立的过程中发挥了不可低估的作用。在抵抗力量海上乞丐（Sea Beggars）的宣传册和歌曲中，"尼德兰的以色列"的使用十分普遍，以此来激励尼德兰人像希伯来人摆脱法老统治一样争取自由与独立。因此，有学者强调，政治希伯来主义的思想话语为正在形成中的荷兰民族共同体意识提供了联合的基础："在不断的分裂危险面前，荷兰社会迫切需要联合在一起的象征。……在联合的宗教典范中，新以色列或'荷兰的以色列'概念尤为重要……它的核心概念即是被拣选；以色列人是上帝的选民，而新以色列就是上帝最近选中用来实现他在地上的王国以及传播他福音的工具……自从反叛以来，这场独立战争正如犹太民族的斗争一样，新教徒习惯于将他们自己比作《圣经》上的英雄，尤其是那些《旧约》上的英雄。奥兰治亲王成为新的摩西、基甸或大卫，而敌人则是西班牙的辛那赫里布（菲利普二世）或法国的尼布甲尼撒（路易十四），他们都是该隐的后代。荷兰共和国的存在对于许多人来说简直就是一个神迹。"③

---

① Miriam Bodian, "The Biblical 'Jewish Republic' and the Dutch 'New Israel' in Seventeenth-Century Dutch Thought", *Hebraic Political Studies*, Vol.1, No.2(Winter, 2006), pp.186-202, esp.194.

② Simon Schama, *The Embarrassment of Riches: An Interpretation of Dutch Culture in the Golden Age*, New York: Alfred A.Knopf, 1987, p.68.

③ Willem Frijhoff, "Religious Toleration in the United Provinces: From 'Case' to 'Model'", in R.Po-Chia Hsia & Henk van Nierop, eds., *Calvinism and Religious Toleration in the Dutch Golden Age*, Cambridge: Cambridge University Press, 2002, pp.50-51.

推崇古代希伯来的社会风气也促进了希伯来研究的开展。莱顿大学成为欧洲第一个设立希伯来语课程的大学，许多学者汇集于此学习与希伯来有关的知识。近代国际法之父、著名思想家格劳修斯，在时人眼中也是一个重要的希伯来学家，他吸收了西格尼奥有关希伯来社会的内容，[①] 在 1599 年发表的《论共和国的改进》（De Republica Emendanda）中，通过对希伯来人的政治体制与联合省的政治体制进行比较，强调了前者在政治方面作出的三大贡献：律法、贵族统治、联邦制，并指出希伯来人的这些贡献可以运用到当前荷兰共和国的政治建设中来。

在荷兰近代史上具有划时代意义的政治希伯来主义者是著名政论家皮特鲁斯·库那乌斯（Petrus Cunaeus），他长期任教于莱顿大学，1617 年在莱顿以拉丁语出版的《论希伯来共和政体》（De Republica Hebraeorum）一书将古代希伯来社会刚刚取得独立的荷兰联合省的典范。[②] 他的这本著作在当时产生了巨大的影响，此后一个世纪内多次重印并被译成荷兰语、法语、英语，被誉为"荷兰共和国早期有关共和理论方面最有力的陈述"。[③]

在库那乌斯看来，古代以色列联邦是人类史上最为完美的政体，因此是荷兰联省在制度与法律方面的楷模："希伯来人的共和体制是最为神圣的也是迄今为止最为优良的。"[④] 这首先体现于政教之间彼此分工有序、相互配合，不像基督教国家那样两者之间经常为权力发生争斗。其次，十二支派在平等基础上构成的联邦，容纳了地理与文化的多样性，从而为当前荷兰联省之间的合作提供了典范。而且，希伯来社会是一个由秉持共和精神的小农所组成的道德共同体，在十二支派之间平均分配土地并给土地以适当休耕，这些都构成国家赖以存在的理想基础。这种平等举措通过《圣经》所规定的禧年法（Jubilee，规定所有土地交易在五十年期满免除债务）体现出来，这

---

① 有关西格尼奥对格劳修斯思想的影响，参见 Guido Bartolucci, "The Influence of Carlo Sigonio's 'De Republica Hebraeorum' on Hugo Grotius' 'De Republica Emendanda'", *Hebraic Political Studies*, Vol.2, No.2 (Spring,2007), pp.193–210。

② Arthur Eyffinger, "Introduction", in Petrus Cunaeus, *The Hebrew Republic*, translated and annotated by Peter Wyetzner, Jerusalem: Shalem Press, 2006, p.6.

③ Richard Tuck, *Philosophy and Government, 1572-1651*, Cambridge: Cambridge University Press, 1993, p.169.

④ Petrus Cunaeus, *The Hebrew Republic*, p.5.

种机制确保"一部分人的财富不会遭到另一些人的压迫，从而在维持群体平等上发挥着独特的作用"。① 通过对希伯来政治体制的考察，他得出这样的结论，古代希伯来社会由于是神权主导下的共和制，因而要比希腊或罗马国家有着更高的秩序："因为它的神是真正的上帝……希伯来国家应当作为理想共和国的原型。它的法律与自然法相符，它的社会精神直接来自神所命令的公义。这个国家既不是君主制也不是寡头制或民主制，而是共和制；它的元老院——犹太教公会——与地方官员，包括士师与祭司，在普通民事事务上贯彻与执行着神所命令的法律。"②

三、英国革命与共和国时期的
"希伯来思潮"及其实践

17 世纪通常被人们称为"圣经的世纪"（the Biblical century），不仅是因为这一时期出现了著名的詹姆士国王圣经定本（King James Version），牛津大学与剑桥大学也在当时分别设立了希伯来语教席。③ 更为重要的是，许多《圣经》的内容与典故在当时被解读、被运用、被强调。正如哈勒尔指出的，"在当时英国人的日常生活中，以色列人的生活与诗歌要比希腊与罗马的这些东西更容易为人们所接纳"。④ 当时许多英国人特别是清教徒有着强烈的民族特殊意识，自认为是肩负特殊使命的"神圣民族"，并将英格兰视为"第二以色列"（second Israel）。这一概念最初来自 1563 年教会史家约翰·福克斯的使用。⑤ 1588 年西班牙无敌舰队远征英国途中遭遇空前的暴风巨浪，英国最后仅以微小的代价取得巨大的胜利，这更使英格兰人坚信自己得到了上帝的特殊眷顾因而是被拣选的民族。

这一时期，英国最为著名的希伯来学家是约翰·塞尔登（John Selden），

---

① Jonathan R.Ziskind,"Petrus Cunaeus on Theocracy,Jubilee and the Latifundia",*The Jewish Quarterly Review*,New Series,Vol.68,No.4(Apr.,1978),pp.243-244.

② Fania Oz-Salzberger,"The Jewish Roots of Western Freedom",*Azure*,Vol.13(Summer,2002),p.101.

③ G.Lloyd Jones,*The Discovery of Hebrew in Tudor England:A Third Language*,Manchester:Manchester University Press,1983.

④ William Haller,*The Rise of Puritanism*,New York:Columbia University Press,1938,p.133.

⑤ Adam Sutcliffe,*Judaism and Enlightenment*,Cambridge:Cambridge University Press,2003,p.45.

他著有《什一税的历史》、《海洋闭合论》等，约翰·弥尔顿称其为"本国以博学传世的第一人"。塞尔登的后半生几乎以研究希伯来律法为职业，先后出版有《根据希伯来人而来的自然与万民法》（*Law of Nature and the Nations According to the Hebrews*）与《希伯来婚姻法》（*Uxor Hebraica*）。由于他在希伯来律法方面的权威地位而被称为"英国的大拉比"[1]。在塞尔登看来，古代以色列是古典政体的典范，犹太教公会作为参议院负责解释律法《托拉》，而《托拉》即是严格意义上的以色列"宪法"；神圣的《托拉》是古代希伯来国家的基石，其意义在于它在历史上第一次承认了律法高于人类一切事务。[2]

在英国革命及随后的共和国时期，政治希伯来主义不仅是一种理论基础，更被纳入到具体的政治实践之中。当时几乎各个政治派别（如平等派、掘土派、贵格派）都频繁借助希伯来人的先例典故，对圣经人物（例如亚伯与该隐、雅各与以扫、以色列与亚玛力人）进行道德化的挪用，为自己的政治目的提供合法性。[3] 自称为希伯来人的"平等派"（他们将对手贬称作"亚玛力人"、将斯图亚特王朝的统治视为"来自埃及人的奴役"），力倡将《托拉》作为英国立法的准则。[4] 1649 年下院甚至主张将主日的遵守由周日挪至周六，以更好地接近圣经时代的希伯来人。清教徒的旗帜上镶印着"犹大之狮"的图案，象征着当代马卡比人反抗塞琉古王国宗教压迫的胜利（隐喻为清教徒对于查理一世的反抗）。[5]

真正将政治希伯来主义在英国政坛推向高潮的是当时清教中最为激进的第五王国派（Fifth Monarchy Men）。[6] 该派将当时的统治者奥利弗·克伦威

---

① Jason P. Rosenblatt, *Renaissance England's Chief Rabbi: John Selden*, Oxford: Oxford University Press, 2006.

② Fania Oz-Salzberger, "The Jewish Roots of Western Freedom", *Azure*, Vol.13(Summer, 2002), p.96.

③ Christopher Hill, *The English Bible and the Seventeenth-Century Revolution*, London: Allen Lane/Penguin, 1993, pp.196-250.

④ Elizabeth Tuttle, "Biblical Reference in the Political Pamphlets of the Levellers and Milton, 1638-1654", in David Armitage et al. , eds. , *Milton and Republicanism*, Cambridge: Cambridge University Press, 1995, pp. 70-71.

⑤ Albert M.Hyamson, *A History of the Jews in England*, London: Chatto & Windus, 1908, p.164.

⑥ 其名称来自《但以理书》，它产生于英国革命期间，活跃于 1649—1661 年的共和国及护国时代，是狂热的千禧年主义派别(Millenarianism)。参见 Philip George Rogers, *The Fifth Monarchy Men*, Oxford: Oxford University Press, 1966。

尔比作又一个摩西，认为他负有解救"以色列联邦"（the Commonwealth of Israel）之圣徒的使命；1653 年 4 月 20 日"残余"的长期议会解散，克伦威尔被欢呼为"解救者、士师与将军……摩西"[1]。第五王国派领袖托马斯·哈里森（Thomas Harrison）主张将要组成的新议会按照犹太教公会的样板组成总数为 70 人的"圣徒议会"（Parliament of Saints），由圣徒来治理国家；在这个体制中，克伦威尔即是作为上帝代表的摩西，而七十圣徒正如摩西选定的七十长老。此外，提倡废除所有现存的法律与法庭，并引入《摩西法典》（Mosaic Code）。[2] 他联合该派另一重要人物约翰·罗杰斯（John Rogers）向克伦威尔提出以古代希伯来政体作为英吉利共和国典范的请求，现将其中的前三个建议转译如下：[3]

> 首先，关于阁下您对这个共和国治理者的选择问题（许多虔诚博识官员的决断皆来自上帝）。正如《出埃及记》中，摩西选择有才能之士作为首领一样（18：25，26）。他们平时治理民众，但遇到困难时求助于摩西。继任的将军约书亚如此训诫民众："雅卫对约书亚说，你们现在要从以色列支派中拣选十二个人，每支派一人"，等等。在此之后，基甸以三百人的小型武装打败了米甸人的强大军队，获胜后的他为以色列人建立起政府（《士师记》8：22）；尼希米委任敬畏上帝者进行统治（《尼希米记》7：2）……故此，以斯拉说："要照着你神赐你的智慧，将所有明白你神律法的人立为士师、审判官，治理河西的百姓，使他们教训一切不明白神律法的人。"（《以斯拉记》7：25）
>
> 第二个建议，关于应该由多少人进行统治的问题，我谦恭地建议设立由 70 人组成的公会（Sanhedrin）、议会、委员会或者每郡选出一人；因为在以色列联邦（它是我们的最好模范），有着三个层次的法院——高等法院或称犹太教公会，由 70 人构成；仅次于犹太教公会的被称为

---

① John Spittlehouse, *A Warning-Piece Discharged*, London: Printed for Richard Iioone, 1653, p.7.

② Louise F.Brown, *The Political Activities of the Baptists and Fifth Monarchy Men in England During the Interregnum*, Oxford: Oxford University Press, 1912, p.36.

③ Edward Rogers, *Some Account of the Life and Opinions of a Fifth-Monarchy-Man*, London: Longmans, Green, Reader & Dyer, 1867, pp.49-50.

次级法院，由 23 人构成；第三等级的法院由小城镇的三名法官构成。其次，或者由每郡推选一人代表该郡，就像族长代表该支派一样（《民数记》1：4），"每支派中，必有一人作本支派的族长。"交接时期的事务需要得到迅速处理，在此期间十二位令人尊敬者可被推选为轮值统治者（《约书亚记》4：1，2；《民数记》1：4），就像以色列人的十二位士师。

　　第三个建议，关于他们的资格问题。他们必须是"敬畏上帝者"（《尼希米记》7：2；《出埃及记》18：21）、"热爱公义者"（《申命记》16：18）、"憎恨受贿者"（《申命记》16：19；《出埃及记》18：21）、"一视同仁者"（《申命记》1：17、16：19）、"智慧多识者"（《申命记》1：13）。……

　　1653 年 7 月 4 日克伦威尔召集了一个"小议会"（Barebones Parliament），他部分地采纳了哈里森等人的建议，决定从忠于上帝事业的人中挑选 140 人组成"圣徒会议"，其目标是建立一个道德更新和宗教教育的模范社会。然而，12 月 12 日一些议员提议"自动退职"而导致"小议会"解散；接着由高级军官组成的军官会议提出一个新的宪法草案"施政文件"。根据这个文件，12 月 16 日宣布克伦威尔为终身护国公，护国公制的实质是军事专政。一年前还将克伦威尔赞为英国摩西的斯皮特勒豪斯斥责护国主为最高的背叛。[1] 第五王国派在伦敦发布由来自 10 个教区的 150 人签署的《几个基督教会的宣言》（A Declaration of Several of the Churches of Christ），以抵制克伦威尔的护国统治；在此宣言中，他们宣称克伦威尔及其同伴"遵从反基督者的意愿"。[2] 但这些反抗都为当局所镇压，哈里森被从军队中免职，许多第五王国派成员相继被捕，英国政治希伯来化的尝试由此宣告流产。

---

[1]　John Spittlehouse, *Certaine Queries Propounded to the Most Serious Consideration of Those Persons Now in Power*, London: Printed for Livewell Chapman in Popes-head Alley, 1654, p.4.

[2]　John Spittlehouse, *Certaine Queries Propounded to the Most Serious Consideration of Those Persons Now in Power*, p.7.

四、"无王之治"与近代早期反抗王权话语的构建

在古典情境中，"共和"起初泛指一切政体形式的政府，[1] 尤其是指理想意义上的统治形式（包括君主制、寡头制、民主制以及混合政体），后来才逐渐发展为近代意义上的共和形式，即指非君主制的政体。这正是近代西方共和思想的基本内核。[2] 为了反对君权神授、确立共和体制，近代早期的一些思想家（尤其是英国）借助圣经经文以寻找王权并非来自于上帝授权而是人民离弃神的证据，他们从《希伯来圣经》中发掘出无王统治的典范。具体来说，这种理论诉求是与英国当时反抗查理一世王权的斗争、建立共和国的政治需要紧密相关，意在借助希伯来人的古代先例来破除"君权神授"理论，建立无王统治的共和制。[3]

当时的政治思想家们普遍认为，希伯来人的重要贡献之一即是其对王权内在邪恶本质的充分认识。在《希伯来圣经》中，对待君主制有着两种不同的态度：一种是谴责君主制，将之视为非法，赞许没有国王的政府，以《撒母耳记上》第8章6—7节为代表；另一种是默许君主制，但主张对其权力加以适当限制，以《申命记》第17章14—15节为代表。中古晚期以来基督教世界在运用希伯来传统解释国王地位时，王权有限（即承认王权合法但应对其权力进行限制）的思想长期占据主流，可以归纳为"有限君主制"（Limited Monarchy）。[4] 随着对王权负面评价的不断发展，在当时人所设计的

---

① "共和"在古典语境中至少具有两层基本含义：一是中性意义的国家，在这种意义上，它几乎可以用来指称一切政体形式的国家；二是理想意义的国家，在这种意义上，它主要用来描绘理想形式的国家、政制、政体。参见刘训练：《"共和"考辨》，《政治学研究》2008年第1期。

② 有关共和体制在古代世界的起源及其演变，参见施治生、郭方主编：《古代民主与共和制度》，中国社会科学出版社1998年版。

③ 英国革命期间，共和派也对希腊罗马的民主共和制进行了政治化的运用，参见晏绍祥：《17世纪英国革命期间共和派对古典民主与共和制度的运用》，《世界历史》2012年第2期。

④ 这些思想家将《申命记》有关立王规定的章节作为希伯来政治体制的宪政纲领性文件。其中"你总要立雅卫……所拣选的人为王"（《申命记》17:15）的规定表明立王得到了上帝的许可，只不过王要遵守许多多之设定的限制条件。有关希伯来"有限君主制"的分析，参见张倩红、艾仁贵：《神权与律法之下：希伯来王国的"有限君主制"》，《历史研究》2013年第6期。

理想政治图景中，主张废除王权的呼声日渐高涨，"无王之治"（Kingless government）的政体形式由此成为压倒性的诉求。[1] "那时以色列中没有王，各人任意而行"[2] 被许多近代思想家理解为，民众在无王统治的时代享有充分的自由，仅仅是由于君主制的出现，这种集体自由才被专制残暴的王权所剥夺。在反对王权话语的构建过程中，最为著名且最广为引用的典故来自《撒母耳记上》第 8 章，其中对有王统治的邪恶有一番极其深刻的揭露：

> 管辖你们的王必这样行：他必派你们的儿子为他赶车、跟马，奔走在车前；又派他们作千夫长、五十夫长，为他耕种田地，收割庄稼，打造军器和车上的器械；必取你们的女儿为他制造香膏，作饭烤饼；也必取你们最好的田地、葡萄园、橄榄园，赐给他的臣仆。你们的粮食和葡萄园所出的，他必取十分之一给他的太监和臣仆；又必取你们的仆人婢女、健壮的少年人和你们的驴，供他的差役。你们的羊群，他必取十分之一，你们也必作他的仆人。那时你们必因所选的王哀求雅卫，雅卫却不应允你们。[3]

在英国革命前后，著名思想家约翰·弥尔顿对共和思想进行了重要发展。1649 年正值废除君主制、建立共和国的关键时刻，保王派的代表撒尔美夏斯（Salmasius）发表《为英王声辩》以维护君主制的神圣权威，对此弥尔顿发表了针锋相对的《为英国人民声辩》，论辩双方都借用了希伯来人的先例以捍卫各自的立场。弥尔顿将君主制比作外邦人的偶像崇拜，查理一世即是迫害选民的埃及法老，而把英国人民视为上帝选民的以色列，号召要像以色列人挣脱法老的奴役一样摆脱君主制的束缚。[4] 在他看来，选择君主制不仅对于古代的以色列人是一项罪行，而且对于任何人都不例外，包括现

---

① Jonathan Jacobs, "Return to the Sources: Political Hebraism and the Making of Modern Politics", *Hebraic Political Studies*, Vol.1, No.3(Spring, 2006), p.335.

② 《士师记》17:6;21:25。

③ 《撒母耳记上》8:11—18。

④ A.Guibbory, "England, Israel, and the Jews in Milton's Prose, 1649-1660", in Douglas A.Brooks, ed., *John Milton and the Jews*, Cambridge: Cambridge University Press, 2008, pp.22-23.

代的基督徒:"他们自己(以色列人)选择了国王之后,又为什么要因为这国王而向上帝呼吁呢?原因是王权太恶。其实王权本身并不是恶,而是像先知所提出警告的那样,常常变得骄横而专制。"① 弥尔顿的根本用意在于,强调民众也可以根据上帝的意旨行事,从而有权推翻暴君的统治:"现在的君王如果是本上帝意旨来进行统治的,那么人民便也是本上帝意旨来伸张民权的。因为一切东西都属于上帝、依靠上帝。圣经上也有同样的证据说明君王的统治是出于上帝,他们被推下宝座也是出于上帝的意思。……如果任何民族没有上帝的具体安排能够指派一个国王的话,那么依据同一权利就可以把他推翻。废黜一个暴君显然比拥立一个暴君要更符合于神意。不,人民还得到了上帝的同意,可以审判昏君。"② 总之,弥尔顿从以色列人那里得出的结论是,为神人所不悦的王权可以加以推翻并对其进行审判。

与弥尔顿几乎同时,詹姆斯·哈林顿也对王权提出了激烈的批判。③ 在其《大洋国》中对以色列人的立王典故进行了非神学的解读,强调以色列人的立王要求不仅是对共和政府的否定更是对上帝统治本身的否定,在此过程中以色列人将上帝的统治权实施了罢免:"在以色列人民以上帝为王时,甚至连上帝提出的法律,也是由这种会议批准。当他们反对或罢免上帝为世俗的主宰,选举扫罗为王时,我们显然看出,上帝并没有为民主政府中的立法者立下否定或逃避人民权力的先例。……尽管上帝正确地谴责了以色列人民的这种负义行为,但是他还是命令仅次于自己的最高元首撒母耳听取人民的意见,因为要是人民的选举不算数,就不成其为共和国了。……以色列人民不要上帝统治他们,是把他当作世俗的元首来罢免的。因此,当上帝为世俗元首时,人民甚至有权罢免他本人"。④ 故此,哈林顿认为以色列联邦是"真正的古典共和体制",因为既然人民享有罢免上帝的权力,自然也就拥有罢免自称是其代理人的君王之权力。

迈出否定君主制关键一步的来自复辟时代的思想家阿尔杰农·西德尼。

---

① [英]约翰·弥尔顿:《为英国人民声辩》,何宁译,商务印书馆2012年版,第56页。

② [英]约翰·弥尔顿:《为英国人民声辩》,第52页。

③ Gary Remer,"After Machiavelli and Hobbes:James Harrington's Commonwealth of Israel",*Hebraic Political Studies*,Vol.1,No.4(Summer,2006),p.459.

④ [英]詹姆士·哈林顿:《大洋国》,何新译,商务印书馆1981年版,第27—28页。

他也以《撒母耳记上》第 8 章为借鉴，扩展了弥尔顿的希伯来共和思想。他强调君主制是为上帝所憎恶的，撒母耳对王权的谴责表明，任何国王不仅不为先知所不悦，而且必然导致上帝的摒弃："以色列人在要求立王问题上犯下了罪过，我们要对其引以为戒。上帝预告了他们坚持其邪恶与罪行将导致的痛苦，以及随之而来的应有惩罚。他们的罪行与惩罚告诫我们，……君主制本身即是一个非理性、邪恶的政府。"① 他随后在《论政府》中进一步深化了对王权合法性的攻击：君主制"纯粹是人民的创造，是他们自己幻想的产物，在邪恶中构思、在邪恶中提出，也是由他们建立并将自己带向毁灭的一种偶像，是对他们可憎邻人的模仿。"② 他一再强调王权的邪恶属性，指出上帝不仅赞成没有国王的政府，而且他最初指定给以色列人的就是一个无王统治的共和政府，即所谓的"共和神授"（Divine Right of Republics）。在西德尼这里，共和政体的非君主特征十分清晰，王权的合法性已经被完全否定。

　　古典自由主义的开创者约翰·洛克从自由的角度出发阐述了王权对于民众自由的限制与剥夺，从而发展出人民反抗暴君的合法权力。在他于 1689 年出版的《政府论》上篇中，几乎全部以亚当为中心探讨自由的各种状况。③ 尽管有学者认为洛克更多借鉴了《新约》，但在他的政治义务与社会义务理论之间搭起桥梁的理论资源很大程度上来自《希伯来圣经》。在《政府论》中，他提出以色列人的立国根基是律法《托拉》，而这个法律基础被洛克称为"民族性的犹太自由"（national Jewish liberty）④。这个自由立基于对西奈神启《托拉》的服从之上，没有任何世俗的统治者拥有绝对的主权而不依靠来自上帝的恩典。而如果这个统治者是专制的，来自上帝的权力允许人们起来推翻他——洛克以撒母耳废黜扫罗王权的典故为之提供论证："如果掌权的人由于滥用职权而丧失权力，那么在丧失权力或规定的期限业已届满的时候，这种权力就重归于社会，人民就有权行使最高权力，并由他

　　① Algernon Sidney, *Court Maxims*, Cambridge：Cambridge University Press, 1996, pp.48, 65.

　　② Algernon Sidney, *Discourses Concerning Government*, ed.Thomas G.West, Indianapolis：Liberty Fund 1996, p.338.

　　③ Fania Oz-Salzberger, "The Political Thought of John Locke and the Significance of Political Hebraism", *Hebraic Political Studies*, Vol.1, No.5（Fall, 2006）, pp.568-592.

　　④ Mark Goldie, ed., *Political Essays*, Cambridge：Cambridge University Press, 1997, pp.26-27.

们自己继续行使立法权，或建立一个新的政府形式，或在旧的政府形式下把立法权交给他们认为适当的新人。"①

从弥尔顿到哈林顿、再从西德尼到洛克，希伯来理想政体不断被赋予新的内涵，其中的非君主内容不断凸显。这种选择性运用的关键在于，为了反抗王权的现实需要，有关希伯来人对王权的负面评价成为压倒性的政治话语，认为古代希伯来人"无王之治"的统治形式即是共和政府的理想模式与神圣典范，为此不惜淡化甚至有意忽略希伯来社会所具有的鲜明宗教属性及其政治组织形式的复杂性。② 通过对希伯来理想政体的挪用、阐发、借鉴，"共和政体＝非君主制"的观念在政治思想家那里不断得到强化。可以说，希伯来理想政体观在近代早期充当了构建共和思想的重要资源与传统依据，在某种程度上反映出，这一时期的共和思想还不够成熟、不能独立，需要借助古代的先例来为之正名。

五、政治希伯来主义的衰落及其遗产

值得注意的是，进入启蒙时代以后，已很难找到关于政治希伯来主义的论述。③ 休谟、康德与其他启蒙哲人几乎从不提及希伯来政体，也很少提及希伯来人的贡献；希伯来因素不仅没有成为启蒙思想家构建反抗专制理论的来源，反而成为他们批判、斥责、贬低的对象。这股政治希伯来主义思潮为何到 18 世纪初突然衰退？显然是件耐人寻味的事情。④

---

① ［英］洛克:《政府论下篇》,叶启芳、瞿菊农译,商务印书馆 2011 年版,第 68、156—157 页。

② 需加说明的是,当时也有思想家对前王国时代的希伯来社会作了加强君主权力的解读,这尤其以霍布斯为代表,霍布斯等人的用意在于借助古代希伯来人的典故为专制王权辩护。参见［英］霍布斯:《利维坦》,黎思复、黎廷弼译,商务印书馆 2010 年版,第 324—325 页。

③ 到 1710 年左右,约翰·托兰德(John Toland)大概是最后一个公开提倡希伯来共和政体的思想家,他对犹太历史进行了世俗化的解释,认为犹太律法具有实质的理性而非来自上帝的意志。参见 Jonathan Karp,"The Mosaic Republic in Augustan Politics:John Toland's 'Reasons for Naturalizing the Jews'",*Hebraic Political Studies*,Vol.1,No.4(Summer,2006),pp.462-492。

④ 这股思潮在欧洲政治思想界的衰退并不代表着其彻底消失,它随前往新世界的清教徒而在北美大陆生根发芽。有关政治希伯来主义在北美的情况,参见 Nathan R.Perl-Rosenthal,"The 'Divine Right of Republics':Hebraic Republicanism and the Debate over Kingless Government in Revolutionary America",*William and Mary Quarterly*,3rd Series,Vol.66,No.3(July,2009),pp.535-564。

实际上，政治希伯来主义的快速消退有着更深层次的社会及思想动因。[①] 首先，随着圣经评断学的不断发展，人们逐渐怀疑《圣经》的神圣权威及其独特性，它被看作是人为的产物；在这种怀疑思潮中，希伯来人的历史不再被视为神圣的历史。其次，世俗化浪潮的高涨剥夺了依托于宗教神启的希伯来政体之神圣光环，早期启蒙思想家发起了针对宗教的激烈批判，将《圣经》及其记载的上帝及宗教观念视为落后、野蛮时代的产物。在此情况下，当时的思想界不再将《圣经》作为宗教、道德与政治的来源。康德即是一个典型。对他而言，以色列的历史不再被作为具有普遍意义的价值与理想之典范；相反，那是一个特殊而又例外的代表。换言之，即是道德上渺小、无关与狭隘的消极类型："犹太人作为一个由雅卫特别为自己选中的、敌视其他所有民族并由此也被每一个民族敌视的民族，把整个人类都从其社会中排斥了出去。"[②] 总之，进入启蒙时代以后，希伯来政体已不复是共和与自由的理想典范，而是远古时代迷信和蒙昧的产物。

需要强调的是，这股由基督教学者所发起的政治希伯来主义思潮有着深刻的护教目的与政治意图。在他们对希伯来理想政体的推崇背后有着根本的预设，即认为基督徒而非当时的犹太人是圣经时代希伯来人的真正继承者，只有基督教才是揭示在《圣经》中的"希伯来真理"（*Hebraica veritas*）[③] 的真正发扬者。正如有学者指出的："基督教希伯来主义（Christian Hebraism）是文艺复兴时期人文主义的一个分支，它的爱慕者——圣经学者、神学家、律师、医生、科学家、哲学家与拉丁学校的教师——借鉴和吸收了源自犹太学术与传统的文本、文学形式与观念以迎合基督徒的文化与宗教需要。"[④]

---

① 有学者将这股曾经风行三个世纪的政治希伯来主义,视为一场"亲犹运动"（Philosemitic Moment）,参见 Adam Sutcliffe, "The Philosemitic Moment? Judaism and Republicanism in Seventeenth-Century European Thought", in Jonathan Karp & Adam Sutcliffe, eds., *Philosemitism in History*, Cambridge: Cambridge University Press, 2011, pp.67-89。

② Immanuel Kant, *Religion within the Limits of Reason Alone*, trans. Theodore Greene & Hoyt Hudson, New York: Harper & Row, 1960, p.116.

③ 该词来自早期著名的教父哲罗姆,参见 Allison P. Coudert & Jeffrey S. Shoulson, eds., *Hebraica Veritas? Christian Hebraists and the Study of Judaism in Early Modern Europe*, Philadelphia: University of Pennsylvania Press, 2004。

④ Stephen Burnett & Seth Jerchower, *Hebraica Veritas? An Exhibition from the Collection of The Center for Judaic Studies Library*, Philadelphia: Center for Advanced Judaic Studies, 2000, p.5.

不仅如此，在此话语构建过程中还掺杂有希腊罗马的因素，不少思想家借助亚里士多德与波里比阿等人的政治术语去理解形态迥异的希伯来社会。事实上，共和制的整套概念以及政治安排均来自希腊罗马的政治传统，它与历史上的古希伯来人之间的关联十分牵强；但出于构建反王权理论的现实需要，当时的基督教思想家们将所谓的"共和制"嫁接在对古代希伯来社会的理解之中，从而把后者附会为"共和政体"以强调近代共和政治的神圣起源，其目的是为当时的政治思想变革提供合法依据。

客观来看，前君主制时代的希伯来人尚处在外族入侵、争战不断的氏族部落社会而难以在政体建设上有所作为，希伯来人形成较为完备的政治体制是在君主制建立以后的事情。因此，政治希伯来主义作为一个高度政治化的言说，它服务于近代早期的政治需要而非上古时期的历史真实。所谓的希伯来"理想典范"与"完美政体"乃是政治希伯来主义者对当时现实的投射与关怀，为了勾勒理想的政治图景不惜割裂历史进行人为的加工与改造，这种"时空错置"下的政治希伯来主义，显然没有也无意反映古代希伯来社会的历史真实。就本质而言，近代共和主义的塑造有着历史与现实的多重因素，而在其中起根本作用的是近代共和思想家所构想的社会契约与天赋人权等革新性理论，希伯来的政治因素不过是充当了为他们正在形成中的共和观念增加权威性与赋予合法性的手段。

有学者把 1450—1750 年的欧洲称为"转型时代"（the Age of Transition），这一时段也是西方现代政治文明基本成型的时期。著名政治思想史学者波考克考察了共和思想在近代早期意大利、英国以及北美的起源及扩散状况，认为这股孕育于佛罗伦萨的思想脉络开启了大西洋共和主义的新时代，从而将之称为现代政治传统得以奠基的"马基雅维利时刻"（Machiavellian moment）。[1] 通过前文的考察表明，在塑造现代西方政治文明的关键性因素中，不仅有来自希腊罗马的古典传统，更有希伯来的政治思想：这股"政治希伯来主义"按时间顺序依次从地中海南部蔓延到北部，再扩展到英伦三岛，而后又跨越大西洋进入北美；在此传播过程中经历的主要的国家有——意、

---

① J.G.A.Pocock, *The Machiavellian Moment: Florentine Political Thought and the Atlantic Republican Tradition*, Princeton: Princeton University Press, 1975.

法、德、荷、英、美，从而在近代早期构成一幅颇具影响的"希伯来共和思想路线图"。在"托古改制"情景下被借鉴、被利用、甚至被歪曲的希伯来政治话语，虽然不如希腊罗马古典共和思想与欧洲近代共和思想影响深远，但至少将希伯来因素融入了近代政治文明的创建之中。可以说，近代早期作为共和思想构建成型的关键时期，不仅是希腊罗马传统的"马基雅维利时刻"，而且也是希伯来传统的"摩西时刻"（Mosaic moment）。尽管密涅瓦的猫头鹰总是在黄昏起飞，但来自耶路撒冷的回声却在近代早期的政治思想史中留下了抹之不去的印痕。

中　编

现代犹太历史观念的产生及演变

第　五　章

犹太启蒙运动与现代犹太历史意识的出现

犹太启蒙运动，通常被称为"哈斯卡拉"，是 18 世纪 70 年代以来在柏林犹太知识精英中兴起的一场文化教育和思想解放运动。哈斯卡拉运动的目标在总体上是鼓励犹太人通过世俗教育，广泛接触和吸收欧洲文化，最终塑造出摆脱传统束缚、在思想和行为上适应欧洲主流社会的一代新型"现代"犹太人。从社会转型的视角来看，哈斯卡拉运动的开展标志着犹太民族复兴以及犹太人生活、思想"现代化"的开始。致力于哈斯卡拉运动的学者重新审视了犹太人和犹太教的历史，反思和批判了传统的犹太历史观，促进了现代犹太历史意识的形成，这一历史意识具体包括：历史进步意识、人作为历史主体的意识以及历史延续性意识。

一、历史进步意识与犹太世俗教育的兴起

欧洲启蒙是相信进步的时代。启蒙思想家看到了人对自然的认知力及控制力，因而坚定了对进步的信念。[1] 启蒙运动把历史的概念引入许多学科，强调时间的流逝会相应地带来变化。地球、基督教、《圣经》、人种及个人，都处在变化和发展之中。德国启蒙思想家认为，顺应历史潮流的教育能促进

---

① ［法］阿瑟·M.威尔逊:《从今天的现代化理论看启蒙思想家》,转引自［美］西里尔·E.布莱克:《比较现代化》,杨豫、陈祖洲译,上海译文出版社 1996 年版,第 189 页。

人性的发展。① 同欧洲启蒙一样，哈斯卡拉被马斯基尔（Masklim，意指犹太启蒙者）视为革命性的事件，犹太历史从传统迈向现代的决定意义的转折点。马斯基尔具有强烈的现代人意识，他们怀着坚定的批判立场，重新审视了人和人类社会的性质，并决心涤荡犹太教历史上非人性的、不道德的和迷信的成分，为通往进步和理性的时代扫清道路。打破拉比犹太教权威，走向世俗化、接受欧洲的科学和文化被视为一条走向现代社会的必由之路，同时有助于克服所在国和主流社会对犹太人的种种偏见。②

　　在启蒙精神影响下，一种超越过去的历史进步意识促使马斯基尔同传统的历史观念决裂，他们不仅把进步的观念植入犹太价值体系中，而且广泛加以应用。门德尔松、卢扎托（Samuel D. Luzzatto）、科罗赫马尔（Nachman Krochaml）等都反复论证犹太教是一种不断进步的宗教。莱温佐恩进一步指出，在自然进步的同时，文化、艺术、科学和社会都在进步，犹太人不可袖手旁观，他们除了融入这一进步的时代之外别无选择。③ 马斯基尔对未来充满希望，相信犹太教和犹太社会正在朝着历史进步的方向前进。

　　门德尔松的第一位希伯来语传记作家优切尔（Euchel）认为，门德尔松是犹太历史进入新时代的关键人物，他第一次给犹太人带来了现代希望。从优切尔开始，门德尔松反复地出现在每一个马斯基尔关于黑暗时代和光明时代（以理性和宗教宽容为特征，犹太人借此可获得道德的再生）的历史分期中。优切尔解释了为什么门德尔松被视为处在犹太历史转折点上的人物：门德尔松将犹太教恢复到自身的纯洁状态，将《托拉》学习重新摆到了适当的位置。他要求使用纯正的希伯来语，号召学习外国语言，热爱科学。门德尔松论证了犹太人是有希望的，他们决不像基督教所羞辱的那样，是一个没有灵魂、全然无益的民族。门德尔松的卓越成就改善了犹太人的公众形象。他与基督徒莱辛共同见证了宗教宽容和历史进步。他的声名促进了异教世界对犹太人的宽容，有助于缓解顽固的基督教反犹偏见，这些在很大程度

---

① ［美］彼得·赖尔、［美］艾伦·威尔逊：《启蒙运动百科全书》，刘北成等译，上海人民出版社2004年版，第12页。

② Shmuel Feiner, *The Jewish Enlightenment*, trans. Chaya Naor, Philadelphia: University of Pennsylvania Press, 2004, pp.365-373.

③ 张倩红：《困顿与再生：犹太文化的现代化》，江苏人民出版社2003年版，第68页。

上都归因于门德尔松。他在自己的生活中敏锐地向人们展示，在有关人性和人类道德进步的问题上，犹太人并不比其他任何民族差。[1]

马斯基尔以赞许的语言描写他们那个时代，并且相信在这样一个幸福的时代，改变犹太人的命运完全有可能。在他们眼里，这个时代像天堂那样纯洁；犹太人聪明、睿智，有高尚的德行。在处理人的精神、家庭和国家事务方面犹太人将显得文明、有教养。这个时代为犹太人的拯救提供了机遇，德国的哲学、科学与文化将帮助犹太人实现精神的再生。马斯基尔描绘了美丽鲜艳的犹太历史新图景，反映出一种积极而和谐的状态，犹太人和非犹太人之间的历史紧张关系也得到缓解。在马斯基尔的作品中，犹太教在一定程度上受到批判，流散不再被视为一种正常状态。扫罗·柏林（Saul Berlin）在他的讽刺作品中嘲弄了犹太传统，讽刺传统主义者将辛酸的流浪生活和异族人对犹太人的憎恨看作上帝对犹太人惩罚的论调，认为知识、智慧和科学才是这个时代的主旋律和犹太人追逐的目标。他批判了犹太人尊崇古代先贤权威，贬低现代人的态度。柏林的马斯基尔认为，传统犹太人没有认识到历史已经发生变化，也不能接受历史进步的观念，这些人很可能成为社会改革的绊脚石。马斯基尔强调新的历史观念在变革传统世界观方面的重要性。[2]

约瑟夫·沃尔夫（Josef Wolf）在介绍《舒拉密特》（*Sulamith*）这本启蒙新杂志时说："犹太人历史的新篇章已经开始。这是一个告诉人们快乐事件的时代，每一点进步都让人觉得前途更加光明，振奋人心。"[3] 沃尔夫相信，在这样一个新时代，犹太人可以获得更多的尊重，因为启蒙第一次使得非犹太人将犹太人当作是人类的一员。而另一本青年启蒙杂志更是乐观地指出："我们正拥有充满阳光的现在，我们也必将拥有充满阳光的未来。"[4] 这种历史乐观主义和进步意识是欧洲思想领域的一大革命，是近代欧洲自然科学和哲学成就所显现出的一种人类对征服自然和改造社会的坚定信念。人们

---

[1]　Shmuel Feiner, *Haskalah and History*, p.39.

[2]　Shmuel Feiner, *Haskalah and History*, pp.44-45.

[3]　Michael A.Meyer, "Reflections on Jewish Modernization", in Elisheva Carlebach, John M.Efron & David N.Myers, eds., *Jewish History and Jewish Memory：Essays in Honor of Yosef Hayim Yerushalmi*, Hanover & London: Brandeis University Press of New England, 1998, p.370.

[4]　Michael A.Meyer, "Reflections on Jewish Modernization", in Elisheva Carlebach, John M.Efron & David N.Myers, eds., *Jewish History and Jewish Memory*, p.371.

相信，未来世界将更加依赖于科学的进展，而不是古代诗人和哲学家的思考。科学进步将使人类更加有信心和能力面对未来。

这种由哈斯卡拉培育的对历史和人类进步的坚定信念使得后来的改革者试图通过更加积极的宗教改革消除犹太社会的弊病，清除犹太教中已经失去效力的律法和仪式，跟上时代发展的步伐。对于犹太改革者而言，未来一定会比现在更加美好，犹太教改革运动旨在引导犹太人在历史进步的征程中发挥典范作用。正是在这一意义上，改革派犹太教又被称为"进步犹太教"①。实际上，在德国，这种历史乐观主义和进步信念支配着大多数的改革者，即便后来面临着甚嚣尘上的反犹主义，德国犹太人对于前景并没有完全丧失信心。

传统犹太教育在本质上是一种宗教教育，以《托拉》和《塔木德》为根本，律法、仪式、犹太节日等方面的教育是基本内容。犹太教育系统也相当完善，社区规定，犹太父母及社团都有责任为6岁或更小的男孩提供初级教育。除初级教育外，社团还有高等塔木德学院，教师主要由拉比担任，甚至犹太成年男子要前往其他社区拜师学习《塔木德》。② 传统的宗教律法教育起到了强化犹太宗教性和民族性的作用。

在哈斯卡拉运动中，马斯基尔要求打破宗教对教育的垄断，增加教育中的世俗内容。与语言教育革新相关联的是，在哈斯卡拉运动中，以德语为基本载体的世俗知识和教育开始兴起。马斯基尔认识到，启蒙和一般文化教育紧密结合在一起。哈斯卡拉的目标是要将犹太人培养成体现出犹太教和一般文化综合，能够按照普通意义上的标准生活（的人）。③ 启蒙本身就暗示着世俗化的价值，因此马斯基尔积极致力于创办新型犹太学校。这些学校通常以非犹太学校特别是基督徒办的学校为原型，努力改变那些已经不合时宜的教育方式，减少了宗教教育特别是《塔木德》教育的内容。在这些学校中，那些接受了专门世俗训练的教师完全拒绝传统教育模式，自认是"启蒙了

---

① "自由的"或者"进步的"犹太教主要用以描述犹太教在本质上不是一种静止和僵化的，而是处在动态变化中的一种宗教，它允许宗教形式、诫命、仪式甚至信仰阐释等方面的变化，鼓励以现代自由思想和精神来重释古代观念和信仰，希望犹太教成为一种具有活力和可塑性的宗教。参见 William B.Silverman, *Basic Reform Judaism*, New York: Philosophical Library, 1970, p.3.

② 张淑清：《中世纪西欧犹太社团及其历史作用探析》，《世界历史》2006 年第 6 期，第 53 页。

③ ［美］罗伯特·塞尔茨：《犹太的思想》，第 560 页。

的犹太人"的化身，其任务就是要将体现犹太和非犹太价值的混合教育带给犹太儿童。① 这些学校在一段时间内允许基督教儿童入学，致力于增进犹太儿童和非犹太儿童之间的友谊，并传播宗教宽容、相互理解与相互欣赏的观念。这种新的、具有广泛包容性的教育模式广泛传播了现代知识和价值，给僵化、保守、排外的拉比犹太教教育注入了新鲜血液。

哈斯卡拉先驱有着强烈的好奇心和对于新知识的热情。他们有感于犹太人在世俗知识方面的贫乏以及因此造成的在同主流社会交往时的不自信甚至挫败感，决心要在犹太人当中普及世俗文化，以弥补单纯宗教知识的不足。门德尔松的弟子、著名希伯来语诗人赫兹·威塞利（Herz Wessely）大力宣传了门德尔松的语言教育思想，号召犹太人使用德语《圣经》，还将语言教育拓展成为一种无所不包的世俗教育。他认为，过去过分强调宗教教育而忽视世俗教育的做法是不对的，犹太学校的教育不能只为学生学习《塔木德》奠定基础，是要让学生受到科学、数学、历史、地理、德语等方面的世俗教育。为迎合那些极端虔诚的宗教人士的口味，他把这些学科与一些宗教素材联系起来。例如，他解释说，本国语言的知识不仅有其自身的价值，而且对理解和鉴赏希伯来语言结构也大有裨益；地理知识可以帮助学生确定《圣经》所提到的地区、河流和国家的位置，并转而激发他们对《圣经》的兴趣；数学则有助于理解《圣经》和《塔木德》中的度量和计数方法。②

威塞利将知识的学习分为两种类型：对人类知识（human knowledge）的学习和对上帝《托拉》（Torah of God）的学习。人类知识是关涉人类生活的知识，是人之所以可以称之为人的知识。而上帝《托拉》指的是上帝的律法和教导。它超越于人类理性之上，是上帝通过启示传达给摩西和犹太人的。人类知识由人的风俗礼节、道德行为以及清晰优雅的表达等构成，植根于人的理性之中。同样，历史、地理、天文等人类生活相关的科学都属于人类知识的范畴。它们的基础同样是人的理性，正是理性引导着智慧和创造。

从理解力的层面讲，人类知识的学习应当先于高贵神圣律法的学习，因

---

① Michael A.Meyer,"Reflections on Jewish Modernization", in Elisheva Carlebach, John M.Efron & David N.Myers, eds., *Jewish History and Jewish Memory*, p.373.

② ［美］大卫·鲁达夫斯基：《近现代犹太宗教运动——解放和调整的历史》，傅有德等译，山东大学出版社1996年版，第66页。

此，青年人首先要学习这类知识。这将为学习上帝的律法和教导准备健全的心智并促使他们在尘世的努力中获得成功。一个人如果缺乏人类知识，即便他已经学习了上帝的教导并根据这种教导生活，他也不会给他人带来快乐。因为没有世俗知识，他在世俗事务中的言语将不能和理性保持一致，行动将没有效力。其次，即使上帝的律法和教导远远优于与之相联系的人类知识，但通常只是在人类知识无能为力的地方，神圣的教导才开始发挥作用。它教导人们什么是超越理性的力量。所以，一个对上帝律法无知但精通人类知识的人，即便他不能受益于《托拉》指导，还是能够获得人性的力量。而一个只知道上帝知识而对人类知识无知的人，尽管知道上帝的律法，却不能感受到民族智慧和人性力量所带来的喜悦。[①]

威塞利认为，在历史上，犹太民族没有充分关注人类知识，忽视了对年轻人现代风俗、科学和艺术方面的教育。他们从孩童时代就专注学习上帝的律法和教导，却没有学习人类知识的机会。他们对作为圣语的希伯来语法都很无知，不能够洞察和欣赏希伯来语的纯正和美丽，更不说能够适当地了解他们所居住地区的语言了。很多犹太人根本就不知道怎样读和拼写当地语言。同样，他们也没有系统地学习过伦理学和心理学。总体而言，只是极少数个人听从学习了这些知识。尽管如此，威塞利认为，犹太人仍然保留着人性再生的能力，神圣的《托拉》就是这种力量的源泉。尽管犹太人缺乏上述知识，但《托拉》确保犹太人拥有一颗人类之心并保护犹太人免遭残忍和邪恶的侵袭。[②] 威塞利认为，在当前文化启蒙和政治宽容的时代，犹太人应当抓住历史机遇，将《托拉》的学习同世俗知识的学习紧密地结合起来。施密尔·法伊纳指出，威塞利出台新的犹太教育计划是哈斯卡拉运动史上的标志性事件，标志着哈斯卡拉作为一场运动开始形成。[③] 后来，门德尔松的另一名弟子大卫·弗里德里兰将威塞利的教育理论应用到实际之中，为培养符合社会需要的职业人才创办了一所犹太免费学校，将犹太教育、一般性学

---

① Naphtali Herz Wessely, "Words of Peace and Truth(1782)", in Paul Mendes-Flohr & Jehuda Reinharz, eds., *The Jew in the Modern World：A Documentary History*, New York & Oxford：Oxford University Press, 1980, pp. 63-64.

② Naphtali Herz Wessely, "Words of Peace and Truth(1782)", in Paul Mendes-Flohr & Jehuda Reinharz, eds., *The Jew in the Modern World：A Documentary History*, pp.64-65.

③ Shmuel Feiner, *The Jewish Enlightenment*, pp.1-5.

术研究和职业培训结合在一起。这所学校采用德语和希伯来语相结合的教学方法，特别强调用德语教授犹太教的内容。

1783 年，希伯来语杂志《拾遗》创刊。刊物序言声称该刊服务于犹太社区中启蒙的、追求真理和热爱自然科学的人。刊物内容涉及自然科学所有领域，还涵盖伦理学、宗教学、诗歌、人物传记等诸多方面，弘扬知识、伦理、美德、爱和友谊等启蒙价值。尤其值得注意的是，该刊物试图复兴《圣经》希伯来语，恢复其纯洁性，以提升犹太审美意识，介绍启蒙价值和世俗知识。刊物还致力于经文的诠释和研究，检视古代评注，并按现代人的理解做出补充和修正。在威塞利的积极呼吁和参与下，该刊物很快转向了对传统犹太教育制度的改革。《拾遗》迅速成为哈斯卡拉的象征。由于它公开对拉比蒙昧主义和宗教狂热发起了挑战，所以遭到了传统力量的猛烈攻击。对此，该刊物编辑发表了一篇题为《我们不会被吓倒》的文章，驳斥了种种反对世俗知识、教育和研究的言论，重申刊物旨在弘扬《托拉》和智慧，点亮犹太民族前进的道路，为犹太人开启新知识和新文化之门。①

可以说，对世俗知识和教育的强调是哈斯卡拉不同于传统拉比犹太教的显著特点，它将犹太人从强调创造和超越的神学世界观中逐渐解放出来，为进一步认知自然和思考历史创造了条件。在世俗文化的视野中，犹太人感受到了历史的进步、人类的成就和民族的使命。

二、历史主体及内容的转换与伦理教育的转型

研究表明，现代犹太历史意识早在 19 世纪犹太历史编纂学和犹太教科学运动兴起之前就已经萌芽了。这种同传统历史决裂的思想应当从 19 世纪以历史主义和浪漫主义为特色的时代前移到由理性主义主导的哈斯卡拉时代。② 在哈斯卡拉时代，马斯基尔已经开始修正传统历史观念。传统历史包括历史编年、民间故事、从普遍历史中萃取的犹太史片段、口传《托拉》以及犹太圣贤作品。总的说来，这些传统历史文献反映的并不是客观历史，

---

① Hameasef, "The Stream of Besor (1783)", and "We Shall Not Be Deterred (1787)", in Paul Mendes-Flohr & Jehuda Reinharz, eds., *The Jew in the Modern World: A Documentary History*, pp.69–75.

② Shmuel Feiner, *Haskalah and History*, p.9.

经常被超越客观历史的神学观点所利用和支配，意在确认着传统宗教价值，并为犹太民族的特殊性提供论据。传统犹太文献对历史和知识本身却缺乏合理关注。

哈斯卡拉引发了历史思维革命。在马斯基尔著作中，历史主体发生了转变，从以上帝为中心转向了以人及其活动为中心。犹太人的历史也第一次具有了世俗内涵，关涉犹太生活的方方面面。尽管马斯基尔的历史诠释中并没有否认神的干预，但是总体而言，他们不再将神的干预看成是一种充分的历史阐释。门德尔松认为神的力量引导着历史，历史的领域并不是犹太人生活的主要领域。总体上，他对历史真理持怀疑态度，认为历史真理是低于永恒真理的知识媒介。但是，不可否认，门德尔松仍然是哈斯卡拉中犹太历史意识转变的重要人物。在门德尔松的作品中，他体现出广博的历史知识，特别是关于经典的历史知识。在同伏尔泰和其他以轻蔑术语描述《圣经》人物的学者论战中，他反对完全非历史的研究方法，认为这种方法妨碍了人们对《圣经》历史和人物的客观研究。[①] 尽管门德尔松坚持犹太律法的完整性，但是他也意识到律法产生的历史环境的重要性，所以，他的律法阐释显得比较灵活，力图同特定时代和社会环境保持一致。

哈斯卡拉强调把人从宗教神学的桎梏中解放出来，肯定人的价值、尊严和创造能力，它在提高个人及人类地位方面与欧洲启蒙运动是雷同的，并期望人能够从历史上不断进化的社会和宗教构架中解放出来。[②] 哈斯卡拉哲学家为历史确立了新的评判标准——理性和道德。它们成为判断事件、社会、宗教和文化价值的尺度。历史被描述成理性力量同企图破坏理性的反理性力量之间持续斗争的过程，它也是人性发展的过程，折射出人性的光辉，对培养出健全的现代人具有重要意义。同时，历史也为伦理学提供了经验参照，成为道德教育的重要资源。[③]

威塞利是第一个探索应用新历史知识和观念的马斯基尔。他把历史列入他所倡导的教育改革计划之中，并将之看作是治愈传统犹太社会痼疾的一种有益因素。他认为，对于一名《托拉》学者，历史是有益的，因为这是理

① Shmuel Feiner, *Haskalah and History*, p.28.

② H.H.Ben-Sasson, ed., *A History of the Jewish People*, p.782.

③ Shmuel Feiner, *Haskalah and History*, pp.18-19.

解《圣经》各部分以及获得那个时代和空间环境知识的必要。对于作为人类一员的犹太人来说，历史有助于发展人类的好奇心、批判思想和怀疑主义及洞察力。对于犹太民族来说，历史提供了对犹太人命运和"选民"观念的理性解释。作为马斯基尔的犹太人，历史是有益的，因为它体现并证明了人道主义、道德、智慧等重要启蒙价值。通过历史寻找道德普遍性的根据是启蒙历史思想的主要特征，也反映了历史在人类道德教育方面的作用。威塞利为马斯基尔的道德历史观奠定了基础。他采纳了这样一种观点，即历史是道德斗争的过程，理性同偏见、美德与邪恶的斗争是人类历史的主要特征。[①]

哈斯卡拉实现的历史主体转换促使犹太教关注的焦点发生变化。如果说传统犹太教关心人的思想和活动如何服从神的旨意的话，那么，现代犹太教则主要关心怎样的神意才能增强人类历史创造力并服务于人类道德和精神生活的需要，力图通过能动的宗教变革推动历史发展，试图构筑一套普世的、合乎人性需要的宗教伦理。它以理性为基本特征，跳出了传统的以神正论为核心的神学伦理学范畴，赋予历史价值以世俗性和相对性，认为历史的价值在于为人类道德提供经验说明。在此背景下，犹太伦理教育也出现了重要转型。

在传统犹太教中，伦理文献[②]与犹太律法互为补充，律法规定犹太人日常生活方方面面的行为，而伦理文献则指示行为的广泛原则，或者说是人们对行为的态度。除了关注"在上帝面前谦卑"、"敬畏上帝"之外，伦理文献也关注"济贫"和"善行"，不过谈论这些时都同具体的行为和事例紧密联系在一起。[③] 而无论谈论怎样的内容，通常都从对上帝统一性的信仰出发，旨在捍卫上帝作为道德制定者和评判者的绝对权威。世俗的人、关于人的道德没有引起足够的重视。

在世俗知识和文化教育的影响下，传统的犹太宗教伦理受到挑战，新的

---

① Shmuel Feiner, *Haskalah and History*, pp.20-21.

② 在犹太教中被称为 Musar，其历史可以追溯到 10 世纪萨迪阿加昂(Sa'adya Gaon)的《信仰意见之书》并一直持续到现代。同犹太律法作品相比，这些伦理作品在主题和风格上显得更为灵活，具有一定的社会批判功能。

③ Philip S. Alexander, ed.& trans., *Textual Sources for the Study of Judaism*, Manchester: Manchester University Press, 1984, pp.16-17.

与世俗生活相结合的伦理教给犹太人人性、爱心、幸福等价值，促使犹太人重新审视犹太教的道德定位。与提倡理性主义和普世主义相对应，哈斯卡拉也致力于强化伦理和道德的教育，以回应主流社会对犹太人道德和伦理水平低下的指责，提升犹太人的道德水准。哈斯卡拉时期的文学反映了犹太人对启蒙时代道德问题的强烈关注。在世俗知识和文化的影响下，犹太伦理文学类型发生转变，文学开始承担启蒙道德教育的重任。

　　1758 年，门德尔松和他的一个朋友创办了希伯来语周刊《布道者》（Kohelet Musar），借助传统的《塔木德》文献评论以及神圣语言竭力向当时的犹太社区灌输道德和理性的观念。美德，作为一种高尚的启蒙价值，成为门德尔松宗教哲学的要点之一。像莱布尼兹和莱辛一样，门德尔松认为道德的生活——不是教义和教条——是宗教的本质。在著名的论述灵魂不朽的对话文集《斐顿篇》（Phaedon）中，门德尔松以相当传统的方式声称，所有道德的人将在来世获得公正的报偿。他甚至认为，寻求形而上真理不过是实现最终道德生活目标的一种方式。智慧的最高层次无疑是善，而沉思哲学只是实现这一目标的一种手段。面对德国犹太人的不幸，门德尔松认为，只有美德才能够给那些受伤的灵魂以慰藉，才是那些被遗弃者的避难所，要努力不让他们（认为犹太人不道德的人）拒绝犹太人。①

　　在柏林哈斯卡拉中，道德教育逐渐成为教育的核心内容。威塞利在1782 年一封公开信中向人们推荐了一部供犹太学校使用的新教材，突出了伦理和智慧的重要性。伦理成为建议中的学校课程中的重要内容，而哈斯卡拉中创办的期刊《拾遗》则声称要尽可能多地刊载有助于提升人的精神和灵魂的科学和伦理领域的文章。另外，马斯基尔还创作了众多关于儿童伦理教育问题的论文。② 哈斯卡拉时期伦理文学的早期代表著作有艾萨克·斯塔诺（Isaac Satanow）的《准则之书》（Sefer Hamidot，1784 年），威塞利的《规范之书》（Sefer Hamidot，1786 年）和梅纳赫姆·门德尔·勒芬

---

① Michael A.Meyer, *The Origins of The Modern Jew: Jewish Identity and European Culture in Germany, 1749-1824*, Detroit: Wayne State University Press, 1967, pp.21-27.

② Harris Bor, "Enlightenment Values, Jewish Ethics: The Haskalah's Transformation of the Traditional Musar Genre", in Shmuel Feiner & David Sorkin, eds., *New Perspectives on the Haskalah*, London: The Littman Library of Jewish Civilization, 2001, p.48.

（Menahem Mendel Lefin）的《心灵账单》（*Heshbon Hanefesh*，1809 年），而《拾遗》也在一定程度上采用伦理语言，具有现代道德周刊的风格。上述作品都具有强烈道德劝诫和教育色彩，并试图为新时代犹太人确立标准的道德模型。

著名犹太思想家内森·罗滕施特赖希（Nathan Rotenstreich）观察到，在现代犹太思想的作品中，吸引人们的是在信仰领域对于道德首要性的坚持；传统犹太教在超验意义上谈论上帝的典范作用，只是权宜地借用了道德的术语。但到 19 世纪，人们发现，道德逐渐成为现代犹太教中的一种核心要素，这种趋势早在 18 世纪末早期哈斯卡拉思想中就已经孕育。[①] 哈斯卡拉的道德教育强调人，而不是上帝居于道德主体的地位，所有符合人性的教育都是道德教育。上帝是完美人性的化身。马斯基尔受到人道主义运动（该运动声称对受教育者进行肉体上的惩罚是徒劳的，而体育和自然科学才是重要的）的影响，强调语言教育、科学和普世宗教。他们也受到卢梭著作《爱弥儿》的影响，强调以适当的方式培育儿童，给他们灌输幸福、个性自由的意识。与启蒙以前僵化的教育风格相对，启蒙灌输一种新的生活伦理，与幸福紧密联系在一起的伦理。一个接受启蒙思想的公民，应该竭力使自己成为一个有用的人，为自己和社会谋福祉。所谓的幸福和生活的良善是不可分的。[②] 在贯彻一种富于人性的教育和生活伦理的同时，马斯基尔也赋予上帝更多精神和伦理品性。代之以传统对上帝惩戒罪恶的敬畏和恐惧，马斯基尔更加强调上帝的庄严和对上帝的爱和敬畏。这意味着欣赏上帝本质的神圣性，而体验这种神圣性不是通过对上帝惩戒的恐惧，而是通过人内心对是非的明辨实现。在恶的问题上，马斯基尔认为，它并非人类与生俱来的缺陷，而是一种可以控制和加以利用的中性力量。因而，在人与上帝的关系上，马斯基尔打破了上帝的绝对权威，强调了人内心的自律意识。这无疑暗示了上帝与人关系上的一种互动，实际上也是一种立足理性捍卫宗教伦理的观念。

---

① Harris Bor, "Enlightenment Values, Jewish Ethics: The Haskalah's Transformation of the Traditional Musar Genre", in Shmuel Feiner & David Sorkin, eds., *New Perspectives on the Haskalah*, pp.50-51.

② Harris Bor, "Enlightenment Values, Jewish Ethics: The Haskalah's Transformation of the Traditional Musar Genre", in Shmuel Feiner & David Sorkin, eds., *New Perspectives on the Haskalah*, pp.51-52.

同时，马斯基尔将犹太教的律法同道德的提高紧密地联系在一起，并试图从道德的高度来论证犹太律法的合理性。上帝给予犹太人《托拉》不是纯粹地要求人类服从他的统治，而是要促进人类道德水平的提高，以彰显上帝的高尚品性。尽管早期马斯基尔对律法变革持保守的态度，但这种以道德捍卫和评判律法价值合理性的观念直接影响了后来犹太教改革运动中的仪式和律法变革。在门德尔松之后发展起来的犹太教认为，应尽可能地废弃那些与时代脱节，与普遍道德相左的礼仪，而保留那些充分体现普遍道德价值的律法。律法的存在主要不应建立在历史合理性基础之上，而应建立在普遍理性和道德的基础之上，可以传承的律法应该是人类普世精神的反映。由此，通过改革律法和仪式来纯化道德成为犹太教改革的重要动机。对律法历史意义的淡化甚至非历史化解读使得改革派犹太教只保存了有限的律法并将之看成是普遍宗教道德的表现形式。①

三、哈斯卡拉与历史延续性

历史经验要求人们必须在尊重和理解传统的基础上进行变革，改革不是要割裂和断绝同过去的联系，而是旨在更新传统。早期哈斯卡拉对于理性主义和人道主义的崇尚往往使人们忽略了其中的传统因素，产生了哈斯卡拉试图要颠覆传统的误解。事实上，研究表明，哈斯卡拉是一种基于历史和传统之上的社会和宗教改良运动，参与其中的恰恰是那些恪守犹太教礼仪的传统犹太人。他们往往从传统中寻找改革根据。他们进行改革的目的并非要全然抛弃传统，而是要在现代环境下捍卫传统，维持犹太延续性，希望通过适度的社会和宗教改良，使传统犹太教跟上历史发展的步伐。为一种恢复犹太社会活力的愿望所驱使，哈斯卡拉意在提供一种必要的工具，调和启蒙理想与

---

① 18世纪末，在康德道德形而上学影响下的激进的马斯基尔一度主张废弃所有的律法，将犹太教带入纯粹的理性宗教和自然宗教的形态中，一度走到了改宗的边缘。尽管之后的改革派犹太教在律法的问题上避免了激进化倾向，但毋庸置疑的是，摆脱律法的束缚，彰显犹太教崇高的道德和精神品性，成为普遍道德的公民和犹太人乃是改革派运动的重要目标。在所有的现代犹太宗派中，以理性为基石，将宗教和道德结合得最为紧密的就是改革派犹太教，它声言道德乃是构成普世宗教的基础之一，而改革派的社会行动议程作为道德实践的方式成为改革派社会活动的核心内容。

犹太传统的精神生活。① 哈斯卡拉反对的是拉比犹太教权威以及由此导致的宗教僵化，而绝不是历史和传统。恰恰相反，哈斯卡拉试图创造一种基于传统的理性主义。这样的理性主义追求的并非是超越历史的真理，而是基于历史的真理。这样的理性主义并非是要否定传统，而是要将传统带入到一种新的、更具有生命力的状态中。

一般认为，启蒙和传统之间存在着难以消解的张力，但实际上，有影响力的宗教往往欢迎新科学和启蒙哲学，并将之作为更新传统和保持活力的方式，而新兴的启蒙与改革思潮也是牢牢附着在历史和传统之上。研究哈斯卡拉的学者索金认为，哈斯卡拉是犹太版本的宗教启蒙，努力纠正犹太教与其经文传统的核心内容以及更大范围的文化脱离接触的不正常状况。② 纵观欧洲中世纪的大部分时期，特别是宗教创造性得以升华的时期，犹太人一直将自己的经文传统看成是有益的，积极地同周围的文化进行着互动。但是，在哈斯卡拉之前的几个世纪里，阿什肯纳兹人却日益在《塔木德》和喀巴拉的世界中孤立了自己，忽视了《圣经》、犹太哲学和希伯来语，同时也忽视同外部世界的交流。马斯基尔所倡导的哈斯卡拉希望在犹太传统文化类型、宗教习俗和欧洲文化及对于公民权的诉求之间维持一种谨慎的平衡。正因如此，他们强调《圣经》、民族历史、特别是希伯来语的重要性。③

哈斯卡拉在一定程度上复兴的是塞法尔迪犹太传统。这一传统在阿拉伯帝国时期发展为一种经典的犹太文化形式。它的重要特征就是对哲学、拉比文献和《圣经》评注的关注。④ 早期的马斯基尔从犹太历史的"塞法尔迪黄金时代"中找到变革的根据：可以用当代的观念来更新古老的思想。从传统犹太智慧来看，新科学、新智慧、新哲学并非是不可接受的。马斯基尔乐观地认为，他们可以不发动一场革命来实现他们的文化理想并将之作为传统

① Harris Bor, "Enlightenment Values, Jewish Ethics: The Haskalah's Transformation of the Traditional Musar Genre", in Shmuel Feiner & David Sorkin, eds., *New Perspectives on the Haskalah*, p.62.

② David Sorkin, *The Berlin Haskalah and German Religious Thought: Orphans of Knowledge*, Portland: Vallentine Mitcell, 2002, introduction, pp.1–9.

③ Samuel Feiner, "A Historical Definition of 'Haskalah'", in Shmuel Feiner & David Sorkin, eds., *New Perspectives on the Haskalah*, pp.215, 218–219.

④ David Sorkin, *Moses Mendelssohn and the Religious Enlightenment*, London: Peter Halban Publishers, 1996, introduction.

犹太资源复兴的一种方式。[1]

　　门德尔松的哲学强调将中世纪犹太哲学的理性主义传统同德国启蒙观结合在一起，从而创造一种根植于传统，又一定程度上契合现今社会的保守历史观念。犹太历史学家海因里希·格雷兹认为，摩西·门德尔松尽管在许多方面和他同时代的知识精英不同，但是他和他们共同表达了对历史地理解犹太教的反感。[2] 这一结论显然过于草率，应该说，门德尔松所反对的乃是一种对犹太教作精确的历史批判研究的历史主义，因为，在他看来，这种历史研究可能会破坏启示和历史真理。在对于犹太律法特别是《圣经》的诠释方面，门德尔松却严格地遵守了历史的立场。该立场所显现的是对于犹太教口传传统《塔木德》有效性的尊重，对于拉比犹太教评注传统的尊重。门德尔松捍卫全部犹太律法的合理性显现了他的历史保守主义立场。这种历史保守主义与后来早期改革者所崇尚的理性主义和反律法立场是相悖的。因而，从这种意义上说，门德尔松所领导的哈斯卡拉对待宗教传统的立场没有直接对改革运动造成重大影响，但犹太教改革运动在德国经历了纯粹理性主义、道德主义和反仪式主义的发展阶段后，在遭遇德国保守政治和文化压力的情况下，开始意识到一定程度的历史意识对于确立犹太身份是必要的。于是，一些致力于改革的神学家又从历史角度捍卫了若干传统仪式和律法的有效性。哈斯卡拉回归并重新解读《圣经》文本，对忽视中世纪犹太哲学理性主义传统的批判等观念都为后来改革派犹太教所吸收，为进一步变革奠定了基础。

　　尽管早期马斯基尔特别是门德尔松对待历史的立场在本质上是一种传统主义，试图从传统中寻找与时代要求相契合的观念，最终将现代思潮融入传统的解释框架之中。但是，哈斯卡拉领导层的传统主义倾向在相当程度上抑制了犹太教在基督教文化压力下走向同化的冲动。事实表明，非但不能将门德尔松之后德国社会出现的改宗浪潮归罪于门德尔松领导的早期马斯基尔，相反应该注意到，门德尔松是犹太历史和宗教传统的守护人。恰恰是门德尔

　　[1]　Eliezer Schweid, "The Impact of Enlightenment on Religion", *Judaism*, Vol.38, No.4(Fall, 1989), p.389.

　　[2]　Heinrich Graetz, *Geschichte der Juden*, 11 vols., Berlin & Leipzig, 1853-1876, Vol.11, p.13, cited in Heinrich Graetz, *The Structure of Jewish History and Other Essays*, translated, edited & introduced by Ismar Schorsch, New York: The Jewish Theological Seminary of America, 1975, p.2.

松，在坚持犹太教作为一种理性宗教的同时确认了犹太教传统的价值。这一点是他带给犹太教改革运动的重要遗产。

哈斯卡拉为犹太教科学研究创造了条件。所谓的"犹太教科学"（*Wissenschaft des Judentums*）是 19 世纪德国犹太人为争取解放所作的努力。它主要关心的是从外部批判的角度来捍卫犹太教，同时试图为犹太人在现代国家的生存提供学术支撑。这场运动主要表现在对犹太教的科学研究、理想主义的犹太宗教哲学以及接受过正规学术训练的犹太历史学家开始出现等方面。改革的倡导者开始运用成熟的犹太历史编纂学方式以达到改革的目标，它后来被应用到 19 世纪犹太身份的重构当中。可以说，历史和科学批判的意识是以马斯基尔历史意识为根基的。

马斯基尔的历史意识是在 18 世纪末期哈斯卡拉争取犹太社会内部改革以及同传统习惯和思想决裂过程中产生的。[1] 马斯基尔通过传播现代知识、文化、科学及教育，起到了解构传统历史观念、构造新时代图景的作用。而门德尔松对犹太学术发展产生了重大影响，他的《耶路撒冷》和《圣经》评注为犹太教科学运动兴起奠定了基础。这场运动开创了一种对犹太教全新的、历史的、客观性的研究方法，为犹太精神生活注入了强大生命力。[2] 科学世界观对世俗文化和科学性的强调引导着犹太教突破超验和启示神学的范畴，将神学纳入科学和哲学的范畴，并在可能的条件下建立一种神学科学、神学哲学，甚至神学历史学。事实上，后来的改革运动正是通过对犹太教的批判研究来构筑其思想体系的。[3] 这一研究在传统、现代和未来之间建立了一条不会断裂的思想之链，并使传统不至于僵化，从而确保了犹太教不断更新和发展。

---

[1]　Shmuel Feiner, *Haskalah and History*, p.61.

[2]　[美]大卫·鲁达夫斯基：《近现代犹太宗教运动——解放与调整的历史》，第 74 页。

[3]　后来改革派犹太教的主要理论家盖革，试图运用历史科学的方法与发现结果来检视犹太教，从外部来看待犹太教的发展和进化，但就内部而言，他又深深认同犹太经验的完整性。在盖革看来，这两者能够结合起来，由此他创造出了一种新的犹太教形式，其中并没有为科学设定界限。对于盖革之后的犹太教学者来说，研究和质询成为一种独立的犹太身份特征，学习和研究成为改革派犹太教践行改革的一种方式。在后来的发展过程中，改革派犹太教将自身的宗教意识形态和对犹太教的科学研究结合在一起，19 世纪最初几十年兴起的犹太教科学运动生动说明了现代犹太教转向历史的趋势，这一趋势赋予了改革派犹太教以更加鲜明的学术品性，并将犹太教改革运动引向深入。

四、哈斯卡拉历史意识的局限及其遭遇的挑战

作为犹太社会发生的一场文化和宗教启蒙运动，哈斯卡拉尽管表现出了鲜明的、有别于传统的现代历史意识，且这种历史意识后来成为现代犹太教的重要遗产，但是哈斯卡拉所显现的历史意识仍然存在着重大的时代局限，对历史的思考还主要停留在哲学和世界观的层面，缺乏对历史的精细分析和批判，实证的历史研究在哈斯卡拉运动中并没有发展起来。

对于门德尔松著作和言论的考察表明，在门德尔松思想中包含了一定的历史因素和历史意识，但门德尔松本质上不是一位历史主义者，他对于具体的、批判性的历史研究并不感兴趣。他甚至对历史编纂学表示了反感和鄙夷。在给数学家和历史学家托马斯·阿布特（Thomas Abbt）的信中，门德尔松抱怨道："一切以历史为名的学问，如自然史、地理史、政治史、学术史等都在我的视野之外。每次当我读到有关历史的东西时，除非它的风格让我感到振奋，我都顿感倦意。"[1] 门德尔松将自己关于历史的结论建立在传统的陈述上，如他认为有必要认识到神圣的力量在引导着历史，历史的领域尽管与犹太民族相关但关联很少。历史是一种公民科学，是政治体制的编年，对于没有国家的民族是没有意义的，除非它被囊括进普遍人类历史的编年中，这样的编年史也包括犹太人。在谈到德国《圣经》批评学所采取的历史方式时，门德尔松声称犹太教不能够将《圣经》当作是一部历史著作，并以此来理解所谓不同时代的上帝的神佑和全能。犹太人并不试图发现那些实用的历史兴趣或者对《圣经》的历史好奇感，而是应当试图研究他们所恪守的宗教诫命。一般而言，门德尔松怀疑历史真理，认为历史真理在层次上是低于永恒真理的。同样，门德尔松反对其基督教朋友莱辛（Gotthold Ephraim Lessing）所谓的犹太教比基督教发展要低一个层次的观点，认为历史问题在神学上是没有意义的，因为上帝没有过去或未来，只有现在。[2] 所以，总体而言，门德尔松既不是历史理论的建构者，也不是历史主义方法忠

---

① Alexander Altmann, *Moses Mendelssohn：A Biographical Study*, Philadelphia：The Jewish Publication Society of America, 1973, p.108.

② Shmuel Feiner, *Haskalah and History*, p.27.

实的实践者。①

门德尔松同时代的马斯基尔对现代历史意识的认知还是比较模糊和零碎的，缺乏系统性与规范性。这种意识呈现出两大特征，一是历史进步的观念；二是对于过去的背景式理解，这种理解没有浸润19世纪的科学精神，缺乏历史批判意识。② 以威塞利为代表的马斯基尔只是表达了对于历史学习、教育和研究的浓厚兴趣。因为哈斯卡拉提倡学习世俗科学与文化，而历史作为一门重要的人文学科，在整个知识谱系中占据着非常重要的地位；同时，哈斯卡拉的目标是按照启蒙价值来复兴犹太传统文化，注重的是从犹太教历史中寻找与启蒙价值接近的时代、人物和元素，因而不可能对历史展开系统的研究。正如米尔斯所指出的，柏林的马斯基尔实施一种新的教育改革计划。这一计划开始对世俗文化，也包括历史表达了欣赏之情。这种冲动的重要标志就是希伯来语杂志《拾遗》（*Me'asep*）的创办。从1784年它第一次出现在德国，其发刊词就谈及了对于著名拉比贤人传记研究的重要性。这种研究开始关注文本背景，强调拉比出生的地点和时代，他们生活之中的重要事件，以及对同伴产生的影响。

18世纪80年代后期到90年代，康德哲学开始主导德国知识界，并深刻影响着那个时代人们的历史观念。康德发展了"纯粹理性"哲学，把犹太教作为一种非理性宗教，犹太社区作为非理性的政治实体被排斥在他系统哲学之外。康德在他的哲学系统中将犹太教塑造成一种完全负面的形象，这种形象可以由一系列的术语来描述：物质性、经验性、律法性、法典主义、非理性、不道德性、异质性、外在性、世俗性、迷信和狂热、他律性，它们与康德哲学所倡导的精神性、超验性、理性、道德性、内在性、纯洁性、神圣性等形成了鲜明的对比。通过这一系列的术语，康德构筑了他哲学系统的对立面，并合理化了形而上学理论。康德哲学所确立的二元对立几乎将犹太教置于一种绝对化了的非正常存在状态。

在康德看来，犹太教的这种非正常的存在状态主要是由于犹太教的律法及仪式系统所造成的，它使得犹太教难以达致高尚和永恒的精神和道德水

---

① David N.Myers, *Resisting History: Historicism and Its Discontents in German-Jewish Thought*, Princeton: Princeton University Press, 2003, p.20.

② David N.Myers, *Resisting History: Historicism and Its Discontents in German-Jewish Thought*, p.20.

准。同时，康德还通过世俗化了的哲学术语将基督教塑造成为其哲学中的正面形象，他清除了基督教中存在的历史因素，将基督教塑造成为一种理性的、超验的、自律的和道德的宗教。由此，康德彻底割裂了犹太教和基督教之间的历史联系，他拒绝将犹太教看作基督教的起源性因素，因为这样会将基督教带向历史宗教的境地。康德认为，犹太教是一种彻底的历史宗教，他所遵循的律法和仪式都是古代以色列政权体制的残余因素，根本就不符合自然宗教和理性宗教的原则，因而也不能配享同基督教同样的地位。康德哲学暗示，犹太人要融入主流社会，必须彻底地改造他们的宗教，废除那些非理性的宗教律法和仪式（历史的存在），接受自然宗教和理性宗教的基本教义（永恒的存在）。

在康德自然宗教和理性宗教思想的影响下，柏林的哈斯卡拉开始走向激进化。门德尔松、威塞利之后的第二代马斯基尔（很多是犹太康德主义者）开始应用康德哲学术语对犹太教历史进行批判，以消解犹太教作为历史宗教的本质，凸显其作为自然宗教和理性宗教的普世价值取向。这种对犹太教的去历史化解读给犹太教带来了巨大的生存危机。

门德尔松之后哈斯卡拉运动的代言人弗里德兰德开始以自然宗教原则批判犹太教仪式性律法、《塔木德》教育体制和拉比评注，并对拉比犹太教历史遗产持负面评价。弗里德兰德认为，摩西向犹太民族的长老传达了纯正的宗教教导是确定无疑的。在离开埃及的时候，他已经将这种纯粹的神圣性本质和未受任何玷污的宗教观念交给了以色列人。不过，摩西对抽象的、纯粹的宗教并不满意，作为犹太领导人，他感到有必要通过诫命和仪式来教育他的民众。从那时起，一套专门的律法体制就开始形成，它像躯壳一样，包裹着作为内容与核心的伟大宗教原则。于是，黄金时代宗教的原始纯正性受到了玷污。随着犹太国的灭亡，犹太人开始流散，宗教退化和衰落就开始了。这种衰落的首要迹象是口传《托拉》的成文化。风俗和仪式渐渐不再具有任何真实的意义，也不能激发任何可以导致道德升华的思想。一切都在堕落，最终仪式和风俗成为宗教伪善的标志。从这一阶段开始，犹太历史不过是一系列哀伤画卷的展现。缺乏对理性和高尚真理的尊崇，过分关注宗教的外在形式，即仪式、诫命及通过奇迹获得拯救的弥赛亚信仰，日益神秘的宗教观念，所有这些都腐蚀了犹太民族的道德观念。显然，弗里德兰德对犹太历史的阐述基本否定了犹太思想的历史性和延续性特征。在康德历史哲学思维的影响下，他试图消解犹太教中的历史内涵，从根本上否定犹太流散史所具有的意义，以达到确立具有超历史性的自然宗教与理性宗教地位的目的。在弗里德兰德看来，独立的犹太人历史在未来是不可能存在的，他们自身将从束缚中解放出来并开启宗教改革，最终他们会以这种或者那种方式融入到更加广阔的国家和社会历史之中。①

同时期的马斯基尔、犹太康德主义者本·大卫也开始否认以律法为核心的拉比犹太教同现代启蒙思想之间的协调性。他认为，出于解放的需要，出于恢复犹太人权利的需要，推倒和放弃犹太律法乃是犹太人医治自身顽疾，融入公民社会的先决条件。本·大卫警告到，政治解放的唯一障碍在于他的落后的同宗者仍然受到过去奴隶心智的束缚。只要犹太人放弃古老的犹太枷锁，他们就能够获得人的幸福生活。他强烈地向人们推荐一种与自然神论接近的理性犹太教。他认为评价犹太人是否跟上时代精神发展的标准有两条，即他们在多大程度上废除了那些已经没有意义、与当前这个时代很不适应的仪式性律法；他们在多大程度上建立了一种更加纯粹的宗教和更有价值的上帝崇拜，多大程度上真正地遵循了摩西纯粹的宗教教导。②

在《论犹太特征》一书中，本·大卫病理化了后圣殿时代的犹太存在及全部拉比传统。他认为，第二圣殿被毁之后，《圣经》评注被过分地加以强调，这是拉比塑造犹太人奴隶般心智的需要。在本·大卫那里，多姆对于犹太人辛酸史（*Leidensgeschichte*/lachrymose history）的描述被转变为一种病理学上的描述。在他看来，犹太特殊性的历史是一段非正常的历史。受到康德道德哲学的影响，他认为犹太人在主观道德方面存在缺陷，基督教神学对犹太人的偏见实际是对犹太人的一种惩罚，是犹太人在道德意志力方面失败的标志，因为他们未能按照像康德的理想主义哲学所设想的那样，摆脱犹太历史的病理结构，将犹太教带入自律的主观道德领域。本·大卫强调，犹太

---

① Shmuel Feiner, *Haskalah and History*, pp.49-50.

② 本·大卫在《圣经》研究上采取了体现着激进哈斯卡拉的理性主义立场。在他看来，《摩西五经》除了道德律法，一切都没有意义。宗教圣物、习俗在本·大卫那里被随意地进行解释。在1797年的一篇文章中，他试图向人们展示，约柜曾作为一种电力装备，用于点燃祭坛上的木柴。参见 *Encyclopaedia Judaica*, Vol.4, Jerusalem: Keter Publishing House, Ltd., 1971, p.475。

人明显地缺乏道德的意志，他们所遵守的律法与现代国家所遵循的道德理性原则相悖。从这种角度出发，本·大卫提出了放弃犹太教仪式性律法的要求，他说："犹太人必须废除他们无意义的仪式性律法，实行改革，因为这些律法与当今时代完全不协调；除非他们采纳一种更加纯粹的宗教，一种更有价值的上帝观念——纯粹的摩西教导，那么即便他们在接受洗礼之后，他们仍然是对现代国家具有危害性的冷漠公民。"①

本·大卫将犹太历史看成一种病态性存在，他希望确立以道德为主体的超历史模式。康德认为，真正的道德自由在本质上超越经验世界的随机联系。对于本·大卫来说，真正的犹太自由是犹太人超越犹太历史的偶然联系。这要求每一个犹太人摆脱其病态历史束缚并进入一种理想化的政治关系中——作为国家的普遍人和公民。犹太特殊性的历史应当像病症一样消失。按照康德的观点，历史和道德意志的关系在于，历史本质上是超历史的道德进步的叙述。历史服务于道德，然而，道德本质上外在于历史。历史的本质就是退出历史的进程和局限；就是要从主观性受到束缚的历史中挖掘和蒸馏出超历史的主体。而受到历史的束缚乃是一种病症，是道德上和心理上的虚弱状态。本·大卫一再声称犹太教的时代是过去，而不是现在。

1793年，本·大卫以一种极端悲观的语气写道，自从公元70年第二圣殿被毁之后，犹太人在长达1700多年的历史中实际处在一种沉沦的状态中，他们跌入了具有强烈压迫性、难以穿透的黑暗和深渊之中。② 真理的时刻已经到来，目前是超越犹太历史进入人类社会及其政治对应物国家的时候了。本·大卫的犹太历史理论隐含着对犹太历史中弥赛亚思想的批判和摒弃。迈耶尔评价道，"作为一名理性主义者和犹太解放政策的支持者，本·大卫试图压制犹太弥赛亚主义中（对现代国家）具有破坏性和颠覆性的因素而将之简化为对于解放的追求。他坚持认为对于弥赛亚的期待不是犹太教义中的必要条款。根据本·大卫的观点，在所有善意统治者赋予犹太人以平等公民

---

① 康德，这个在19世纪德国文化史上奉为哲学圣徒的思想家在他自己所生活的时代，无论在犹太人中，还是在非犹太人中都激起了广泛的影响和争议。值得一提的是，本·大卫曾经成功地将康德带到维也纳，并让他在那里作了关于他在18世纪90年代发表的三大批判的演讲,向维也纳公众表达了其激进哲学观念。

② Shmuel Feiner,*Haskalah and History*,p.48.

权的地方，犹太人都能够找到他们的弥赛亚。他的眼光是和未来联系在一起的，但仅仅是眼下的未来，在特征上是完全政治性的，因而不可能实现他所期望的严格的宗教意义上的转型。"①

犹太哲学家所罗门·迈蒙在康德自然宗教观念影响下，将犹太教历史划分为以下五个阶段：（1）自然宗教阶段，从族长时代到《托拉》形成时代；（2）从《托拉》的形成到拉比义人西蒙（Shimon Hatsadik），即大议会②结束时代。这段时间里，《托拉》的律法被诠释且根据当时需要增添了许多新律法；（3）《密释纳》时代。这段时间内，那些新增的律法被犹大·哈纳西汇编成集；（4）《塔木德》时代。这段时间内，一些《密释纳》的语汇和条款再次被诠释；（5）从《塔木德》编纂完成到现今，这一趋势还将继续，直到弥赛亚到来。在这一阶段，犹太教走向堕落和衰退，突出表现为大量重叠的新律法及许多外来风俗，这些风俗是从其他民族那里借用的。③

通过对犹太教发展阶段的划分，迈蒙提出了他对犹太教的理解：原本犹太教是一种自然的、真理性宗教，以信仰不可揣度的唯一上帝的统一性为特征。随着时间的推移，犹太教逐渐从自然宗教转变为一种实证性宗教（positive religion），实际上是一种神权政治体制下的宗教和政治混合体。这种神权政体依赖下述原则，即公共和个人宗教兴趣和谐共存。随着犹太国的覆灭，宗教再一次发生转型。因为犹太教失去了同犹太国家的联系，所以只能为存在而存在。为了民族幸存的需要，犹太人发展了维持和传播他们信仰与准则的独特方式，即发展一种解经传统，以解释从摩西那里获得的律法，并将之应用到特定的情况下。

迈蒙认为，这不是在理性地更新律法，而是靠传统上发展起来字面解经法来诠释文本。解经活动贯穿犹太史的不同时代并最终以《密释纳》的形成（公元2世纪）和《塔木德》的编纂完成（公元5世纪）而告终。而在最后一个时期，即后塔木德时代到现代，犹太教被强烈扭曲了，并由此产生

①　Michael A.Meyer,"German Jewish Thinkers Reflect on the Future of the Jewish Religion",*Leo Baeck Institute Year Book*,Vol.51(2006),pp.3-4.

②　"大议会"是第二圣殿时期(公元前515—公元70年)的犹太高等法院,大议会的最高领袖是纳西(Nasi)。

③　Shmuel Feiner,*Haskalah and History*,p.48.

了许多畸形的规则和仪式。拉比犹太教扭曲了早期犹太教的纯正形式，它始终为幸存的问题所困扰，以一种奇异的方式，继续增添了许多繁冗的宗教律法和仪式，直到这些律法和仪式之间充满了矛盾。然后，拉比又致力于消除这些矛盾和抵触，但又创造了新的矛盾，于是他们又必须解决这些矛盾，如此循环往复。正是这一点窒息了拉比犹太教的精神，并且剥夺了犹太教的生命。①

对于迈蒙来说，犹太人的无知以及他们对理性改革的反对恰好解释了他们受到迫害的原因。迈蒙没有提及任何基督教对犹太人和犹太教的神学化解释并认为这是导致犹太人历史悲惨命运的主要原因。相反，作为一名理性主义者，迈蒙感到没有必要对这一现象进行神学化的解读。他从世俗科学和哲学的角度解释了犹太人的历史和命运：犹太人世俗知识和哲学知识的匮乏使得他们处在一种非自由和受奴役的状态中。在迈蒙看来，自第二圣殿以来犹太人历史总体上处于一种非理性化的、受到《塔木德》和拉比犹太教律法体制束缚的状态之下，脱离社会现实。失国之后的犹太历史已经丧失了其存在的意义。他认为，犹太民族没有真正的历史，因为这个民族同其他开化了的民族几乎没有政治上的联系。② 同样，流散史和宗教史对犹太人的教育显然是无益的，因为它们只教会了犹太人专制性的律法，从来没有教给犹太人以普遍的理性和人性。

与弗里德兰德、迈蒙和本·大卫等人不同，扫罗·阿舍尔没有简单地顺从康德哲学对犹太人和犹太教历史的诠释。他非常清醒地认识到，在康德哲学中存在着严重的政治和现代性反犹因素。他力图从启蒙自身价值和需要的角度捍卫犹太历史记忆。③ 阿舍尔相信理性和道德是现代性的主要标志，要求犹太教进行比较彻底的理性化改革来迎合现代性的要求。但是，阿舍尔认为传统和历史在现代性塑造过程中发挥着不可磨灭的作用。现代性本身并不以牺牲历史和传统为代价，而是确认理性主义同历史和传统之间存在的内在联系，历史和传统以自身经验性能力进一步确认了理性主义实现的可能性。

① Jay M.Harris,*How Do We Know this*,*Midrash and the Fragmentation of Modern Judaism*,New York：State University of New York Press,1995,pp.150-151.

② Solomon Maimon,*Autobiography*,ed.,Moses Hadas,New York：Schocken Books,p.135.

③ David N.Myers,*Resisting History：Historicism and Its Discontents in German-Jewish Thought*,p.20.

而康德哲学强制性地忘却过去、有意毁灭早先遗产的基础上构设理性未来的图景，其对待犹太人的态度与其哲学系统本质上是断裂的。[①]

在基督教和犹太教的关系上，阿舍尔批判了康德割裂它们之间内在联系的观点，认为犹太教为基督教提供了历史和道德基础。在康德的宗教观念中，基督教被想象为一种纯粹理性宗教，而犹太教被认为是理性的对立面，所以基督教和犹太教的关系是康德宗教哲学中要处理的一个重大问题。康德主要是通过诋毁犹太教的历史性来确证基督教的纯粹理性。犹太教和基督教之间的对立被简化为历史和理性之间的对立。犹太教历史性的阐释必然涉及经文诠释问题。康德提议实践一种选择性的《圣经》诠释，坚持哲学方式，而非《圣经》神学方式。按照这种方式，康德不试图寻求真实的过去，而是有意识地使经文同宗教理性协调，并竭力将经文同化进理性道德的指令中去，消灭那些有关纯粹历史性的一切。对于康德来说，解读《圣经》的唯一目的是促进道德提高，而历史因素对于这一目标是毫无帮助的。而阿舍尔认为，康德的目的无非是要竭力割断犹太教和基督教之间的历史联系，他利用哲学诋毁犹太教和确证基督教恰恰显示了基督教本身缺乏原创性。

阿舍尔重申了门德尔松在《耶路撒冷》一书中表达的宗教洞见，即基督教在诸多方面受益于犹太教的遗产。他还进一步说明，基督教并不是一种突然获得的信仰，它的产生是包括犹太教在内的多种因素作用的结果。[②] 犹太教不仅为基督教提供了历史基础（他认为基督教的全部精神在公元1世纪的犹太教中就已经存在了），它同样也为基督教提供了哲学立场，引导着基督教走向道德宗教类型。就像门德尔松的《耶路撒冷》一书那样，在《关于犹太宗教》中，阿舍尔指责基督教公然否认基督教的犹太起源，以一种与康德伦理精神对立的方式将耶稣确立为自身的意志法则。作为一种启示宗教，犹太教给个人提供了独立理性和道德发展的基础。正是因为这种理性，阿舍尔将犹太教作为普世宗教的理想原型。

总体上看，弗里德兰德、迈蒙、本·大卫和阿舍尔四位马斯基尔在本质上提出了对犹太人未来更为激进和更加哲学化的历史构想。这四个人有一些

---

① Jonathan M.Hess, *Germans, Jews and the Claims of Modernity*, New Haven: Yale University Press, 2002, pp.146-147.

② Jonathan M.Hess, *Germans, Jews and the Claims of Modernity*, pp.149,155.

共同特点：他们试图从哲学上来理解门德尔松在《耶路撒冷》中所提出的重要观念——上帝存在、理性宗教、神佑、灵魂不朽。在构建自身观念的时候，他们使用了当时流行的哲学术语体系。他们坚信：必须彻底改革犹太教的信仰和形式。他们大多用德语写作，这表明他们希望向基督教文化圈表达自己的观点。他们对犹太教的历史勾勒具有强烈的哲学倾向，主要关注犹太宗教的历史。他们有着强烈的打破拉比犹太教神学历史观束缚、以自然宗教的理性改造犹太教的企图。

第　六　章

浪漫派思潮对民族历史传统的重新解读

18世纪80年代以来，激进马斯基尔将犹太启蒙运动推向了一个极端，他们倾向于激烈批判甚至有意忘却拉比犹太教传统，[①] 企图摆脱传统拉比对犹太社区的影响和束缚，以新兴知识和哲学方式创造一种新的犹太教。在他们看来，这种新型犹太教应当与拉比犹太教根本不同。然而，他们以康德启蒙价值所诠释的作为自然宗教的犹太教却几乎全然丧失了犹太性。在犹太社区，越来越多的人意识到，完全放弃拉比犹太教传统并不能使犹太教获得新生，缺乏传统和历史的根基，改革也不可能取得成功。虽然自门德尔松以来人们一直在谴责拉比的蒙昧主义，但是哈斯卡拉的激进化也使越来越多的人感到，哈斯卡拉如果完全缺乏拉比传统的支持，也会产生非常有害的影响，

[①]　希伯来语杂志《拾遗》反映了这一倾向。在其创办的最初几年，虽然拉比传统没有遭到攻击，但是杂志却明显很少有反映拉比传统的文章。为了回应那个时代所盛行的经典主义，《拾遗》有意跳跃了《塔木德》阶段而将《圣经》作为主要的关注对象，马斯基尔努力纯洁因拉比时代而变得不纯洁的希伯来语并使之重新获得赞美诗和先知书的风格，希伯来语成为马斯基尔语法诠释和审美欣赏的对象。在1787年《拾遗》搬到柏林后，杂志的中心从以希伯来语为载体的《圣经》文学的内部世界转向了外部的世俗科学世界以及不断变化着的犹太人的政治地位。而从1794年开始的第三阶段，杂志开始猛烈攻击正统主义的蒙昧无知，拉比被看作是启蒙的敌人，马斯基尔甚至援引迈蒙尼德的理性主义传统来攻击正统拉比的迷信和盲从。杂志编辑沃尔芬森指出，真正的犹太传统是从迈蒙尼德到门德尔松，而不是这些正统而无名的拉比。不过，沃尔芬森的讽刺挖苦对于拉比犹太教没有产生灾难性后果，相反，杂志的激进立场已经超出了社区读者所能容忍的限度，它在公众中逐渐失去了影响力。参见 Michael A. Meyer, *The Origins of the Modern Jew*: *Jewish Identity and European Culture in Germany*, *1749－1824*, Detroit: Wayne State University Press, 1967, pp. 116–118。

年轻一代在鄙视拉比传统的情绪下纷纷皈依基督教就是最好的证明。早在1792 年到 1793 年间，犹太教育家优切尔就以戏剧形式表达了对不受约束的启蒙现代性的担忧。

进入 19 世纪，众多的犹太教育家、改革者和布道者都开始不约而同地指出要摆脱伪启蒙的影响，走向真正的启蒙。伪启蒙表现为激进马斯基尔对自然宗教的狂热。面对越来越严重的宗教同化威胁，不少马斯基尔已经不愿意将自己看作是宗教反叛者，而宁愿是宗教协调人。1809 年，沙洛姆・科亨（Shalom Cohen）转变了《拾遗》的思想风格，他声称过去这份杂志过于激进，杂志新的几期将通过重回传统文献的方式在传统和现代之间确立一种平衡。而犹太教育杂志《耶底加》（*Jedidja*）的编辑杰里迈亚・海涅曼（Jeremiah Heinemann）则说："以前我们的任务是在以色列人中促进启蒙；现在，我们要教育以色列人怎样区分真启蒙和伪启蒙。"[1] 1806 年，由犹太教育者约瑟夫・沃尔夫和大卫・弗兰克尔（David Frankel）创办的德语杂志《舒拉密特》鲜明地反映出新一代宗教与社会改革者试图协调传统和现代的努力。在创刊的序言中，约瑟夫・沃尔夫指出，《舒拉密特》旨在激起犹太人对宗教的尊重，复兴他们的宗教情感和观念，告诉他们包含在犹太教中的真理对社会和个人决不是有害的。只要犹太宗教观念和教导不被迷信所损毁，就不会对任何政治体制构成障碍。犹太人应当凭借自己的力量找到善之源泉，善将从犹太教之树的纯净的汁液中流出，而不希望人为地将外来的果实嫁接到犹太教的树干上。[2]

《舒拉密特》一再强调协调和反激进主义，它的编辑者认为犹太人的转型应当出自社区内部。他们想出于自身需要来启蒙犹太民族，并根据自我的需要、能力和民族的特征来协调犹太人与普遍人类之间的关系。因为在过去，启蒙通常被看作一种与犹太教和犹太特殊主义不相协调的外部力量。《舒拉密特》一方面反对那些完全出于理性主义而制造新的犹太教的做法，另一方面也反对在犹太习俗问题上的传统主义立场，同时也表达了对拉比和拉比传统相当程度的尊重，认为那些启蒙拉比的行为是值得模仿的。1808

①　Michael A.Meyer,*The Origins of the Modern Jew*,pp.118-119.

②　Joseph Wolf,"Preface to Volume One of Sulamith(1806)",in Paul R.Mendes-Flohr & Jehuda Reinharz, eds.,*The Jew in the Modern World:A Documentary History*,pp.85-86.

年，在《舒拉密特》一篇题为《呼吁宗教启蒙》的文章中，除了阐述宗教真理、上帝存在、神佑、灵魂不朽等宗教启蒙所致力的普遍目标外，作者着重强调了启蒙要求人们能够自由地按照人性方式进行宗教思考，强调以不同方式信仰和崇拜上帝，并暗示启蒙不排斥宗教多样性，因为所有多样性纽带都是上帝之爱。[①]

　　在政治、经济和社会融合的背景下，新一代改革者开始认识到：如果犹太教注定要被去民族化的话，那么它至少应该保有一种宗教身份。这样一种新的犹太意识意味着，犹太教是一种宗教，它不必然要反映民族性特征，但它至少也不是单纯的自然神论。犹太教特定的习俗、传统、思维方式、信条、纲领应该受到尊重，成为一名犹太人意味着要归属作为一种真正信仰的犹太宗教。[②] 很显然，从18世纪末期开始，犹太社会对于启蒙的热情已经开始消退，而主张谨慎而温和的宗教与社会改革的呼声日益高涨。那个时代的改革者不再狂热而盲目地追求融合、同化甚至是改宗，而是开始考虑如何在确保犹太宗教性、继承犹太历史和传统的前提下进行改革，这预示着19世纪对于犹太人而言注定是一个在宗教和历史观念上发生重大转变的世纪。

一、民族主义和政治浪漫主义

　　在犹太社会内部出现的上述转变虽然有着自身的逻辑，但同时也是更加广泛的外部思想环境影响的结果。18世纪末期，当理性主义光辉还没有全然退去的时候，浪漫主义作为一种新的社会、政治和文化思潮开始在德国悄然兴起。这一思潮就其本质而言，是对启蒙运动、特别是法国大革命以来的激进理性主义的一种反叛，这一反叛在18世纪末和19世纪初的德国表现得尤为明显。在威廉·腓特烈二世统治时期，已经开始呈现出这一思潮的端倪。腓特烈二世拥护一种新的基督教神秘主义，对启蒙理性主义表示反感。在他的领导下，普鲁士国家权力开始攻击启蒙和法国大革命。随后，拿破仑对德意志的统治造成了大批的启蒙反对者，即德意志民族主义者，占人口绝

---

　　① Sulamith,"Call for Enlightenment(1808)",in Paul R.Mendes-Flohr & Jehuda Reinharz,eds.,*The Jew in the Modern World：A Documentary History*,pp.86-87.

　　② Michael A.Meyer,*The Origins of the Modern Jew*,pp.119-121.

大多数的基督教群体开始以一种新的公众舆论，即德意志民族主义来定义自身。德意志民族主义是出现于 19 世纪初的一种思潮，将国家推到了最高政治理想的地位。而民族主义同另外一种政治现象，即保守主义也紧密地联系在一起。两者都肇始于"政治浪漫派"。而范围广泛的政治浪漫主义运动是在德意志抵制法国占领的情况下产生的。

反对拿破仑占领以及随后对一切法国事物的反对都在浪漫保守主义、地方主义以及德意志民族观念（Volkstum）中得以表达。1808 年，费希特（Johann Gottlieb Fichte）出版《对德意志民族的演讲》，从浪漫主义哲学出发阐述了德意志民族有机体以及德意志民族精神的概念。费希特认为，德意志民族是一个自古以来就存在的民族有机体，它的有机性源于古老的德意志风俗、文化和传统，这些构成了永恒的德意志精神，而这种精神具有无限性和不可分割性。在费希特浪漫主义的民族哲学的影响下，古老的德意志民族使命和责任观念开始复兴，这种观念强调儿童必须接受一种特别的民族主义教育，而不是普世主义教育。德意志是一种深深植根于过去的民族，这种过去使德意志人知道自己共同的遗产和命运。[1]

在面临法国侵略、占领以及德意志民族分裂的严峻形势下，新的民族主义强调德意志统一的理想。民族主义的自由斗士从德意志的历史中借用了条顿帝国统治下理想的中世纪的观念，并将早期的德意志统一和爱国主义观念置于法国大革命的观念之上。他们努力克服德意志在地理上的分裂以及政治上的衰弱，倾向于接受新近发现的关于民族权力的设想。而西欧启蒙关于人类权利的陈述被指责太过理性化和个人化。出于反对这种与德意志精神相对立的且非常抽象的启蒙观念，许多爱国分子宁愿选择具有倒退性的德意志民族的乌托邦意识。[2] 那个时代的一名德意志青年在一封信件中这样描述了德意志民族精神："我们的国家将再一次团结为一个帝国，我们德意志人将再次成为民族（volk）；我们的社会将回到原始纯正的形式，即一种活生生有机体或者正在成长的个性形式……我们的民族精神决不能为那些犹太卢梭[3]

---

① Michael A.Meyer, *The Origins of the Modern Jew*, p.145.

② Peter R.Erspamer, *The Elusiveness of Tolerance: The "Jewish Question" from Lessing to the Napoleonic Wars*, Chapel Hill & London: The University of North Carolina Press, 1997, p.28.

③ 指受到卢梭等启蒙思想家影响的犹太理性主义者。

所弱化和玷污，任何陌生人、外来者和异类都不能以所谓自然权利为借口来分享我们的本性，我们的世界，我们的花朵，我们的鸟儿和我们的天空。"①

　　在阿尔恩特（Ernst Moritz Arndt）②、雅恩③（Friedrich Ludwig Jahn）、施莱格尔（Friedrich Von Schlegel）、费希特等德意志民族主义理论家和基督教民族主义者的鼓吹下，德意志民族主义开始以一种哲学和科学的方式加以阐述，即德意志帝国是通过纯化的血统、身体和传统连接在一起的一种有机体。上帝召唤这个民族统治整个世界，这一统治不是由理性，也不是由抽象的伦理系统支撑，而是由德意志自身的光辉传统所支撑。④ 德意志政治浪漫主义的发展可以分为两个阶段。第一阶段是1806—1812年，这一段时期的浪漫主义主要表达了对拿破仑军事占领，斯坦因、哈登贝格和洪堡社会经济改革尝试以及诸如农奴、农民、手工业者和犹太人之类社会群体解放，还有1813年解放战争等历史事件的反动。第二阶段是1815—1818年，从个人反动走向了王朝复辟（梅特涅时代）。这一阶段开始取消之前进行的许多自由主义和人道主义改革。猛烈的反犹太情绪在民众中爆发，突出表现为1819年的"嗨噗，嗨噗"（Hep Hep）骚动。⑤

　　拿破仑对犹太人的解放无疑是对那些寻求从"外国专制统治"下解放出来的德意志人的爱国主义情绪的严重冒犯。犹太人参与革命所带来的激进经济变革和理性主义运动允诺将赋予犹太人公民权，这对于那些企图回归中世纪封建秩序的人来说也是一种威胁。许多抱有强烈爱国情感的德国人坚持认为犹太人的解放是不能被宽恕的，因为它是法国大革命的产物。犹太人被

---

　　① Uriel Tal,"Young German Intellectuals on Romanticism and Judaism:Spiritual Turbulence in the Early 19th Century", in Saul Lieberman, ed., *Salo Wittmayer Baron Jubilee Volume*, Jerusalem:American Academy for Jewish Research,1974,p.927.

　　② 阿尔恩特以宗教般的热情表达了德意志民族主义情感。他说:"宗教的最高形式就是要爱祖国胜过爱法律、君主、父母和妻子儿女。"他认为启蒙运动不应当宣扬博爱精神、传播平等的毒药，这是一个只有犹太人才会去犯的根本性错误。他诅咒所谓的世界主义、人道主义，而主张排外性的、侵略性的民族主义和国家主义。参见[德]克劳斯·费舍尔:《德国反犹史》，钱坤译，江苏人民出版社2007年版，第68页。

　　③ 雅恩主张将竞争性的体育运动和炽热的民族独立运动结合在一起，被尊为"体操之父"，他教育德国人要锻炼自己的形体，铸造独特的日耳曼特性和钢铁般的德意志精神。

　　④ Uriel Tal,"Young German Intellectuals on Romanticism and Judaism:Spiritual Turbulence in the Early 19th Century", in Saul Lieberman,ed., *Salo Wittmayer Baron Jubilee Volume*,p.927.

　　⑤ Uriel Tal,"Young German Intellectuals on Romanticism and Judaism:Spiritual Turbulence in the Early 19th Century", in Saul Lieberman,ed., *Salo Wittmayer Baron Jubilee Volume*,p.923.

这个时代强烈的德意志民族主义情绪所拒绝，他们被看成非德国人。进一步说，犹太人的解放是同启蒙紧密联系在一起的，而新的德意志民族主义开始拒绝启蒙，这个时代的德国人怀有强烈的反法情绪，认为启蒙正是从法国进口的观念。

这一新的时代精神（*Zeitgeist*）可以从亨丽埃特·赫兹（Henriette Herz）、拉赫尔·瓦恩哈根（Rahel Varnhagen）和施莱格尔举办的犹太沙龙的衰落看出来。许多过去曾经是犹太沙龙客人的异教知识分子现在却成为具有强烈爱国主义情绪的德国桌社（*Tischgesellschaften*）的成员。多元化、普遍性的沙龙开始让位于民族主义、保守和排外性的俱乐部。民族浪漫主义运动的反动特征在德意志社会的各个层次都表现得很明显。[①] 德意志民族主义的出现对犹太解放产生了负面的影响，反犹主义开始以新的术语重现，鄙视犹太人的角度开始从神学立场转向民族立场。据美国天主教神学家罗森玛丽·萝特（Rosenmary R. Ruether）说，"现代国家的犹太人成为德意志民族实体的局外人。"伊娃·雷施曼（Eva Reichmann）已经注意到反犹主义开始以犹太人的国际联系、脱离真正的德意志民族情感为借口来指责犹太人。

面对普鲁士在同拿破仑战争中遭遇的一连串失败和羞辱，一些德意志的年轻人感到法国大革命的激进理性主义以及践行这一原则的犹太人正在危害德意志民族。一位名叫乌尔里希·霍夫曼塔尔（Ulrich Hoffmannsthal）的政治系学生这样写道："由于犹太人间谍的叛国行为以及像巴伐利亚、乌滕堡、巴登，黑森—达姆施塔特等邦国的背叛，反对普鲁士的同盟已经形成，我感到非常心痛，就好像我的双腿从身上被卸下来一样。我现在发誓要将我全部的生命献给德意志帝国复兴事业……在这些日子里，我意识到我们生活的犹太化是多么的邪恶、多么的可鄙、多么的不道德、多么具有灾难性……法国理性主义、法利赛人的僵化主义、西方的怀疑主义和犹太人知识主义统统在毒害着德国的灵魂、我们的河流和森林，我们的年轻人和我们的精神。"[②] 在维也纳会议之后，一场企图恢复前革命时代统治秩序的运动开始

---

① Peter R. Erspamer, *The Elusiveness of Tolerance: The "Jewish Question" from Lessing to the Napoleonic Wars*, p.6.

② Uriel Tal, "Young German Intellectuals on Romanticism and Judaism: Spiritual Turbulence in the Early 19th Century", in Saul Lieberman, ed., *Salo Wittmayer Baron Jubilee Volume*, p.926.

了。这场运动剥夺了犹太人在拿破仑统治期间所获得的一切权利，借口就是犹太人具有非德意志民族的特征。解放的犹太人好像成了法国统治的遗留物，因为犹太人和法国大革命的原则和箴言之间的联系是非常明显。1817年，一位在耶拿的犹太学生在他的一封个人信件中这样写道："在我的一生当中，从没有像这一周一样，频繁而不断地被问及是否是犹太人。也就是在这一周，在瓦特古堡（Wartburg）事件①后，一些人可怜我注定是犹太人，也有些人控诉我；有人因此而侮辱我，也有人因此而赞扬我……但是我的所有朋友都明白这是怎么一回事。哦，你知道我有多么的失望，多么伤心，多么的有挫败感，怎样地备受侮辱，怎样的心痛和绝望。我们都不相信，这就是像费希特、阿尔恩特这些伟大的人物所照亮的生活，人人获得完全新生，人人都在成为德国人，道德再生、民族统一、我们心灵获得完全而最终拯救，回归人类本性和完全真实存在的日子。"②

除了以不忠诚之名指控犹太民族之外，另外一种将犹太人民族特性和传统基督教对犹太教特性指控结合在一起的反犹主义也开始在学术层面出现，这一指控看起来和德国启蒙思潮中的反犹主义有些类似，实则反映出一种新的，以德意志民族浪漫主义为定位，试图将犹太民族彻底排斥在德意志精神之外的民族主义的反犹主义。这种反犹主义的代表人物是德国大学中两位教授，弗里德里希·鲁斯（Friedrich Ruhs）和雅各布·弗里斯（Jacob Fries）。鲁斯是柏林大学历史系教授，而弗里斯是海德堡大学的一位哲学家和自然科学家。这两位教授都参与了在维也纳会议之后再次成为焦点的犹太人公民权

---

① 瓦特古堡事件指的是从 1815 年到 1819 年间存在的德国民族主义和浪漫主义学生组织 Burschen-chaften 的第一次大规模的全体性集会。这次集会的具体时间是 1817 年 10 月 18 日，选在 1817 年是因为这一年是马丁·路德宗教抗议 300 周年，而 10 月 18 日是莱比锡战役的时间，在这场战役中，德国不仅摆脱了自 1806 年以来的拿破仑征服，而且把德国人从精神的奴役中，从"埃及的统治"下解放出来。这次会议的参加者相信民族浪漫主义精神会引导他们走出西奈的荒原进入应许之地，而德意志将成为祭司的王国和神圣的民族。地点在爱森纳赫附近的瓦特古城堡。这次会议公开表达了反犹情绪，犹太改革者扫罗·阿舍尔 1815 年出版的书《关于德意志人》被焚毁，因为这些浪漫主义者指控他的书是反民族主义的，超个人主义的、理性主义的，与德意志民族精神相悖，会毁灭德意志民族的精神和灵魂。简单地说，这些书是犹太塔木德、法国理性、非德国、干瘪的、无灵魂的、机械的存在。参见 Uriel Tal, "Young German Intellectuals on Romanticism and Judaism: Spiritual Turbulence in the Early 19th Century", in Saul Lieberman, ed., *Salo Wittmayer Baron Jubilee Volume*, pp.920-921。

② Uriel Tal, "Young German Intellectuals on Romanticism and Judaism: Spiritual Turbulence in the Early 19th Century", in Saul Lieberman, ed., *Salo Wittmayer Baron Jubilee Volume*, pp.919-920.

问题的争论，表达了基于浪漫主义的民族反犹主义观点。

受到费希特民族观念的影响，鲁斯认为犹太教不是像启蒙的追随者所认为的那样是一种宗教信条和信仰，事实上它已构成一个民族和一个政权。犹太人的宗教律法乃是一种国家式的法律，他们的拉比掌握了立法的权力。像德国人一样，犹太人拥有他们自己的民族特性（*Volkseigentumlichkeit*），但非常矛盾的是，现在犹太国的公民也想成为基督教国家的公民。他们为自己的特殊性感到骄傲，他们甚至身着披巾长带以显示他们的独特性并将之看作荣誉的标志。犹太教不是一种宗教，那些称犹太教是一种宗教并否认它具有国家特性的犹太人既不是犹太人，也不是基督徒，而是愚蠢与傲慢的结合物。弗里德兰德之类的犹太改革者试图用犹太人和以色列人两种概念来区分犹太人的宗教性和民族性是不可能的。鲁斯、弗里斯和其他一些持有浪漫主义立场的作家力图以启蒙犹太人否定自我的术语来攻击犹太人。这些人认为犹太人不成为基督徒，就不可能成为德国人。[1] 因为，在他们的眼中，基督教是德意志民族的宗教，而犹太教是犹太人的民族宗教，这两者是本质不相容的。不是犹太人皈依了基督教就万事大吉，当然他们要成为德意志的一员，就要全盘接受基督教的一整套价值观念和习惯，并且漂白掉所有的犹太成分。[2] 显然，鲁斯和弗里斯的理论以一种不同于激进启蒙的反犹言辞重新回到了激进启蒙的结论：犹太人只有改宗才能够获得解放。

二、文化浪漫主义

政治浪漫主义虽然是 18 世纪末和 19 世纪初德意志独特政治形势发展的结果，但它在文化上有着更早的根源。18 世纪 80 年代晚期，启蒙运动出现了内在的张力，它所具有的激进批评精神正在威胁着它实现文化启蒙和公众教育的理想，即对于某些确定道德、政治和审美原则的承诺。[3] 理性批判所造成的怀疑论和虚无主义正在使得人们对德意志文化产生疏离的情绪，这种

---

① Michael A. Meyer, *The Origins of the Modern Jew*, p.140.
② ［德］克劳斯·费舍尔：《德国反犹史》，第77—78页。
③ 参见［美］弗雷德里克·C.拜泽尔：《早期浪漫主义和启蒙运动》，载［美］詹姆斯·施密特：《启蒙运动与现代性：18世纪与20世纪的对话》，徐向东、卢华萍译，上海人民出版社2005年版，第329页。

情绪预示着对于民族未来的不确定感。年轻的一代渴望通过复兴民族文化、构建可以想象的民族未来的方式来消解由启蒙理性主义所带来的精神上的迷茫和不安。显然，早期文化浪漫主义不是作为启蒙的对立面出现的，而是意在消解启蒙的张力，转变启蒙的方向，让启蒙精神落实在民族教化的理想中。

这股思潮也深刻影响着那些自门德尔松时代以来就孜孜不倦地追求着理性主义的犹太知识分子，他们开始对于启蒙感到迷茫和失望。事实上，当门德尔松还在世的 18 世纪 80 年代，他已经遭遇到第一波文化浪漫主义思潮，而且他确实清醒地认识到自己的哲学已经有些过时而不能跟上时代发展了。莱辛从一个启蒙理性主义者向历史理性主义者和文化浪漫主义者的突然转变也让门德尔松感到非常困惑。在批判神学和传统宗教时，莱辛获得了一种历史的视野，这就是"发展"的概念。他区分了"理性真理"和"事实真理"。针对基督教的正统理论和沃尔夫的神学理性主义，他认为宗教真理只是一种事实真理。这种真理作为"事实"并不能使宗教宣称自己具有超理性意义而得到合法证明。宗教的等级高低取决于它的伦理特征和理性内容，它们在历史的发展中不断向人类显示出来。历史是理性得以现实化的基础。[1] 不同等级的宗教代表着理性历史化的不同阶段和程度。

1780 年，莱辛出版了他最有影响力的神学著作《人性的教育》(*The Education of Humanity*)，这一著作的出版标志着一种革命性的转变。在这本书中，莱辛采取了一种全新的看待启示问题的方式：上帝将启示作为教育人类的途径，《旧约》作为一种初级的启示已经为《新约》所取代，《新约》本身也最终成为被保留下来的启示。启示和理性在神佑的引导下交互作用，引导着人类走向更加成熟的精神理性，18 世纪所勾勒的永恒同质的和超越历史之上的该术语，正处在历史地形成过程中。每一个新的时代都有比之前时代更高的宗教真理。莱辛认为，尽管一些卓越的犹太人已经在接近真正的上帝观念，但是，总体而言，犹太民族在相当长的时间里都不能够真正地揣度上帝的启示；这也是为什么他们时常放弃他们唯一的上帝并设想在其他民族的神祇中寻找最强有力的主宰者的原因。

---

[1] 张慎：《德国启蒙运动和启蒙哲学的再审视》，《浙江学刊》2004 年第 1 期。

莱辛指出，犹太教是宗教启示的初级阶段（孩童时代），也是人性教育的初级阶段（孩童时代），它离真正的启示和真正的人性之路还有相当的距离，它只是在它产生的时代是有效的。莱辛暗示，基督教以一种更高的启示超越了犹太教启示，并达到了启示和人性的高峰状态。[①] 门德尔松对莱辛所表达的新的关于启示、理性和宗教真理的观念表示不赞同和失望。因为，如果一种启示被另外一种更高的真理所取代，那么《托拉》的永恒价值，犹太教的永恒价值都统统遭到了破坏，而保留仪式性律法也就无异于是逆神圣历史进程而动。这也意味着基督徒在阅读更加高级文本的时候，犹太人却仍然在读着已经过时了的《旧约》，犹太教因此也被扫进了垃圾堆。[②]

柏林马斯基尔所进行的知识复兴和宗教革新的努力遭遇了严重挫折。启蒙乐观主义在 18 世纪 90 年代的后半叶就开始退却。解放运动在 1793 年告一段落，也未产生明显的实际效果。弗里德兰德在接下来的 15 年也不再积极地涉入改革之中。作为一场运动的启蒙遭到了来自各个方面的攻击。普鲁士政府开始反对启蒙并将之看作是一种潜在的革命性力量；像歌德之类的较年轻一代的诗人和作家以浪漫派开始嘲弄启蒙的原则以及启蒙领导人。

在犹太社区，复兴希伯来语，将之作为启蒙工具的企图也开始遭到挫败，越来越多的启蒙者开始转向纯粹的德语。1797 年，哈斯卡拉的希伯来语杂志《拾遗》在其订阅者跌到 120 人的时候宣布停止出版。[③] 许多研究哈斯卡拉的学者认为，到 18 世纪末的时候，哈斯卡拉在德国首都柏林的进程已经宣告结束，马斯基尔复兴希伯来语和犹太宗教文化的企图遭遇了严重挫折，弗里德兰德提出的柏林犹太社区改宗的计划因遭到基督教社会的猜疑以及犹太社会的不信任而陷于流产，而普鲁士日益严峻的政治和社会环境使得哈斯卡拉不具备继续发展的条件。

德意志民族浪漫主义造成的反理性主义、社团主义和保守主义，对启蒙的主导价值理性主义、个体主义和自由主义发起了挑战，对一切改革和异族

---

① E.G.Lessing, "The Education of the Human Race", in Chanan Gafni, ed., "Hokhmat Yisrael": The Origin of Modern Jewish Studies, Jerusalem: The Hebrew University of Jerusalem, 2007, pp.14-15.

② Michael A.Meyer, The Origins of Modern Jew, pp.55-56.

③ Steven M.Lowenstein, The Jewishness of David Friedländer and the Crisis of Berlin Jewry, Ramat-Gan: Bar-Ilan University, 1994, p.19.

同化进入主流社会的企图进行了强烈抵制。例如，在普鲁士爆发起义和莱比锡战役失败的情况下，普鲁士政府在1807—1812年推行了一系列进步改革试图巩固统治，但这些改革遭到了浪漫主义者的激烈反对。因为改革试图解放农奴和犹太人，并保障个人自由、财产和平等权。当1812年普鲁士颁布解放犹太人法令的时候，就有青年这样评价道："我们的政治生活，我们正直的道德，我们的传统……所有这一切都在走向瓦解直至腐朽。"[1] 除了1812年法令之外，当时由冯·斯泰因（Von Stein）男爵、冯·哈登堡（Von Hardenberg）和威廉·冯·洪堡（Wilhelm von Humboldt）所进行的自由主义的政治和教育改革也被这些浪漫主义批评为分裂德意志精神的力量。这些改革涉的内容主要是消除社会等级壁垒，在市政进行公民选举，理论上废除行会等。

青年浪漫主义者认为斯泰因等人所主张的绝对的个人自由的观念是错误的，中了犹太自由主义和平等主义的魔杖。他们批评启蒙具有盲目性，因为人是不可能也不应该完全获得自由，上帝既没有创造平等，也没有创造自由，而是仅仅将人类置身于自然和宇宙的有机体，置身其生长的民族有机体中。解放犹太人、手工业者和农奴"违背了我们的本性"。解放意味着脱离传统、权威和稳定性；意味着分裂，孤独，脱离了家族、传统和作为犹太民族精神源泉的宗教的庇护；意味着走向一种异质的传统；意味着将自身连根拔起。当前犹太人应当做的是保护传统，压制这些所谓的自然权利，这样他们才能拥有过去和未来，才能保持统一性。[2]

显然，在19世纪最初20年，以自由主义为根基的改革遭到了浪漫主义者的激烈攻击，青年浪漫主义者急切地希望恢复传统、重新确立权威。这样的氛围使得犹太宗教改革和犹太解放的进程也陷于停顿，在犹太社区，传统主义势力正好借此机会，有时还通过政府的干预压制了改革力量的增长，由此加强了自身的地位。这20年里，启蒙以来的激进的宗教改革趋势并没有引导社区发展的方向，犹太社区除了在宗教仪式方面进行了

① Uriel Tal,"Young German Intellectuals on Romanticism and Judaism：Spiritual Turbulence in the Early 19th Century",in Saul Lieberman,ed.,*Salo Wittmayer Baron Jubilee Volume*,p.934.

② Uriel Tal,"Young German Intellectuals on Romanticism and Judaism：Spiritual Turbulence in the Early 19th Century",in Saul Lieberman,ed.,*Salo Wittmayer Baron Jubilee Volume*,pp.931-935.

细微的变革之外，思想理论方面没有取得任何重大的突破，甚至出现了倒退的状况。

三、宗教浪漫主义

浪漫主义在文化领域导致了对于过去文化、传统的欣赏甚至崇尚。德意志当时成为一个典型的"文化之邦"，德意志人甚至从自己的弱点中找出优越性和神圣使命①，开始重新发现古老的德意志风俗、民间歌曲、民间服饰，等等。蒂克（Ludwig Tieck）、诺瓦利斯（Novalis）、施莱格尔等文化精英创作了大量的诗性作品来表达那个时代的浪漫主义情感。德国文化浪漫主义者在遭受异族统治的屈辱下，力图抛开当时的阴暗时代及其现实感和冷酷的生存逻辑，退到另一个时代，即中世纪——在那里，人被视为精神力量的载体。这种浪漫主义渗透到德国文化生活、学术和艺术的各个方面。和文艺复兴时代学者尊崇古希腊和罗马文明不同，浪漫主义以中世纪精神，尤其是虔诚的宗教观、超自然和神秘主义为楷模。②

新近出现的基督教思潮开始走出康德纯粹理性主义和道德哲学的模式，重新关注宗教经验和宗教发展的历史性因素。施莱尔马赫（Friedrich Daniel Ernst Schleiermacher）在这一思想转变过程中发挥了重要的作用。他在1799年出版了《论宗教》（On Religion：Speeches to Its Cultured Despisers）一书，鲜明地反映了启蒙宗教思想和浪漫主义之间的张力。施莱尔马赫是后启蒙时代几乎同加尔文和阿奎那享有同等声誉的基督教神学家。《论宗教》将对于宗教的理解植根于当下的情感和本能，而认知和道德在宗教理解中则只占第二位的角色。它竭力将宗教定位为一种有着自身独立根基的体验世界的方式，这种方式由历史和自然的进程所支撑。

后来，他在另外一部著作《基督教信仰》（The Christian Faith）中更加系统地表述了这样的观念。这两部著作所具有的共同特征是从抽象转向具体的方法论策略，强调宗教作为当下情感和本能体验的独立性，个体存在的价

① ［法］乔治·勒费弗尔：《拿破仑时代》，河北师大外语系《拿破仑时代》翻译组译，商务印书馆1997年版，第27页。
② ［美］大卫·鲁达夫斯基：《近现代犹太宗教运动——解放和调整的历史》，第202页。

值，历史在形塑宗教传统中的作用等。① 19 世纪初新一轮的基督教文化复兴开始拒绝启蒙的遗产。在以施莱尔马赫为首的宗教浪漫主义运动的深刻影响下，德国新的新教神学为自己开拓了新的意识形态领域，拒绝对于理性主义哲学的过分依赖。启蒙宗教越来越被看成是一种空洞无物的存在，因为它将宗教错误地定位在一种非历史的情境之下，无视人类情感的内部世界。②

施莱尔马赫是诠释学（Hermeneutics）③ 方法论的发现者，超越对《圣经》和语言学批判的关注，开始提出有关经文诠释环境、假设和原则等普遍性问题。由此，他开启了超越文本本身的、在更加广泛意义上运用经验主义和历史想象的方式来研究《圣经》的传统。当然，这样的传统得益于早先在德国发展起来的现代《圣经》研究。在德国，对于《圣经》的历史研究主要是由恩尼斯提（Johann August Ernesti）的新约研究和米凯利斯的旧约研究所开启的。但是，这些任务尚且没有发现那种直面《圣经》世界的异质性因素的对于《圣经》的历史和批判性的理解。不过，德国宗教和神学的保守主义传统在很早就开始对启蒙理性主义进行批判，新的对于宗教生活的阐释挑战了教会启示神学的预设。一定程度上受到卢梭的心灵的自然宗教以及莱辛理解的历史发展的启示的影响，这些新批判思潮开始朝着对宗教的自然主义和历史主义理解的方向前进。

哈曼（Hamann）通过捍卫个人改宗和启示的行为攻击了启蒙精神的贫乏，而赫尔德则致力于希伯来诗歌的审美研究（1782 年他发表了《希伯来诗歌精神》），由此提供了对路德正统《圣经》和奉行新教义者的另一种替代性的解释，赫尔德的《理解理性：一种纯粹理性批判之后的批判》（*Understanding and Reason：A Metacritique of the Critique of Pure Reason*）和《论宗教》（*On Religion*）同年出现。④ 对于宗教研究的兴趣标志着德国浪漫主义

---

① Friedrich Schleiermacher, *On Religion：Speeches to Its Cultured Despisers*, Introduction, translation & notes by Richard Crouter, New York：Cambridge University Press, 1988, p.2.

② Michael A.Meyer, "Christian Influence on Early German Reform Judaism", in Charles Berlin, ed., *Studies in Jewish Bibliography, History, and Literature in Honor of I.Edward Kiev*, New York：Ktav Publishing House, 1971, p.291.

③ 又被称为"解释学"、"释经学"，是解释圣经的科学与艺术。它被称为科学，是因为它受到某一体系内的规则所指引。它被称为艺术，是因为应用这些规则时，必须靠技巧，而不是机械的仿效。

④ Friedrich Schleiermacher, *On Religion：Speeches to Its Cultured Despisers*, pp.7−8.

思潮从最早先的艺术领域转入宗教领域，宗教成为文化复兴的关键手段，成为教育和文明化的基础。施莱尔马赫坚持认为宗教应该为其成为教育和文明化的主要方式而感到自豪。他指出，唯有宗教才能够真正实现个人能力，发展人的个性，促进人的普遍性。[1]

施莱尔马赫是通过同康德的道德与宗教哲学的遭遇卷入浪漫主义运动的。与康德以道德律为基础的自由陈述不同的是，施莱尔马赫的宗教道德思想强调道德选择的当下性、个性以及对于实际可能性和功效性的认可。他的伦理学建立在对于复杂的道德选择决定论的洞见上。[2] 施莱尔马赫反对康德对现象和本体所作的二元论的划分。在他看来，现象和本体应当被放在一起来看，它们共同构成人类作为道德代理人的角色。他认为人性的行动不可能单纯地屈从于理性法则，因为理性法则从来不直接决定人们的意志，而人的愿望和能力总是当下的、多元化的，并处在不断变化之下。意志的对象既是精神性的，同时也是物质性的。理性和选择所能直接关注乃是当下而非永恒。理性和选择只能以有限的方式发挥作用，选择的舞台极大地受到当下情形，如人们先前的思想、经验和自然能力的制约。施莱尔马赫认为，康德主义所谓理性和道德的自律在本质上限制了人类的自由，因为康德的自由处在理想主义和形而上学的道德领域，人们并不能做他们想做的事情；康德的自由具有强烈的标准型和立法性特征。浪漫主义将自由理解为具有激进的自由选择意义的术语，强调个性和多元化的意识的自然和经验性的发展。[3]

同理性主义一样，宗教浪漫主义与政治浪漫主义之间存在着相互作用。政治浪漫主义催生了宗教浪漫主义的高涨，同时，也从宗教浪漫主义那里获得了丰富的有利用价值的思想元素。施莱尔马赫的宗教浪漫主义从一开始就具有强烈的政治动机，而在18世纪末成为德国政治焦点之一的犹太人问题上表现得尤为明显。施莱尔马赫和当时柏林启蒙圈内的犹太知识分子素有来往，他同本·大卫，亨丽埃塔·赫茨，还有弗里德兰德这些犹太康德主义者也有不少接触，还直接卷入了18世纪末关于犹太解放问题的争论之中。

---

① Frederick C.Beiser, *Enlightenment*, *Revolution*, *and Romanticism*: *The Genesis of Modern German Political Thought*, *1790-1800*, Cambridge, Mass.: Harvard University Press, 1992, p.240.

② Friedrich Schleiermacher, *On Religion*: *Speeches to Its Cultured Despisers*, p.17.

③ Friedrich Schleiermacher, *On Religion*: *Speeches to Its Cultured Despisers*, pp.34-35.

　　他针对弗里德兰德给泰勒的公开信而发表的《关于政治神学的任务的信件以及给犹太社区的公开信》（*Letters on the Occasion of the Political-Theological Task and the Open Letter of Jewish Householders*）表达了他对于基督教、犹太教和犹太解放问题的看法。与著名新教牧师泰勒给弗里德兰德的公开信所作答复不同的是，施莱尔马赫不是从那个时代普遍流行的自然宗教和康德理性主义道德哲学的角度来看待犹太教和犹太解放问题的，而是从典型的宗教浪漫主义立场来表达他对于犹太改宗、犹太宗教改革以及犹太人解放观点的。

　　施莱尔马赫对待犹太教的态度是矛盾的，他既表示了有限的欣赏，但同时表达了对它的谴责。同启蒙时代的很多基督教思想家信奉自然宗教的观点不同的是，施莱尔马赫表达了对于自然宗教的批判并捍卫了宗教中的实证性（positivity）因素，并将之看作是表达宗教虔诚的必要方式，由此它强调了宗教经验的个体性和多样性。按照他的观点，宗教是以有限性和个体性体验无限性和整体性，而任何企图超越这一方式而洞察所谓整体性本质的企图都不是真正的宗教所为。[①] 他所接触的是弗里德兰德所在的启蒙了的犹太社区，因而对于犹太教的观点也受到了这一启蒙犹太群体的影响。他对于犹太教的许多结论和同时代的许多激进的马斯基尔相似，但是他得出这些结论的出发点和他们是不同的，这源于他对于宗教性质的独特认知。

　　施莱尔马赫认为，宗教的真正性质既不是上帝的观念也不是任何其他的东西，而是当人们在自身的生活和世界中发现上帝时，直觉所感知到的虔诚意识。而虔诚的培育有赖于宗教的联想，它是虔诚的宗教交流的媒介。它区分了真正的教会、可见的教会和临时性的教会，并批判了作为一种政治联系物的民间宗教仪式对于宗教想象力的侵害。同时，当这些民间宗教仪式成为刻板的宗教律法的时候，它们就不再是活生生的宗教体验了，这样的宗教经验也是虚伪而不真实的。施莱尔马赫认为宗教经验和情感应当像神圣的音乐一样伴随着每一种人类行为；人们应当和宗教一起做一切事情，而不是因为宗教而做这些事情。[②] 这一点显然与康德所谓的律法和仪式乃是纯粹理性和道德之对立面的观念是不一样的。施莱尔马赫着力捍卫的是精神的教会，对

---

①　Friedrich Schleiermacher, *On Religion: Speeches to Its Cultured Despisers*, p.105.

②　Friedrich Schleiermacher, *On Religion: Speeches to Its Cultured Despisers*, p.110.

依靠律法和仪式系统维持起来的有形的教会进行了批判。但他同时又认为，宗教的历史以特定形式反映了无限体现于有限经验这一独特的方式。而基督教值得自我推荐的是它的无限创造方式，这种方式将有限和无限协调起来并确认了所有的人类经验。但这种开放性并不否认其他宗教的个体性，也不需要将它们看作基督教进步的阶梯。

施莱尔马赫认为犹太教是唯一的历史地同西方文化联系在一起的他者宗教，但它们之间并不存在所谓的从属关系。虔诚才是严格的宗教构成要素。人类同永恒存在之间的关系不是普遍地当下报应。如果是，那么这种关系就将个人同无限之间的关系狭隘化了，而犹太教正是这样的一种宗教。这种狭隘化的有限与无限关系概念的延伸就导致了犹太教崇尚严苛的律法，并构想出一种高贵却年代错位的弥赛亚的观念。这种狭隘的、有限的神圣存在与人类互动的观念，尽管以一种类似于基督教的方式延伸开来，但实际上在更广泛的民族接触中是僵化的和没有灵活性的。犹太教所剩下的只是活化石——同古老神权政治的联系物以及机械的、表面化的仪式的展现。施莱尔马赫将宗教分为两类，即目的论宗教和审美宗教。倾向于将宗教情感作为激发道德活动手段的宗教被称为目的论宗教；倾向于将宗教情感当作认知宇宙性质的方式的宗教被称为审美宗教。作为一神教的犹太教和基督教都属于目的论宗教的范畴，但是，犹太教只有限地将上帝之爱赋予亚伯拉罕的家族，所以有着挥之不去的拜物主义倾向，而犹太教在其全盛时期经常性地出现偶像崇拜的倾向，因而其一神论是不纯粹的。而基督教却没有这样的弱点，它是一神教历史发展中最纯粹的形式，是目的论宗教的完美形式。

在施莱尔马赫看来，基督教在教义上和犹太教并不存在必然联系，基督教的本质是通过将一切同耶稣拯救结合起来的方式加以表达的。那个时代许多基督教神学家倾向于从启蒙文化与基督教的天然联系，以及道德和理性的角度将启蒙了的犹太教和基督教联系在一起，以促进犹太人接受改宗，施莱尔马赫则不同，他有意割裂两种宗教之间的历史联系，得出如下神学结论：首先，犹太教和基督教之间没有特别联系；其次，基督教教会不必援引《旧约》来支持基督教的《新约》。

正是基于上述观点，施莱尔马赫反对这种带有政治意味的权宜的改宗，认为这些权宜的改宗者缺乏对教会内在的忠诚，继续接受这种改宗，教会会有被"犹太化"的危险。他指出："对于任何已经接受一种宗教的人是不可能真正接受另外一种宗教的；即便所有的犹太人都成为最优秀的公民，他们当中也没有一个人能成为好的基督徒，在他们的宗教原则和信念当中，会带有大量的特殊古怪的犹太元素。正是因为这一点，他们在本质上是反基督教的。事实上，一种犹太化了的基督教将成为威胁我们的真正的疾病。"① 他认为教会不应再接受国家对其在犹太人问题上的殷勤，应该明确地表达反对这种权宜的改宗。但是，教会并不反对犹太人作为公民享有民权地位。② 他说："理性要求所有的人都应当成为公民，但并不要求所有的人都成为基督徒，以多种方式和非基督徒的方式成为公民应当是可能的，而事实上，肯定已经有许多人以这样的方式成为了公民，这样的方式适合我们当前的形势。以理性为借口认为本来适当的事情不可能，这其实是一种懒惰行为。"③

施莱尔马赫承认在仪式性律法和民权责任之间存在着一些可能的冲突（他在《给柏林犹太社区公开信》中也表明了这样的观点），但是施莱尔马赫坚持认为国家并不需要废弃犹太教所有的仪式性律法，只要这些仪式性的律法服从于民事法律就可以了。但是，在此之外，国家有权力要求犹太人废弃作为一种具有分离民族主义倾向的弥赛亚期待。这一点可能与犹太人的律法传统相冲突，但是的确是应当解决的问题。所有犹太公民应当组成一个宗教社团，只有这种方式才是获得特定的和可能的犹太教身份的方式，也只有这种方式才是可以为其他人所接受的。而且只有通过这样一种方式，犹太社区才能在国家中获得合法的地位。

施莱尔马赫强烈的基督教浪漫主义情结使得他企图将基督教和犹太教作为两种没有必然联系的宗教传统区分开来。因而，尽管他对于犹太教有着若干正面的看法，但在终级意义上，他认为犹太教在现代世界是没有未来的。1799 年，他写到，犹太教已经僵死很久了。那些仍穿着犹太教外衣的人只

---

① David Friedländer, Friedrich Schleiermacher, and Wilhelm Abraham Teller, *A Debate on Jewish Emancipation and Christian Theology in Old Berlin*, ed. Richard Crouter & Julie Klassen, Indianapolis, IN: Hackett Publishing Company, 2004, pp.97−98.

② Joseph W. Pickle, "Schleiermacher on Judaism", *The Journal of Religion*, Vol.60, No.2(Apr., 1980), pp.115−129.

③ David Friedländer, Friedrich Schleiermacher, and Wilhelm Abraham Teller, *A Debate on Jewish Emancipation and Christian Theology in Old Berlin*, p.85.

能坐在没有朽掉的干瘪木乃伊旁叹息，哀叹犹太教的远去和它留下的让人悲伤的遗产。像康德一样，他哀叹犹太教缺乏普世主义并倾向最小化犹太教和基督教的历史联系；像斯宾诺莎和莱辛一样，在将犹太教和基督教比较的时候，他将犹太教看成是一种幼稚的信仰。在他的《基督教信仰》一书中，施莱尔马赫将犹太教、伊斯兰教和基督教看成是一神教信仰发展的最高水平，但是，他认为基督教因为培育了普世主义和所有的宗教感官主义，是一神教的最完美的形式。①

不像康德主义所主导的晚期启蒙，浪漫主义思潮在本质上与犹太教和犹太人争取解放的事业是不协调的。康德主义从人类需要的角度强调一种责任意识和伦理自律，这同启示宗教的诫命一样，同样是外在的苛求。那些在犹太宗教诫命中成长起来的犹太人在康德的宗教哲学中很容易找到共鸣，因为他们选择康德的纯粹理性宗教不过就是用一种强烈的伦理约束来代替律法的约束。但是，浪漫主义者却坚决拒绝任何外在的宗教义务。他们坚持认为要切断宗教同道德和形而上学之间的联系，并使得宗教成为真正的人的情感表达手段，它出自人的个性。宗教不是道德提升的驱动力和人类的启蒙，也不能被简化为单纯的哲学陈述。宗教的发展是与众不同的，出于每一个个体内在的和主观的经验。浪漫主义的宗教不能被用作获取犹太人平等权利的工具。每一个人，每一个民族都各自拥有不可消解的天赋；每一个人，每一个民族都以其自身的方式反映着人类精神。人类没有所谓永恒而单一的准则。这种强调个性差异性而不是相似性的理论为犹太人完全融入主流社会设置了障碍。②

施莱尔马赫对于犹太教的立场以及他对于犹太改宗所持的保守立场尽管是基于浪漫主义而具有明显的保护基督教纯洁性和捍卫基督教教义的动因，但是在客观上对门德尔松之后犹太上层社会出现的狂热改宗浪潮具有约束的力量③。

---

① Michael Meyer, "Reform Jewish Thinker and Their German Intellectual Context", in Jehuda Reinharz & Walter Schatzberg, eds., *The Jewish Response to German Culture: From the Enlightenment to the Second World War*, Hanover & London: University Press of New England, 1985, p.70.

② Michael Meyer, *The Origins of the Modern Jew*, p.90.

③ 不过，浪漫主义在另外一种意义上造成了新的改宗，这种改宗不是出于启蒙激进理性主义和对自然宗教的诉求，而是出于对犹太教外在性（无意义的律法）、强制性以及缺乏宗教情感深度的认知。与这种认知相关的是，一些犹太人越来越发现基督教在文化审美性、宗教情感性等方面要明显优于犹太教。怀着这样的动机，他们选择皈依基督教。18世纪末期，像多萝西娅、亨丽埃特·拉赫尔这些柏林的犹太贵妇都是出于这种动机而放弃犹太教改宗基督教的。

施莱尔马赫提出的犹太人建立改革宗教社团的主张为德国上层犹太人在改宗之外提供了一种新的获得犹太身份的方式，并且这种方式逐渐获得了德国基督教社会的认可，尽管这一认可的动机并非出自宗教自由，而是出自一种对犹太教难以改变的异质性的认知和防范基督教会犹太化的动机。施莱尔马赫着重从宗教学理论上对犹太教和基督教进行了明确的区分，证明基督教比犹太教优越，但是施莱尔马赫的宗教多元主义立场使他并不反对犹太教的存在，他给犹太教推荐了一种改革的模式。当然，必须指出的是，施莱尔马赫所提出改革只是策略意义上的权宜之计，因为他认为既然犹太教不能选择权宜的改宗，而一时又不能使之消亡，那么可以通过改革逐步地改造犹太教并最终促使其同化于历史的进程之中。

施莱尔马赫虽然无意深入思考犹太宗教改革的可能性以及具体方案，但是，在当时的历史条件下，他的宗教理论在客观上和主观上都为改革营造了一种与康德时代与众不同的思想氛围。这种氛围从本质上是他的浪漫反犹太教思想所营造的，但恰恰又被犹太教改革者化解为一种转变改革方向的力量。既然施莱尔马赫认为犹太教和基督教缺乏历史联系，且不可能归入有着强调自然宗教倾向的基督教类型之中，那么犹太教自身似乎就有着某种坚持自身道路的理由。因为如果犹太教是一种独特的历史社区信仰，拥有自身独特的个性并由自身的启示和经验所形成，如果犹太教本身不能被分割为普遍的自然宗教和特殊的宗教礼仪的话，那么犹太教忽略甚至放弃犹太宗教的仪式性律法就并不意味着犹太特殊性的终结。因为按照施莱尔马赫的宗教浪漫主义观点，这种特殊性乃是本源性的和固有的，是难以改变的。施莱尔马赫思想对于每一种宗教特殊历史发展进程的检视提示人们，现代宗教不单纯地和理性相联系，也和历史及宗教发展进程中的实证性因素相联系。[1] 这样的思想对德意志的另外一种社会思潮——历史主义起到了推波助澜的作用，也对犹太教转向对历史的关注准备了条件。

---

[1] Michael Meyer，"Reform Jewish Thinker and Their German Intellectual Context"，in Jehuda Reinharz & Walter Schatzberg，eds.，*The Jewish Response to German Culture：From the Enlightenment to the Second World War*，p.71.

第 七 章

德国历史主义影响下的犹太历史主义

　　历史主义与浪漫主义是两种既相互关联又有着较大区别的社会思潮，都盛行于启蒙后期的德国。历史主义和浪漫主义都超越了启蒙对于超时间性、永恒的理性的诉求，认为理性本身并不能为人类、社会与国家确立其稳固的法则。它们都开始将目光回溯至过去，并力图从过去中寻找可资现在利用的资源，重新确立起自身的地位，并在人性的演进过程中发挥着重要的作用。历史主义和浪漫主义都开始打破启蒙以来人们所向往的普世主义企图，开始关注文化和传统之个性特征问题，并试图从特殊性之中发掘普遍性元素，而不像启蒙那样通过对特殊性消灭实现普遍性。

　　历史主义和浪漫主义抛弃了启蒙的激进主义原则，转向了相对保守主义。如果说启蒙时代的改革不亚于一场思想领域的颠覆性革命的话，那么浪漫主义和历史主义思潮主导下的改革却具有文化保守主义的特征。历史主义和浪漫主义开始打破激进启蒙时代在政治、社会、宗教问题上的理想主义企图，并朝着现实主义目标迈进。与现实主义目标相关的是，在历史主义和浪漫主义思想主导下的政治、社会和宗教改革摆脱了启蒙时代绝对主义和单一主义的特征，更加具有灵活性和多元性。正因如此，历史主义和浪漫主义具有许多共同特征，有时候显得难舍难分，实际上，许多浪漫主义者本身又是历史主义者，施莱尔马赫本人就可以算其中一个，他创立的诠释学已经具有对文本进行历史批判和分析的特征。

　　浪漫主义在历史主义的发展进程中发挥着重要作用。浪漫主义的审美文化对于历史主义的发展是一种驱动力量。浪漫主义的审美意识，即人类不可精确计算与度量的丰富性意识，开始反对启蒙理性所倡导的逻辑和严密的推理。按照特洛尔奇（Ernst Troeltsch）的总结，浪漫主义最终成为一种形而上学的理论，其中个性、多元性、泛神论的观念结合在一起。从施莱尔马赫到伽达默尔（Gadamer），诠释学竭力重铸这种传统为的是展示那种历史，适当地理解和证明人类能够拥有一种知识来补充自然科学，而所有不能归于科学评判的经验不必要归入一种非认知性的审美，这种审美本身并必然声称自己具有真理性。[1] 德国浪漫主义思潮对哲学和法律界产生了深远影响，并造就出了一种独特的法哲学观，导致了德国历史学派的形成。在德国哲学家弗里德里希·谢林的影响下，胡果摒弃了对自然法的形而上学解释，他和他的弟子开始将法律放进历史的角度考察，并提出这样一种思想："任何一个文明民族的法律，如同它的语言、习俗和生活方式一样，根源于史前阶段其民族独具的大众精神或国民精神或无意识的创造活动。"[2]

历史主义和浪漫主义的区别在于，历史主义是一种更加严格意义上的哲学和科学思潮，而浪漫主义则主要表现为一种文化思潮。作为一种文化思潮的浪漫主义首先是发生在文学和诗歌领域的，因而具有强烈的情感性和感官性特征，主张运用直觉和想象的手段还原事件和历史情境。当这一思潮波及政治领域的时候，就表现为以强烈的文化自我意识为特征的民族主义，企图将一个民族的文化还原至其原始的、想象中的完美的情境，所以，文学特别是诗歌自然成为表达这一思潮的最佳形式。而在18世纪后期的德国，浪漫主义从文学领域开始转向宗教领域，宗教成为表达德意志民族精神和文化的核心手段，以施莱尔马赫为首的宗教浪漫主义者竭力地将基督教塑造为一种具有原创性精神的、反映德意志民族精神和文化的完美主义宗教。

历史主义并不以情感、感官和直觉为基础，作为一种哲学和科学思潮，它比浪漫主义更加具有系统上的严谨性，因而更典型地表现为一种学术的手段而非大众精神表达的手段，历史主义主张在严谨的历史分析的基础上得出合乎逻辑和理性的结论；历史主义具有强烈的批判精神，试图通过分析和论

---

[1]　Paul Hamilton, *Historicism*: *The New Critical Idiom*, London & New York: Routledge, 2003, p.2.

[2]　［美］大卫·鲁达夫斯基:《近现代犹太宗教运动——解放和调整的历史》，第210页。

证区分哪些是历史中有用的因素，而哪些是无用的因素；历史主义还试图解释历史进化之规律，探讨历史延续性的问题，并试图在延续性基础上确立现代性的根基。

保罗·汉密尔顿（Paul Hamilton）在《历史主义》一书中这样表达了历史主义观念：历史主义（historicism 或 historism，是从德语 Historismus 翻译过来的）是一场批判运动，它坚持历史背景对于各种文本阐释的重要性原则。历史主义的出现是为了抵制一些首要性的真理和原则，这些真理和原则告诉人们怎样以社会和政治的系统性原则来组织自我。这些原则和真理依据的是自然法的原则，自然法在所有的时代都统治着人类观念的形成，而对于文化的评估往往也依据文化在多大程度上接近自然法所构造的社会理想类型。历史主义者反对的正是这种与启蒙联系在一起的传统以及种种由启蒙衍生开来的哲学传统，即从 17 世纪的自然法理论家到 18 世纪和 19 世纪的康德黑格尔哲学。[1]

历史主义的出现是对启蒙的一种反动，历史主义激进地相对化了所有启蒙抽象出来的真理，而使之仅仅成为某种特定文化或者群体所拥有的功能。历史主义以个性化的观察替代了对于历史中人类力量的普遍性观点，历史主义以文化多样性和特殊性理论相对化了启蒙的普世主义观点。[2] 按照德国历史学家梅尼克（Friedrich Meinecke）的观点，历史主义显示的是以个体化进程代替历史中人类力量普遍性倾向的天才智慧。这种新的历史进程依赖的是一种重要的假设：它与静止的自然法则不同，个体的历史有机体持续地处在进化和发展当中，历史学家的任务，就是要对于进化的个体主义提供一种文本背景的描述。[3] 历史主义关注特定群体的生存需要，文化、政治、社会和宗教的观点都是基于这样的需要，历史主义将个人的身份定位在特定的历史、文化、民族和宗教背景之下。

历史主义在学术领域表现出的典型特征就是诠释学。它本是诠释经文的一门学科，后扩张到众多的世俗科学领域。这一学科有意地将个人的工作同更加广泛的要达到的目的类型联系在一起，对文本的诠释使得文本内涵更为

---

① Paul Hamilton, *Historicism*: *The New Critical Idiom*, pp.1-2.

② Paul Hamilton, *Historicism*: *The New Critical Idiom*, p.26.

③ David N.Myers, *Resisting History*: *Historicism and Its Discontents in German-Jewish Thought*, p.19.

丰富。历史主义者经常声称他们可以获得更多的关于文本的意义，因为他们熟悉在随后历史时代中文本所产生的新的意义。历史主义经常表现为一种意识形态，一个社会、群体甚至个人会根据自己的需要而有意识地剪裁客观对象的标准。也就是说，历史主义尽管号称对历史、传统和文本采取客观的分析方式，但是主观倾向性和选择往往影响着实际的结论。

德国历史主义的集大成者是兰克（Leopold von Ranke）。他的叙述史学带有强烈的诠释学色彩，强调批判的方式和对历史事实的精确把握，这一传统后来成为历史学家的共同财产。实际上，比兰克更早一代的历史学家、语言学家、古典主义者和《圣经》学者已经为此奠定了基础。而将德国理想主义哲学应用到历史实践之中且对 19 世纪中叶的德国历史学家产生重大影响的人物是洪堡，他开始将宏观的和整体性历史观念应用到对历史的评断之中。① 建基于传统之上的基本的哲学预设不仅为大多数德国历史学家，而且也为其他领域的学者所接受。历史主义的哲学和方法论渗透到了几乎所有的德国人文和文化科学领域，以至于语言学、语音学、经济学、艺术、法律、哲学和神学都成为以历史为定位的研究。②

一、黑格尔的历史哲学及其对犹太教的评判

意大利哲学家维柯（Giovanni Battista Vico）、德国哲学家赫尔德（Johann Gottfried Herder）、黑格尔等人的理想主义哲学在历史主义从一种单纯的文本诠释学转向具有深刻内涵和宏观意识的历史诠释学和历史哲学观念的过程中发挥了重要的作用。

维柯在 1725 年出版的《新科学》中，提出了一种新科学，即试图在不丧失原则的情况下协调历史多样性。他指出，一个民族、一个社会或者是历史研究的常规对象都遵循着一种过程的模式，而人类文化的发展一般可分为三个主要阶段，第一阶段是由上帝创造的，第二阶段是由巨人和英雄所创造的，最后一个阶段是由人民创造的。这种对于历史的进化式的理解赋予了历

① Georg G.Iggers,*The German Conception of History：The National Tradition of Historical Thought from Herder to the Present*,Middletown,CT：Wesleyan University Press,1968,pp.1-2.

② Georg G.Iggers,*The German Conception of History*,p.2.

史以进步的色彩并解释了变革的可能性与必要性。维柯新科学的提出，对传统宗教模式产生了强烈冲击，因为按照维柯的理论，建立在对经文和教义教条化理解基础上的传统基督教和拉比犹太教已经不符合时代发展的要求，而护教神学家和拉比的意志在现时代的权威也应当受到约束并逐渐让位于普遍的宗教信徒的意志。① 更为重要的是，相比较启蒙的普世主义哲学，维柯开始认识到历史事件所具有的偶然性特征，这一点对维柯的理论有着根本意义。因为正是出于对偶然性和特殊性的认知，维柯认识到了文本诠释的艺术对于历史学家有着非同寻常的意义。历史主义的出现是文本诠释同历史解释的一种汇合，这样的文本诠释和历史解释是不同时代的不同民族特定表达模式的需要。

赫尔德在《哲学的人类历史观念》中，延伸并修正了维柯的历史哲学和文本诠释学理论，强调历史的文化定位，他举例说，出于理解希伯来经文的目的，读者必须设法将自己置身于当时东方诸民族的文化环境之下。赫尔德坚持在语言基础上的文化决定论观点，反对流行的自然决定论观点，认为人类历史的发展在本质上是文化的发展，进化意味着文化水准的提高；人类以语言、文化、社会交往等多种方式区别于自然，自然法掩盖不了人类多样性。② 他甚至认为，人类的每一员都应当找到自己恰当的文化支点，由此获得幸福生活。赫尔德提示不同的人应当在不同的文化群体中找到属于自己的文化归宿。赫尔德和他以后的浪漫主义运动，都把民族视为一个有生命的存在，像其他的生物一样，也是从生命力（即"民族精神"）的无意识活动中产生的。风俗习惯、生活方式、语言、民歌以及艺术，无一不是这种"民族精神"的表现。③

赫尔德的民族理论反映了18世纪末由于浪漫主义、科学及历史主义思潮兴起所造成的人道的普世主义理想向民族的特殊主义理想的转变。尽管赫尔德没有同启蒙的人道主义和普世主义理想完全决裂，但是，代之以强调人类的相似性。显然，他更倾向于强调不同族群的不同特性以及由这些特性所构成的民族精神。他的人道主义理想开始为民族主义观念所中和，并形成了

① Paul Hamilton, *Historicism: The New Critical Idiom*, pp.30-31.
② Paul Hamilton, *Historicism: The New Critical Idiom*, pp.33-35.
③ ［法］乔治·勒费弗尔：《拿破仑时代》，第27页。

一种所谓的"人道主义的民族主义"观念。① 在强调文化多样性的同时，赫尔德也强调了历史每一个发展阶段的个性特征。他说，每一个时代都在接近上帝，这个时代的价值并不是建立在这个时代所衍生的东西之上，而是建立在这个时代本身存在之上的。这样，凝思历史，就是思考历史中的个体生活，由此获得个体本身的吸引力，因为现在每一个时代都应该被视作有着自我效用的时代，是值得思考的时代。② 赫尔德的文化理论以及他关于历史个性的观念进一步诠释了维柯所提出的历史进化论和历史特殊性意识，并赋予了历史以更加丰富的内涵。

在维柯和赫尔德所开启的历史主义哲学传统中，个性化进程成为一种不言自明的真理，它教会人们怎样理解一些个体事件的发展过程。历史主义哲学因而成为缓解启蒙普遍理性主义和人道主义所造成的紧张关系，成为医治普世主义和绝对主义的良药。历史主义人性化了历史延续性的观念，它告诉人们，只有置身于历史之中，才能体会生活真实的意义。

不过，到19世纪上半叶，历史主义并不全然作为启蒙理性主义和普世主义的对立面出现的，更多的是作为一种方法论意义上克服启蒙弱点的手段而出现的。历史主义并没有宣告启蒙价值的破产，只是为启蒙价值的实现提供了更加合理而现实的途径。而启蒙本身也积极地改造着历史主义的传统并将之融入到自己的体系之中。正如保罗·汉密尔顿所指出的，认为启蒙逐渐被历史主义所淘汰的观点是不正确的。启蒙在其发展的过程中逐渐越发显得具有兼容性和成熟性，努力为自身寻求经验和历史的基础。③ 在经历了浪漫主义思潮对于启蒙强烈的反冲和否定之后，历史主义在一定程度上回归了启蒙理性。既然历史主义宣称坚持客观的、批判的和科学的方式，那么它就不能在根本上否定启蒙价值。正因如此，历史主义在终极意义上的实现常常受到启蒙的制约，历史主义和启蒙价值之间存在着明显的张力，这种张力在19世纪初期盛行于德国思想界的黑格尔哲学中得到了鲜明的反映。

---

① Michael A.Meyer,*The Origins of The Modern Jew*,p.145.

② Leopold Ranke,*The Theory and Practice of History*,ed.Georg G.Iggers & Konrad von Moltke,New York：Bobbs-Merrill,1973,p.53.

③ Paul Hamilton,*Historicism：The New Critical Idiom*,p.36.

（一）黑格尔对康德哲学的继承和修正

康德将一切历史的经验和存在都推到了纯粹理性和道德形而上学的对立面。他在《具有世界主义目的的普遍历史观念》（*Idea for a Universal History with a Cosmopolitan Purpose*）中提出历史的写作不能成为经验事实的记录，而应当遵循理性的目标对世界事件进行诠释。康德提出了超历史性的所谓普遍理性的历史观念，这一观念不能勾画真实的自然目标。康德所谓人类实现的观念纯粹是形式上的和逻辑可能性的描述而非真实的存在。哲学几乎成为康德思想中唯一的领域，因而，事实上，与历史相关的文化、艺术等一切领域在他的哲学中都是附属性存在，康德所感兴趣的只是作为理性证据和道德体现的人类历史，而其他的历史对于理性都是有害的。[①]

康德在论述基督教和犹太教之优劣性问题时，主要着眼于犹太教的历史性和基督教的超历史性。康德从历史的视域中观察了这两种宗教，但并没有因此得出犹太教和基督教相互联系或者基督教起源于犹太教并发展了犹太教的观点，而是割裂了这两者之间的关系，他企图证明犹太教是一种本质上属于历史的时间性宗教，而基督教是一种本质上超越历史的永恒性宗教。康德将源于东方精神的犹太教和受到希腊思想影响的基督教的耶稣绝对地分离开来，他对于历史的耶稣没有任何兴趣，在他看来，耶稣的观念是一种实用理性的观念，体现着完全纯洁的道德性。这充分暴露了康德历史编纂学的意图，即康德必须在历史的视野中才能看到纯粹理性的宗教，但是他又想让这种宗教脱离任何历史的延续性。[②]

黑格尔在相当程度上继承了康德的理想主义哲学传统。他发展了康德的反经验主义和反自然主义立场。在黑格尔那里，"精神"这一具有更为广泛的内涵的词汇替代了康德哲学中的纯粹理性观念，但是，同康德一样，黑格尔也强调这一词汇的超验意义，在康德看来，精神的历史才是具有终极意义的历史，而一切现实的历史只不过是它的铺垫，因而是短暂的、虚无缥缈的。黑格尔以精神的观念消除了理性同经验之间的绝然对立，但是，他的历

---

① Paul Hamilton, *Historicism: The New Critical Idiom*, pp.36-37.

② Jonathan M.Hess, *Germans, Jews and the Claims of Modernity*, p.155.

史观念带有强烈的非现实色彩，因而是一种绝对唯心主义观念，这一观念构造了他历史哲学思想。1807 年，黑格尔在《精神现象学》中将知识理解为观念的激进的自我认知。观念在科学发展的进程中理性化了自然，因而自然形态在观念中已经被改造了。哲学最终成为自然与精神矛盾性遭遇的历史，现实观念构建的历史事实上是一种不连续性的历史，因为观念和自然在不断地改变着自身的意义。

1822 年，在《世界历史哲学讲演录》（*Lectures on the Philosophy of World History*）中，黑格尔区分了三种历史著述，即原创性历史（original history），反思式历史（reflective history）和哲学的历史（philosophical history）。黑格尔认为，原创性历史学家不能超越历史本身并反思历史；反思式历史学家则试图将过去作为一个整体加以理解，找寻历史现在的特征、过去的状态以及将来可能呈现的意义，但其主要是将各种对于历史的批判进行编年化处理，并不能从宏观的精神现象学的角度来观察历史的意义和终极目标。黑格尔认为，只有哲学的历史，才符合其精神现象学的结论，即历史的最终理性化就是精神永远地为自身而展现，对于精神而言，没有过去。按照黑格尔的观点，历史的最终目标是绝对精神的实现，历史的终点将是一种静止的状态，历史在这种意义上已经走向终结。[①] 黑格尔的历史观念关注普遍性观念——理性和自由的最终实现，在更高层次上创造了启蒙的普世主义；同时他也开创了一种新的诠释主义传统，这种传统使得过去和现在发生了观念上的联系。

（二）黑格尔哲学对犹太教的立场

正是因为黑格尔的哲学既有继承康德的一面，又有超越康德的一面，所以黑格尔思想中既有康德式的现代反犹主义的因子，同时也在一定程度上包藏着对犹太人和犹太教的正面评价。尽管黑格尔声称已经克服了物质和精神之间的二元对立，但这种鸿沟的填补有赖于经验现实转向精神性这一超验主义趋势发展的程度。而在黑格尔看来，犹太人和犹太教从经验性向超验精神存在的转化远不是充分的，这为他攻击犹太人和犹太教提供了借口。黑格尔

---

① Paul Hamilton, *Historicism*; *The New Critical Idiom*, pp.41-43.

将犹太人看作是生活在虚幻世界的群体，犹太教是一种实证性的追究历史和律法细节的宗教，拉比犹太教是一种重律法、轻教义的繁缛的经验性存在，而且这种经验性的存在没有明显的精神价值导向，因而犹太生活方式是虚幻的。①

受到浪漫主义审美文化的影响，黑格尔认为宗教应当体现生命和统一体的观念，在哲学上说就是要实现有限和无限的结合，生命、存在、爱、美丽、庄严这才是真宗教的品质。无限的生命等同于精神；统一性等同于存在。他赞赏希腊审美观念，强烈统一性的审美品质，即所谓"美的统一"（the Beautiful Union），而将犹太教描述为哲学精神和审美文化的对立面。与康德的观点所不同的是，黑格尔认为犹太教在哲学和审美上都分裂了统一性观念，它导致了主体从客体中分离，客体从主体中分离。犹太教通过遵循律法表达对上帝的敬畏，因而把上帝看成了一种缺乏精神意义的存在，犹太人只是在律法意义上保持着同上帝的联系。犹太社会通过律法系统而服从上帝，社会同上帝的关系也是法律性的。因此，犹太信仰是一种强迫式信仰。与此相关的是，对客体的关注还导致了犹太教和犹太民族缺乏自我意识。自我意识是黑格尔哲学潜在的信念，它试图建立人的自我意识同世界自我意识之间的辩证关系，从而达到主体和客体的统一。黑格尔认为犹太教是一种非精神的实体，缺乏精神哲学的种子，他认为，这些种子只能在希腊观念和基督教中才能发现。②

不过，黑格尔后期的辩证法和历史哲学缓解了康德主义二元论哲学中毫不妥协的现代主义反犹太教立场。黑格尔看到了犹太教在走向精神宗教过程中所发挥的积极的历史作用。黑格尔认为，世界宗教的发展经历了四个历史阶段：第一阶段是"东方的"和"原始民族的"的"瞬时性（偶然性）宗教"；第二阶段是"美丽的和卓然超群的"宗教——首先是希腊文化，其次是犹太教；第三阶段是权宜性（过渡性）宗教，即罗马文化——黑格尔认为它是基督教产生的前提条件和环境。第四阶段是绝对宗教——基督教。从第一阶段向第四阶段的运动是同自然向精神，精神走向绝对宗教的过程是同步的。而在最终的绝对宗教基督教中，精神和自然完全趋于统一。犹太教处

① Mack Michael, *German Idealism and the Jew: The Inner Anti-Semitism of Philosophy and German Jewish Responses*, Chicago: The University of Chicago Press, 2003, pp.43-44.
② Nathan Rotenstreich, *The Recurring Pattern: Studies in Anti-Judaism in Modern Thought*, pp.48-51.

在这一发展阶梯的第二级，在这一阶段，精神和自然的统一性开始建立起来。犹太教开始摆脱了第一阶段自然宗教之上帝泛化于自然内部的观念，在自然之外引入了一种无形的神圣性和精神性实体，即独一的上帝。上帝创造并拥有世界上的一切事物，但总是超越世俗的空间，并要求那些希望由他统治的企图在经验世界中找到幸福的人服从他的诫命。这样，瞬时性宗教开始向卓然（超越性）的宗教转变，普遍神论向唯一神论转变。黑格尔所谓的"卓然的宗教"源于他宗教类型学上的构想。黑格尔将宗教普遍地划分为东方宗教和西方宗教。

在《历史哲学讲演录》中，黑格尔发展了关于东方世界的哲学观念，那是一种精神尚未达到自我意识的状态，因而精神不能自由地控制世界，并将世界容纳在这种精神之中，中国的、印度的和波斯的宗教是东方精神发展的第一阶段。犹太教是东方精神发展的第二阶段，它的意义在于从东方原则上打开了缺口。在犹太教中，精神以一神论上帝的观念凝聚起来并成为自然和环境的对立面。犹太教因此成为东方世界历史的转折点，因为它使得精神从自然中摆脱出来。[1] 一神论第一次引入了主观性概念，这一观念不是自然，却拥有和统治自然。在原始的和东方的自然宗教中，自然的一切都是自律的，那里存在着正如众多自然物一样的神祇，自然本身是单调乏味的，是去精神化和非精神性的。而在黑格尔关于犹太教的观念想象中，自然本身依赖于它的创造者，自然学会了面对精神。[2] 黑格尔言及了犹太教中信仰的角色，认为这种卓然超群的信仰有助于达致信心和信赖，就像亚伯拉罕和约伯的故事所显现的那样。诚然，犹太教是一种民族宗教，所以它缺乏基督教的普世特征。但这样的民族宗教却发展出了一种普遍的上帝观念，为普世宗教基督教开辟了道路，它最终被融入更加高尚的历史进程中，按照宗教发展的路线，它最终达致基督教；而按照哲学发展的路线，它引导着现代思辨哲学的形成，其中包括黑格尔自己的系统。所以黑格尔历史哲学对犹太教进行的阐释并没有把犹太教排斥在有价值的宗教系统之外，相反，它在一定程度上强调了犹太教中潜藏的哲学和精神性因素，这些因素最终被融入基督教和绝

---

① Nathan Rotenstreich, *The Recurring Pattern: Studies in Anti-Judaism in Modern Thought*, pp.63–65.

② Mack Michael, *German Idealism and the Jew*, pp.56–57.

对精神的系统中。①

　　黑格尔的历史哲学和辩证法使得黑格尔并没有像康德那样将犹太教和犹太人贬斥到一无是处的地步。相比较康德而言，黑格尔不仅是一位理性主义者，也是一位浪漫主义者和历史主义者，在他的哲学中体现的是强烈的历史意识和辩证法的斗争观念。因而，黑格尔也乐于以一种过程的思维方式来洞察犹太教存在的历史意义及其终极的形态。从历史哲学的角度来看，犹太教同希腊文化一样，是自然宗教向精神宗教转变的重要步骤，它提出的一神论观念成为世界宗教的重要观念并对现代哲学思维产生了积极影响，因而，犹太教是走向绝对宗教和绝对哲学过程中的有价值的因素。从辩证法的角度来看，犹太教的出现使得人类在一定程度上摆脱了客体（自然）支配历史的局面，它所引入的上帝这一主体性观念具有十分重要的意义，当上帝的宗教取代自然的宗教的时候，人类在观念和意识上已经取得了重大突破。尽管犹太教在其发展过程中逐渐疏离了自然与上帝以及人与上帝的关系，而将上帝当作是一位通过律法统治人类和自然的绝对的统治者。

　　但是，在黑格尔看来，一个作为主体的上帝的产生本身就宣告了世界精神的出现，也宣告了世界精神同物质、主体同客体对立、斗争而最终达致统一的世界历史进程的开始。犹太教是发展中的人自我意识的一个阶段，也是有关上帝知识的一个阶段。犹太教是一种具体的、民族的宗教，不是"我们自己"的宗教，不过，它是构成绝对真理的必要的片段和时刻，从这种意义上讲，它同绝对宗教基督教是统一在一起的。更确切地说，犹太教是宗教辩证的、历史的和观念性发展的一个阶段，这一阶段被黑格尔称为"精神个性宗教"（the religion of spiritual individuality），这一宗教发展阶段的一般特征是精神原则从自然中分离出来以及对精神高于自然的认知，也就是精神和自然的二元性对立以及理论上自然对于精神的依赖性，这同自然宗教状态下精神内在于自然形成了鲜明对比。② 黑格尔的辩证法强调整体性概念，整体性意味着最终的真理，不过整体性的实现有赖于之前的各个阶段为前提。

　　黑格尔后期作品逐渐把犹太教看成是整体性精神自我实现过程中的一个

　　① Nathan Rotenstreich, *Jews and German Philosophy: The Polemics of Emancipation*, New York: Schocken Books, 1984, pp.6-7.

　　② Nathan Rotenstreich, *The Recurring Pattern: Studies in Anti-Judaism in Modern Thought*, pp.65-68.

阶段，成为整体精神的部分展现。而且黑格尔越来越认识到，不应仅从民族精神和灵魂倾向性的角度来理解犹太教，犹太教本身也是普遍的精神现实的展现，从这种意义上讲，作为民族宗教的犹太教是具有世界意义的。同时，黑格尔放弃了康德关于犹太教纯粹非理性的陈述，从辩证法的角度，黑格尔认为犹太教是一种"理性的宗教遵从模式"，它外在地表现出理性特征，不过这一理性没有真正地被犹太教吸收。犹太教在此种意义上被看作通向沉思理性的门槛，也是通向黑格尔所谓精神王国的门槛。[①] 从这种意义上讲，犹太教又成了黑格尔辩证法体系的开端和重要参照。

　　不过，黑格尔的历史哲学和辩证法给犹太教预设的最终结论是悲观的。从历史哲学的角度看，既然犹太教是由自然的历史走向绝对精神历史过程中的一个已经过去的步骤，因而犹太教只不过是昙花一现的存在，它曾经具有的进步的因素已经融入了更加广大的历史洪流之中，历史进步的目标最终只能由指向未来的更加高级的宗教基督教和更加高级的指向未来和意义的理想主义哲学（黑格尔自己的哲学）来实现。研究黑格尔历史哲学的学者耶美雅赫·约维里（Yirmiyahu Yovel）指出，黑格尔将所有的宗教都看成是历史的遗迹，它们只是在人们试图理解超特殊性、超宗教的现代社会同过去观念之间的联系时才被提及，它们在本质上是过去的话题，而不是现在和未来的话题。于是，犹太教自然也被归入一种历史性的过去，成为历史的遗迹，与现代性的目标差距太远。[②]

　　从辩证法的角度看，黑格尔认为，尽管犹太教的上帝在世界历史中第一次以主体的形象出现，但是拉比犹太教最终通过律法使得上帝成为绝对的统治者，遵从律法也就是遵从上帝，这在根本上使得人类丧失了主观和精神的能动性。这里，黑格尔重新回到了康德并误读了门德尔松对于犹太律法的理解，门德尔松在讨论作为一种律法系统的犹太教的时候，试图避免形而上学问题，因为他认为形而上学是一种普遍的主观范畴，而律法只是被限制在犹太教范畴。黑格尔却认为门德尔松的观点无异于在确认律法系统乃是犹太教的本质，犹太人回避了精神性和形而上学，将宗教意义转向了律法。门德尔

---

① Nathan Rotenstreich, *The Recurring Pattern：Studies in Anti-Judaism in Modern Thought*, pp.58-63.

② Mack Michael, *German Idealism and the Jew*, p.44.

松在永恒真理和启示律法之间进行了区分，黑格尔却将之解读为，在律法支配永恒真理的地方，上帝的存在具有了司法的意义，因而也成为一种律法。由此，犹太教从一种具有主体性意识的宗教转变成为一种神圣的专制，主体精神遭到无情的压制。[①]

黑格尔认为犹太教的上帝和律法作为外在性的强制力量促使犹太教同普遍的世界和普遍的精神的历史中疏离开来，这种疏离还体现在犹太人同自身的关系上。犹太人的生活只是在上帝的指令下进行，并不属于他们自己。他说，"犹太人作为一种具体存在的主体从来是不自由的……斯宾诺莎将摩西律法看作是上帝给他的人民施行的惩罚。对犹太人而言，主体性从来没有获得自我意识，而且因为个体是没有价值的，所以家族是自律的，它有忠于耶和华的职责。"[②] 在黑格尔看来，人同自身生活之间的统一性只能在生活与精神的统一性领域才能实现。这种统一性在犹太教中受到了物质性因素的制约。上帝不是他们生活中思考的对象，而是遵从并试图谋取利益的对象。所以，上帝这一本是伟大的主观创造者的形象逐渐地被客体化为一种僵化的存在。这种客体化使得上帝同自然及人类之间缺乏有效的互动，主客体关系被僵化了的客体与客体之间的对立所取代。于是，在犹太教中，主体与客体永远不可能走向统一，主体的客体化倾向使得主体永远不可能掌控历史发展的进程，绝对精神的目标也就无从实现。

黑格尔历史哲学对犹太教的影响是潜在的，但又是深刻的。尽管黑格尔历史哲学本身并没有提供任何变革犹太教的模式（他认为精神进化的逻辑是以绝对精神替代犹太教精神，而不是修正和完善犹太教精神），却启发了那些对康德纯粹理性哲学及其影响下的激进哈斯卡拉感到失望的青年犹太知识分子。黑格尔以精神进化和发展来理解人类历史，注意从各民族历史、文化和宗教经验中去认知世界精神的发展，认为只有分别认知不同民族精神进化的轨迹，才能最终洞察世界精神的进化和绝对精神的奥秘。他认为，在绝对精神进化的谱系中，犹太教体现着犹太人的创造性和智慧，构成人类宗教精神发展的重要阶段。据此，许多追随黑格尔思想的犹太学者认为，犹太教

①　Nathan Rotenstreich, *The Recurring Pattern: Studies in Anti-Judaism in Modern Thought*, pp.52-53.

②　Hegel, *Philosophie der Weltgeschichte*, ed. G. Lasson, Leipzig, 1923, cited in Shlomo Avineri, "Hegel's Views on Jewish Emancipation", *Jewish Social Studies*, Vol.25, No.2(April,1963), p.146.

中某些精神原则仍然具有价值，甚至是一贯和永恒的，犹太教的上帝精神与黑格尔所谓的绝对精神是相互对应和根本一致的。他们试图按照黑格尔的哲学术语来解释犹太教的历史和精神进化。

这一思想与19世纪德国大学中的历史科学思想相结合，导致了犹太历史主义思潮的出现，促进了对犹太教历史特别是后圣经时代犹太历史（《塔木德》和拉比犹太教时期）的研究，对犹太教的历史科学和历史哲学批判为客观地评价犹太教历史及其精神成就奠定了基础，也为采纳合理的宗教改革观念和措施提供了新依据。精神进化论哲学为评价犹太教历史提供了一种新的标准，即精神创造性的标准。这一标准将决断犹太教及其历史中哪些是具有绝对价值的因素，哪些是具有相对价值的因素，哪些又是必须废弃的毫无价值的因素，从而为改革提供了不同于启蒙理性主义的新的哲学基础，而黑格尔对犹太解放事业的支持客观上为犹太人融入主流社会创造了可能的思想氛围。19世纪上半叶，正是在德国历史科学和黑格尔历史哲学双重影响下，犹太教在文本和观念领域都开始了新的自我检视和批判，并试图以此重释犹太教和重构犹太历史体系。

二、犹太教科学与犹太历史体系的重构

19世纪最初20年出现在德国的历史主义思潮主要表现在三个方面，一是历史主义的方法论；二是历史诠释学；三是历史哲学的观念。而后两个方面是历史主义观念呈现的两种形式。历史诠释学的兴起直接导致的是新兴的历史编纂学的形成，而历史哲学则在思维领域导致了观念史的出现。研究历史主义的著名学者加尔文·兰特（Calvin Rand）这样解释道："历史主义能够从两种意义上加以理解。第一种意义指的是一种方法论的机制，即将每一个人、每一段时间、每一个民族或者每一个时代都看成是一种独立的个体来加以研究并试图找寻其中的意义。第二种意义指的是一种支柱性的观念，它意味着赋予过去以价值，并将过去看作是一系列相互关联的个体性历史有机体的结合。"[1] 在这里需要区分的是历史主义和历史意识，应该说，历史意

---

① David N.Myers, *Resisting History: Historicism and Its Discontents in German-Jewish Thought*, p.19.

识乃是一种古老的有着深厚传统的意识，它在启蒙之前的历史编纂学领域已经开始为众多的历史学家所采纳，这种意识的基本特征在于尊重历史的客观性和真实形态，历史意识在很大程度上成为历史学家的责任感和使命意识。

历史主义是一种现代历史观念，在强调基本的历史意识之外，历史主义主要将过去看成对现在和未来的极为有用的资源，历史主义试图通过对于历史和传统的探究寻找当今时代变革发展的根据，历史主义在本质上指向现在和未来。无论是历史主义的方法论，还是历史诠释学和历史哲学的观念，都开始摆脱单纯追求文本精确性和客观真理性的倾向，着力赋予历史以主观的理解和诠释，使得历史对于现在和未来具有新的意义。另外，历史主义作为一种方法论已经远远超出了历史编纂学的领域，而是扩展至人文研究的各个领域，历史主义在19世纪作为一种强烈的与启蒙相对的哲学观念对诸多的学科发挥着指导性作用。

历史主义之所以被如此推崇，乃是因为其具有强烈的科学批判精神，正是科学性赋予了历史主义比理性主义更加强大的生命力。即便是历史哲学，其本身也并不是以哲学为指导原则的，而是以科学为指导原则的。正如迈克尔·迈耶尔所言："在19世纪的德国，哲学和人道主义不再是知识天空中璀璨的明星了。康德的纯粹理性批判在知识层面摧毁了人们对于基本原则的信心，而法国大革命在政治领域警示人们不要对理性有过分的幻想。既然人们意识到了哲学不能解释物质世界的最终性质，所以科学开始被用于解释人类事件的进程。渐渐地，哲学被一种新的，更全面的理想，一种更适合保守时代的理想所吸收，那就是科学的理想。它对应的德语术语在意义上显然要多于所谓的经验科学；它给思考留下了空间，又以历史事实和实证的方式来纠正思考的主观性偏差。"[1] 哈维·希尔（Harvey Hill）说："19世纪，'科学'的历史在整个欧洲，尤其是在德国历史学家，包括宗教历史学家中开始成为一门学科，他们竭力地按照兰克的著名陈述'按照过去本来的面目'来建构过去，开始从对第一手文献资料的批判研究中来寻求事实和真相。"[2]

---

① Michael A.Meyer, *The Origins of the Modern Jew*, p.145.

② Harvey Hill,"The Science of Reform:Abraham Geiger and the Wissenschaft des Judentum", *Modern Judaism*, Vol.27, No.3(Oct., 2007), p.329.

（一）历史主义与犹太教科学

19 世纪 20 年代，历史主义方法论在犹太教研究领域突出地表现为科学观念的出现，即所谓的"犹太教科学"。而这一方法论在犹太教研究和历史编纂学领域的应用又导致了一场"犹太教科学运动"的出现，这一运动在"犹太文化与科学协会"这一机制中表达了它对于现代犹太人和现代犹太教新的理解和诠释方式。犹太教科学运动的发起者试图运用 19 世纪发展起来的黑格尔的历史哲学和现代历史诠释学赋予犹太历史、文献、宗教、传统以新的解释。

18 世纪中后期由犹太知识精英门德尔松发起的启蒙运动产生了两种相互矛盾的后果。一方面，它引导着许多犹太人走出了宗教的藩篱，走出了隔都生活的阴郁和窒息，热情地拥抱新生活，西方式的科学、教育和文化也开始进入犹太人的视野。另一方面，它也使犹太人的民族认同发生了严重危机。由于传统犹太信仰被打破，而又没有系统地、科学地、令人信服地对于犹太人的历史和文化做出统一、延续性的解释，犹太人对自身群体的确定性产生了怀疑。加上长期反犹主义造成的民族自恨心理的作用，许多犹太人为了获得进入欧洲的入场券放弃了本民族的宗教信仰。例如，作为犹太启蒙运动领袖的门德尔松，其子女多数皈依了基督教。而这场运动中新兴的改革派人士已经在很大程度上对犹太教作为犹太民族性体现的观念感到淡漠，他们中的多数只愿意将犹太教看作是一种宗教信仰。

然而，犹太启蒙运动没有解决犹太人在欧洲的生存地位问题，犹太人一厢情愿地融入主流社会并没有得到主流社会的普遍同情和接纳。犹太人的政治解放虽然在拿破仑战争时得到部分的实现，但随着拿破仑战争失败，他们的权利又失去了保障。反犹主义作为一种根深蒂固的社会历史现象使犹太人在欧洲始终成为受威胁和被迫害的对象，他们感到自己仍生活在漂泊的海洋里，任何一场风浪随时都有可能将他们摧毁。与此同时，犹太人的同化招致了德意志民族主义者的不信任，一些狂热的政治上层人士始终对犹太人抱有戒心，极端的德意志文化孤立主义者和文化优越论者甚至认为，犹太人试图通过文化渗透来抢夺他们的文化地盘，污染德意志民族精神。历史和现实的对犹太人的反感使得犹太人的同化和自我隔离一样受到指责和仇视。启蒙时代活跃于柏林的犹太贵妇沙龙曾一度是犹太知识界的聚集地，是犹太精英的论坛，汇集了当时德国和法国的政界名流和文化巨人。尽管他们表现出了巨大的诚意和作出了种种努力试图获得主流社会的承认，然而结果却让人失望。大部分德国人都不愿从内心深处接纳犹太人，文化鸿沟还是让人难以逾越。德国著名犹太社会活动家拉赫尔曾痛心地说："我的错误出身所带来的是永无止境和不断重复的厄运……我发现我什么都不是。没有女儿，没有姐妹，没有情人，也不是妻子，更不是一个公民……我是一个犹太人，是多么让人嫌恶啊！"[1] 海涅曾经感叹道，"犹太教不是一种宗教，而是一种不幸"，但改宗基督教后的海涅依然因为他的犹太出身在德意志面临着政治和文化困境。在犹太人看来，他是叛教者；在非犹太人看来，他是不怀好意、难以让人信赖。海涅的心灵承受着巨大痛苦，他后来不止一次地显露其内心的愧疚。

鉴此，19世纪上半叶，犹太精英一直处于一种悲剧性的矛盾心理状态中。"不管这些杰出的犹太人成就了多少伟大的事业，他们都不能促使犹太人被接纳为欧洲民族；他们从来不被允许在欧洲扎下根来，因而他们也总作为无根的种族而被遣散各地。"[2] "当海涅等人在沉重的传统之负与被玫瑰色的光环所笼罩的西方文明之间，艰难地选择了后者之时，主体民族的冷漠无情使他们不知所措，进退无门，被遗弃的苦痛便油然而生，这种痛苦是发自心灵深处的、难以言表的苦痛，这种痛苦不仅仅是属于个人，而是整个族类的痛苦。"[3] "在自恋的、具有凝聚力的、大众的民族主义时代，一个人只有参照他自己勇猛、阳刚、有胆量和毅力的血统才能够合理地争取普遍尊重；他只能参照那种牢固地扎根于时间之始，但依然有生命力、有创造力、能展望未来的传统。"[4] 犹太教内部过激的同化倾向和外界社会的不接纳态度严重挫伤了一些犹太人的民族自尊心，使他们重新思考对民族文化的定位。

19世纪现代犹太教中之所以会兴起强烈的历史主义思潮并引发一场

---

[1] [美]戈登·克雷格：《德国人》，钱松英译，上海译文出版社1998年版，第175—176页。

[2] [德]马克斯·霍克海默、西奥多·阿道尔诺：《启蒙辩证法——哲学断片》，渠敬东、曹卫东译，上海人民出版社2003年版，第196页。

[3] 张倩红：《困顿与再生：犹太文化的现代化》，第92页。

[4] [英]齐格蒙特·鲍曼：《现代性和矛盾性》，邵迎生译，商务印书馆2003年版，第206—207页。

"犹太教科学运动"，主要是因为犹太人自启蒙时代以来进行的种种融入主流社会和社会宗教变革的努力都失败了。一方面，不少犹太人仍然抱有极端同化甚至改宗的思想，试图以此融入主流社会。这种思潮既可以从启蒙的理性主义找到依据，也可以从18世纪末和19世纪初兴起的德意志浪漫主义思潮中找到依据。另一方面，反犹主义也在制约着犹太人进行宗教改革的努力，无论是实用性的教育、文化以及宗教仪式方面的变革，还是第二代马斯基尔进行的激进宗教观念变革，最终都没有能够赢得主流社会的信任和认可。古老的基督教反犹主义、现代康德主义的反犹太教哲学以及19世纪统治德国社会的文化与宗教浪漫主义思潮汇合在一起，对现代犹太人的生存构成了巨大压力。犹太身份问题同启蒙时期一样，仍然是困扰着犹太人的中心问题，甚至在19世纪20年代比启蒙时代表现得更加剧烈。在新的时代氛围下，犹太人必须为犹太身份寻找到新的意识形态根基，而犹太宗教改革也必须打破启蒙的传统路径，开辟新的道路。

正如迈耶尔所言，到1824年，德国犹太人已经采取了一系列可能的定位犹太人身份的措施：通过哲学的方式确证犹太身份，剧烈地转变犹太人和犹太教，为寻求政治和社会接受而进行实用改革，甚至公然地放弃犹太身份。但是，随着犹太文化与科学协会（The Society for the Culture and Science of the Jews）的成立，在以聪茨为代表的年轻犹太学术圈中，有着与启蒙时代的犹太人不同的维持犹太性的动机。这个协会规模不大，其成员充分地感悟到了那个时代的浪漫主义思潮，提出了新的确证犹太身份的方式，尽管这些努力所产生的效果后来证明同之前的努力一样，并不能持久。这一时代的犹太人依据他们时代具有支配地位的文化价值向自己和世界解释犹太身份，[①] 即以科学的方式来探讨宗教改革和维持犹太延续性的新方式。犹太教科学研究产生的影响使得历史思考成为犹太生活中的主要议题。在犹太现代化进程当中，人们关于解放、宗教改革、反犹主义、犹太复国主义和犹太教性质的争论都从历史王国中借用事实、工具和观点。历史重塑了现代犹太思想，而科学运动则被证明是德国犹太人影响最为深远的遗产。如果没有犹太

---

① Michael A.Meyer,*The Origins of the Modern Jew*,p.9.

教科学作为内核，人们就无法谱写现代犹太人的历史。[1]

犹太教科学是一种现代批判，与传统的犹太研究有着本质上的差别。在19世纪之前，犹太人没有迫切的需要向主流社会解释自己的愿望，只是在社区内部传承和消化着自己的知识和文化遗产。长期以来，欧洲知识界对于犹太人和犹太教的了解来源于基督教学者的学术研究而非犹太学者的研究。从16世纪宗教改革开始，基督教从自身变革需要出发开始关注《旧约》和犹太教的研究，由此将许多重要的古代和中世纪的希伯来文本翻译成了拉丁文。但是，出于维护基督教神学优越性的需要，这些文献通常是精心选择的，为现代反犹主义提供了证据，并带有强烈的贬低犹太教的倾向。犹太教科学意在重述犹太人的历史、阐释他们的宗教，展示他们的成就并纠正基督教在神学上对犹太教的忽视甚至扭曲。犹太教科学同犹太教的幸存和活生生的犹太社区是紧密联系在一起的。犹太教构成一种存在的现实，学者对它的研究与它的命运息息相关。犹太教科学表达了一种成为欧洲学术内部一员和新知识的承担者角色的愿望。[2]

19世纪在德意志广泛兴起的浪漫主义和历史主义思潮，在观念层面对犹太教科学运动的兴起有着直接的影响。参与这场运动的学者一般都在德意志大学接受过良好的高等教育，也自然受到了当时德意志大学中盛行的学术思潮，如萨维尼的法律历史学派以及黑格尔的历史哲学的影响。伊斯玛·朔尔施（Ismar Schorsch）指出，正如"犹太教科学"这一醒目的名称所暗示的那样，现代犹太教中历史思想的出现如果脱离了特定的德国背景是不可想象的。作为政治解放的知识和文化对应物，犹太教科学是1806年遭遇拿破仑战争羞辱后的德意志大学复兴的直接产物……与犹太解放同步进行的是德意志大学发展的经典时代。而且到1830年的时候，在德意志一些学术机构中犹太学生的比例已经超过了非犹太学生。[3] 现代学术的兴起以及越来越多的犹太学生在大学受教育带给犹太人对犹太教世俗研究的冲动，它摆脱了古代用信仰来约束和确证经文研究的倾向。

但是，犹太教科学运动作为一场学术运动，并没有融进德意志主流的学

---

① Ismar Schorsch, *From Text to Context : The Turn to History in Modern Judaism*, p.1.

② Ismar Schorsch, *From Text to Context : The Turn to History in Modern Judaism*, p.158.

③ Ismar Schorsch, *From Text to Context : The Turn to History in Modern Judaism*, pp.161-162.

术机构——德意志大学之中，而是在相对独立的犹太范畴中进行的。19 世纪上半叶，由于犹太学作为一门独立的学科普遍被大学中居于统治地位的基督教势力忽视和排斥，犹太人被排斥在大学教职之外，所以，他们只有通过个人的或者建立自身学术机制的方式来进行犹太学的研究。其结果是，现代犹太人开始很自觉地将犹太教的研究掌控在自己的手中，他们开始有意识地向主流社会解释自己的文化价值。这意味着犹太学者开始运用现代学术批判方法，对基督教化的犹太学术发起挑战。学术由此成为捍卫犹太尊严、价值和身份的方式。

犹太现代学术同传统犹太学术之间的差别在于其历史性思维方式、它提供的自由质询的权利及其作为认知工具的功能，这同那个时代兴起的科学和历史学术有着相同的特征。犹太教科学的实用主义的动机并没有影响知识的客观性和批判性的学术检视，相反，它以历史主义的思维方式打破了传统经文研究的非历史模式。在传统犹太学术中，拉比对《圣经》的诠释是宗教权威性的源泉，拉比通常从文本到文本，并根据神学的需要将文本割裂为许许多多的碎片，还无限制地发挥和引申文本的意义。律法和仪式的变革不是服从于历史和时代的变化要求，而是取决于是否能从经文中寻找到证据。而受到现代历史主义思维所浸染的犹太教科学则突出强调了时间观念，并将之同个体和个别事件的独特性联系在一起，认为历史就是要评价特殊性，使个体摆脱普遍建构的企图。

作为一种尊重客观性和历史真实性的现代学术，犹太教科学也强调对关涉犹太教的一切内容进行自由质询的权利。这意味着学者不应当为任何研究预设教条和结论，而是服从于证据的检视，而宗教的变革取决于检视的内容和结果。历史学家有义务清除历史中的神话、错误、不精确的存在以及任何忽视个体和个别事件的倾向，提供一种精确的、不致传播谬误的传统。相应地，宗教的真理不应当受制于经文，对过去事件的重新建构和对古代意义的探求必须咨询与之相关的历史证据，犹太和非犹太资源都可以成为历史学家可以借用的证据。犹太人在波斯、希腊、罗马和伊斯兰环境中所展示的文化创造力和文化互动的经验同样是犹太教可资利用的财富。

科学的观念模式作为一种认知历史和宗教的工具，再次强调了犹太教科学的西方起源，它要求打破传统犹太教的评注性思维。对于现代犹太学者来说，评注并非是经典的知识表达方式，以文本为定位的思维方式是细节性、断章取义的，因而存在严重缺陷，不可能达到抽象化、系统化历史的目标。科学作为一种全新的评价标准使得经文服从于更大范围的社会和更长久的历史观照的需要，它的目标是要诊断并提出问题，将犹太教科学塑造为一种以问题为定位的，以系统和综合为特征的科学形态。[①]

（二）聪茨的犹太教科学研究及其影响

聪茨被认为是犹太教科学之父，他是现代犹太教科学研究的创立者，对现代犹太学研究的贡献是无与伦比的。他在早年就表现出对于批判学术的兴趣，而自 1815 年，他开始在柏林大学[②]（柏林大学于 1810 年建立并很快成为普鲁士的知识和文化中心）学习，柏林大学当时的反犹氛围以及批判学术思潮对聪茨后来致力犹太教科学研究产生了重大影响。在当时的柏林大学，有很多教授存在着反犹情结，如萨维尼（Friedrich Carl von Savigny）和埃希霍（Karl Friedrich Eichhorn），他们创立了德国法律历史学派。这一学派是在同自然权利法学派的斗争中形成的，提出了这样一种观念，即一种健康的法律系统——如古罗马的法律系统——显示的是一种"渐进的、整体的有机发展过程"。它将中世纪看成是一个富于创造性的时代，对理解现在尤为重要。萨维尼提出的法律有机体是一种典型的德意志系统，将犹太人看作是德国历史的外来者。[③]

显然，聪茨不能接受这样的立场，按照他后来的理论，犹太人自己构建了自己的历史，这样的历史同样是辉煌而值得尊重的。但是，聪茨毕生致力于对犹太历史文献的批判和实证研究以及对犹太历史活力和创造性的认同，显然受到了这一学派的影响。如果说，德国法律历史学派对聪茨产生的影响是隐性和间接的话，那么语言学家弗雷德里克·奥古斯都·沃尔夫（Friedrich August Wolf）和奥古斯特·伯克（August Boeckh）对聪茨的影响

[①]　Ismar Schorsch, "Traditional Learning vs. Critical Scholarship", in Chanan Gafni, ed., "*Hokhmat Yisrael*": *The Origin of Modern Jewish Studies*, pp.1-2.

[②]　柏林大学从一定程度上说是 19 世纪世界大学的典范。在其创办之初，它就改变了陈旧的以向学生灌输僵化的古典学问的做法。在谢林、费希特、洪堡以及施莱尔马赫等学者进行的教育改革的促动下，柏林大学强调批判学术的"科学"精神。

[③]　Michael A. Meyer, *The Origins of the Modern Jew*, pp.158-159.

则更加直接和明显。他们是柏林大学著名的语言学家，倾向于以更加广泛的术语来设想语言学的功能，即语言学不仅仅是对于古代进行语言学上的研究，也包括对每个民族、每个时代的语言和文献进行批判性检视。伯克则进一步将语言学定义为发现人类认知和展现全部可获得的人类知识的科学。

简单地说，语言学具有语言分析、文本分析和历史意义的三种功能，而且这三种功能是逐层递进的。从沃尔夫和伯克那里，聪茨学会了从语言学的角度来观察全部文化和历史的方法。沃尔夫和伯克持有清醒的经验主义立场，对德国浪漫主义所掀起的反犹浪潮并不赞同。因而，他们对聪茨产生了非常积极的影响。聪茨逐渐将利用现代学术原则和方式来创造一种犹太语言学体系作为自己毕生致力的工作。[①] 对于语言和文化研究的关注使得他对犹太人的历史创造性充满信心。一直以来，参与哈斯卡拉的犹太知识分子都把关注的焦点放在《圣经》上，而几乎对《塔木德》和中世纪的犹太拉比文献、法典等表示漠然。而聪茨相信，对这些领域的批判研究将引导犹太人回到关注自身文化创造性的道路上来。

聪茨创造出"犹太学"[②] 这一概念，提倡科学地研究犹太教、犹太史和犹太文化，以便剔除犹太历史中虔信的成分，并客观地描述犹太教的发展历程。在聪茨看来，科学犹太学应是在坚持客观性基础上，具有内在逻辑性、合理性与自身学术尊严的一门学科。聪茨首先是在对于拉比文献进行客观、谨慎的批判性研究基础上开启犹太教科学研究的。1818 年，它的第一部论述犹太教文献的论文《论拉比文献》发表。在文章中，他以翔实的文献资料向人们揭示：《圣经》以后的犹太文学仍然是世界上最广博和优美的文学。[③] 1819 年，他与其他犹太学者共同创办了犹太文化与科学协会。1823 年，担任该协会刊物的编辑。在这份刊物上，他发表过 3 篇论文，其中一篇是关于中世纪著名犹太学者拉希的传记作品。这是有史以来第一篇以科学方法撰写的有关一位犹太学者的传记。

---

① Michael A.Meyer, *The Origins of the Modern Jew*, pp.159-160.

② 来自德文"Wissenschaft des Judentum"，英译为"Science of Judaism"，希伯来语称之为"Hokhmat Yis-rael"，旨在以科学方式对犹太教、犹太文献、犹太历史和文化进行批判性研究，后来人们进而称之为"Jewish Studies"或"Judaic Studies"。19 世纪初由聪茨等人所发起的犹太教科学运动对现代犹太研究的兴起具有奠基性意义。

③ 徐新、凌继尧主编：《犹太百科全书》，上海人民出版社 1993 年版，第 676 页。

1832 年，聪茨发表了《犹太礼拜布道的历史沿革》一书，第一次将
《米德拉西》[①] 文献置于历史脉络中进行纯学术的研究，通过对犹太布道仪
式的系统分析揭示了中世纪犹太文明的深度，驳斥了那种认为犹太文化已随
着圣经时代的结束而结束的观点。在另一本名为《论历史与文学》的著作
中，他把全部犹太文学活动纳入欧洲文学和政治的范畴内加以考察，以事实
纠正了当时学术界对犹太文学的偏见。1836 年，德国王室颁布一项法令，
禁止犹太人使用德语人名作为犹太人的名字，聪茨受德国犹太社团的委托，
写了《犹太人名》一文，用大量事实证明犹太人在历史上就已有使用外国
姓名的传统，借以揭示这一法令的荒谬。[②]

聪茨指出，在历史上，拉比文献一度遭到基督教社会的攻击，近现代随
着宗教改革和启蒙运动的兴起，《圣经》研究日渐受到重视，但拉比文献却
有意地被犹太人和非犹太人所忽略。当欧洲文献走向兴盛之时，犹太文献却
全面地走向衰落，在最近 50 年，拉比文献只剩下干瘪的语言外衣，正在逐
渐地走向消亡。[③] 面对这样的形势，聪茨感到非常忧虑，他担心犹太文献的
消亡会使得犹太人的文化传统彻底地被人们遗忘，担心犹太人会因此更加受
到主流社会的鄙夷和轻视，因为在浪漫主义和历史主义思潮盛行的德国，一
个民族文化及传统的地位以及它们受尊重的程度，直接关系到这个民族受尊
重的程度。

他强调，正是因为当前这个时代的德国犹太人正在如此热情地学习德国
语言和学问，这样他们很可能会不经意间将拉比文献带入坟墓。所以，科学
要求人们阐释这些已经被封存许久的文献。[④] 聪茨指出，虽然拉比文献被历
史遗忘和尘封了许多年，虽然自流散以来到漫长的中世纪再到近现代，犹太
人不断地遭受着苦难，但是犹太人在政治和社会逆境之中的文化创造性从来
就没有泯灭过，犹太人通过《圣经》正典化、编纂《塔木德》以及评注和

①　犹太教口传律法《塔木德》的组成部分。其希伯来文意为"解释"、"阐述"。它按照《希伯来圣经》
各卷的顺序，对该卷经文进行通俗的解释和阐述，分别称作该卷的米德拉西。

②　徐新、凌继尧主编：《犹太百科全书》，第 676 页。

③　Leopold Zunz,"On Rabbinic Literature(1818)", in Paul R.Mendes-Flohr & Jehuda Reinharz, eds., *The Jew in the Modern World*:*A Documentary History*,pp.196-197.

④　Leopold Zunz,"On Rabbinic Literature(1818)", in Paul R.Mendes-Flohr & Jehuda Reinharz, eds., *The Jew in the Modern World*:*A Documentary History*,p.197.

律法等手段，将传统和时代思想汇聚进了文献之中。因而，他们甚至取得了比同时代的非犹太人更伟大的文化成就。所以，犹太人不必因为自己在政治上的遭际和羸弱处境而感到悲哀，犹太文献能够赋予犹太人对于自身历史和传统的高度自信。① 聪茨认为对犹太文献的研究应当成为理解和尊重犹太文化之门。他说："只有将犹太文献看作全面了解世代以来犹太文化历程的大门，只有知晓每一段时间内犹太教既定内容以及补充性内容、内部因素和外部因素如何协调在一起的；命运、环境、风俗、宗教以及机遇之间的协调和对立；现代在何种意义上是先前时代所有因素综合作用的结果，一个人才能够怀着真正的恭敬之情走向神圣的殿堂。"②

有学者指出，"对于聪茨来说，拉比文献并不局限于拉比学问的来源，即《密释纳》、《塔木德》、哈拉哈律法和评注，也包括历史文献、神学、哲学、修辞学、法学、自然科学、数学、诗歌和音乐，实际上，涵盖从圣经时代到现代用希伯来语所表达的所有文化形式。"③ 这里，聪茨挑战了传统拉比学问的范畴，将宗教研究和世俗知识的研究囊括到一个统一的知识框架内，他倾向于将犹太教理解为一种包罗万象但却有机的文化系统；同时他也改变了拉比研究哈拉哈的方式，他认为拉比严格的律法主义立场使得在很多情况下哈拉哈的诠释显得非常僵化而不能跟上科学和时代发展的要求。尽管在古代犹太教中出现了一定程度的历史化的趋势，但是传统的研究经文的模式基本上是非历史的。

经文和律法神圣性和永恒性原则使得历史的变化最终服从于维护宗教神圣性的需要，律法的革新服从于经文的需要从一开始就成为拉比犹太教的绝对原则。这势必导致拉比文献在诠释经文的时候不能完全遵循客观性和发展性原则，最终，拉比文献常常显露出在年代上的错位感，拉比更倾向于从道德的角度而不是按照时间性原则来分类和理解历史事件，所以导致拉比文献缺乏背景感而常常不能轻易地为人所理解。而以科学和批判精神为特征的现

① Michael A.Meyer,ed.,*Ideas of Jewish History*,pp.158-160.
② Leopold Zunz,"On Rabbinic Literature(1818)",in Paul R.Mendes-Flohr & Jehuda Reinharz,eds.,*The Jew in the Modern World:A Documentary History*,p.198.
③ David N.Myers,"The Ideology of Wissenschaft des Judentums(Science of Judaism)",in Daniel H.Frank & Oliver Leaman,eds.,*History of Jewish Philosophy*,London:Routledge,1997,p.708.

代历史意识则有着明确的时间意识，它反映着个体的独特情境。每一个人、事件和文本都是特定时代和地点的产物，应当根据特定的情况来加以理解。研究历史在于尊重全部特殊事件的特殊性，而不是轻率地将个体归入到普遍性的构架中。[①]

不仅对于传统拉比犹太教诠释历史和传统的方式抱有质疑和批判的态度，聪茨对启蒙时代奉之为全能的哲学亦表示不信任。在斯宾诺莎和门德尔松的宗教传统中，寻求真理和意义被看作是经文诠释的主要任务，激进的马斯基尔则以康德式的道德术语来诠释《圣经》，几乎完全脱离了犹太教语境，拉比文献被斥为宗教累赘被完全抛到脑后。现代启蒙的哲学化倾向割裂了思想与时代和历史之间的联系，犹太教在哲学术语的塑造下成为空洞的躯壳。聪茨认为只有科学才能够真正达致哲学的历史，只有以完全的历史热情来求索面向世界的学问时，精神过程才能够呈现和被理解。显然，聪茨非常强调以科学方式对历史进行诠释，他认为，这不仅可以对历史做出精细的分析，同时也可以理解历史观念的变迁——对于拉比犹太教而言，就是理解律法和文献的进化和变迁。

在聪茨看来，科学精神的可贵之处就在于它赋予人们以自由调查的权利。这一点对拉比文献研究和整个犹太教研究计划显然意义重大，意味着现代犹太教将从传统拉比权威以及他们所预设的观念和理论中走出来。没有任何偏见可以蒙蔽学者和历史学家的眼睛，没有任何普遍性的教条可以掩盖正确的观点，没有人能够动用权威来压制真理的发现。人们可以自由地涉入犹太教的各个领域，包括神学的领域，于是，犹太教真实面目也自然会展现在世人的面前。同时，自由的调查也鼓励着观点的多元化和争鸣，为犹太教注入了新鲜血液和无限活力。自由调查的权利意味着人们可以通过科学手段发现并清除犹太教传统积聚以来的与历史知识价值并不相关的历史神话、谬误、不严密性成分。自由的调查也帮助犹太学者走出狭隘的犹太教视野，开始关注犹太教起源、产生、发展过程中的更加广阔的非犹太历史背景，并在研究中借鉴非犹太文献和资源。于是，犹太教不再仅仅从自身的维度被理解，而是开始从文化互动和交融的维度被理解。

[①]　Ismar Schorsch, *From Text to Context：The Turn to History in Modern Judaism*, p.167.

聪茨正是怀着这一精神，大大扩展了犹太文献的范畴。聪茨的犹太教科学所采纳的观念模式也是值得关注的，作为一种新的认知模式，它有着西方式的起源。在传统的犹太思维模式中，评注是犹太知识表达的最基本的类型，《米德拉西》成为经文诠释的主要方式。显然，服从于经文需要、以经文为定位的思想在本质上是具体的、受到限制的和片段式的，缺乏抽象性和系统性，即便是门德尔松也仍然遵循着传统的犹太评注传统。在遭遇了 19世纪的西方学术之后，犹太教也开始采纳西方式思维模式和学术标准，科学使得经文服从于更大范围的系统和综合性的原则，强调问题意识和质疑精神，强调观念化和连贯性。[1] 犹太教科学很好地体现了外在性与内在性的统一，借用的是西方式学术批判工具，但是它所审视和批判的对象是犹太的，获得也是犹太自我意识和历史意识。可以说，犹太教科学是一场受到外部批判模式影响而出自内部文化冲动和寻求自我认同的运动。

聪茨的犹太教科学研究有着强烈的文化、社会和政治动因。从文化上讲，他希望犹太教作为一门独立的学科，在不远的未来能够走进大学，获得同基督教学术同等的地位。正如迈耶尔所指出的，作为一个严谨的学者，聪茨主要兴趣不在政治，也不在宗教，而是定位在更加广阔的学术世界。聪茨一生致力于提升犹太历史研究的科学水平，使犹太教科学在群星荟萃的学术领域取得应有的地位，藉此提高犹太文化的影响力。[2]

聪茨清醒地认识到那个时代基督教观点几乎完全垄断了犹太教研究，基督教的偏见完全取代了客观的学术标准。聪茨认为现代是犹太学者打破这种垄断，重新掌握话语权的时候了。现代社区开启的犹太解放进程正好为这样的理想和抱负提供了机遇。他相信，现代学术的冷静、客观将最终战胜宗教情感上的偏见，历史的方式将最终消除神学上敌意。聪茨意在向人们说明，现在不再是讨论犹太人和犹太教优缺点的时候，而是着力研究犹太教本身，它的起源、发展及变化的时候。犹太人必须重述他们的宗教，重申他们的成就，以此来驱散基督教世界对犹太教的忽视和扭曲，争取获得与之平等的学

---

[1]　Ismar Schorsch, *From Text to Context：The Turn to History in Modern Judaism*, pp.169-172.

[2]　Michael A.Meyer, "Jewish Religious Reform and Wissenschaft des Judentums：The Positions of Zunz, Geiger and Frankel", *Leo Baeck Institute Year Book*, Vol.16(1971), p.25.

术地位。① 聪茨改革的社会动机在于对现代犹太人命运的关注，他希望通过犹太教科学获得解决复杂的犹太人问题的方法。他认为如果人们不知道科学这一方法的价值以及如何使用它的话，那么，外界给他们施加的法律和宗教压力就不足以给他们精神带来和谐。他提示有一种实用的原因鼓励着人们从事犹太文献的研究：他坚信只有科学地对待犹太过去的方式才能够促使人们对犹太教和犹太人的性质做出公正的评判。这样一种评判结果会为政治和宗教改革提供知识的动力。②

通过对犹太教进行科学的研究，犹太人能够认识到哪些是古老而有用的传统，哪些是过时而有害的传统，哪些是新兴而适当的传统。以对待犹太文献的方式来处理犹太人问题，通过对犹太文献彻底而富有成效的研究，解释犹太民族历史和文化的完整性、有机性与创造力，将有助于消除外界对犹太人的偏见，使犹太人在文化和历史合理化的基础上获得新的认同。③ 对于聪茨来说，对犹太教进行科学研究乃是一种关乎犹太生存的现实，而不是单纯的回归历史的学术研究，犹太教研究既有学术的动因，同时也有着强烈的现实动因。聪茨力图向主流社会展示，犹太教是一种活生生的现实，它从历史走到现在，并指涉了未来犹太人的命运。

聪茨的犹太教科学在很大程度上转变了犹太宗教和历史研究的方向。自从犹太人失国和大流散以来，犹太人辗转于世界各个地区、各个民族、各个政权，试图寻求庇护，但传统的宗教反犹主义使得犹太人在漫长的中世纪不断地遭到压制、迫害、驱逐甚至杀戮。在欧洲，犹太人在政治上显得非常暗弱，几乎处于无权的地位，他们只能依靠当地政府的特许状才能生存下去。于是，犹太人的政治史就成为犹太民族的辛酸和血泪史，他们在这样的历史中几乎总是以失败者的角色出现。而当欧洲开启了犹太人解放进程后，犹太人又被迫卷入解放的政治当中，他们一度为获得公民权而在宗教和习俗方面进行激进的变革，甚至不惜选择同化和改宗。当他们在现代资本主义体制下逐渐步入中产阶层的时候，他们又受到那些在经济上失意者的嫉妒和仇视，

① Ismar Schorsch, *From Text to Context: The Turn to History in Modern Judaism*, p.164.
② Michael A.Meyer, *The Origins of the Modern Jew*, p.161.
③ Leopold Zunz, "On Rabbinic Literature(1818)", in Paul R.Mendes-Flohr & Jehuda Reinharz, eds., *The Jew in the Modern World: A Documentary History*, p.203.

反犹主义在犹太现代化进程中又以政治和经济的形态表现出来。

　　而且，由于欧洲历史的话语权长期掌握在基督徒的手中，所以基督徒在叙述欧洲史的时候，通常将犹太人描述为一种与欧洲政治和社会对立的角色，力图边缘化甚至忽略犹太人在历史中发挥的积极作用。聪茨意识到政治解放不足以赋予犹太人以尊严，而欧洲政治史的逻辑也不可能赋予犹太人以应有的历史地位。犹太人对于欧洲的贡献，不是通过政治手段可以评断的，而只能通过文化来加以评断。犹太人对于世界文化和思想的贡献足以让犹太人作为一个卓越的民族而受到尊重，而犹太教就是涵盖全部犹太文化和思想的载体。通过科学的方法来研究犹太教，进而揭示犹太教的丰富遗产和精神，犹太人必然能走出政治上的束缚和阴影，树立对本民族文化的坚定信心，从而为其在现代世界的生存确立牢固的根基。

　　聪茨的犹太教科学实践对现代犹太教发展、后来的历史学派和现代犹太历史编纂学产生了深远影响。在其所倡导的科学精神的感召下，拉比扎卡里亚·弗兰克尔（Zacharia Frankel），历史学家马库斯·约斯特、海因里希·格雷兹等一批犹太学者也相继进入犹太研究的广阔领域。聪茨首先开创了犹太学研究中的实证—历史传统，即试图通过对犹太教客观的、历史性的考察，打破宗教民族性的局限，把犹太教的历史真正转向犹太人和犹太民族的历史。尽管聪茨没有强烈的通过科学运动来塑造犹太民族性的意识，但是他在心理上具有从文化方面捍卫犹太性的潜意识，这本质上接近于一种文化或精神民族主义的立场。18世纪中叶，以弗兰克尔为代表，犹太教中开始出现运用历史主义和实证主义方式研究犹太教文献和律法，以谨慎批判犹太历史传统为特征的流派，被称为实证历史学派。弗兰克尔毕生献身于拉比律法的演进及其渊源的研究，并视之为一种揭示民族的大众精神和犹太教真正本质的方法。他希望由此发展出一种标准，用以辨析出其民族历史中哪些是僵化死亡和哪些是具有生命力的东西，并抛弃前者而保存后者。他认为，希伯来语、救世主希望以及其他一些犹太价值观属于犹太教中永恒不变的内容。这些思想构成实证—历史犹太教哲学观的基础。[①] 弗兰克尔将理性主义和浪漫主义相结合，运用历史实证主义的方法，主张将犹太教科学奠基在犹太民

---

① ［美］大卫·鲁达夫斯基：《近现代犹太宗教运动——解放和调整的历史》，第211页。

族之上，通过对于犹太传统特别是犹太律法的细致考察揭示和证明犹太宗教与民族存在的合理性，建立一种历史经验主义的犹太学。在弗兰克尔看来，"犹太教是一种动态的、不断进化的历史力量，是一股源源不断的洪流，正如《密释纳》中隐喻的'一股不可遏止之势喷涌的泉水'"①，犹太人在这种过程的洪流中凝结为统一的民族。他从浪漫主义立场，从民族—伦理学视角出发，把犹太教界定为犹太人民的宗教，涵盖犹太人社会、伦理和精神生活的方方面面。这就意味着，犹太教作为犹太天才的成就，主要寄寓于犹太人民，而不是构成犹太信仰之根基的伦理神论。犹太教可以被视为犹太人在其漫长的历史进程中所形成的学说、价值观和人生观的凝聚。② 于是，犹太教的神启被理解为在神的精神指引下伦理展开的历史，它的发展成为犹太民族运动过程的一种反映，而从历史实证的角度来揭示和证明在这一过程中所产生的犹太文化的合理内涵就成为犹太科学运动的主要任务。

　　弗兰克尔将犹太教的启示分为神启和人启。"在他看来，整个犹太民族的意愿，如在犹太传统主流中所体现的，是补充和继续贯彻西奈直接天启的间接启示的形式。"③ 所谓神启具有超自然的性质，不因时代的变化而变化，是他律的，《托拉》就属于这样的启示。而人启是神启的语言在间接的传播中经过合乎自然的演化而得以拓展和延伸，这种启示形式构成了后来的《塔木德》和拉比文献，它是人类理性和经验的结晶，是自律的，处在时间的流变之中。在这样的两类启示当中，人启的历史对于犹太民族性最有价值。"《托拉》唯有进入它的捍卫者和奉行者——犹太人民的生活之中，才能获得自身的意义"④，与其说是犹太教创造了犹太人，不如说是犹太人创造了犹太教。⑤ 犹太人通过对具体环境的不断适应和解释，把犹太教的发展和犹太民族的演进紧紧地联系在一起。犹太科学运动揭示了犹太教的发展与犹太民族的发展是同步的，犹太人和其他民族一样，都经历了自然的、历史的、合乎理性的进化过程，因而犹太教的发展不仅在于宗教的进化，也在于

---

① ［美］大卫·鲁达夫斯基：《近现代犹太宗教运动——解放和调整的历史》，第215页。
② ［美］大卫·鲁达夫斯基：《近现代犹太宗教运动——解放和调整的历史》，第211—212页。
③ ［美］罗伯特·塞尔茨：《犹太的思想》，第603页。
④ ［美］大卫·鲁达夫斯基：《近现代犹太宗教运动——解放和调整的历史》，第212页。
⑤ Michael A.Meyer，"Jewish Religious Reform and Wissenschaft des Judentums：The Positions of Zunz，Geiger and Frankel"，*Leo Baeck Institute Year Book*，Vol.16（1971），p.235.

科学精神的张扬，它同样体现着人类进步的一般规律。犹太教中所反映的与犹太民族生存息息相关的文化同样是值得珍视的。正如大卫·鲁达夫斯基所分析的：

> 在一种历史学派基本思想的支配下，弗兰克尔毕生献身于拉比律法的演进及其渊源的研究，并视之为一种揭示民族的大众精神和犹太教真正本质的方法。他希望由此发展出一个标准，用以辨析出在其民族历史中哪些是僵化死亡的和哪些是具有生命力的东西，并抛弃前者而保存后者。他认为，希伯来语、救世主希望以及其他一些犹太教价值观从属于犹太教中永恒不变的内容。这些思想构成其实证的、历史的犹太教哲学观的基础。①

实证—历史学派不仅在19世纪中后期的德国影响巨大，深刻影响到美国的保守派犹太教。保守派领导人谢克特（Solomon Schechter）在谈到犹太教传统时也指出，构成犹太教实践之真正规则的既不是《圣经》，也非原始形态的犹太教，而是一般性的风俗习惯（即犹太民族两千年来积淀的文化传统）。犹太教的标准在于历史和现实的犹太生活中，这已成为人们的共识。阿哈德·哈姆（Ahad Ha'am）在谈到安息日在犹太民族性形成的作用时认为，数千年来，安息日的观念已化为犹太人的灵魂之声，成为构成犹太意识的重要方面。以科学的方法考察名目繁多的犹太习俗，追溯其发端和形成的根据，成为犹太历史学家的任务。

聪茨对犹太学术的追求也影响了后来的犹太历史编纂学。在犹太史学领域，一些史学家开始摆脱宗教史的叙述方式，而注重从细致的史料分析、犹太人与异教世界的联系、犹太民族的流散与抗争以及犹太文化发展的延续性等方面叙述犹太历史并力求真实客观。这一时期，以约斯特、格雷兹、西蒙·杜布诺夫（Simon Dubnow）及萨洛·巴龙（Salo W. Baron）为代表的现代犹太史学派开始形成。约斯特的《从马卡比时代迄今的犹太史》是早期科学历史学的重要成果。一种强烈的从基督教神学束缚中解放出来的愿望

---

① ［美］大卫·鲁达夫斯基：《近现代犹太宗教运动——解放和调整的历史》，第211页。

驱使和支撑着约斯特第一次努力用欧洲语言编写从马卡比时代到 1815 年的犹太史。[①] 该书甚至被视为一本"教科书",在这部书中,犹太历史杂乱无章的面貌被整理清晰。约斯特的历史著作具有 18 世纪欧洲启蒙主义者思想哺育的理性主义倾向,以及对文献和各种史料精细分析的特点。[②]

在现代犹太编年史领域,格雷兹处于独一无二的地位。他是第一个提出并阐述犹太教历史发展应通过其观点进行评判的人。他也是第一个构造出全面概括方法的人,在他的眼中 17 世纪的犹太历史呈现出世界的缩影。犹太民族是一个世界性民族,因为他们居无定所,所以四海为家。犹太文学因其同世界各民族文学的联系而成为一种世界性文学。[③] 格雷兹所编写的 11 卷本《犹太史》强调"犹太民族在散亡时期的外观历史是'一个苦难的历史,一个其他民族均未经历过的长期忍受苦难的历史。它在散亡时期的内在历史是一个学术史,一个宗教和学术知识的历史,不过,它始终向所有的科学开放,并吸收和同化它们……'"[④] "格雷兹的世界观属理性主义,这使得他同门德尔松的观点相接近,他在某种程度上继承了中世纪犹太哲学的理性主义倾向。这种理性主义决定了格雷兹对犹太神秘主义流派(喀巴拉、哈西德)的否定态度。"[⑤]

这部犹太史鲜明地反映出犹太历史各个阶段宗教演进与犹太人生活的密切关系。他试图证明犹太教的精粹不仅是以理论形式出现的"观念",也是犹太人历史的存在,而犹太教所有方面都应该被理解为一个内在的、历史的展开过程,与犹太历史的发展相始终。格雷兹认为这种展开不仅是一个逻辑的过程,而且是犹太教在应付它所面对的各种环境所构成的挑战时出现的一种现世历史过程。于是,犹太教的发展就是犹太历史的发展,就是犹太民族的发展,而对这一过程批判性的揭示将有助于在文化上证明犹太人一以贯之的民族性。西蒙·杜布诺夫的《犹太民族的世界史》主要采用社会学的方

---

① Ismar Schorsch,"The Emergence of Historical Consciousness in Modern Judaism", *Leo Baeck Institute Year Book*, Vol.28(1983), p.422.

② 徐新、凌继尧主编:《犹太百科全书》,第 283 页。

③ [美]阿尔弗雷德·高乔克:《理性之光——阿哈德·哈姆与犹太精神》,徐新等译,内蒙古人民出版社 1999 年版,第 159—160 页。

④ [美]罗伯特·塞尔茨:《犹太的思想》,第 608 页。

⑤ 徐新、凌继尧主编:《犹太百科全书》,第 362 页。

法，解开了犹太史编纂学的新纪元。萨洛·巴龙著有多卷本著作《犹太社会史和宗教史》，作者特别注意犹太民族生活和文化同周围环境深刻的相互联系。他论证了各个国家中犹太史基本过程的共同性，特别强调犹太社区在犹太民族生活中的意义。进入 20 世纪，在科学运动精神的影响下，犹太人口学、犹太地方史、犹太法学、犹太经济史、东方犹太问题研究、犹太历史中的异己因素被拓展出来，他们逐渐打破了 19 世纪德国犹太教科学运动的思想局限和僵化的思维模式，开始运用马克思主义和西方流行的社会学理论从政治、经济、文化、社会生活等多角度揭示犹太史的内涵。

三、犹太文化与科学协会

1819 年，在严重的政治反动和反犹骚乱的影响下，聪茨、沃尔夫、甘斯、李斯特等七名年轻人在李斯特的家里举行了一次集会，决心要将 19 世纪的科学理想应用到解决犹太人问题的行动上。他们宣告了一个崭新的社会团体——犹太文化与科学协会正式成立。不过，该组织的章程直到 1820 年末才拟定，它的起草者是甘斯、摩斯尔和聪茨。该章程在 1821 年 8 月 19 日举行的会员大会上通过，当时该组织的人数发展到大约 15 人。协会的名称是甘斯之前提出，而后为全体会员所采纳。甘斯解释到，“犹太人的科学”（the Science of the Jews）的这一概念暗含着“使犹太世界（历史）成为每一个人意识的一部分”的目标。而根据沃尔夫的观点，“犹太人的文化”所传达的是所有犹太人在关涉犹太宗教、哲学、历史、律法、文献、民间生活甚至任何事务上所创造的生存环境、展现的特征和取得的成就的内容和本质。

协会的名称具有双重意义，正如甘斯所强调的，犹太人既要成为学者，也要成为他们学术研究的对象。协会的发起人感到年轻的一代对犹太教越来越表现出冷漠，并正在逃离祖先留下的遗产，甚至鄙夷犹太教的价值和尊严，这不仅威胁到犹太教在现代世界的生存，对现代犹太人的形象也产生了不良影响。因为一个鄙夷自己过去并为之感到羞愧的人通常也被那个时代的知识和道德领导人认为是可怜的、有缺陷的人。[1] 为在犹太人当中广泛地宣

---

① *Encyclopaedia Judaica*, Vol.16, Jerusalem: Keter Publishing House, Ltd., 1971, p.571.

传关于犹太教的科学文化，协会创办了自己的杂志，即《犹太教科学杂志》（*Periodical for the Science of Judaism*）。这本杂志由聪茨担任编辑，仅存在一年时间，"Wissenschaft des Judentums" 这一术语第一次出现在协会关于其章程的辩论中。① 《犹太教科学杂志》是一种不同于启蒙时代的《拾遗》和《舒拉密特》的新杂志，不是由富人出资创办，对犹太人日常生活的细节也不感兴趣，而是旨在介绍一种科学的研究犹太教的学术方法。在该杂志的序言中，聪茨写道：科学不是阿谀奉承、显示优雅去取悦那些身处高位的人，也不是降低自己的身份去关注生活琐事，不是教育人们进行文化同化，而是引导人们将之作为根本性的评价标准去认识犹太教和尊重犹太教。这是一种后哈斯卡拉式的犹太自我意识，不是启蒙，而是科学成为联结犹太社区和欧洲知识界的工具。②

协会对于科学的诉求与更新犹太身份、进行社会与宗教改革的愿望密切地联系在一起。协会希望在科学的框架下，将改革的议题广泛延伸到宗教信仰与观念、生活方式、社会结构、教育文化、学校和会堂等领域。这些青年人相信犹太人的民权平等如果不同对犹太教文化价值的认知联系在一起就毫无意义，这种犹太性意识广泛渗透到这些青年知识分子中间，他们号召人们在将犹太教当作一种科学调查对象的基础上实现精神上的自觉。严肃的研究工作将展现更新的、更具有精神性的犹太教形象，为犹太社区的幸存奠定稳固的根基，并将引导犹太生活与国家、社会生活实现完全协调。③

犹太文化与科学协会在其章程中首先表明了进行犹太科学与文化教育的动因，那就是犹太人内部生存状态与其外在获得的实际地位之间存在着巨大的矛盾和断裂（犹太人在宗教和神学上的优越性意识和他们在外界受到普遍歧视），这种矛盾和断裂在现代世界表现得尤为明显。19世纪知识定位上的重大转变（从启蒙哲学转向历史主义）产生了新的文化和社会类型，导致了欧洲学术界强烈的知识复兴的趋势，强化了主流民族的文化和历史优越感，但却以不同于启蒙的新的方式贬低了犹太人的宗教与文化（因为在主

---

① The Society for the Culture and Science of the Jews, "Statutes（1822）", in Paul R.Mendes-Flohr & Jehuda Reinharz,eds.,*The Jew in the Modern World:A Documentary History*,p.189.

② Michael A.Meyer,*The Origins of the Modern Jew*,p.175.

③ *Encyclopaedia Judaica*,Vol.16,Jerusalem:Keter Publishing House,Ltd.,1971,p.571.

流社会看来，一方面犹太人缺乏对欧洲历史、知识和文化的一般性了解，另一方面，犹太人自己的宗教和文化缺乏欧洲文化所具有的科学性、严密性和逻辑性）。于是，犹太人继续遭受了启蒙时代的以来的知识和文化困境。协会章程强调，犹太人必须同欧洲社会中的其他民族一样，在教育和自我定位方面进行彻底的改革，以适应欧洲新的知识和文化进程。协会声称自身的目标在于通过受过良好教育的犹太知识分子来实施犹太教育计划，以促进犹太人与当前时代他们所生活的国家之间的协调。

为了达到这样的目标，协会制定了自上而下的改革计划。提出犹太知识分子应当努力开展充满意义且具有活力的计划，确保他们的知识和学术活动能够最广泛地获得大众的理解和支持。同时，强调协会应当努力争取和教育较低的犹太社会阶层，通过明晰而客观的知识使之成为接受充分教育的阶层。一方面，一切有利于扩展知识的手段，如建立学校、研究所、学院以及其他公共活动应当被采纳；另一方面，年轻的一代应当改变他们对于小商业的偏好，转向手工业、农业和实用科学，以此促进同非犹太人之间的接触，改善同他们之间的关系。这样，每一种使犹太人看起来同其他人群不同的特殊因素将被克服。①

从协会成立的动因、它的目标以及它所采纳的计划来看，协会企图贯彻一种全面的科学研究和教育计划，它不像聪茨的"犹太教科学"观念具有非常鲜明的犹太教和犹太文化研究的倾向。它的重点在于对犹太人进行世俗科学文化以及使用技能方面的教育。所以，协会章程显示出极大的模糊性，一方面，协会试图以科学和文化来重新定义和教育犹太人，由此彰显犹太人对社会的有用性，从而确立犹太人在主流社会中应有的地位；另一方面，由于协会章程侧重的是对犹太人的教育而非对犹太教的教育，对普遍和实用科学的教育而不是犹太教科学的教育。所以，科学在主导方向上并不能达到强化犹太意识的目的，而协会所建议的犹太人在职业选择上的转向虽然以学习实用科学为名，但终究不能掩盖他的真实动因——对反犹主义者所指控的犹太职业病做出的回应和妥协。章程几乎在处处都体现出强烈的文化融入的理

---

① The Society for the Culture and Science of the Jews, "Statutes (1822)", in Paul R. Mendes-Flohr & Jehuda Reinharz, eds., *The Jew in the Modern World: A Documentary History*, p.188.

想，这种理想在普遍科学之名下，极有可能将犹太人带入新的同化浪潮之中。

协会在观念上的两重性和模糊性在相当程度上要归咎于协会主要创建者。总体而言，除了聪茨之外，协会的主要领导者在不同程度上都受到了当时德国社会盛行的黑格尔哲学思想的影响。正如前文所述，黑格尔的历史哲学和辩证法一方面肯定了犹太教是一种具有精神个性的宗教，在走向绝对精神和宗教的进程中发挥着重要作用。协会的成员希望据此在犹太科学与文化的研究和教育中抓住一种犹太身份意识。另一方面，黑格尔的历史哲学和辩证法最终只是将犹太教看作是绝对精神和宗教发展中的一个已经逝去了的和被取代了的阶段，在他看来，犹太教在现代世界是没有前途的，它的精神已经被融入了更加普遍的民族和世界精神之中。在这种思想的影响下，协会的成员又逐渐放弃了他们所坚持的犹太意识。因为，在他们看来，在黑格尔历史哲学和辩证法的框架下，任何独立的科学和文化精神也将最终融入到普遍性的科学和文化之中。当然，就协会具体的成员而言，他们在观念的具体倾向上是有差别的。

（一）李斯特的"犹太民族精神"与摩斯尔的"犹太文化"观念

李斯特认识到启蒙已经造成了犹太社区的分裂和个体化，对全人类的理想和抱负取代了对犹太社区的理想和抱负，作为犹太宗教纽带的仪式性律法也已经被那些启蒙了的犹太人所抛弃。启蒙正在毁灭着犹太集体性意识，实践证明，政治解放和激进的哈斯卡拉并不能挽救犹太教和犹太人的命运。犹太人和犹太教的存在必须出自一种基本的意识，那就是它们之间的统一性，因为这种统一性有着强大的情感支撑和历史根基。他说："我们对于自己的存在有一种清晰的观念，同样对于社区的存在也是如此。因为如果不这样的话，我们就不再是我们自己，我们将什么都不是。但是，现在有一种最具个性的观念，即必须的就是可能的，而可能的也是必须的。如果我们内心感到我们持续的存在是必须的，那么这种存在的内部的可能性就是不可抗拒的。我的朋友们，证明这种真理的最有力证据就是，（启蒙使得）我们已经不再是我们自己。但是对于我们，真正真实的乃是我们是有着几千年历史的同胞犹太人。因此我们必须有一种真正的内部统一性的观念；我们要传播这样的观念并使之能够外在地表现出来，这就是我们的协会所致力于实现的目标。"①

　　李斯特在黑格尔精神统一性和精神有机体观念的影响下，认识到犹太教在本质上并不像弗里德兰德，迈蒙和阿舍尔那样所设想的那样，是一种自然宗教或者理性宗教的类型。浪漫主义和历史主义既然可以赋予德意志民族以生存的根据，那么它同样也能给现代世界的犹太人提供生存的理由。由此，李斯特表达了一种活生生的民族精神的存在。他指出，犹太人有着纯粹的民族性，它不仅仅是时代的产物，不仅是一种已经过去了的现象。作为犹太人，民族价值显得比任何东西都重要，如果不是如此的话，犹太人将一文不值。② 李斯特根据黑格尔"任何理性的就是真实的、任何真实的就是理性的"的信条，提醒人们注意犹太民族精神存在的事实，他认为"有必要通过一切方式重建民族生活方式，以回归先前的尊严"③。

　　李斯特以一种深刻的类似于黑格尔历史哲学中的"绝对精神"观念表达了犹太民族精神的存在，但是，当仔细推敲李斯特的话语时，可以发现他所谓的民族精神又是高度抽象、内在的而难以捉摸的。不同于作为一名严谨学者的聪茨通过对拉比文献的科学实证研究而透射出文化民族性意识，李斯特在观念上主要受到了浪漫主义思潮和历史哲学的影响，而不是科学和历史诠释学。而协会另外一名成员摩西·摩斯尔对李斯特的犹太民族精神观念并不是很感兴趣，他所阐述的核心观念是犹太文化。对于摩斯尔来说，这种文化由宗教和民间习俗构成。他认为协会的目的就是要在这种文化和欧洲文化之间寻求一种协调和平衡。这不等于要放弃犹太文化，因为放弃犹太文化实际上意味着要改宗基督教。他将之看作是朝着人道的理想前进的步伐，那种理想所设想的不是要实现不同文化之间的同一性，而是要实现不同文化之间的协调。

　　为了达到揭示犹太教文化内容的目标，必须进行彻底的《圣经》研究和《塔木德》研究。在这些研究发现的基础上，摩斯尔希望能够建立一种

---

①　Michael A.Meyer, *The Origins of the Modern Jew*, p.164.

②　Michael A.Meyer, *The Origins of the Modern Jew*, p.165.

③　Max Wiener, "The Ideology of the Founders of Jewish Scientific Research", *YIVO Annual of Jewish Social Science*, Vol.5(1950), p.188.

可以为人们所接受的犹太民族统一性的合理根基。所以他希望犹太科学研究的目的是要决定犹太教的本质。[1]摩斯尔的观念显然反映出对启蒙文化普世主义理想的抵制。启蒙在理性主义之名下，追求文化和宗教的同质性，而排斥异质性因素，所以，启蒙的后果必然导致少数民族文化和宗教服从于主流的文化和宗教。在自然宗教之名下，启蒙了的基督教试图毁灭犹太教作为一种独立宗教的地位，而启蒙了的犹太知识分子在巨大的政治和文化压力下最终也会选择改宗基督教。浪漫主义和历史主义所传达的文化多元性意识对于摩斯尔来说是挽救犹太文化生存的重要武器，按照这种意识，一种文化与另外一种文化注定是不同的，所以一种文化企图吞并和消灭另外一种文化显然也是不适当的，文化的共存和独立发展是必然的趋势，文化之间的协调目的在于寻找不同文化之间的共性和可交流的因素，而不是试图消灭文化的异质性。犹太教科学的任务不仅要关注犹太教中所蕴含的普遍的文化遗产，更为重要的是揭示犹太文化中的独特性因素。由此，犹太教和犹太文化在现代世界自然能够确保自身的根基，而犹太人据此也获得了一种文化身份。

（二）甘斯的"犹太统一性"观念

19世纪初，在以大学为中心的德国学术界，显现出浓厚的保守氛围。许多犹太知识分子企图进入大学获得教职的努力一次次地遭到失败。尽管1812年普鲁士的犹太人解放法令赋予了犹太人的公民权利，承认了犹太宗教的自由地位。但事实上，犹太人在大学受教育、在公共机关任职、在高校担任教职等方面一直受到限制。

甘斯是宫廷犹太人的后裔，家境富裕，他既是一名法理学家，也是一名历史学家。从1821年3月到1823年11月，他担任协会主席。甘斯倡导建立犹太科学与文化组织与他的个人经历是相关的。1819年12月9日，他向当时的普鲁士教育部长递交了一封申请，请求在柏林大学法律学院获得学术职位。这位教育部长毫不掩饰地对甘斯表示怀疑，他认为，一个犹太人，不论他多么的够资格，但不一定具有必需的精神潜能来作为德国基督教传统的

---

[1]　Michael A.Meyer,*The Origins of the Modern Jew*,p.165.

监护人，特别在法律这样长期以来就是由基督徒主导的学科中。① 甘斯对于普鲁士教育部长的回应非常愤懑，它在给这位部长的回信中写到："我属于人类中极为不幸的那一类，他们受到憎恨，因为他们没有受到良好教育；他们受到迫害，因为他们想竭力使自己受到教育。"②

1822 年，普鲁士内阁通过修改法律的方式明确禁止犹太信仰的成员在柏林大学谋求学术教职。这使得甘斯的职业生涯遭遇严重挫折。甘斯的经历并不是偶然的，在当时的德国学术界，这一事件具有典型性。柏林大学自其建立之日起，其学术权威就掌握在基督教学者的手中，他们努力以各种方式排挤非基督教学者特别是犹太学者在那里获得教职。因而，许多犹太知识分子企图进入大学获得教职的努力一次一次地遭到失败。1847 年，当普鲁士政府准备将犹太人纳入大学教学范畴这一问题作为一个新的犹太人法令的一部分讨论实施时，遭到了教授们的普遍反对。事实表明，科学是有着宗教尺度的。议会在经过讨论之后，对这一问题作出四条限制：一是大学不必因此法案而被迫改变学校的规章；二是法律和神学的教职不在讨论范围之内；三是在哲学系，犹太人不可教授古典文化、历史和哲学，这些科目最终的阐释只能来自基督教观点；四是为防止犹太人晋升为各学院院长以威胁基督教在大学的优势地位，应阻止他们担任教授职务。③ 整个 19 世纪，犹太学者尽管努力抗争过，但犹太学始终没有在德国大学取得与主流学术同等的地位。

甘斯在试图进入主流学术机制的努力失败之后，转而和几位年轻的犹太知识分子投身到创建属于犹太人的学术机构——犹太文化与科学协会的工作中。值得指出的是，尽管甘斯未能在柏林大学获得教职，但他并没有对正在进行中的犹太人在文化和知识上融入主流社会的信念④发生动摇。相反，这正是甘斯发起成立犹太文化与科学协会的动因。甘斯关于以对犹太人进行科学与文化教育的方式推进犹太人融入德国社会进程的理论受到了黑格尔历史

① Eduard Gans，"A Society to Further Jewish Integration(1822)"，in Paul R.Mendes-Flohr & Jehuda Reinharz，eds.，*The Jew in the Modern World：A Documentary History*，p.193.

② H.G.Reissner，"Rebellious Dilemma：The Case Histories of Eduard Gans and Some of His Partisans"，*Leo Baeck Institute Year Book*，Vol.2(1957)，p.181.

③ Ismar Schorsch，"The Religious of Wissenschaft Jewish Academics at Prussian Universities"，*Leo Baeck Institue Year Book*，Vol.2(1957)，p.6.

④ Michael A.Meyer，*The Origins of the Modern Jew*，p.163.

哲学理论的直接影响。黑格尔是甘斯在海德堡大学的导师,尽管他认为犹太教不具有伟大价值,但仍然倡导完全的犹太解放,而且在其《权利哲学》(1821年)表达了他从人道主义和绝对精神实现的角度捍卫犹太解放的立场。在甘斯从海德堡大学回到柏林的时候,他在哲学上已经成为一名黑格尔主义者,并决定将黑格尔的哲学洞见应用到他正在从事的科学事业之中。黑格尔历史主义促使甘斯思考如何将犹太人联结在一起。

1822年4月,甘斯在犹太文化与科学协会年中的主席发言上,试图以黑格尔哲学为协会的哲学基础。他发言的题目是《促进犹太融入的协会》(A Society to Further Jewish Integration)。在演讲中,它首先借用黑格尔的多元性、统一性和有机体的概念阐述了当前的欧洲观念。他指出:"按照我们的观念,今天的欧洲,不是与众不同的、更好的或者更坏的机遇作用的结果,而是几千年历史共同作用的结果,理性在世界历史中不断地显示着自身。抽象地说,这一进程的意义在于只有在整体中才能发现的多元性的统一……在构成这一统一体的诸层次中,每一个层次都是一个独立的单元,在自身中实现自身,不过它不能从自身中获得它的意义,而只能从另外一个层次中获得其意义;每一个分支都有着自己独特的生活,但它只有在有机的整体中才能存活。"①

按照甘斯的观念,欧洲社会和历史中的每一种因素都对欧洲的统一性贡献了自己的力量,但作为多种元素复合体的欧洲只能在整体中才能找到自己的统一性。而犹太人在欧洲历史上基本上是作为一种没有融入欧洲复合体的单元而存在的。犹太人创造了上帝这一统一性的观念和世界,但长期以来却没有将自己真正融入到这种统一性观念和世界之中。他们生活在自己的历史之中,而不是世界的历史之中,维持着同异教世界的分离状态。甘斯进而将犹太人未能融入世界历史中的因素归结于犹太人的特殊性。他指出,由于欧洲统一性观念的发展,犹太特殊性已经成为问题。尽管人们曾经在社会文化的特殊性和多样性的协调中发展了欧洲的统一性,但是现代欧洲越来越少的未融入的特殊性因素看来正在干扰着欧洲统一性观念的实现,时代要求人们

---

　　① Eduard Gans,"A Society to Further Jewish Integration(1822)",in Paul R.Mendes-Flohr & Jehuda Reinharz,eds.,*The Jew in the Modern World:A Documentary History*,p.190.

将这些特殊性的遗存整合进入整体的欧洲社会之中。因此，犹太人应当将他们自己完全融入到欧洲的社会和文化网络中去，这是欧洲原则在逻辑上发展的必然结果。现代犹太人不应再局限在犹太历史和世界之中，而应当成为欧洲历史和世界历史中的人。

甘斯将现代欧洲重现的对犹太人的憎恨和野蛮攻击看成是欧洲统一性完成之前所呈现的斗争的征兆。这种斗争恰恰是世界历史必然发展趋势的完全的胜利，那些试图阻碍或支持这一进程的人都不可避免地身处其中。① 这里，甘斯显然又借用了黑格尔所谓的无限同有限斗争的辩证法观念，借以合理化了当前犹太人在融入进程中所遭遇的挫折和反对力量。按照浪漫主义和辩证法的观念，会产生出文化上整合的欧洲，而并非单一而僵死的欧洲。在甘斯看来，犹太历史已经和正在经历其内部的辩证法。哈斯卡拉是对正统派的反动，但这种反动在分化的道路上走得太远，因而产生了回归的需要，这种回归的目标是面向欧洲的，事实上是朝向深度的文化复兴趋势。②

不过，甘斯认为，尽管犹太世界融入欧洲世界的进程遵循上述原则，但这并不意味着犹太人的消亡。犹太人所具有的顽固的、以自我为中心的孤立性因素必须清除，但反映整体性需要并构成整体一部分的因素应该保留下来。这种将包涵犹太教的更大的实体将因为有新的因素而变得更加充盈，而不是因为丧失了原本而变得贫瘠。根据甘斯的观点，犹太教包含着能融入整体的和不能融入整体的因素，那些不能融入整体的因素，即将犹太人同外部世界和历史孤立起来的特殊性因素必须消灭；而能够融入整体的因素则在融入更大的整体进程中凸显了自身的意义。

甘斯这样总结到犹太教和犹太人对现代世界的价值以及他们在未来的命运："历史安慰性地给人们上了一课：一切都在过去，但却没有消失，它们还在持续地存在着，尽管它们已经被归于久远的过去。这就是犹太人和犹太教为什么没有消亡的原因；在更大范围的整体性运动中，他们看起来已经消失了，然而，它们又像河流依靠海洋生存一样。"甘斯借用德国一位著名的神学家和诗人的话说到："未来会出现这样一个时代，这个时代的人们不再

---

① Eduard Gans, "A Society to Further Jewish Integration(1822)", in Paul R.Mendes-Flohr & Jehuda Reinharz, eds., *The Jew in the Modern World: A Documentary History*, p.191.

② Michael A.Meyer, *The Origins of the Modern Jew*, pp.166-167.

会问谁是犹太人，谁是基督徒。"①

甘斯指出，犹太文化与科学协会的目标就是推倒目前存在于犹太人和基督徒、犹太世界和欧洲之间的障碍；要改变几千年来它们之间总是各自行走而没有接触的状况。针对犹太科学研究问题，甘斯说，对犹太宗教、历史和哲学的科学研究不是要剥夺自由和独立性。新一代的学者既要同传统的学术方式决裂，即拉比的无知、偏见和固执决裂，也要反对现代犹太学术中所盛行的基督教偏见，这种偏见使得犹太学成为一种无关紧要的学科，甚至成为基督教的附庸。犹太教科学的目标在于建立没有偏见的和完全独立的犹太教科学，这种科学将最终融入到人类知识的整体之中。②

依据黑格尔哲学对犹太人和犹太教在当代世界中角色以及对犹太教科学功能、原则和目标的阐释，甘斯的思想显示出两面性特征。一方面，甘斯认为犹太教和犹太人对世界历史有着不可磨灭的贡献，犹太精神是世界精神的有机组成部分，甘斯也希望通过建立正常的、客观的犹太教科学来揭示犹太人的历史成就，展现犹太教的精神。因此，可以说，甘斯同协会中的大多数成员一样，表达了对犹太性存在的关注，认为在现代世界认识到犹太精神和犹太性是必要的。另一方面，在黑格尔的影响下，甘斯认为，犹太教和犹太人必须放弃自己的孤立性因素，并将自身对世界历史有价值的因素融入到更大范围的欧洲社会之中，由此，犹太性本身将暗含在欧洲性之中，它在表面上消失，其实没有真正地消失。

应该说，甘斯理论更倾向于表达自启蒙和解放以来一贯的犹太主题，那就是犹太人融入的问题。如果说启蒙主要致力于思想融入，解放主要致力于政治融入的话，那么甘斯的科学理想所表达的主要是致力于文化融入。与启蒙以普世主义和永恒真理之名追求犹太人的文化同化不同的是，甘斯以辩证法和历史化的术语即所谓整体性、复合体、统一性以及世界历史进程等术语再次合理化了犹太人追求文化同化的理想。与这一倾向相关的是，甘斯思想中所显露出的犹太性是模糊的和不明确的，常常为所谓的整体性的意识所掩

① Eduard Gans, "A Society to Further Jewish Integration(1822)", in Paul R.Mendes-Flohr & Jehuda Reinharz, eds., *The Jew in the Modern World：A Documentary History*, p.192.

② Eduard Gans, "A Society to Further Jewish Integration(1822)", in Paul R.Mendes-Flohr & Jehuda Reinharz, eds., *The Jew in the Modern World：A Documentary History*, pp.192-193.

盖，甚至抵消。在甘斯看来，犹太性从根本上讲是一种知识属性和精神属性，当作为一种初级知识系统的犹太教被其他高级知识系统所取代的时候，那么，出于完善性的需要，犹太教融入高级知识系统，即更加具有系统性和整体性的知识系统中是必然的。甘斯在整体上没能超越他的导师黑格尔的观点，那就是犹太教代表着人类精神发展的一个单一阶段，但是它独立存在的阶段已经成为遥远的过去。因此，如果犹太教继续超越它的时代而存在下去将是一种错误。犹太教的贡献已经被包含在欧洲社会之中，就像黑格尔所指出的："这种精神存在的阶段已经远远地成为历史，但是它直到现在仍然保有自己的深度。"[1]

（三）沃尔夫对"犹太教科学"的认识

伊曼纽尔·沃尔夫（Immanuel Wolf）是犹太文化与科学协会的重要成员，他在《犹太教科学杂志》第一期上对犹太教科学作了观念上的陈述，这篇论文对后来的犹太历史编纂学产生了重大影响。总体而言，这篇论文有两个方面值得注意，一是关于犹太历史性质的观念，另外就是对犹太学术性质的勾画和阐释。[2]

同甘斯一样，在犹太历史性质问题上，沃尔夫深刻地受到黑格尔历史哲学和辩证法思想的影响，强调犹太历史与世界历史的联系、犹太人同异教世界的交往与冲突以及由此造成的文化碰撞和融合、犹太人和犹太教对世界历史的贡献和异教世界对犹太人和犹太教产生的影响、犹太精神与世界精神之间的关系等等。但是，与甘斯有所不同的是，沃尔夫在表达犹太历史观念和犹太教科学观念的时候，比甘斯具有更强的犹太性意识。他在叙述中不断地强调犹太教在历史发展过程中不变的基本原则和根本观念以及犹太教科学在促进犹太历史意识和弘扬犹太精神方面的作用。甘斯进一步介绍和诠释了聪茨所提出的犹太教科学思想并将科学视为最高价值和未来犹太人获得新的身份意识的途径。

沃尔夫在发展自己的犹太教科学观念的时候对黑格尔理论既有继承又有

---

① Michael A.Meyer, *The Origins of the Modern Jew*, p.168.

② Michael A.Meyer, "Introduction to Immanuel Wolf", in idem, ed., *Ideas of Jewish History*, p.141.

修正的一面。继承的方面在于沃尔夫从黑格尔的精神统一性观念中发展了犹太教的统一性观念，也从黑格尔物质与精神、有限与无限之间斗争的辩证法观念中发展了犹太民族历史中的精神斗争观念。修正的方面在于沃尔夫并不认同黑格尔所谓的犹太教只构成世界历史发展的单一阶段以及犹太教在基督教产生之后已经丧失了其历史存在意义的理论。相反，他认为犹太教作为一种精神实体，尽管在不同的时代在形式上不断发生变化，但其本质没有改变并持续地对世界历史进程产生重要影响。

同黑格尔将欧洲看成一个精神统一体相似，沃尔夫提出了犹太精神统一体的概念。他认为，在历史上，尽管外部世界的观念对犹太教一直产生着影响，但是犹太教并没有为外部世界所同化，它在精神上保持着其固有的独立性。犹太教善于将异教的思想和精神同化进自身的体系之中。相反，犹太教的精神内容，即犹太教的基本观念却对于世界各个民族产生着持久的影响力。沃尔夫认为，犹太教的基本观念是一种不可限制的统一性观念，这种观念包含在 YHWH 上帝实体中，上帝是所有存在物永恒的、活生生的统一体。上帝的统一性观念以各种不同的形式，按照接近人类理解力的方式在全人类中不断地发展着。以这样一种方式，犹太教将精神的、神圣的世界同人类生活的世界联系起来。[1]

犹太教首先是以摩西神权政治的形式来表达上帝统一性这一神圣观念的，犹太民族在监护上帝观念的意义上成为一个祭司民族。随后，犹太人又以建立国家的形式来捍卫犹太教的统一性观念。但是上帝的统一性观念随后遭到了意识世界的种种杂念的影响，它必须努力克服这种障碍，持续地显示自身并将自己提升到一种普遍的水准。犹太国的分裂反映了犹太人内部围绕着统一性观念进行的斗争。犹大王国坚持上帝统一性观念，同北方以色列国的偶像崇拜进行了坚决的斗争，从而捍卫了犹太一神教的基本原则。而后处在古代近东大国政治旋涡中的犹太国遭到了四邻强国的侵略并逐步丧失了外在的独立性。犹太人越来越倾向于在自己内部的宗教世界中寻找自己在精神上的独立性，这就是它的民族性。

---

① Immanuel Wolf, "On the Concept of a Science of Judaism", in Michael A. Meyer, ed., *Ideas of Jewish History*, pp.143-144.

　　所以，巴比伦的流亡具有不同寻常的意义，它促进了犹太人上帝观念的发展。尽管成千上万的人处在流散中，再也没有被融入犹大王国之中，但是这些人无论身在何处，都在捍卫着犹太民族性赖以生存的根基，即统一的上帝观念。第二圣殿时期，犹太人通过律法来表达上帝统一性精神，政治和道德的原则在宗教原则的维系下成为不可分割的整体。除了通过内部斗争的方式来捍卫上帝统一性观念之外，犹太人也在同异教精神的斗争中捍卫着他们的神圣原则。在希腊化和埃及时期，犹太教在同希腊思想的遭遇中，其原创性和内部的统一性一度受到挑战，但最终通过与之融合的方式发展出新的统一性原则，实际上斐洛哲学和诺斯替教就是这种融合的产物。基督教出现使得上帝统一性观念得以普遍化地传播，犹太人的王国在这个时候完成了自己的使命，上帝的观念从此在各个民族中传播并且被发展到新的水平，但却根据不同的情况和不同的形式为人们所理解。犹太民族从此成为以纯粹的宗教原则为纽带的民族，它所经历的每一种环境，所有的公共生活，它的科学和艺术，它的文献都是纯粹的宗教观念的展现，它创造的诗篇不过是为了增加上帝的荣耀。[①]

　　对于黑格尔来说，随着基督教的兴起，在精神意义上的犹太史就此终结了。但是，沃尔夫将这种观念的发展和传播仅仅看成是犹太史发展的一个阶段，即政治犹太王国阶段。这个国家毁灭了，完成了它的历史使命，但是犹太教并没有终结。犹太民族继续持有这种观念并在面对不同环境挑战的情况下修正这一观念。[②] 犹太民族的历史这样就主要成为犹太教的历史，即犹太教基本原则发展的历史；犹太民族的经验史也就退居次要地位。在世界各地，犹太人尽管不断地遭到迫害，但他们仍然通过践行着上帝统一性的观念和使命保持着同教友之间的联系，由此坚持了自己的民族性。

　　沃尔夫指出，在犹太人的王国被毁之后的几个世纪，犹太学者一再将犹太教的统一性观念同犹太人的日常生活紧密联系在一起，并加以适当的修正以保持同变化了的时代环境的一致。除了在会堂等公共生活中强化这种观念之外，家庭也成为表达犹太统一性观念的重要途径，在犹太家庭中，人们普

　　① Immanuel Wolf,"On the Concept of a Science of Judaism",in Michael A.Meyer,ed.,*Ideas of Jewish History*,pp.144-147.

　　② Michael A.Meyer,*The Origins of the Modern Jew*,p.174.

遍地践行着犹太教习俗，道德教育也受到广泛重视。总之，拉比竭力通过各种途径将犹太人的全部生活同他们的宗教回忆和习俗联系起来，以保持他们对犹太教的忠诚。《塔木德》的编纂完成为犹太人进一步设置了律法的藩篱，它本身出于强化犹太信仰的考虑，但实际却在相当程度阻碍了犹太教内部真正精神的张扬。但即便如此，拉比犹太教仍然展现了纯粹的知识和思考的维度。在阿拉伯帝国时期，犹太人受到了阿拉伯科学精神的强烈影响，成为向欧洲世界阐释阿拉伯学问的民族。但由于在欧洲犹太人不断遭到迫害，所以直到今天，主流的拉比学术仍然处在传统的严格尊崇《托拉》的框架中，未能汲取人类各个方面的知识营养，由此阻碍了自由的、个体性的、活生生的人类思考，也排斥了对无限真理的理性和独立的理解。

在沃尔夫看来，现今的科学观念就是要破除传统的经文解读框架，以自由的学术来理解犹太教的原创性精神。沃尔夫试图通过对犹太教历史的精神创造性和延续性的解读证明，在人类历史的几乎所有时期，犹太教都是人类精神发展中的重要而富于影响力的因素，犹太教是世界历史发展进程中内在的建构型元素，它使得真正理解人类的过去和现在成为可能。沃尔夫坚持认为犹太教的上帝统一性观念和内在精神建基于人性本质的基础上，因而对于人类精神和思维的发展具有伟大的意义。[①]

沃尔夫认为，犹太教是以双重形式来展现自身的，一是历史和文献记录，另一种是活生生的原则。在外部敌对环境的影响下，犹太教逐渐丧失了其原创性精神。律法设置的栅栏逐渐扩大，阻碍了犹太教通向内部神圣性的道路，甚至埋葬了神圣性。但科学的自由精神正在冲破一千多年习惯所形成的仪式性障碍，犹太教的统一的上帝观念再次展现在世人面前。不可抵御的精神进步开始对犹太教产生强大的影响。在任何外部压力中止的地方，精神更加自由地发展起来。这种精神使得犹太教冲破自身的牢笼并持久地展现着内部的、精神性存在。[②]

沃尔夫指出，因为犹太教的基本原则主要包含在犹太教的全部文献以及

---

　　① Immanuel Wolf,"On the Concept of a Science of Judaism", in Michael A.Meyer,ed.,*Ideas of Jewish History*,pp.146-151.

　　② Immanuel Wolf,"On the Concept of a Science of Judaism", in Michael A.Meyer,ed.,*Ideas of Jewish History*,p.151.

犹太人的生活之中，所以，对犹太文献和犹太生活的科学研究是极为必要的。他对传统的犹太教研究表示不满，认为其特征是神学的，完全忽视了历史研究；而基督教学者是出于历史地理解基督教神学而研究犹太教的，犹太教仅被当作是通往基督教神学的预备知识；他们如果不是全然歧视犹太教的话，也是力图将之驳倒。在沃尔夫看来，现代犹太教必须成为科学的研究对象，而犹太教科学应当成为一门独立的学科。在《关于犹太教科学观念》的论文中，沃尔夫提出要对犹太教进行系统研究，他认为犹太教科学的特征有三个方面：（1）犹太教科学从最全面的维度来理解犹太教；（2）犹太教科学要根据犹太教的本质来揭示犹太教的本来面目并对之进行系统描述，而犹太教个性特征必须与整体的根本原则关联起来加以考察；（3）研究犹太教不是出于任何外在的目的，而是要对对象本身进行客观研究。对犹太教进行的科学研究并不开始于任何预定的观念，也并不只是关注最终的结果，科学的研究并不试图使研究对象屈从于盛行的观念；科学本身是自足的，它本身就是人类精神存在的必要前提。因此，除了服务于本身的目的，它不需要服务于任何其他目的。不过，同样真实的是，每一门科学不仅会对其他科学，也会对生活产生巨大的影响力。①

沃尔夫所阐述的犹太教科学特征可以简单地归纳为系统性、本质性和客观性的三大原则。系统性主要强调对犹太文献的全面研究，不单关注神学和律法的内容，更应关注与犹太教相关的犹太文化和生活的方方面面；本质性强调理解犹太教基本原则和精神的重要性，而个别、实证性的研究也最终要上升到原则和精神高度；客观性意在排除神学和特定宗教观念的干扰，将犹太教放在同一般学科同等的高度来加以审视。

在阐述了犹太教科学的基本特征后，沃尔夫紧接着概括了犹太教研究的两大基本内容。一是通过历史和文献作品对犹太教进行研究；二是对散居世界各国的犹太人进行资料性的统计研究。沃尔夫还提出了犹太教研究的三种方法，即文本研究、历史研究和哲学研究，这三种方法在层次上是逐层递进的，反映了研究深度的不断加深。文本研究是对于犹太人全部文献的诠释性

---

①　Immanuel Wolf,"On the Concept of a Science of Judaism", in Michael A.Meyer, ed.,*Ideas of Jewish History*, p.152.

和批判性理解，文本研究将采取不同的方式，因为文献有着不同的语言、主题，属于不同的时代。历史研究旨在系统描述犹太教在任何时代、任何地方都呈现出的三种形式：宗教的、政治的、文献的形式，这三者是相互联系的历史存在。将犹太教当作一个整体来描述的时候，所看到的是普遍的历史；当个性化地描述时，会产生宗教史、政治史和文献史。沃尔夫强调，犹太教的精神原则正是在历史进程中显示自身的，在不同的历史阶段，整体的精神显现处在不同的水平。而哲学研究则是将犹太教的观念作为科学研究的对象。这意味着犹太教全部真理的展现必须同内在的理性相符。哲学的研究将教会人们在历史的进程中理解犹太教的上帝观念，它还将指明外部历史事件同犹太教内部活生生的观念发展之间的联系。哲学研究与历史研究的不同在于，历史研究只关注犹太教在过去发生了什么，哲学的兴趣则延伸到犹太教基本观念在现今的存在状态。[1]

沃尔夫在阐述犹太教科学的时候，并没有过多强调这门学科的犹太性特征，在他看来，犹太教科学尽管是关于犹太人和犹太教的一门科学，但科学本身的精神和特征在犹太学研究中的应用显得更为重要。沃尔夫认为，科学的本质在于普遍性和无限性，它对于人类精神的发展具有强大的驱动力和吸引力，而人类精神的高贵特征要求不能给科学研究施加任何限制。科学的道路是永远向前而永不停止的。这里，沃尔夫对犹太教科学的叙述转向了普遍性的目标。他进一步指出，犹太教科学对于人类科学的意义在于它是普遍的科学计划中的一个组成部分，而且注定对其他科学产生重要影响，而所有科学最终会走向内在的和谐。犹太教是学者们洞察人类精神发展起源不可或缺的资源，它既是东方文化的一部分，也是西方文化的一部分，是人类文化起初的摇篮之一。

与聪茨一样，沃尔夫的犹太教科学也不只是出于单纯的科学动机和对犹太人真实历史的关注，同样暗含着对犹太人命运的关注，沃尔夫期望凭借科学的方式使犹太人与欧洲主流文化更加接近，使犹太人更容易为主流社会所接纳，证明犹太人配享现代国家的公民权。他指出，犹太教不只关乎历史，

---

① Immanuel Wolf,"On the Concept of a Science of Judaism", in Michael A.Meyer, ed., *Ideas of Jewish History*, pp.152-153.

不只是属于过去的一种原则，不只存在于历史的文本中，它更关乎现在，它是普遍人性和欧洲人道原则的构成部分。犹太教的科学知识应当决定哪些是犹太人的优点和缺点，并说明他们到底适不适合同其他公民一样受到尊重。它必须揭示犹太教的内在特征，并且将犹太教的必然性和原创性因素从那些偶然性和补充性因素中分离出来。沃尔夫暗自抨击了欧洲基督教学者以空洞理性、自私、嫉妒、虚荣和偏见所构设的伪科学，他声称，科学本身是高于一切宗派因素、情感和日常生活偏见的，它的目标是真理。显然，沃尔夫希望以科学的普遍性之名来消除犹太教中的奇异因素，消除犹太人目前的文化孤立状态，消除与主流文化之间的隔阂，由此缓解欧洲的文化反犹主义，促进犹太人在政治和文化上融入欧洲。

他强调，科学乃是这个时代的必需，科学的目标就是要揭示犹太教的根本原则同时代精神是一致的，犹太人应当重新证明自己在人类共同的事业中乃是富于活力的合作者。犹太人必须将他们自己和他们的原则上升到科学的高度，因为，这是欧洲社会的普遍态度，这一态度将最终消除犹太人、犹太教与外部世界的陌生状态。只有科学才是人性的纽带、理性的纽带和真理的纽带。[1] 与甘斯不同的是，沃尔夫并不认为犹太精神的历史是一种完全被动的对异质元素吸收和适应的过程，外部世界给犹太教留下了印记，犹太教同样也给外部世界留下了自己的印记，两者应当在新的历史条件下互通和交融起来。[2]

通过对犹太教科学与文化协会章程及其成员所倡导的"犹太教科学"观念的分析可以发现，"犹太教科学"作为欧洲 19 世纪大学主流学术的对应物和产物，试图科学地对犹太教进行研究并希望成为欧洲学术的一部分，由此使犹太教在新的时代获得受尊重的地位。德国浪漫主义和历史主义兴起引发了犹太知识分子对于民族语言、传统、文化和历史的关注，科学作为一种不同于启蒙普世主义和理性主义的、注重实证分析的评断标准被广泛应用到现代学术的诸领域，当然也包括宗教的领域。科学标准的确立，具有以下几个层次上的意义：

---

① Immanuel Wolf, "On the Concept of a Science of Judaism", in Michael A.Meyer, ed., *Ideas of Jewish History*, pp.154-155.

② Michael A.Meyer, *The Origins of the Modern Jew*, p.176.

首先，如果说理性主义是拉比犹太教所内在的哲学传统，它本身不足以对拉比犹太教的解经传统构成根本挑战的话，那么，科学作为一种具有实证特征的解经方式，将传统犹太教文本置于一种文本背景和历史背景之中，从而从根本上动摇了拉比犹太教对犹太教的超历史性的神学解读。于是，人们才有可能对犹太教提供一种前后关联的历史性解读，从中人们可能发现，犹太教的许多仪式和观念并非从来就有或一成不变的，而是根据时代的变化和要求而发展过来的。犹太教本身处在历史的进化之中；拉比犹太教没有任何理由以传统神学为根据来阻挠新兴的宗教变革，因为对犹太教科学的、历史的考察将使人们发现，犹太教的神学本身也是处在变化发展之中的，新的时代应当有新的神学。而犹太教改革的观念正是基于这种宗教和神学的进化与发展观念。

其次，新一代在德国大学接受过良好教育、通晓现代学术方法的年轻犹太知识分子对启蒙所提供的解决犹太人和犹太教问题的路径感到失望。在19世纪20年代保守的政治氛围下，为了反击文化反犹主义，他们以特有的方式解读了"历史主义"和"科学"的术语，创造了符合犹太教生存需要的"犹太历史主义"和"犹太教科学"，为犹太教在现代世界的生存提供了新的根基。"犹太历史主义"和"犹太教科学"实际上成为德国犹太人给现代犹太人留下的最为重要的遗产之一。如果说启蒙以来的现代犹太教基本建立在宗教理性主义的基础之上的话，那么，自19世纪"犹太教科学"运动兴起以来，现代犹太教开始普遍采纳"科学"与"历史主义"标准。"科学"和"历史主义"作为纠正启蒙弊病的良药，遏制了激进理性主义对于犹太身份造成的严重侵害。启蒙运动的意义在于提出了理性和科学的原则，它是笼统的和空泛的，而犹太教科学运动将这些理论的原则运用到了对犹太历史和文化的研究当中，使之具体化和实证化。科学运动对启蒙进行了修正和改造，如果说启蒙运动更多的是致力于打破传统的话，那么科学运动则形成了鲜明的文化自觉意识，更加注重在现代条件下建设一种新的传统。如果说门德尔松追求的是一种前启蒙信念，以理性主义和普世主义为基本原则，以削弱甚至消灭犹太性为代价追求融入主流社会的话，那么科学运动中的犹太学者则汲取了这种被动同化的教训，坚持追求一种后启蒙观念，即通过科学确认自身的传统和价值，从而获得一种新的民族身份的认同，赢得普遍的尊重和接纳。

再次，科学运动既是对文化反犹的回应，又是欧洲浪漫派思潮、历史主义和民族观念影响下文化自觉的结果，可以被看作是犹太历史上的文化复兴运动。复兴应包括犹太教的复兴、犹太文化作为一门科学的复兴，犹太民族主义在文化意义上的复兴。复兴并不意味着传统的断裂（事实上，犹太人的传统在世界各民族当中是保存最为完整的，它绵延几千年的传承本身就证明了它的生命力），而是意在说明中世纪的犹太文化由于封闭社会环境而走向僵化，落伍于时代的发展潮流。这场运动重新唤起了犹太人和非犹太人的文化趣味，使犹太文化在现代条件下的生命力和创造力展现在世人的面前。科学运动从一开始既是反传统的，在实际上又是要捍卫传统的。说它反传统，因为它对传统的犹太宗教、哲学和历史提出了挑战，主张用现代科学和理性的精神对其进行改造以期达到与现代社会主流思潮发展的同步性，它企图建立一种科学的犹太学。说它是捍卫传统的，是因为它对于传统的反动并不企图要湮没犹太民族文化，相反，它企图用一种现代社会所能普遍接受的方式，即一种科学和理性的方式重新发掘、整理、解释和重构自己的历史传统，从而揭示和证明犹太历史自身发展的内在逻辑性、延续性和合理性，为犹太民族性提供历史和文化支点。科学运动无意动摇犹太教的地位甚至消灭犹太教，而是要在新的条件下确证犹太教同犹太人历史和文化的天然联系，由此证明犹太教对于犹太人和犹太民族具有永恒的历史价值。韦勒（Wiener）如此评价到，"尽管受到解放和同化主义的威胁，然而他们（犹太学者）仍然和拉比犹太教保有直接的联系"，"因而很显然这一时期的犹太科学研究立足与一种迫切的犹太生存问题，或者说是满足于这种生存的欲望"①。

值得指出的是，犹太科学运动所倡导的科学精神更多的是一种现代人文精神，这种精神并不过分关注自然科学对于精确性的表达和对普世性的信仰，而是把科学作为一种思维方式，作为一种客观评判态度，作为一种时代和民族精神的组织形式，重新塑造犹太人的文化和生活。犹太科学运动虽然

---

① Max Wiener,"The Ideology of the Founders of Jewish Scientific Research", *YIVO Annual of Jewish Social Science*, Vol.5(1950), p.187.

在目标上号称要建立犹太科学，但处于民族主义的情结和种种宗教因素的考虑，它只是部分实现了这样的目标，但它从传统中寻找民族生存的理由是这场运动的特色所在。因而，科学作为一种历史与文化的组织方式超过了科学目标本身，从此之后，现代意义上的犹太宗教学、哲学和历史学初见端倪，现代科学方法在犹太学研究领域的广泛应用也推动了犹太学走出自身狭隘的空间和时间而拥抱更为广阔的文明世界，犹太学渐渐受到非犹太人的关注，犹太人的历史和文化也开始作为全人类的文化遗产的一个组成部分为人们所接受。

四、科罗赫马尔的犹太历史哲学

尽管黑格尔的历史哲学对致力于犹太教科学的学者影响巨大，但并没有促使他们构筑系统的犹太历史哲学理论。对黑格尔哲学无原则的服从和照搬使得犹太文化与科学协会很快走向文化同化之路，没有真正起到通过犹太学术来捍卫犹太身份的作用。加利西亚的犹太思想家科罗赫马尔在黑格尔历史哲学的直接影响下，首次构筑了一种较为系统的犹太历史哲学理论。

按照聪茨的观点，科罗赫马尔之所以受激励从事其哲学史考，是因为他对黑格尔的研究。盖特曼则认为，科罗赫马尔的自然学说、宗教本质及其与哲学之间的关系完全从黑格尔那里继承过来的。科罗赫马尔得益于德国唯心主义是公认的事实，虽然在他的著作中只提到过黑格尔。[①] 科罗赫马尔和黑格尔一样称世界的本体为"绝对精神"，认为宗教是对精神力量的信仰，只有在对绝对精神的信仰和崇拜中，人才能产生对上帝之爱，才能确保自己的不朽生命，才能达到人的精神同神的精神的结合与统一。既然宗教是对精神的信仰，而哲学也是对精神的把握，那么二者是同一的。这种宗教和哲学的统一性在最高形式的宗教——犹太教，和最高形式的哲学——德国唯心主义和形而上学中得到了最明显的体现。

科罗赫马尔从黑格尔哲学出发，认为哲学中的最高真理是绝对精神，而最高形式的宗教所信仰的也是绝对精神。[②] 如此，他将黑格尔哲学与犹太教

---

① ［美］阿尔弗雷德·高乔克：《理性之光——阿哈德·哈姆与犹太精神》，第170—171页。

② 参见傅有德等：《犹太哲学史》，中国人民大学出版社2008年版，第410—411页。

紧密联系在一起。黑格尔的历史进化论以及精神在历史和经验中实现等思想对科罗赫马尔产生了深刻影响。

科罗赫马尔研究方法的独特性以及为他在现代犹太学术界赢得卓越地位的是他"将历史探索与对历史进程进行哲学阐述统一起来的做法……"[1]在科罗赫马尔时代之前，学者对后圣经时代的犹太历史缺乏系统的了解。他们在探寻或辨析某一既定的律法时，往往习惯于对拉比原文的苦思冥想，很少顾及它的演变和发展，即其历史的来龙去脉或关联。科罗赫马尔指出，理性灵魂的本质使来自感性材料的原始概念发展为观念，然后转而经历进一步的普遍化过程发展为思想。这样，思想就成为理性的一部分，也就具有了永恒性。这一概念形成过程恰好是《塔木德》拉比用来解释《圣经》的方法。通过理性的具体化和诠释学原则，《塔木德》学者将自己从文本原始的环境和上下文中解放出来，并展示出《圣经》的永恒原则。《圣经》和《塔木德》陈述的犹太信仰的意义都归结于精神，即上帝。所有的宗教都建立在精神基础之上。[2]犹太哲学家古特曼在评论科罗赫马尔的绝对精神的上帝时说："只有信仰绝对精神，宗教才能表达那完全置于其实质的部分，使对上帝的崇拜与上帝的这一观点相互呼应。"[3]

科罗赫马尔在黑格尔的影响下，认为犹太教更应该被看作一场进化过程的结果而加以理解。他受到维柯民族循环兴衰理论的影响，认为犹太民族像生物有机体一样，经历早期或形成期、成熟期和最终的崩溃灭亡三个阶段，虽然有形的族界逐渐模糊，但民族精神却永恒地存在下去。从这一意义上讲，犹太民族始终是一个精神有机体。摩迪凯·卡普兰曾对此解释到，每一个有机体对其组成部分有决定性影响，而各组成部分对整体的有机体也有影响。民族有机体同生物有机体一样，是一种目的的显现。

按照科罗赫马尔的观点，目的对一个民族的生活起着更为深远广泛的影响，它展现在他们的文化与文明之中，与它的意识是等同的。[4]犹太民族存

① ［美］阿尔弗雷德·高乔克：《理性之光——阿哈德·哈姆与犹太精神》，第171页。

② ［美］阿尔弗雷德·高乔克：《理性之光——阿哈德·哈姆与犹太精神》，第171—172页。

③ Julius Guttman, *Philosophies of Judaism*, New York: Shocken Books, 1973, p.321.

④ Modecai M. Kaplan, *The Greater Judaism in the Making：A Study of the Modern Evolution of Judaism*, New York: Reconstructionist Press, 1960, p.201.

在的目的就是为了实现上帝精神。犹太教的上帝从一开始就不是一个特定精神真理的象征，而是一种绝对精神。神圣统一的原则是以色列民族性格和历史本质的根源。科罗赫马尔提出了犹太教的形而上学和历史哲学理论，他认为犹太存在的意义只能通过该民族及其精神的整个历史来认识。[①]《圣经》的精神和伦理是犹太民族贡献给世界的最伟大遗产，具有普世主义的特征，趋向形成一种绝对主义理念。按照科罗赫马尔的观点，人类的宗教应根据这种形而上学来理解。任何宗教的本质都是信仰精神力量，各种宗教之间的差别是崇拜这类最全面的精神原则的程度不同。异教的各种神祇分别象征操纵存在的超感觉实在的某一个方面。而在《圣经》的宗教里，信仰不是直接趋向于一种特殊的精神力量，而是趋向各种原因的原因，即绝对精神。尽管《圣经》中的预言通过富有想象力的叙述和感觉，而不是通过纯粹的概念上的理解把握了绝对精神，但是在以色列的预言中，人类精神和神的联系在所有古代民族中是最明确和最广泛的。

他参照 18 世纪的维柯和赫尔德的观点，断言每一个民族都有自己的精神性形式，它是该民族统一感和形成一种独特传统的根源。一个民族的宗教价值观建立并形成了它在自己历史中创造的"精神财富"。[②]科罗赫马尔在认可犹太教对世界精神的本源性贡献的基础上，进一步指出了犹太民族在世界历史中的角色："以色列拥有独一无二的地位，因为其民族精神将它与绝对精神结合在一起，这就注定了他要成为'一个向人类宣讲、传播绝对且伟大的《圣经》信仰的王国'。"[③]科罗赫马尔暗示，因为犹太人第一个接受了上帝绝对精神的启示，所以，犹太人事实上是上帝精神的选民，犹太民族是引导世界前进的精神弥赛亚民族，是其他各民族的精神导师。

此外，他还倡导在犹太研究中使用一种科学的历史方法。科罗赫马尔深信，揭示犹太教真正基础的唯一途径是从犹太人和非犹太人的一切可资利用的素材中，找出和某一问题或主题相关的原始材料。犹太人民的文化交往，他们从其他民族借鉴而来的，以及他们所抛弃的一起，都可成为一名研究者有用的素材。它们不仅展示出了过去年代里犹太人民如何走出自己的迷津，

---

① 参见［美］罗伯特·塞尔茨：《犹太的思想》，第 570—571 页。
② 参见［美］罗伯特·塞尔茨：《犹太的思想》，第 569—570 页。
③ ［美］阿尔弗雷德·高乔克：《理性之光——阿哈德·哈姆与犹太精神》，第 174 页。

也为当今崭新的理性时代提供了一种生存模式。① 他认为，历史研究的目的
在于认知犹太教和犹太民族的本质，即理解作为绝对精神的上帝以及犹太人
与这种精神上帝之间的特殊关系。②

　　尽管科罗赫马尔一生都隶属于宗教正统派，对犹太教抱着非常传统和虔
诚的立场，他对于所谓的宗教改革问题并不是很感兴趣。但是，他的以形而
上学的方式来看待犹太教的立场，他的以精神进化和发展的来观照和评价犹
太历史的方法，都对后来的犹太教改革运动产生了深远影响。正如中国学者
傅有德所指出的，科罗赫马尔的哲学尤其是关于历史进化和犹太民族特殊性
的思想极大地影响了犹太教的改革派。从科罗赫马尔有关犹太人是"各民
族导师"的观念中改革派提出了自己的使命观。③ 人们可以从后来改革派理
论构建者亚伯拉罕·盖革的思想中找到科罗赫马尔的影响，盖革的精神历史
主义观念从一定程度上说是科罗赫马尔历史哲学的后裔。所不同的是，盖革
通过其精神历史主义洞察了犹太教变革和进步的特征，并以此为宗教改革提
供了理论上的证明。他的犹太教科学、历史主义思想将 19 世纪发展起来的
历史实证主义和历史哲学观念有机地结合在一起并服务于宗教改革的需要，
从而系统构建了改革派犹太教理论。

---

①　［美］大卫·鲁达夫斯基:《近现代犹太宗教运动——解放和调整的历史》,第 181—182 页。

②　*Encyclopaedia Judaica*, Vol.10, Jerusalem: Keter Publishing House, Ltd., 1971, pp.1271-1272.

③　傅有德等:《犹太哲学史》,第 416 页。

第 八 章

现代犹太历史观念与犹太教改革

从 18 世纪后期哈斯卡拉之理性主义到 19 世纪上半叶的犹太历史主义以及犹太教科学运动，现代犹太教在同拉比犹太教斗争、与现代思潮融合中逐渐确立起两条基本标准：理性和历史。这两大标准代表着现代性发展的两个不同阶段。从某种意义上讲，历史主义是对启蒙普世主义和理性主义反思的结果，一定程度上代表理性主义的对立面。然而，历史主义的兴起并没有否定启蒙，而在特定意义上深化了启蒙。实际上，如果从广义上来理解启蒙，可以将历史主义兴起之前的启蒙阶段称之为前启蒙时代，把历史主义兴起以来的启蒙时代称之为后启蒙时代。前者倾向于通过消灭差异性和异质性来达致普遍理性，后者则倾向于通过确认差异性和特殊性来建立一种基于历史传统、民族与个性文化之上的理性。

从 18 世纪后期到 19 世纪初，犹太教改革主要受制于前启蒙时代纯粹理性和普世主义观念，这一时期的改革者在强烈的政治解放和文化融入的动机下，最大限度地将宗教改革推向同主流社会、主流文化和主流宗教接近的道路上去。他们所进行的改革虽然广泛接受了现代性，但却没有抵制住现代性对犹太身份造成的严重侵害，结果，无论激进的马斯基尔，还是已经认识到启蒙局限的致力于犹太教科学运动的年轻犹太知识分子，都有意无意地将改革引向了同化主义道路。他们所进行的改革并没能成功捍卫现代犹太身份。然而，他们进行的冒险和努力却给后来者提供了极为丰富的遗产。

从 19 世纪 40 年代开始，犹太教改革思潮在现代拉比阶层的介入下逐渐走向成熟并最终导致了现代犹太教中改革派的形成，而它的主要理论是由卓越的犹太思想家盖革构建的。

盖革是著名犹太教科学学者和思想家，被认为是第一位为改革派犹太教奠定神学基础的理论家。[①] 他很好地继承了德国 19 世纪发展起来的历史主义传统，并将之同启蒙以来的理性主义神学结合起来，从而创造了比较完善的改革派犹太教理论。盖革既是一名学者，同时也是一名拉比，他很好地将学术同宗教改革有机地联系在一起。他希望创造一种全新的文化融入模式，即在进一步传播犹太上帝观念及其道德使命的同时，引导犹太人进行生活方式和思维方式上的革命。他不愿受到既存的犹太教机制的束缚，希望在批判的基础上构筑一种新的犹太教大厦。这座新的大厦建基于历史和律法传统中永恒的或者仍然有效的因素，这些因素服务于宗教变革和更新。[②]

作为一名学者，他于犹太教科学研究做出了重要贡献。他对历史的犹太教的诠释使得人们对犹太教精神发展的历程有了较为清晰的认识并启发了后来学者从宗教精神进化的视角来观察和研究犹太教的历史；他基于历史主义原则，对犹太教科学研究内容、方法和目标的认识，进一步完善了作为一门科学的犹太教的研究准则。作为一名拉比和宗教改革者，盖革在从事上述所有犹太教科学研究工作的时候都带有强烈的维护和保存独立的犹太宗教身份的动机。从根本上讲，他的犹太教科学研究是服务于宗教改革的。盖革奉行比较温和的改革路线，力图在科学与神学、信仰原则与宗教礼仪之间达成一种谨慎的平衡。他试图通过科学地、历史地解读犹太教来构设一种新的宗教神学，从而为改革提供理论上的支撑。

一、盖革对历史犹太教的诠释

在对犹太教进行科学研究和宗教改革的过程中，盖革提出了"历史犹太教"观念，认为犹太教的产生和发展是一个历史的过程，犹太教的神学、教义和习俗都是随着时代变化而变化的，犹太教的精神也是不断更新的，现

---

① Jacob Petuchowski, "Abraham Geiger and Samuel Holdheim: Their Difference in Germany and Repercussions in America", *Leo Back Institute Year Book*, Vol.22(1977), pp.139–140.

② *Encyclopaedia Judaica*, Vol.7, Jerusalem: Keter Publishing House, Ltd., 1971, p.358.

今的犹太教应当汲取犹太教传统中仍然具有活力的因素，剔除那些落伍于时代的因素，同时向现代一切科学和哲学开放，适应自由、民主等现代价值观的要求，在过去、现在和未来之间建立起活生生的联系。

（一） 历史与宗教精神的进化

在盖革看来，传统犹太教是非历史的，它并不知道发展的观念。对于犹太人来说，上帝的意志是西奈启示的，它可以被后代人诠释，但是绝不能在根本上加以改变。尽管在其他方面同过去决裂，但是在 18 世纪，门德尔松并没有挑战这样的信条。对于他来说，犹太教是由可以为人类理性所普遍获得的永恒的真理和特殊的律法构成的，西奈山的神启对于世世代代的犹太人来说都是必须相信的一种义务。在盖革之前，几乎没有人对这样一种可能性予以认真地关注，即犹太教可以通过经历一种由外部环境变化和内部精神发展所促动的变革过程。只是在 19 世纪，当和历史相关联的理想主义哲学以及浪漫主义者对于启示的历史根源的关注兴起之时，依据观念的进化来看待犹太教的可能性才产生。[①]

历史知识是改革的必要前提。它将现在从过去的枷锁中解放出来，同时为建立一种新的同过去的联系奠定了基础。在盖革看来，当代犹太教已经被剥夺了历史意识。它生活在一种"久远的过去"，但并不出自过去。[②] 他指出，拉比犹太教的僵化以及外部世界对犹太教的误解甚至诋毁在学术层面上是由于缺乏对犹太教历史的科学调查造成的。同样，传统犹太教也因为忽视犹太教内部发展的进程而对宗教变革采取抵制的态度。聪茨的历史学术给盖革展现了一个博大而精深的犹太教世界，让他对犹太历史持有强烈的自信心，激发了他探索犹太教历史真理和进化规则的无限热情。他十分敬重聪茨的学术成就，认为这样的学术真正开启了科学认识犹太教之门。但是，这两个人在气质上有着很大差异。盖革最终的目标是导向他预先就已经设定的改革，而聪茨复兴犹太教的强烈热情则是短暂的：很快就转化成一种纯粹的学

---

① Michael A.Meyer, "Abraham Geiger's Historical Judaism", in Jakob J.Petuchowski, ed., *New Perspectives on Abraham Geiger*, New York: Katv Publishing House, Inc., 1975, pp.4-5.

② Michael A.Meyer, *Response to Modernity: A History of the Reform Movement in Judaism*, New York: Oxford University Press, 1988, p.92.

术目标。

　　事实上，随着时间的推移，任何激进主义，任何影响改革的愿望都刺激不了聪茨的神经。聪茨所有的学术贡献以及批判的方式，连同其广博的世俗知识，都远离了他年轻时代复兴犹太教的努力，他从来没有试图创造一种新的犹太生活方式。他的怀疑主义不允许他以令人振奋的乐观主义来看待未来。对于聪茨来说，"犹太教科学"倾向于成为一种纯粹的个人宗教，一种关乎个人存在品性的一种生活方式。① 盖革批驳了像聪茨那样的犹太历史学家，认为他使得犹太历史成为一种古董，仅仅是文献和事件的记述，而历史学家也只是外部现象的观察者而已。盖革认为，聪茨这位一丝不苟地从事犹太文献整理的编年史家，只是创造了一种肤浅的犹太历史纪传体的类型，因为他的历史研究并不是开始于他自己的宗教意识，而仅仅是为了保存文献。②

　　盖革认为，实证主义的历史学家写出的东西仅仅是一种历史的叙述，犹太教的历史也不例外。③ 而盖革则将知识和学术看成是发现和复兴宗教能量的手段，对于盖革来说，研究犹太教的历史不仅是使犹太教成为一门科学之必需，更是发现犹太教真理、本质和精神的必需。在聪茨之外，盖革还受到了基督教浪漫主义和历史主义思想家赫尔德和莱辛的深刻影响，因而倾向于从精神延续和文化幸存的角度来看待犹太教历史。迈耶尔指出，赫尔德的哲学给改革介绍了对人类精神发展的历史研究。正是赫尔德，这位视野广阔的历史学家，这位文化史学家，很早就成为盖革最喜欢的著作家和理想主义者。赫尔德的著作，还有莱辛的批判神学著作，在关键的时期深深影响了盖革，激发了他独立思考的能力。他在考虑怎样将这些观念应用到犹太教之中，犹太教又怎样能够吸纳它们。④ 另外，由于黑格尔和科罗赫马尔哲学的影响，盖革也带有明显地把宗教和哲学同一起来的倾向。他认为宗教是人的本性所要求的。宗教不仅是理性的哲学，而且还是人的感性以及在道德上追

---

　　①　Max Wiener, ed., *Abraham Geiger and Liberal Judaism: The Challenge of the Nineteenth Century*, trans. Ernst J. Schlochauer, Philadelphia: The Jewish Publication Society of America, 1962, p.22.

　　②　Michael A. Meyer, "Abraham Geiger's Historical Judaism", in Jakob J. Petuchowski, ed., *New Perspectives on Abraham Geiger*, New York: Katv Publishing House, Inc., 1975, p.10.

　　③　孙家宝:《盖格尔的"历史的犹太教"的思想》,《犹太研究》第6辑,第40页。

　　④　Michael Meyer, *Response to Modernity: A History of the Reform Movement in Judaism*, p.89.

求完美的人天生具有的愿望。① 犹太教在本质上是一种伦理一神教，它的精神和价值在历史的进程中得以实现。

盖革认为，宗教并不是一种关于信仰、诫律以及集体行为的体系，而是一种对精神的态度。宗教是追求最高神灵上帝的一种渴望。上帝是唯一完全的真理，是无所不包的统一体，人类通过其精神的本质认识到他是所有存在之物以及即将出现之物的源泉所在，是所有世俗以及精神生活的来源。尽管盖革不认为犹太教的"上帝"概念具有发展过程，他认为"上帝"这一概念从最初就是最崇高的。② 但是，他确认宗教精神在历史中显现，不同时代的宗教精神都力图反映上帝的本质。

盖革试图通过对犹太教的历史性认识，帮助人们理解宗教精神的发展和宗教习俗的进化。他在理论上和实践上都受到了进化论观念的影响。盖革指出，犹太教的经典——《圣经》和《塔木德》在知识和观点上并非是一成不变的。正典文献的观念和内容对拉比和未来的犹太宗教不是永恒有效的。作为一种进化的实体，犹太教的天才创造性，其进化和发展的轨迹其实也反映在犹太教的《圣经》和《塔木德》文本之中，因为《圣经》和《塔木德》文本决不是僵化和无生命的，而是犹太民族观念渐进的展现。③

盖革试图证明，现代犹太教的变革是合乎犹太教历史进化规律的，也是存在历史先例的，它是犹太教本质精神和核心传统在现代条件下的展现。但在盖革看来，历史作为犹太教科学的必要组成部分，主要是对于精神成就的历史研究。他指出，犹太人的历史主要是一种精神的历史，就像有助于形成整个世界的过程，不是在民间层面或者政治生活中反映出来，而是犹太宗教的发展和演变中反映出来。④ 纵观历史，犹太人正是通过犹太教才维持了长期的幸存，所以，犹太人的历史从本质上说是犹太教的历史。古代以色列的政治命运、中世纪及现代犹太人地位、犹太人遭受的迫害和驱逐等不是犹太史关注的主要课题，犹太政治史随着犹太人的流散已经中止存在了。他们在

---

① 傅有德等：《犹太哲学史》，第 417 页。

② ［美］阿尔弗雷德·高乔克：《理性之光——阿哈德·哈姆与犹太精神》，第 141 页。

③ Max Wiener, ed., *Abraham Geiger and Liberal Judaism*, p.72.

④ Abraham Geiger, "A General Introduction to the Science of Judaism", in Max Wiener, ed., *Abraham Geiger and Liberal Judaism*, p.155.

所在国的法律、经济和社会地位属于所在国历史的内容，而不是犹太历史的内容。

也正是在这一意义上，盖革消解了犹太教的政治维度。盖革认为，德国犹太人首先应该是德国人，他们作为一个实体存在只因为他们是一个独特的宗教社团。盖革只对追踪犹太宗教发展的进程感兴趣，在他的心目中，只有宗教要素才是犹太教中永远存在的要素且将继续拥有未来。他抱怨第一位现代犹太历史学家马库斯·约斯特过多地关注犹太教的外部世界，而聪茨尽管有很深厚的犹太学问，但对"犹太宗教生活的内部发展"却缺乏关注。盖革拒绝聪茨认为的犹太文献应包括犹太人所记录下来的有关一切主题的内容的观点。对于他而言，在适当意义上的犹太创造性只限于表达犹太宗教精神或者反映这一精神的内容。它不包括有关天文、数学和音乐的著作——即便它们是用希伯来语写成的。[1] 犹太史不是展示犹太民俗和科学成就的民族史。作为一名德国犹太改革者，盖革再次提出了一个关乎启蒙和改革运动核心意识的问题，即犹太教的民族性和宗教性问题。

在盖革看来，犹太教虽然具有民族性，但那并非是犹太教的本质属性，因为它只是在犹太教早期历史中展现出来。而纵观整个犹太历史，犹太教作为一种神学模式、宗教信仰、伦理和价值形态对犹太人和世界诸民族发挥着持久的影响力。因而，犹太教中永恒的精神要素构成了犹太教的本质。盖革的基本原则是清晰的和一贯的。对于他而言，犹太教的理想形式是宗教本身，是一种普遍宗教意识的表达。他的躯壳一代一代地发生着变化。所以，《塔木德》也只能被认为是具有特定时效性的文献。既然犹太教注定要成为一种普世的宗教，那么它必须规避自身的所有民族性因素。信奉这一观点的人从来就不希望犹太教再次成为类似于第二圣殿之前的政治实体。对于他们来说，他们唯一想成为的是德国公民。[2]

使盖革在同代人中脱颖而出的并不是其个性特征，而是他成功地实施了早期解放运动的领导者没有成功实施的计划，即将犹太宗教生活建立在明晰的、毫无偏见的对犹太民族历史和知识的理解之上。通过知识和学术的媒

① Michael A.Meyer,"Abraham Geiger's Historical Judaism", in Jakob J.Petuchowski, ed., *New Perspectives on Abraham Geiger*, pp.10-11.

② Max Wiener, ed., *Abraham Geiger and Liberal Judaism*, pp.41-42.

介，盖革将犹太教从僵化的拉比体制中解放出来，重新激发了犹太生活和犹太教的活力，为犹太教的现在和未来提供了稳固的根基。与以往的改革者相比较，盖革是唯一一个在宗教改革理论和实践方面都取得了巨大成功的学者。他力图建立这两个领域之间密切的关联性。他认为自己是一个神学家。不像聪茨和犹太文化与科学协会的成员，盖革将犹太教科学观念限制在宗教及其发展方面。

对于盖革来说，宗教发展的高峰是一种普世信仰，犹太教中严格的民族主义要素最终会转变成为一种更加广泛的、纯粹的人道主义内容。所以，任何一时兴起的狂热观念都不会模糊盖革的理性主义和科学世界观。盖革认为犹太人作为一个民族的历史已经永远地走向终结了。他同那个时代大多数西方犹太发言人一样，认为犹太教的未来只能在宗教维度上才是有意义的。他的自由主义乐观情结使得他确信犹太宗教信仰的支柱，即普遍正义的弥赛亚理想能够通过真理的传播来实现。因为这一点，任何学术和学问，包括犹太教科学，对于盖革而言，都具有很高的宗教价值。盖革的世界主义眼光是根植于犹太教的土壤之中的。对于盖革来说，犹太教"仅仅"是一种宗教，不过，他经常赞扬这种宗教作为一种独特的民族实体有着天生的禀赋，相比较基督教的无色和模糊性，犹太教显示了朴素而健康的确定性。①

盖革认为，犹太民族作为一个整体被赋予了天才的宗教智慧，因为他们能够体验更加深刻的精神生活，能够认知人类精神与上帝精神之间的紧密联系，能够清晰地看到人类道德的本质。② 这样的宗教禀赋被看作是作为一个整体的犹太民族从上帝那里获得的启示。盖革对犹太教作为一种高级精神宗教的洞察使得他无论面临着怎样的困境，始终对犹太教保持着高度的宗教自信。他始终认为，精神宗教的传统一直存在于犹太教的历史之中。这可能就是为什么尽管他有完全独立和自由主义的心智，但从来没有真正发展成为一名激进改革者的原因。

值得注意的是，盖革所强调的是宗教精神，而非民族精神。将犹太人的历史理解为犹太教特别是犹太教精神的历史也是出于对解放意识形态的回

---

① Max Wiener, ed., *Abraham Geiger and Liberal Judaism*, pp.76-80.

② Harvey Hill, "The Science of Reform: Abraham Geiger and the Wissenschaft des Judentum", *Modern Judaism*, Vol.27, No 3(Oct., 2007), p.333.

应。既然犹太人要成为德意志的公民，那么他就应当成为德意志民族的一员，因而也就不能强调自己独特的民族身份。19世纪的德意志历史主义普遍地强调德意志民族所具有的共同的、整体性的历史命运，并认为它将引导着德意志实现最终的统一。盖革所倡导的犹太宗教历史主义而非犹太民族历史主义的立场巧妙地规避了犹太民族性与德意志民族性之间的冲突，从而引导着犹太人朝着完全政治解放的目标继续前进。

（二）犹太教发展的历史阶段

基于历史进化的观点，盖革按照犹太教精神发展的历程划分了犹太教的历史阶段。他认为，犹太教的历史可以分为四个阶段。第一个阶段是启示阶段，即不受束缚、不受阻碍的创造阶段。这是一个自由的从民族内部创造历史的时代，它一直到《圣经》犹太教结束。这一时期，以色列民族开始形成一神教观念，耶和华逐渐被看作以色列民族的唯一神祇，而割礼逐渐成为犹太民族一神信仰的符号。以色列先知在同周围形形色色的多神信仰斗争中，强调崇高的宗教和伦理思想，呼吁纯洁一神教观念，建立社会正义。先知运动使得一神教的观念深刻地扎根在以色列民众的心中。与这种精神创造与更新相对应的是，以色列的文本创造和历史叙述经历了特别的转变，这一转变都反映在《圣经》文本之中。盖革指出，这一时期是以色列人宗教原创时代，它创造了纯粹的一神教观念。这一观念成为犹太教最为核心的内容并为后来的基督教和伊斯兰教奠定了最根本的基础。在总结犹太教的启示时，盖格指出："犹太教就是这样一种宗教，它出自神圣的对于世界的洞察力，这些洞察力被融汇进统一性（上帝）观念之中。它是一种真理宗教，它对于万物本质的观点是真实可靠的，不可改变的，也是永恒存在的。这就是犹太教永恒的启示。"①

第二阶段是《塔木德》文本形成时代。这是一个传统时代，它从《圣经》编纂完成到巴比伦《塔木德》编纂完成。此时，犹太教开始深深地植根在过去的精神土壤中，同时又保有一定的创造性。启示已经结束，但启示所产生的影响，即犹太教活生生的精神仍然在继续发挥作用。为了巩固启示

① Abraham Geiger, *Judaism and Its History：In Two Parts*, New York：The Bloch Publishing Co., 1911, p.48.

的成果，犹太教发展出一些可供人们日常生活遵循的宗教形式，即律法、仪式和习俗，这些构成了犹太教的传统。在盖革看来，传统这个时候取代了启示成为犹太教中的创造性角色，成为犹太教的生机和灵魂，它是启示的女儿，但和启示处在相同的层次上，不断地调整自身以适应变化了的形势需要。这一时期所创造的传统总体而言是积极的，同启示一样，具有精神创造性的能量。[①] 这一阶段人们关心的不是要造新的宗教内容，而是维护已经获得的宗教传统，收集传统、筛选传统、补充传统并使传统适应不同的形势。来自外部的压力和挑战压制了犹太教内部的变革。

第三个阶段是《塔木德》犹太教或者拉比犹太教阶段，从《巴比伦塔木德》编纂完成到18世纪中叶。在这个阶段，传统受到保护和传承，但拉比并没有重构和发展它，而是严格地遵循律法。《塔木德》开始被当作《圣经》评注和制定犹太法典的基本依据，遵循《塔木德》被认为是遵循犹太教。法典成为受到时间尊重的风俗，它从传统和对传统的阐释中寻求支持并被看成是不可冒犯的。因为过分强调了生活同宗教文本之间的联系，因而犹太教的发展逐渐落伍于历史发展和现实生活。因而，这一阶段犹太教的精神在一定程度上受到束缚，开始丧失活力。加上外部的反犹障碍，犹太教逐渐形成了一套僵化的体制，此前传统阶段产生的内部创新机制也走向终结，犹太教不能够在活生生的进化之链上建立新的链接。传统作为一种约束性力量持续存在，但不再具有充分的、自我证明的能力，对犹太教的研究和自由质询也受到了极大的阻碍。[②]

第四个阶段是现代自由犹太教阶段，即犹太教开始通过理性和历史研究来摆脱僵化的律法主义和教条主义，批判的方式开始决定人们对犹太教传统的扬弃。但这一时期并不是要割断同传统的联系。这是一个犹太教试图自我更新的时代，为的使历史之流再次流淌。[③] 因为，在盖革看来，犹太教作为伦理一神教的本质自启示阶段以来就没有改变过，也不需要改变，犹太教的精神进化总是围绕着这样的本质进行的；需要改变的是犹太教中不适应时代

---

① Abraham Geiger, *Judaism and Its History*: *In Two Parts*, pp.84-87.

② Max Wiener, ed., *Abraham Geiger and Liberal Judaism*, pp.168-169.

③ Jacob Petuchowski, "Abraham Geiger and Samuel Holdheim: Their Difference in Germany and Repercussions in America", *Leo Back Institute Year Book*, Vol.22(1977), p.141.

发展的宗教形式。也就是说，这一时期的犹太教重新关注其本质及其对世界文明的影响，并开始检视宗教形式主义，即过分繁缛的律法和宗教仪式对宗教精神和宗教生活造成的危害。现代理性、科学尤其是历史研究开始重新赋予犹太教传统及核心价值以活力，并再一次确认了其永恒的合理性。

盖革所构造的犹太教四个发展阶段的理论很鲜明地反映出其精神历史主义的理论预设。盖革将精神创造性存在与否、精神创造性的强弱、维系创造性或遏制创造性等范畴作为衡量犹太历史阶段的基本根据。根据这种理论，每一个时代精神创造性能力的强弱从根本上决定了这个时代所具有的历史意义。而更为重要的是，改革宗教的权利也是犹太教进化的自然逻辑，并有历史先例为佐证。盖革认为，犹太教的启示时代以及《圣经》文本形成的时代具有至关重要的意义，因为正是在这两个阶段，犹太教创造了其信仰的基本形态、模式和准则并通过文本的形式维系了这些创造性的成果。而第三个阶段，即《塔木德》和拉比犹太教阶段，拉比通过给犹太教添加一系列繁冗的宗教律法和仪式使得犹太教越来越趋于形式化和非本质化甚至是去本质化的境地，犹太教所具有的根本的信仰、精神和伦理准则并没有得到充分的张扬，相反，它们受到压抑和束缚，犹太人的思维活力和犹太教的创造性能力也大大减弱。因而，盖革尽管承认塔木德时代不时地涌现犹太思想创造性的光华，但总体上是一个阴郁的、缺乏精神活力的时代。第四个阶段即现代犹太教阶段在盖革看来具有非常重要的意义，也是其犹太教历史构建中最具有针对性的阶段。从犹太教发展的前三个阶段，盖革认识到，传统和变化在一定意义上是同义语，盖革非常珍视传统，并将之看作是改革内在合理性所在。现代拉比被赋予变革中世纪犹太教的权利，正像早期的拉比有权利变革《圣经》犹太教一样。[①] 既然犹太教的创造性在中世纪受到普遍的压制，那么现代犹太教就是要通过重新发现并激活犹太教历史中一贯且普遍存在的精神和本质要素来解开传统的束缚，而解开束缚的途径在于批判地、科学地对犹太教历史进行研究，以决定哪些因素对犹太教具有本质的规定性，和犹太教精神目标相关，而哪些因素对犹太教真正精神构成危害。

---

① *Encyclopaedia Judaica*，Vol.15，Jerusalem：Keter Publishing House，Ltd.，1971，p.25.

（三）宗教创造性与当下关怀

在宗教史和精神史的语境及强烈的现实关怀下，盖革最终以那些可以与当代宗教意识产生共鸣的犹太历史中的种种精神要素为基础，构建了一种特殊的犹太教历史结构。在这一历史构架中存在着严重的价值不平衡性和不对等性，并非所有的部分都值得予以同等的关注。犹太历史学家必然被那些他们感到亲近的时代所吸引，这一点盖革认为是很自然、很合理的事情。盖革属于这样一种历史学家，即在关注过去的时候，不忘现在，亦不会忽视未来；他关注的是有多少东西已经真正地变成现在的内在部分，而不是那些只是从过去简单流传下来的东西。同时，盖革还从过去窥视未来，认为历史经验使通向未来之路更加平坦。[1] 例如，一直以来，盖革对 11 世纪和 12 世纪的犹太教历史就很感兴趣，因为他发现那个时代与现今时代有着很亲切的关系。在他看来，尽管总体上欧洲处在《塔木德》犹太教的统治之下，但是那个时代西班牙犹太人却是具有广泛创造性，理性和科学思维非常发达。西班牙时期的许多犹太哲学家和神学家充分发展了犹太教的基本信仰、价值和准则，维护并张扬了犹太教的本质精神，因而，西班牙犹太人历史在任何犹太史的叙述中都应当占据重要地位。

基于宗教改革的考虑，盖革对罗马时代的犹太教历史，特别是基督教产生的犹太背景给予了特别关注，他感到那个时代犹太人内部法利赛派与撒都该派之间的斗争事实上象征着今天改革势力同传统势力之间的斗争。对法利赛人的角色问题，盖革有着自己独特的看法。传统的基督教学术将撒都该派描述成一种试图维持《圣经》纯洁性，并努力使之摆脱拉比影响的派别，而将法利赛派描述为一个奉行僵死的律法主义原则，恪守文本主义的犹太教派别。与这一立场相反的是，盖革认为法利赛人代表着早期犹太教中的一股自由主义的和民主的力量。撒都该派与法利赛派的斗争围绕着祭司的权力和责任展开，法利赛派反对将祭司的神圣性置于宗教生活的前沿，相反，他们声称所有的人都是祭司，都具有神圣性，所以，应用于祭司的律法同样也适用于所有的犹太人。法利赛派试图建立对所有人都平等的权利，致力于反对神权

---

① 孙家宝：《盖格尔的"历史的犹太教"思想》，《犹太研究》第 6 辑，第 40—41 页。

政治的谋略和宗教等级制度，反对个别阶层的宗教特权，并宣布为宗教真理和内在的宗教信念以及体现这种信念的道德行为而战斗，反对宗教形式主义。①

希勒尔主义者的出现是法利赛运动的高峰。希勒尔主义者是希勒尔精神的继承者，他们强调对犹太教内部信念的笃行，而不是繁缛的外部宗教约束；他们优先强调时代的需要而不是古老的规制。他们不希望犹太教精神因为环境的改变而被损毁。希勒尔主义者出于犹太教内部生活发展的需要，将新生活的气息带给了犹太教。② 希勒尔虽然捍卫传统，但并非简单地保持其完整无缺，他坚持人的进化和发展原则，认可时代差异性，认为不同的时代具有不同的使命。在盖革看来，希勒尔派具有天才的宗教智慧，能够洞察真正的犹太教。希勒尔对犹太教基础和本质的陈述充分揭示了人的意识的重要性。希勒尔教导人们犹太教的本质在于人类之爱、人与人之间相互尊重、人的尊严以及所有人的平等，其他一切都是注脚。犹太教的习俗就是这样的注脚，希勒尔认识到尽管宗教仪式是有价值的，但它们并不构成犹太教的本质。③ 律法也是如此，在希勒尔原则下，成文法不具有绝对意义，实际生活将决定一切。宗教信念比繁冗的宗教仪式和律法更重要，时代需要比古老的习俗和惯例更重要。在盖革的改革计划中，希勒尔的精神成为犹太教的核心精神，希勒尔本人也成为拉比犹太教之父。盖革这样揭示了希勒尔同现今犹太教改革的关系："正如启示的教义同摩西之名联系在一起，传统同以斯拉联系在一起一样，再生的犹太教同希勒尔之名联系在一起。希勒尔成为那些认识到犹太教再生重要性的德国犹太人的模型。"④

希勒尔时代面临的是圣殿被毁，而盖革时代面临的是解放。但盖革并不看好法利赛人中的保守派夏迈学派，它通过添加繁冗的习惯法的方式使自身获得对律法的支配权，并以此种方式来抵制祭司专制，争取民族和宗教权利的圣化，尽管它具有反宗教专制的精神，但其严格的返回古代传统和制度的态度在盖革看来与那个时代的正统派类似，不能挽救犹太民族的命运。⑤ 可

① Abraham Geiger, *Judaism and Its History*, pp.107-108.

② Max Wiener, ed., *Abraham Geiger and Liberal Judaism*, p.190.

③ Harvey Hill, "The Science of Judaism: Abraham Geiger and the Wissenschaft des Judentum", *Modern Judaism*, Vol.27, No 3(Oct.,2007), p.339.

④ Abraham Geiger, *Judaism and Its History*, p.113.

⑤ Abraham Geiger, *Judaism and Its History*, p.164.

见，在盖革眼中，以希勒尔学派为主流的法利赛派奉行一种灵活的、内涵式的、经过革新的、符合时代需要的解经原则；而撒都该派代表着祭司和贵族阶层的利益，从维护宗教神权统治的立场坚持经文的原教旨主义，尽力维护古老的经文传统，避免知识分子阶层对经文作出任何意义上的发挥和价值上的延伸而危及自身的宗教统治，它实际奉行一种教条主义的、文本主义的严苛解经模式。盖革关于法利赛人和撒都该派的理论，被认为具有划时代性，甚至至今仍然影响着现代神学家的思维。盖革知道怎样将过去时代的历史和文献带到现实生活中。对于盖革来说，它们之中的一些内容对现在仍然是真实的和活生生的。① 这也正是现代犹太教改革同历史犹太教之间的联系所在，它提供了否认传统和创造犹太教新观念和新形式的先例，也提供了一种有益于现代犹太教身份的陈述。

盖革避免以量化的方式来构筑犹太史，他认为一个犹太社区的规模并不决定它在犹太历史中的地位，而犹太文献的数量也不能决定犹太人在知识和思想史中的地位。决定性的因素在于犹太人精神创造性的质量，或者说，哪些创造性成就值得被记忆。② 凯恩·考特恩·弗洛姆根据阿斯曼的记忆理论解释了盖革在选取犹太教资源时候的不平衡性，他指出，"记忆单元的历史"关注不是过去，而是被记忆的过去。他提醒人们一种过去被拾起，被记忆或者被遗忘乃是建构身份的一种修辞策略。但是没有任何人像盖革这样建构过去。他的《犹太教及其历史》重新将过去铸造成对现代犹太思想具有强大吸引力的资源。它读起来像一部身份的著作，它建构了一种有用的过去，并将之作为改革的真正模型。

盖革的"伟大的世界历史现象的模型"③ 强调了重要人物和事件，正像它压制了其他东西一样，人们从中获得的期望也很多。盖革的历史不是实证

① Max Wiener, ed., *Abraham Geiger and Liberal Judaism*, pp.72–73.

② Michael A.Meyer, "Abraham Geiger's Historical Judaism", in Jakob J.Petuchowski, ed., *New Perspectives on Abraham Geiger*, pp.11–12.

③ 盖革认为犹太教是一个伟大的世界历史现象，它的伦理一神论具有强大的精神力量，不仅影响着犹太民族，也影响着整个世界的精神运动和发展。在世界历史的最有力的精神运动中，在重要文化发展的汇合点上，犹太教都证明了自己具有持久的能量。盖革所谓的"伟大的世界历史现象的模型"意在强调犹太教在其历史中确立了一种涉入和影响世界历史精神的类型。关于这一点，参见 Abraham Geiger, *Judaism and Its History: In Two Parts*, pp.13–14。

主义的，他也从未声称是实证主义的。相反，盖革呼吁一种新的真正的过去，旨在为它所设想的自由犹太身份提供基础。改革扎根于历史记忆的诠释和政治中。[①] 在盖革那里，尽管犹太历史如万花筒般扑朔迷离，但盖革总是致力于发现其中与当代犹太意识相契合的元素，如此，受到过滤的历史成为现代犹太身份的源泉。盖革在其历史论文和关于犹太礼仪改革的文章中，强调历史记忆的目的在于以一种可以为人们所理解的、有意义的对过去的陈述和提炼来为改革奠定基础。它以当代的形象铸造了过去，他的犹太教科学通过诉诸于一种与众不同的记忆重构了当代犹太教内容，单纯的事件的历史、纯粹的对过去的记述被放在了一边，而服务于改革的对于历史中某些重要片段、内容和观念的记忆成为主要部分。

　　当然，对于犹太教历史中精神性因素以及与当代亲近内容的强调并不意味着盖革否定犹太教历史其他部分和内容的价值。相反，盖革认为每一种曾经进入犹太教历史中的要素都曾经是合理的，也反映出犹太教特定的历史价值取向。正是从这一意义上，对犹太教中任何内容、任何方面的研究都是有价值的，它不仅是科学求真准则的要求，也是探究犹太教历史细节的必需。一直以来，盖革非常强调历史事实，因为它们是宗教信念、习俗和传统的起源，对历史事实的调查揭示他那个时代的宗教信仰和习俗并不是被拉比权威诠释和强力所赋予的静止传统的一部分，而是历史事实最终的产物。这些历史向宗教学者的调查开放。[②]

　　但是，盖革认为，对犹太教历史中非精神、与精神性要素关系不紧密的内容，或者说非本质内容的研究一般只具有相对的历史价值，也就是说，这种研究意在实证化犹太教某个历史阶段以及这个阶段中出现的某些特定的历史要素的相对合理性。不过，这些要素一旦超越那个时代，就变得没有太大的意义，也就是说，这些要素并不是犹太教中永恒有效的要素，不具有绝对的有用性。在盖革看来，历史主义作为一种科学的方式，一方面要确认历史本身的历史性和非当下性，或者说明历史的局限性，另一方面是要确认历史

---

① Ken Koltum-Fromm, "Historical Memory in Abraham Geiger's Account of Modern Jewish Identity", *Jewish Social Studies*, Vol.7, No.1(Fall, 2000), pp.115-116.

② Harvey Hill, "The Science of Reform: Abraham Geiger and the Wissenschaft des Judentum", *Modern Judaism*, Vol.27, No 3(Oct., 2007), pp.333-334.

的参照性以及它同当下的延续性。历史的局限性在于历史受到特定时代物质条件和精神发展水平的制约，它无法为未来确立一种一成不变的准则。历史的参照性和延续性在于当下和未来是历史之线的延续，精神的发展只有在历史中才能找到根基，而历史局限性本身和历史提供的进化图景确认了当下变革的合理性。在这一意义上，历史中的每一种要素都是有用的，但又不都是绝对有用的。

1838 年，他在《犹太教宗教神学杂志》中解释其历史方式时指出："犹太教历史中每一种要素的相对有效性都应得到认可和尊重，因为它们是特定时代特定社团宗教生活的反映，也许对我们这个时代仍然具有价值。不论是犹太教历史上的伟大时代，还是暗淡时代，都构成整体的犹太历史的一部分。"但是，如果这些要素经不起历史的考验，那么它存在的意义只是针对于它刚产生的那个时代，目前它们已经过时了，所以在现在和将来都不再具有权威性。在他对自己最重要的学术著作《圣经原本与译本》（Urschrift）所作的导言中——盖革就提示读者他的目的是要显示先前时代的犹太教正处在历史的变迁中。他由此证明了目前状态下的犹太教并不是固定不变的，他认为犹太教应当变得更加灵活，判断是否保留某种宗教内容的依据在于看它是否在表达当代宗教意识和推进宗教意识进一步发展方面仍然具有充分的活力和作用。[①]

盖革对于犹太教历史中精神性要素和非精神性要素的区分显然同在启蒙时代受到康德哲学影响的马斯基尔有着相似的逻辑，两者都承认犹太教中存在着对犹太教具有本质规定性的精神要素和对犹太教具有束缚作用的、不具有本质规定性的非精神要素，或者说是形式主义和物质化要素。盖革同样也抱有启蒙理想主义的哲学预设，即精神终归是高于物质的，一种高级的犹太教形式应当是精神占据统治地位，而非物质和形式因素占据主导地位的。盖革的陈述采纳了康德所声称的应当将观念的对象定位在理性思维框架之内。但是那种思想、意识或者知识在盖革的论证中并不是要对每一种历史情境都采取普世主义的定位。

---

① Michael A.Meyer,"Abraham Geiger's Historical Judaism", in Jakob J.Petuchowski, ed., *New Perspectives on Abraham Geiger*, p.5.

在盖革看来，意识本身是以历史为环境的。"我是我时代的孩子"，盖革坦言，"我自己被迫遭遇或者被我时代的真理所引导；我是我环境中的孩子，我不是我自己的创造者也不是我行动的创造者"。盖革强调，作为历史记忆的精神将知识限制在受到环境影响的当下，甚至当现在扩展了它的边界包括了过去和未来的时候，也是如此。[①] 同激进马斯基尔一样，盖革认为宗教律法和仪式不具有永恒的约束力，应当进行改革，在必要的时候，应当废弃某些过时的仪式。但是，与他们不同的是，盖革的主张在理性主义之外，添加历史主义的信条。盖革指出，康德的自律理性将人的思想和意志强化到足以控制任何外在因素影响的地步，并将之普遍化为现代哲学和宗教的一般性目标，由此排除一切非理性和非精神存在的倾向是不现实的，盖革认为更通常的情况是，宗教在其发展的过程中受到特定的外在因素和精神的影响，而具有敏锐意识的宗教天才捕捉了这些时代的因子并将之内化为宗教本身的形式和内容。因而，不同的时代具有不同的宗教形式、意识和精神，即历史的相对性决定了宗教观念、律法和仪式不具有永恒的有效性，它们本身处在进化之中，因而必然有些被淘汰，有些被改进，而另外一些可能被创造。

在盖革看来，精神历史主义之于宗教仪式意味着随着时代的发展，有些仪式将不再契合新的宗教精神的需要，因为并非所有的仪式都符合精神内在性原则。如果宗教教育的目的是培养一种源自信念的宗教生活方式的话，那么就不应当再保留那些没有人能够理解，同任何特定的观念和思想没有关系的习俗。而其他一些法令，规定了一些风俗，旨在在人们的意识中保存上帝的观念，是记住特定事实、事件以及表达某些深刻观念的象征物和途径。这些法令是真正的仪式，应当以灵活的、适当的方式加以保存。[②] 一些祈祷词，在精神意义上已经显得非常空洞，应当从历史记忆中清除出去。在讨论"神圣祈祷的外在形式"时，盖革特别强调仪式所能反映的精神深度和恒久性。那些明显缺乏宗教意义暗示的仪式应当适时废止，那些只是具有暂时精神效用的宗教观念不应一味地加以强调。盖革鄙视将祈祷活动转变为"献祭仪式"。

[①]　Ken Koltum-Fromm,"Historical Memory in Abraham Geiger's Account of Modern Jewish Identity",*Jewish Social Studies*,Vol.7,No.1(Fall,2000),p.114.

[②]　Max Wiener,ed.,*Abraham Geiger and Liberal Judaism*,p.170.

他认为，所有有关古代献祭的祈祷词都应当从祈祷书中完全清除出去。献祭人类和献祭动物是最为原始的宗教仪式，不是真正的宗教教义。在盖革看来，历史的发展已促进了宗教观念的更新并使宗教仪式逐步文明化，献祭仪式对于当代犹太教而言，不仅是不必要，而且是多余的；不仅是多余的，而且是错误的。[1]

如果说献祭作为一种落后的宗教仪式反映了落后的宗教观念应当予以废弃的话，那么选民观念作为一种有着强大生命力的犹太教观念则应当顺应时代观念的发展而加以重构。从传统封建制转向现代资本主义政治要求重新阐释选民观的内涵。盖革认为，现代犹太人虽然仍然记念以色列民族，但不应再坚守古代以色列的民族意识，犹太人不是作为古代意义上的被遴选的、具有优越性的民族，而是作为神圣宗教观念和教义的接受者和传播者。以色列是天启的民族，被赋予了一种宗教天分，成为引领人类与上帝交流的理想民族。[2] 盖革不仅将历史主义的思维方式应用到理解犹太教的现象上，而且也应用到理解犹太信仰甚至是犹太启示本身。在盖革看来，犹太教的启示本身也处在不断的进化之中，上帝在每一个时代都会给人们以不同的宗教启示，尽管这并不意味着以前的宗教启示全然失效，但至少意味着启示的变化和发展。按照盖革的理解，启示，就整体而言，是一种持续进行中的精神过程，因而任何神圣的经文、任何律法，任何习俗都不具有准则性的力量，除非它在当代宗教意识中仍然保有活力，人们才有必要重新激活它们。[3] 盖革对犹太教启示和宗教真理观点的重要意义在于，他开始走出纯粹理性主义和普世主义给犹太身份带来的严重困境（持有这些观念的马斯基尔企图将犹太教带向自然宗教或者皈依基督教的境地），赋予了犹太教适应当代精神变革内在的历史合理性（而不是启蒙所强加的一种外在合理性），保护了犹太教独立宗教的身份。

在宗教精神进化的逻辑下，盖革不仅否认了宗教律法、仪式以及特定时

---

① Ken Koltum-Fromm, "Historical Memory in Abraham Geiger's Account of Modern Jewish Identity", *Jewish Social Studies*, Vol.7, No.1(Fall, 2000), pp.119-120.

② [美]阿尔弗雷德·高乔克:《理性之光——阿哈德·哈姆与犹太精神》，第140—141页。

③ Michael A.Meyer, "Abraham Geiger's Historical Judaism", in Jakob J.Petuchowski, ed., *New Perspectives on Abraham Geiger*, p.6.

代宗教教义永恒的有效性，也否认当下所采纳的犹太教原则和方式的永恒有效性。也就是说，作为一种历史的犹太教，它永远处在发展进程中的某一个阶段，它不断地趋于宗教精神的完善，但却永无止境。过去和当下都是犹太教发展链条中的一个环节，它们为犹太教贡献了有效的精神元素，但决不能提供决定未来的准则。正如迈耶尔所指出的，盖革的历史犹太教事实上有着削弱当下绝对意义的影响，因为他仅将当下看成是过去和未来中间的一个阶段。盖革的历史主义不允许他将他自己时代的原则看成比先前的时代的准则更具有效力。他并不认为弥赛亚已经来临，也不认为他提供的对犹太教的理性的阐释具有完全的真理性。

在盖革看来，哲学本身乃是历史的产物，只是当前人们所持有的普遍观点的反映。跟基督教不同，犹太教仍然是一种处在不断变迁中的宗教，其发展还没有停止。[1] 历史学家考察历史细节是为了洞察潜在于历史之中的犹太教天才的精神和智慧以及支配犹太历史的本质力量，而不是为未来预定任何观念或确立任何模式。富于宗教才智的历史学家既不以现代标准来探索古代的信仰和习俗，也不以古代的标准来衡量现代。这要求历史学家采纳一种局部性的相对主义。[2] 即任何历史不具有绝对意义上的价值，它只是在形成一种连续的精神传统中发挥着一定的作用。很显然，盖革并不是所谓的历史决定论和现实决定论者，他是一位试图将传统、现代和未来交织在一起，从而构建一种具有延续性的犹太教的思想家和神学家。历史的延续性问题是盖革历史犹太教所强调的核心原则之一。

盖革指出保证犹太延续性的因素既不是犹太民族性，也不是犹太教的律法，更不是任何启示的观念，因为所有这些在盖革看来只具有相对的历史价值，不能成为决定犹太教的恒久性力量。犹太教的珍贵财富在于其不断随着时代和环境而进行观念和思想变革的伟大创造性。这种创造性根植于犹太教发展的各个阶段但却总是在超越每一个特定的发展阶段，正是这样的创造性确保犹太教在过去、当下和未来形成一条永不断裂的精神纽带，正是这一组

---

① Michael A. Meyer, "Abraham Geiger's Historical Judaism", in Jakob J. Petuchowski, ed., *New Perspectives on Abraham Geiger*, p.7.

② Harvey Hill, "The Science of Reform: Abraham Geiger and the Wissenchaft des Judentum", *Modern Judaism*, Vol.27, No 3 (Oct., 2007), p.335.

带保证了犹太教虽然遭遇种种不幸和迫害，但依然顽强地生存下来。

诚如徐新教授在评价盖革思想时所指出的：

> 犹太教是犹太人民的一份宝贵的精神遗产，是犹太人民在其漫长的历史进程中所形成的学说、价值观和人生观的最优秀的一种体现。宗教的原理、思想、传统，如同所有的人类组织一样，要经历一个发展演变的过程。犹太民族传统的一个重要方面是它的伟大创造力，这一创造力的存在有助于造就出特定时代要求的宗教观。这就是发展和进步，这一演进的历史进程是持之以恒、不断前进的。任何一代人都有权"背弃"过去，踏上一个新纪元。每一时代都被赋予了和其他时代相同的权利，甚至可以说是义务，即在这一创造性链条中铸造出新的一环。和前人相比，当今一代人并不是无足轻重的，而是更伟大的，因为他们必须在犹太教的进一步发展中扮演主角。如果每一个时代都为犹太文化遗产做出自己的贡献，那么，犹太教必将长盛不衰，不断升华到一个更高的境界。①

二、对犹太经典的批判

亚伯拉罕·盖革提出了"历史犹太教"的观念，认为犹太教是一种历史现象，犹太教的神学、教义和习俗都是随时代变化而变化，犹太教精神也在不断更新，现今的犹太教应当汲取犹太教传统中仍具活力的因素，剔除那些落伍于时代的因素，同时向一切科学和哲学开放，适应自由、民主等现代价值观的要求，在过去、现在和未来之间建立起活生生的联系。盖革的"历史犹太教"关涉他对犹太教经典《圣经》和《塔木德》的态度。在盖革看来，《圣经》和《塔木德》本身就是犹太人历史的产物，其产生、发展的轨迹恰恰印证了犹太教传统在历史抉择中逐步发展的复杂性。盖革提出要从历史的、科学的角度对《圣经》和《塔木德》进行研究，辨明其现代价值和局限，以更好地为犹太教改革提供参照。通过分析盖革对待《圣经》

---

① 徐新:《犹太文化史》,北京大学出版社 2006 年版,第 176 页。

和《塔木德》的基本立场，以阐明其与宗教改革之间的关系。

（一）盖革以前及盖革时代的经典研究

传统犹太教将《圣经》看成启示的产物，摩西五经被认为是摩西从西奈山获得的启示。《塔木德》被认为是口传律法的成文化，同样源自上帝的启示，因而，在内容上也是固定的和不可改变的。长期以来，《圣经》作为犹太教的第一经典，《塔木德》作为犹太教的第二经典地位得到拉比的一再确认，拉比评注主要依赖这两部经典。同样，源自《圣经》和《塔木德》文本的犹太律法一直以来被视为上帝的诫命，所有犹太人必须无条件遵循，任何废止或者改革律法的举动在传统犹太教看来都是对上帝的冒犯。在现代《圣经》学术产生以前，拉比对《圣经》和《塔木德》的启示性和超验性诠释使得犹太人普遍认为他们从先祖那里获得的宗教知识和信仰是永恒的。

自斯宾诺莎以来，《圣经》批评学对西方传统的宗教启示论产生了强烈的冲击，人们越来越认识到，《圣经》本身既是一部神学著作，也是一部历史著作，它的形成和正典化经历了长期的过程，受到了多方面因素的影响。其间，有文本的淘汰或增加，更有人为的修改。基督教学者的《圣经》研究已开始证明古代以色列受到近东环境影响。他们认识到新旧约之间的年代和《塔木德》形成时期的历史著述受到波斯、希腊、罗马宗教、法律和社会习俗的影响。[①] 犹太启蒙运动的倡导者门德尔松非常熟悉 18 世纪发展起来的《圣经》批评学，但是他坚持犹太教律法源于启示的观念，很谨慎地避免任何可能导致质疑传统启示的观念和因素侵入犹太教。19 世纪早期犹太教科学运动的发起者聪茨在《论拉比文献》中将犹太学术看作一门以拉比文献为中心的学术。他认为，既然《圣经》已经成为基督教的遗产，而且已有许多基督教学者致力其中，那么对作为犹太教独特内容的《塔木德》及拉比文献的研究自然应该成为犹太学者的主要领域，而这一领域长期以来为人们所忽视。聪茨对犹太教科学计划中放弃《圣经》研究的貌似合理化的解释暗示他对现有的《圣经》学术感到满意。也正因如此，聪茨领导的犹太文化与科学协会在《圣经》研究领域并没有产生原创性成果。而 19 世

---

① Michael A. Meyer, *Response to Modernity: A History of the Reform Movement in Judaism*, p.6.

纪因科学运动开始产生的现代犹太历史编纂学在涉及犹太史《圣经》阶段时，走的仍然是传统圣经评注的老路，没有产生关于这一主题的任何重要著作。在约斯特九卷本的犹太史著作中，记述的起点是马卡比起义，而不是圣经时代。

而格雷兹在其多卷本的犹太史中主要涉及的是塔木德时代的犹太史。迟至 1871 年，他才开始在《圣经》研究中引入批判方式，不过仍拒绝将此方式应用到对《摩西五经》的研究中。① 19 世纪兴起的犹太教科学和犹太史学具有的普遍救世情怀使得科学成为犹太人获得解放的工具。出于政治目的，犹太文献必须被研究，科学将揭示后圣经时代的犹太知识创造性，拉比文献将作为一门学科获得非犹太世界的认可。因为，在那个时代的欧洲，《圣经》不会成为基督教的障碍，使基督徒感到不快的是后圣经时代的犹太文献。于是，犹太学者普遍地通过研究后圣经时代的犹太教来回应主流社会对犹太教的不满。由于信仰的不同，基督教对待《圣经》与犹太教对待《圣经》的方式和态度迥然不同，为了避免在非常敏感的神圣启示问题上同基督教发生争论，犹太学者有意回避《圣经》研究，特别是对《摩西五经》的研究，因为它象征着以律法为核心的犹太特殊性，这样的特殊性在解放时代被认为是不适当的。正是犹太教科学的神学和政治性决定了它对《圣经》研究的态度和方向。②

(二) 盖革的《圣经》研究

盖革公开表达了他对那个时代《圣经》研究现状的不满。1865 年，他在给霍尔茨曼（Holtzmann）的一封公开信中，表达了对关于《摩西五经》起源和完成时间学术研究的不满，他决心要在这一领域做出自己的努力。早在 1836 年，他就强烈地谴责拉比对公众的欺骗，即将《摩西五经》视为具有超自然性质的历史事件。盖革仅将《摩西五经》看作一种传说，除此之外，什么都不是。他这样表达了自己的感受：真正的犹太教精神不会清晰地

---

① Nahum M.Sarna,"Abraham Geiger and Biblical Scholarship", in Jakob J.Petuchowski, ed., *New Perspectives on Abraham Geiger*, p.18.

② Nahum M.Sarna,"Abraham Geiger and Biblical Scholarship", in Jakob J.Petuchowski, ed., *New Perspectives on Abraham Geiger*, pp.20-21.

从《摩西五经》中流露出来。在他的另一部作品中，他认为《摩西五经》的头四部书反映的是北方王国状况。

盖革力图将对《圣经》文本的批判研究同改革犹太教、现代化犹太教的目标联系起来，从《圣经》历史和文本发展的角度来证明犹太教的进化自犹太教产生以来就一直在进行。他借鉴基督教学者的方法，第一次将《圣经》的现代系统研究应用到犹太教科学计划中，并第一次将这种方式介绍到拉比学院课程当中。不过，盖革对《圣经》研究显示出一定的矛盾性和不连贯性。一方面，他有早期犹太教科学学者忽视《摩西五经》的倾向。他批判了《摩西五经》中的上帝观念并为圣经时代犹太教的一些特定的方面感到遗憾，这些方面包括献祭系统和祭司阶层的存在、繁冗的宗教律法和仪式，而这些方面是基督教学者长期以来批驳犹太教的焦点，盖革似乎对此表示默认。像斯宾诺莎一样，盖革从对历史的批判研究中，将《圣经》看成犹太民族远古历史的产物，应那个时代的需要而产生，主要适应了那个时代犹太民族的宗教需求。[①]

另一方面盖革又认可《摩西五经》作为启示的产物，是犹太人天才创造性的产物。在他将犹太教的历史发展分成四个阶段的时候，他将结束于《圣经》正典化的第一个阶段称为"启示阶段"，关于这个阶段，盖革写道：犹太教没有声称是个人的宗教，而是整个民族的宗教。他并没有言及摩西的上帝和先知的上帝，而是言及亚伯拉罕、以撒、雅各的上帝，是整个民族的上帝，是所有族长的上帝，他们具有宗教天赋，是神圣启示的传达者。犹太教正出现于这一启示的民族中……它是一种较高的思想和观念的表达；它不是一系列发展进程的混合物，即使后来它的发展被进一步推进了；它一经出现，便作为一个整体而存在，就像每一种新的创造都是源自某种创造性精神一样。[②]

盖革《圣经》研究的不连贯性和矛盾性恰恰体现出那个时代普世主义和特殊主义两种价值取向之间内在的张力。一方面，作为受到启蒙和德国哲学哺育的犹太思想家，盖革坚持认为历史地理解犹太教是出于理性，因而，

① *Encyclopaedia Judaica*, Vol.15, Jerusalem: Keter Publishing House, Ltd., 1971, p.1242.

② Nahum M.Sarna, "Abraham Geiger and Biblical Scholarship", in Jakob J.Petuchowski, ed., *New Perspectives on Abraham Geiger*, pp.23-24.

他的《圣经》研究同他所进行的犹太教改革一样，都致力于使犹太教成为一种理性的和普世的宗教。而基督教学者对《摩西五经》意义的伦理化解释正好服务于盖革消解以律法支撑的宗教权威的需要，并且使得对犹太民族性和特殊主义的解构成为可能，同时，盖革可借此强调并扩大先知书的伦理内涵和一神教思想。伦理一神教思想对他而言构成了真正的犹太普世主义，并为犹太人和基督教之间的交流提供了一种自然根据。但是，另一方面，盖革试图将犹太教伦理的进化置于犹太教自身的语境下，它不希望像第二代马斯基尔那样，给人造成犹太教传统中缺乏普世主义，其普世主义受到基督教和现代哲学影响的印象。

在象征普世主义根本观念"一神论"的问题上，盖革维护了犹太人的宗教原创性，即作为普遍性之根本的一神论是犹太精神创造性的卓越展现，单凭这一项精神成就，犹太教就完全有资格屹立于世界宗教之林。盖革认为基督教的上帝观念直接来源于《希伯来圣经》，即所谓的《旧约》，但基督教却未能秉持严格的一神教观念，除了信仰上帝之外，它还把耶稣当作圣灵来崇拜，从而淡化了犹太教中那个无限的、完美的、纯粹精神的上帝概念，基督教变异出的异教神概念损害了犹太教原创性的一神概念。基督教的原罪和来世观念损害了犹太教上帝作为积极引导和干预现世生活力量的形象。基于对犹太教和基督教上帝观念的认识，在二者同现代性的关系问题上，盖革如此评价道："坦率地说，现代的不是基督教的，基督教的不是现代的……现代文化在宗教方面依赖于犹太一神教……"，在盖革看来，犹太教是宗教意识的理想形式，是自由主义时代现代人文主义宗教的范型。[1] 显然，盖革对《摩西五经》在一神观念和宗教伦理方面原创性的阐释带有强烈的维护犹太宗教身份的意图，而这种意图在面临反犹压力的现代犹太教改革中表现得尤为迫切。

除了说明《圣经》所揭示的伦理普世性为犹太人原创外，盖革在他的《圣经》研究中努力突出《圣经》文本的流动性。对不同《圣经》文本的时代差异性的研究被认为是盖革在《圣经》研究方法论方面的一大创新，这种方法被他当作理解犹太教早期历史的重要途径。[2] 在1857年出版的

---

① ［美］罗伯特·塞尔茨：《犹太的思想》，第592—593页。
② *Encyclopaedia Judaica*, Vol.16, Jerusalem: Keter Publishing House, Ltd., 1971, p.575.

《圣经原本与译本》中，盖革旨在证明，《圣经》是在历史发展中形成的，其中的犹太教思想也是不断跟随时代变迁的。[①] 他指出，既然《圣经》文本的历史和犹太民族的历史紧密地缠绕在一起，是对犹太人生活的回应，那么它必然持续地处在变革之中以适应民族生活发展的需要，早期以色列精神和信仰的历史正是通过《圣经》文本的不断变化和修正得以生动地反映出来。在第二圣殿时期，犹太社会的领导权为试图将犹太宗教民族意识编织进入《圣经》文本架构中的祭司撒督的子孙（Zadokites）所掌控。第二圣殿时代社会、政治、宗教潮流的汇合，具体地说，希腊化的挑战、马卡比起义以及随后法利赛派和撒都该派之间的斗争都造成了经文方面的差异。

他指出，法利赛人是马卡比战争期间出现的犹太知识分子阶层，代表犹太大众的利益。在第二圣殿被毁和巴尔·科赫巴起义失败后，他们公开表达了自己对于时代和宗教的新看法。尽管在哈加达文献中撒都该派的观点有时表现得还很明显，并能够从撒玛利亚人（Samaritans）[②] 和卡拉派（Karaites）[③] 的宗教教义中推演出来，但法利赛人的观点则主导了《密释纳》和《塔木德》。也正是在这一时期，权威的《圣经》文本得以确立。盖革的研究勾画了撒都该派和法利赛派的新形象。前者是《圣经》的撒督子孙的精神继承者和传统体制的严格监护者，而后者则致力于犹太宗教习俗的民主化和自由化，是政治和宗教进步势力的代言人。

盖革还认为，古代世界不同版本的《圣经》体现着不同时代精神上的微妙变化以及翻译者的不同意图。他认为撒玛利亚人《圣经》、《旧约》的希腊文译本以及意大利文本的产生是犹太社区政治和宗教发展的证据。[④] 盖

---

① 傅有德等：《现代犹太哲学》，第39页。

② 撒玛利亚人自称是消失了的北国以色列的后裔，保存有摩西律法的教导，并以基利心山为他们信仰的敬拜中心，但以色列人并不会接纳他们同为犹太人后裔，以色列历史学家约瑟夫表示他们是北国以色列灭亡时，亚述把外族移居以色列地，和留下来的以色列人生的后裔。他们同犹太人有一定的渊源，但其身份并未确定。

③ 8世纪兴起于中东的犹太教一派，反对口传律法《塔木德》，主张一切教义和习俗都应以《圣经》为依据。

④ Susannah Heschel, " Abraham Geiger on the Origins of Christianity: The Political Strategies of Wissenschaft Des Judentums in an Era of Acculturation", in Menachem Mor, ed., *Jewish Assimilation, Acculturation and Accommodation: Past Traditions, Current Issues and Future Prospects*, Lanham, MD: University Press of America, 1992, p.111.

革对希腊语和阿拉米语版本的《圣经》的研究显示，《圣经》观点在时代发展中发生了变化。例如，摩西五经的阿拉米语翻译是按照在塔木德时代才流行的律法模式构建的，其最终文本及发音只是在《塔木德》完成的后几个世纪才确定下来，其间给多种观点的争论预留了充分的时间，所以并没有过多受到正典化文本的束缚，不同的时代观念也因此得以影响到《圣经》文本。盖革试图证明，不是《圣经》创造和构筑了犹太教精神；相反，是犹太教精神以自身的形式和表达方式影响了圣经时代的生活并修正了《圣经》文本，因为犹太教精神是随着时代的变化而变化的，所以《圣经》也随这种精神在发生变化。①

盖革关于经文流动性的观点后来为发掘出的《死海古卷》所证实。不过应当意识到，盖革的这一观点不仅是一种学术观点，也是一种宗教观点，它意在确立经文与历史之间的对应和互动关系，从而打破传统势力在《圣经》诠释方面的超历史观点。总的说来，盖革认为，《圣经》是一种历史性的文本，从对这种文本的研究中，人们能够发现信仰的历史。事实上，古代《圣经》翻译家已经在不断修正那些与常识不符的原始文本，盖革则赋予这样的做法以充分的现实意义。他确信，一旦历史的知识能够追踪犹太教自《圣经》以来的发展脉络，那么犹太人的宗教与生活就能够找到适当的根基。对盖革来说，宗教真理是长期历史进化中思想筛选的结果。盖革关于《圣经》文本的"历史形成论"观点为人们对后圣经时代的《塔木德》和拉比文献的历史批判研究奠定基础，因为，既然作为《塔木德》和拉比文献诠释对象的《圣经》本身都具有历史性，那么《塔木德》和拉比文献的历史性也就不言而喻了。

但是，盖革的《圣经》学术仍然有限，他并没有深入《圣经》文本内部去详细地考证《圣经》文本的历史起源，也没有写关于《圣经》的评注，更没有认真对待前流散时代的《圣经》历史。这主要是因为盖革的圣经研究具有推动宗教改革的实用动机。总体而言，改革在内部主要反对犹太教传统派，在外部主要反对宗教反犹主义者，而犹太教传统派竭力维护的和宗教反犹主义者竭力否定的恰恰都是具有典型犹太特征的经典——《塔木德》

_____

① Max Wiener, ed., *Abraham Geiger and Liberal Judaism*, p.49.

和拉比文献。

（三）盖革对《塔木德》的批判

早在犹太启蒙运动和犹太教科学最初兴起的时代，就有不少犹太学者开始对《塔木德》和拉比文献进行批判研究。第二代马斯基尔在康德哲学的影响下，对《塔木德》和拉比文献作了哲学意义的非理性评判，甚至主张完全废弃《塔木德》和拉比评注。这一态度不是要客观地、科学地分析犹太遗产，而是要最大限度地消除与主流社会不相适应的犹太异质成分，加速实现犹太人的政治和社会解放。马斯基尔显然缺乏细致分析《塔木德》和拉比文献的耐心。他们轻视和鄙夷这些给他们融入主流社会带来严重障碍的、体现犹太特殊性的东西。

聪茨是第一位全面开始对《塔木德》和拉比文献进行批判研究的学者，他的研究涉入的深度和广度都是空前的，而他的学术态度也非常严谨，但是，聪茨显然主要致力于使犹太学术在德国学术界受到尊重，他并没有也不愿意过多地考虑对《塔木德》和拉比文献的批判之于犹太教改革的意义这一复杂问题。而 19 世纪参与犹太文化与科学协会的大多数年轻人在黑格尔历史哲学的影响下，认为拉比犹太教已经落伍于世界历史发展潮流，因而《塔木德》和拉比文献整体上也遭到否定。在盖革之前的德国犹太社区，虽然进行了诸如本地祈祷、在会堂中使用器械音乐之类的强调灵活运用犹太律法的改革，但并没有触及改革的主要内容，即怎样界定和评价《塔木德》和拉比资源在现代犹太宗教改革中的地位，如何评价拉比犹太教？

根据历史犹太教的原则，盖革否认了任何历史阶段、历史文本对于当代的权威性，但又肯定了每一种历史阶段和历史文本在犹太教进化和发展进程中的作用，即它们构成不间断的犹太教历史的一部分，因而，对维持犹太延续性具有积极意义。总体而言，盖革对《塔木德》和拉比文献采取了辩证的态度。

首先，盖革认为，《塔木德》是一种重要的历史文献，是中世纪犹太教的主要内容，也是犹太人知识生活的主要部分，在漫长的历史过程中，它给予犹太人一种明晰的关于犹太教进化的观念，其中也包含着对充分理解《圣经》及其历史具有重要意义的内容。所以，不应对《塔木德》采取完全的敌意，完全放弃《塔木德》和拉比文献意味着抛弃长达几个世纪的犹太传统，这会使人们无法解释圣经时代、后圣经时代和拉比犹太教之间的联系，必然造成了犹太教精神生活的断裂。

盖革将《塔木德》看成传统延续性的体现，它根据不同的时代要求，对《圣经》进行持续的再诠释，并由此更新《圣经》传统。在1835年出版的文章中，他这样写道："整个《塔木德》和拉比文献据以出现的传统原则不是别的，就是一种持续地随着时代发展进化和更新的原则。这一原则并不屈从于《圣经》的原始文本，而是根据《圣经》的真正精神和已经渗透进会堂之中的真正的宗教意识进行持续的更新。这样，犹太教就充分承认了口传宗教教诲的角色，它同《圣经》的本质精神和时代要求一致，根据这种特定的精神，它能够复兴、重建并重新创造文本的语言，否则文本语言将会处在一种僵化的状态下。"[1] 这里，盖革拓展了《塔木德》作为口传律法的意义，认为它反映了古老经文与现实生活之间的互动，《圣经》精神和本质同时代观念的互动，如是，《塔木德》和拉比文献对于《圣经》的诠释在一定程度上发展出了犹太教中的新精神和新观念，推动了犹太社区生活的更新，因而它们在一定程度上体现着历史的进步性。

对于盖革而言，在《塔木德》和拉比文献中富有犹太创造性因素，它们在一定时期内和一定程度上对犹太教精神的进化和发展意义重大，提取和重申这些因素对犹太教的现代改革无疑具有促进作用。作为一名现代拉比，盖革对于《塔木德》和拉比文献所显现的改革、进步和发展原则的肯定表明，尽管他没有打算将改革建立在传统的基础之上，他所进行的改革抨击社区传统派，也力图更正拉比犹太教的种种弊端，但是，他从来没有打算同拉比犹太教决裂，而是力图发掘其中包含的广泛的变革因素。

其次，在肯定《塔木德》历史进步性的同时，盖革认为，《塔木德》对现今而言不再是一种权威性资源。对《塔木德》不应采取一味顺从的立场，因为这样的立场会导致犹太教逐渐丧失精神创造力而落伍于时代潮流。像众多的改革者一样，盖革将《塔木德》作为口传律法放置在礼仪和习俗的框

---

① Jay M. Harris, *How Do We Know This? Midrash and the Fragmentation of Modern Judaism*, New York: State University of New York Press, 1995, p.158.

架内。既然犹太教核心真理是伦理一神论，礼仪和习俗只是记住宗教真理的方式，那么它们就不是神圣不可改变的。它们在一个时代可能反映宗教真理，而在另一个时代却可能恰好相反。因此，只要时代需要，就可以改造其中的某些内容甚至摒弃不合时宜的陈规陋习。如盖革认为那些源于《圣经》并在《塔木德》中被拉比反复强调和诠释的犹太教割礼以及犹太饮食法中的某些禁令是过时的和必须废除的。① 在 1835 年《犹太教神学科学杂志》的一篇文章中，盖革写道："拯救要求对过去传承至今的许多事物的深层意义进行仔细审视，在于将传统导向继续创造历史的目标，我们现在信仰和遵从的许多并不是传统……而是特定时代的产物，因而可以为新时代淘汰。"②

　　盖革还进一步揭示了《塔木德》文本内部反映的精神上的不一致性。他认为，《密释纳》和《革马拉》之间存在着巨大差距。只有《密释纳》的早期形成时代代表着一种具有适应性的口传律法观念，而《密释纳》后来阶段，特别是《革马拉》阶段，体现的则是一种文化退化的倾向，因为编纂者们开始通过不正当的《圣经》评注和声称拥有所谓个人传统而标新立异，力图显得与众不同。《密释纳》后来已经完全超出了健康评注的范畴，文本开始以一种专断而离奇的方式被记忆和解释，为的是证明一种律法文本向另一种律法文本的转型。盖革的结论是，拉比评注显示的是一种混乱的、事实上也是有缺陷的评注意识，即过分关注词语、字母和语法方面的问题，逐渐脱离了文本的背景和自然的意义。

　　与盖革对《塔木德》的分析相关的是，他一方面同情并理解拉比犹太教的早期阶段，它顺应了时代精神的需要，超越了《圣经》遗产所确立的模式。这些早期编纂《塔木德》的拉比，即口传律法的传播者和创造者，为盖革自己的著作确立了一套理论上的模式，并为他正在进行的改革提供了积极参照。但是，盖革认为，拉比犹太教的后期阶段则表现出一种不愿意真诚面对时代挑战的特征，这导致了拉比力图利用《圣经》在语言学上留下的空间来不恰当地定位他们对现代性的回应。他们刻意地追求同《圣经》文本之间的联系而失去了对时代精神的敏锐洞察力和积极接纳能力，他们的

---

① ［美］大卫·鲁达夫斯基：《近现代犹太宗教运动——解放与调整的历史》，第 188—189 页。

② *Encyclopaedia Judaica*, Vol.12, Jerusalem: Keter Publishing House, Ltd., 1971, p.1442.

评注逐渐走向僵化和不切实际。[1]

不过，盖革坚持认为，《塔木德》总体上并非是一种科学体系，它无论如何也不能等同于犹太教科学，它基本上不包含现在所谓的科学。所以《塔木德》必须以批判的研究加以检视，因为目前人们面对的《塔木德》，在一定程度上因口传之故吸收了许多外部元素，在历史进程中产生了完全不同的观点。这是一项巨大任务，但同时也是一项必将产生丰硕回报的任务。[2]

盖革将犹太教理解为一种历史现象和历史进程意味着《塔木德》和拉比评注代表的只是犹太教某种阶段性的成就，它们曾经是合理的并给犹太教留下了丰富的可供借鉴的遗产，但是它们本身并不能成为永恒的宗教权威。盖革对《塔木德》和拉比评注的历史性分析从两个方面转变了对于宗教权威的定义。一是历史学家而不是《塔木德》学者成为传统的最佳阐释者。历史学家以分析历史文献的方式来进入《塔木德》而不是以标准的宗教权威方式来理解《塔木德》。盖革声称自己具有宗教权威并不是因为他接受过拉比职业训练，而是因为他富于宗教智慧和卓越的历史分析能力。二是所有受过教育的人都可以参与对《塔木德》和传统的阐释，他们有权决定自己该信仰和践行什么，而不必非要求助于拉比的《塔木德》学识。[3] 盖革事实上展现了一种精英的和民主的犹太教类型，在这种犹太教当中，拉比专断的宗教权威遭到否定，历史学家和学者的知识和权威受到尊重，同时大众的、自由的理解犹太教也成为可能。

盖革对《圣经》和《塔木德》的批判研究是其自由犹太教和历史犹太教思想的进一步展现，旨在服务于宗教改革的需要。盖革认为，任何文本不应当成为决定宗教的权威。《圣经》和《塔木德》文本本身也是犹太教变化发展的反映，因而不能被原教旨化。人们可以根据现今的需要决定遵守、修正或者废弃经典中的某些内容，每一个人也可以根据自己的理解来诠释文本的意义。不过，批判性研究并不意味着否定《圣经》和《塔木德》的价值。

---

① Jay M.Harris, *How Do We Know This? Midrash and the Fragmentation of Modern Judaism*, pp.159-165.

② Max Wiener, ed., *Abraham Geiger and Liberal Judaism*, pp.166-167.

③ Harvey Hill, "The Science of Reform: Abraham Geiger and the Wissenschaft des Judentum", *Modern Judaism*, Vol.27, No 3 (Oct., 2007), p.334.

盖革认为，《圣经》中包含着伦理一神教思想的精华，从而具有永恒的普世价值；而《塔木德》虽总体上并不是一种科学体系，但其中仍然包含许多犹太智慧和创造性因素，这些因素对维持犹太精神统一性和延续性至关重要。就两大经典的重要性而言，盖革认为，《圣经》居于首要地位，因为它体现着犹太教精神和道德原则；《塔木德》退居次要地位，不再是现代犹太教的权威，但仍是可资利用的传统。

三、盖革历史犹太教思想评述

自犹太教科学运动以来，现代犹太教开始转向对于自身历史的关注。犹太历史主义作为一种对应于德国历史主义的新思潮深刻影响了那些致力于宗教改革的现代拉比。他们开始将学术研究同神学和宗教的考量结合在一起，历史主义作为一种科学方法在一定程度上起到了确认和改造神学的作用。盖革是这一方法最杰出的践行者，将历史主义的原则和方法真正应用到了宗教改革的理论和实践中，从而系统地构建了改革派犹太教理论。

作为 19 世纪最杰出的改革派犹太教理论家，盖革充分汲取了德国理想主义哲学传统、浪漫主义和历史主义的营养，在宗教反犹主义和犹太人争取解放的语境下，创造性地发展了哈斯卡拉以来出现的种种犹太教改革观念，比较系统地阐明了一种可以被称为"精神历史主义"的理论。这一理论与他的犹太教科学、历史犹太教观念紧密地联系在一起。盖革认为，犹太教改革应坚持理性、科学和历史批判的原则。

理性是犹太教改革的首要原则。理性可以用来审视犹太神学、教义、律法、仪式等方方面面。犹太教本质上是一种坚持真理启示的理性信仰，是追求普世伦理的一神教。理性决定了改革派犹太教必须同传统宗教权威、宗教蒙昧主义、宗教教条主义进行斗争，必须成为一种建立在个人自由和良知基础上的精神信仰。

科学是犹太教最有力的批判武器，同传统的经文诠释方法有着本质的区别。科学打破了僵化、专断和教条主义的解经模式，赋予了经典诠释更强的逻辑性和历史关联性，动摇了以神学的超自然预设为基础的拉比解经权威。科学还为改革提供了标准，一定程度上可以决定犹太教中哪些内容是应当保留的、哪些内容是应当改革的，哪些内容又是必须废弃的。

历史批判是犹太教科学的展现和主要领域，历史的犹太教是唯一正确的理解犹太教的方式，也是促使犹太教成为自由犹太教的手段。犹太教的宗教启示和伦理一神教本质在犹太教历史中得以体现。犹太教是处在不断变化和发展中的宗教，其精神、教义和习俗都随着历史的发展而发展。现今的犹太教必须按照现代价值观的要求，积极地进行变革。对犹太教的历史考察可以揭示宗教进化的轨迹，证明精神更新的必要性，为改革提供先例，还可以在过去、现在与未来之间建立紧密联系，确保犹太延续性。

盖革对改革运动观念的最重要突破在于他洞察了改革观念发展过程中出现的紧张态势并成功地缓和了这一态势。他没有让启蒙理性主义和普世主义吞噬犹太教传统，也没有让历史和传统束缚自由的心智；他成功地将理性主义原则应用到对犹太教历史的理解之中，创造性地提出了精神历史主义理论。他反对超验主义神学和哲学造成的激进反仪式、反律法倾向，主张在历史和精神进化原则指导下，进行渐进的律法和仪式变革。

他避免使犹太教科学成为一种纯粹的学术追求，成功地将作为学术的犹太教科学同作为宗教改革手段的犹太教科学密切地结合在一起，使犹太教科学能够达到服务于宗教神学的目标。他成功缓和了普世主义与犹太特殊主义之间的紧张关系，创造性地提出了建立在犹太民族天才启示基础上的犹太教普世主义，即犹太教作为伦理一神教的本质。他一方面顺应解放的要求，积极改革宗教观念、教义、律法和习俗，另一方面决不让政治解放和宗教反犹主义主导犹太教改革的进程，注意维护犹太宗教身份。盖革所构建的犹太教改革观念具有温和与调和的特征，试图在传统与变革之间达成谨慎的平衡。

基于犹太教历史进化与发展，盖革认为犹太历史实际上是犹太教精神发展的历史，是犹太创造性不断展现的历史。盖革没有拒绝启蒙哲学理性主义的基本预设，而是按照历史主义的方式深化和拓展了犹太教作为普世宗教的内涵，即犹太教作为一种普世宗教不是任何外部力量影响或强制的结果，而是源于犹太教启示的本质和犹太历史发展的自身逻辑。盖革发展了"自由犹太教"和"历史犹太教"这两种观念。在他看来，这两者是统一的，"自由犹太教"意在将以宗教和学术自由的精神来反叛传统宗教权威，而"历史犹太教"在反叛传统犹太教超历史神学的同时，更有着明显的保护现代犹太身份的动因。如果说"自由犹太教"是一种原则的话，那么"历史犹太教"则是践行这一原则的方式。在盖革看来，只有历史的犹太教最终才能成为自由的犹太教。盖革的上述理论标志着 19 世纪中叶现代犹太历史观念已趋于成熟。

　　启蒙和解放以来，犹太人开始了全面接触现代哲学、科学和文化，融入现代国家的进程。在这一进程中，受社会环境和主流观念的影响，现代犹太历史观念逐渐形成和发展，这一观念强调对犹太人和犹太教历史的、世俗的理解，鼓励宗教和世俗的互动与融合，有助于增强犹太人对现代世界的适应能力以及犹太文化的创造性与活力。更为重要的是，现代犹太历史观念强化了犹太人的存在感和命运意识，与犹太人所经历的文化适应、社会改良和宗教改革密切结合在一起，成为维系犹太认同的重要方面。在追求同化和文化融入的梦想遭遇欧洲反犹主义重挫的情况下，犹太民族主义成为犹太人新的历史表达方式。19 世纪后期以来，犹太复国主义运动的蓬勃发展、当代以色列国的建立正是犹太人反思自身历史命运并为之积极奋斗的结果，现代犹太历史观念在后来以色列的民族国家构建过程当中发挥了重要作用，同时也在这一过程中获得新的、更为丰富的内涵。

下 编

当代以色列国对
民族记忆的建构

第 九 章

犹太传统中的集体记忆及其社会功能

犹太人是一个极为重视记忆的民族。他们虽没有像希腊人那样涌现出希罗多德与修昔底德，没有《历史》与《战史》，但并不能就此否定犹太人的历史记忆。与希腊人的世俗性记忆①不同的是，犹太人的记忆是具有神圣内涵的，他们的记忆内容主要是以宗教为中心的：《希伯来圣经》作为犹太民族最重要的文化经典，不仅是律法的汇编，更是记忆的宝库。不仅如此，许多古代西亚民族的历史也藉着犹太人的历史记忆才得以留存。因此，除现有对《圣经》所进行的文学、神学、史学等进路解读之外，还应对其文本进行记忆化的诠释。犹太人之存在与延续不仅在于"忠于一部圣书，一种共同的宗教信仰，一种生活方式"②，而且在于对一种神圣历史的记忆。这种宗教记忆对于犹太民族认同的维护有着不可忽视的重要作用，集体记忆研究的开创者莫里斯·哈布瓦赫强调道："尽管宗教记忆试图超离世俗社会，但它也和每一种集体记忆一样，遵循着同样的法则：它不是在保存过去，而是借助过去留下的物质遗迹、仪式、经文和传统，并借助晚近的心理方面和社会方面的资料，也就是说现在，重构了过去。"③

---

① 希腊人的世俗记忆一直颇有争议，因为希罗多德的《历史》中也多次强调神灵对政治与战争的干预，但与犹太人相比，显然偏重世俗一些。实际上，在前现代社会，或许根本不存在"神圣"与"世俗"之区分，现在人们使用的这两种概念只是在现代世俗社会出现后才有的现象。

② ［以］阿巴·埃班：《犹太史》，阎瑞松译，中国社会科学出版社 1986 年版，第 220 页。

③ ［法］莫里斯·哈布瓦赫：《论集体记忆》，毕然等译，上海人民出版社 2002 年版，第 199—200 页。

一、记忆作为一项神圣的诫命

实际上，记忆对于犹太民族文化传统的传承与发展有着不可忽视的影响，《希伯来圣经》即是最大的例证。犹太人自身很早就意识到这一点，巴勒斯坦《塔古姆》（*Targum*）就将《托拉》称为"记忆之书"（the Book of Memories）[1]。著名学者阿斯曼也强调，《圣经》中有关民族起源的叙述应该被理解为集体性的文化记忆，而不是历史记载。[2] 耶鲁沙尔米通过对希腊人与犹太人赋予历史记忆的不同地位进行比较，从而强调集体记忆对于犹太人的重要性：

> 对于希罗多德来说，书写历史最为首要的目标就是充当一座抗拒因时间流逝所带来不可逆转的记忆侵蚀之堡垒。大体而言，希腊的史学书写是对距离当时很近时代事件的一种杰出的希腊式求知欲、探索心之表达，或是为了从过去寻找道德榜样和政治启发。除此以外，历史并没有提供任何真理，因而它在希腊宗教和哲学中并无一席之地。如果说希罗多德是历史之父，那么犹太人就应该是历史意义之父。[3]

把《圣经》当作一种"记忆文本"来进行理解意味着什么？简言之，即是在今天对待《圣经》，要像对待其他许多古代文献一样，将之视为古人记忆的产物。以此来看，《圣经》是一部由众多生活在不同时期的历史人物所留存和修改的文本化记忆。《圣经》的文本可被视为承载、传递、维持犹太民族集体记忆的首要途径，通过这个中介，得以将过去发生的经历反复重演，从而赋予当下群体的信仰与身份。希伯来语中，有专门一词"扎克霍"（זכור/Zakhor）指代"记忆"，据耶鲁沙尔米的研究，《希伯来圣经》中总

---

[1] Ronald Hendel, *Remembering Abraham：Culture，Memory，and History in the Hebrew Bible*, Oxford：Oxford University Press，2005，p.ix.

[2] Jan Assmann, *Moses the Egyptian：The Memory of Egypt in Western Monotheism*, Cambridge：Harvard University Press，1997，pp.12–16.

[3] Yosef Hayim Yerushalmi, *Zakhor：Jewish History and Jewish Memory*, p.8.

共出现动词"记住"（zakhor）有 169 次之多，包括各种词尾变化，其主体包括上帝与以色列人，意为双方都负有"记忆"的神圣义务。[①]《圣经》中除要求"遵行"（shamor/observe）外就是要求"记住"（zakhor/remember），一再强调"当记住并遵行"。在以色列人的历史意识中，上帝对历史的干预与救赎成为中心，以色列历史的书写的核心原则是为了体现上帝与其选民之间的特殊关系。作为对上帝超自然行为的回应，以色列人有义务永远记住过去。这种神学指向决定了历史书写的宇宙论层面，强调牢记过去等同于一项"宗教责任"：

> 对于希伯来历史学家而言，编撰历史很快成了对创世以来所发生事件的叙述，这是希腊历史学家从来就没有想到过的。可靠性的标准也有不同。犹太人总是极其关注真实性，希伯来的上帝是真实的上帝。……如果上帝就是真实的话，那么他的信徒就有责任保存那些有上帝在其中出现的事件的真实记录。每一代人都必须把过去事件的真实记录留传给下一代，记住过去是犹太人的宗教责任，而这是希腊人所不知道的。因此，犹太人所说的可靠性与记录传递者的真实性是一致的，与传递者所信仰的上帝的最高真实性也是一致的。[②]

记忆成为一项集体性指令，无论是在记忆的内容上还是在记忆的方式上都是如此。《申命记》中有这样的诫命："你当追想上古之日，思念历代之年。问你的父亲，他必指示你；问你的长者，他必告诉你。"[③] 而且，还频频告诫以色列人不要忘记他们从前的悖逆行为："你当记念不忘，你在旷野怎样惹雅卫你神发怒。"[④] 可以说，记忆被视为以色列人与上帝交流沟通的重要途径："在有关传统的强烈斗争中，以色列人再三遭遇以其记忆为媒介的上帝的过去。他们的注意不再集中于特定的历史事件，而是集中于烙刻在其历史之中的神圣事实……记住即是深刻领会、即是进行反省，实际上就是

---

① Yosef Hayim Yerushalmi, *Zakhor：Jewish History and Jewish Memory*, p.5.
② ［意］莫米利亚诺：《现代史学的古典基础》，冯洁音译，华东师范大学出版社 2009 年版，第 22 页。
③ 《申命记》32：7。
④ 《申命记》9：7。

向上帝祈祷。"①

与"记忆"一词密切相关的即是"书写"（write）一词，"书写"是一种保持记忆更为行之有效的手段与途径。据统计，"书写"在希腊《荷马史诗》中仅出现一次，然而在《希伯来圣经》中却有 429 次之多提及书写和书写的对象。② 由此充分反映出以色列人对于自身过往历史记忆的珍视，正如约翰·布莱特所言："以色列宗教，绝不是建基在某种抽象的宗教观念或伦理原则之上，而是依赖于历史经验的回忆，以信仰解释这一经验，并在信仰中作出回应。"③ 可以说，《圣经》中的所有诫命除了必须遵行之外，就是必须记念。记念是遵行之前提，因为《托拉》的直接启示降于在西奈山受诫的那一代人，而之后的人们只有通过对这次天启经历及其诫命的记忆回到那个历史场景，与出埃及那一代人仿佛共处同一个时空之中。

从犹太民族的早期历史发展过程中不难看出，犹太一神教的形成、发展和成熟始终与犹太民族的独特历史记忆紧密相联、息息相关：对民族过往经历的记忆，强化了一神信仰的群体身份；而一神信仰的发展壮大，又不断丰富着独特的民族记忆。记忆是一条神圣的诫命，虽然它不列 613 条诫律之中，但却无处不在、每时每刻地提醒着以色列人应当记住 613 条诫律，而613 条诫律是通过记忆来复现的，而且"遵行"的前提就是"记念"。在"记念"与"遵行"的互动之中，孕育并滋养了人类历史上的首个一神教；正是在此意义上，犹太教可以被称作"记忆的一神教"（memorial monotheism）。可以说，"记忆"是以色列人传递神圣意识的根本方式；④ 达到神圣的主要路径就是"记忆"并遵行《托拉》，历史就是从创造这个历史性起点一直到终极的救赎末点之间的中间过程。《申命记》多次强调牢记过去："当追想上古之日，思念历代之年。问你的父亲，他必指示你；问你的长

① Brevard S.Childs, *Memory and Tradition in Israel*, London：SCM Press, 1962, pp.64-65.

② P.R.Ackroyd & C.F.Evans, eds., *The Cambridge History of the Bible*, Vol.1, Cambridge：Cambridge University Press, 1970, p.13.

③ John Bright, *A History of Israel*, Philadelphia：Westminster Press, 1981, p.148.

④ 参见 Lucette Valensi, "From Sacred History to Historical Memory and Back：The Jewish Past", in Marie-Noëlle Bourguet, Lucette Valensi & Nathan Wachtel, eds., *Between Memory and History*, New York：Harwood Academic Publishers, 1990, pp.78-83。

者，他必告诉你。"① 著名学者康纳顿认为以色列人形成了一种独特的记忆神学："在《申命记》里，这种记忆神学比在任何其他地方都更凸显。对于《申命记》的作者来说，表明新一代以色列人仍保持摩西传统，以及现在的以色列没有放弃赎罪史的标准，只能是用来把记忆变成过去与现实沟通、祖先与后人共聚的生活方式。"②

作为记忆文本之《圣经》的最重要体现还在于，它是犹太人这个信仰群体（后来又为基督徒所延续）的根本经典，在宗教节日及日常祈祷中经常被运用，以此来凝聚群体认同、维持民族身份。正是通过一代代人的诵读与记忆，这个独特群体的边界得以不断凸显。实际上，集体记忆成为犹太民族身份与文化认同的关键主题，正是通过牢记历史中的事件，从而为犹太人创造了一种独特的群体身份，使得他们可以跨越时间与先辈们、超越空间与同胞们达成心理认同。在穿越"同质而空洞"的时空过程中，将遥不可及的过去与现在联系起来，从而使世世代代的犹太人被烙上了民族文化的印记，通过对共同命运的不断强调，犹太群体的特征由此得以界定与深化。可以毫不夸张地说，历来的犹太人是被记忆所塑造的独特群体、犹太历史是被记忆所定格的独特历史。

二、记念"上帝—《托拉》—以色列"

在犹太传统思想体系之中，最为核心的观念就是上帝、《托拉》、以色列，人们对其有一个十分形象的比喻——"三重奏"（Hut ha-Meshulash）③，它们共同构成犹太思想的精髓所在；这三者之间的内在关系可以理解为：启示（Revelation）、遵行（Observance）、圣化（Sanctification），犹太传统的肇始是西奈神启，接受神启后的以色列人最大的诫命就是遵行《托拉》，以在生活的各个层面上达到圣化。正如赫舍尔强调的："犹太教的第一个要求就是要信仰上帝，信仰《托拉》，信仰以色列民族。正是由于对上帝的信仰和爱，我们才在行为中表现出犹太人之为犹太人的特点。信仰意味着忠诚，而

① 《申命记》32:7。
② ［美］保罗·康纳顿:《社会如何记忆》,第52页。
③ Abraham Mayer Heller,*The Jew and His World*,New York:Twayne Publishers,Inc.,1965,p.12.

做一个犹太人，就要忠于上帝，忠于《托拉》和以色列。"① 总之，犹太传统的根本精髓体现于上帝、《托拉》、以色列的互动之中，通过启示、遵行、圣化这个运作过程，上帝与以色列、以色列与《托拉》之间都达到了完美的境界。参见下图：

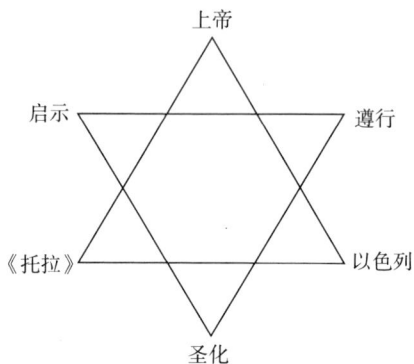

必须看到，前现代犹太人对于过去的意识主要以宗教记忆的形式体现出来；作为犹太精神元典，《希伯来圣经》中保留了关于犹太集体记忆的大量内容。但记忆是有选择性的，其内容大致可以分为三类：首先，上帝是以色列人一切记念的中心。上帝因介入历史而得以彰显，以色列人之上帝是在历史之中显现的上帝，上帝对世人施行救赎是因为他记念与世人所立的契约：上帝对罪恶的世人施行大洪水惩罚后，唯独对义人挪亚进行了拯救，是因为上帝说"记念我与你们和各样有血肉的活物所立的约"②；上帝毁灭平原诸城的时候，因记念亚伯拉罕而将罗得免于灾难；上帝最初介入以色列人的历史将其从埃及为奴之地拯救出来，也是因为"神听见他们的哀声，就记念他与亚伯拉罕、以撒、雅各所立的约"③。总之，上帝对以色列人的偏爱源自他对誓约的记念："雅卫你神原是有怜悯的神，他总不撇下你、不灭绝你，也不忘记他起誓与你列祖所立的约。"④

① ［美］亚伯拉罕·赫舍尔:《觅人的上帝》,郭鹏等译,山东大学出版社 2003 年版,第 310 页。
② 《创世记》9:15。
③ 《出埃及记》2:24。
④ 《申命记》4:31。

上帝一再自称是"亚伯拉罕、以撒、雅各的神"、"领你们出埃及地的神"，故而以色列人被要求记念上帝"至高的圣名"、"奇妙的作为"和"可畏的奇事"，特别是他"用大能的手和伸出来的膀臂，并大可畏的事与神迹奇事，领我们出了埃及"①；因此，对上帝在历史中所行的神迹奇事务必牢记："所以今日你要知道，也要记在心上，天上地下惟有雅卫他是神，除他以外，再无别神。"② 通过记念他的圣名得以时刻保持关于他的记忆："我必叫你的名被万代记念。所以万民要永永远远称谢你"；③ "惟你雅卫必存到永远。你可记念的名，也存到万代。"④《圣经》中多次要求以色列人牢记在历史中显现的上帝并谨守遵行他的诫命：

> 你要谨慎，免得忘记雅卫你的神，不守他的诫命、典章、律例，就是我今日所吩咐你的。恐怕你吃得饱足，建造美好的房屋居住，你的牛羊加多，你的金银增添，并你所有的全都加增，你就心高气傲，忘记雅卫你的神，就是将你从埃及为奴之家领出来的，引你经过那大而可怕的旷野，那里有火蛇、蝎子、干旱无水之地。他曾为你使水从坚硬的磐石中流出来，又在旷野将你列祖所不认识的吗哪赐给你吃，是要苦炼你、试验你，叫你终久享福。恐怕你心里说："这货财是我力量、我能力得来的。"你要记念雅卫你的神，因为得货财的力量是他给你的，为要坚定他向你列祖起誓所立的约，像今日一样。你若忘记雅卫你的神，随从别神，侍奉敬拜，你们必定灭亡。这是我今日警戒你们的。⑤

而《托拉》中的一切诫命与教训是以色列人记念的核心对象。这种记忆的核心内容即是神人之间的契约，它保证以色列人的历史发展遵循上帝的意志，上帝通过与世人所立之约得以进入历史之中。上帝通过与亚伯拉罕、以撒、雅各立约，成为以色列人之上帝，从此以色列人成为他的子民。对以

---

① 《申命记》26:8。
② 《申命记》4:39。
③ 《诗篇》45:17。
④ 《诗篇》102:12。
⑤ 《申命记》8:11—19，着重号为引者所加。

色列人的应许很大程度上依赖于上帝的记念。而对于以色列人来说，他们则必须记念这个立约："使你们记念遵行我一切的命令，成为圣洁，归与你们的神"；① "你们要记念他的约，直到永远；他所吩咐的话，直到千代，就是与亚伯拉罕所立的约，向以撒所起的誓。他又将这约向雅各定为律例；向以色列定为永远的约"②。《托拉》的根本特点，是在历史中产生，又在历史中呈现。普遍的真理呈现于独特的历史之中，历史的意义也融汇于伟大的神启之上。

著名的"示玛"祈祷词要求以色列人牢记《托拉》："以色列啊，你要听！雅卫我们神是独一的主。你要尽心、尽性、尽力爱雅卫你的神。我今日所吩咐你的话都要记在心上，也要殷勤教训你的儿女，无论你坐在家里，行在路上，躺下，起来，都要谈论；也要系在手上为记号，戴在额上为经文；又要写在你房屋的门框上，并你的城门上。"③ 以色列人及其后代要时刻学习并遵行《托拉》，《托拉》教诲要永久留存于犹太集体记忆之中。通过牢记上帝所启示的《托拉》诫命，以色列人获得了独特的神圣性："使你们记念遵行我一切的命令，成为圣洁，归与你们的神。"④ 牢记并遵行诫命则一切亨通；忘记律法势必招来一系列灾难，圣殿被毁、子民被掳、四处流散等都被视为上帝对不遵守契约的选民之惩罚：

> 看哪，我今日将生与福，死与祸，陈明在你面前。吩咐你爱雅卫你的神，遵行他的道，谨守他的诫命、律例、典章，使你可以存活，人数增多，雅卫你神就必在你所要进去得为业的地上赐福与你。倘若你心里偏离不肯听从，却被勾引去敬拜侍奉别神，我今日明明告诉你们：你们必要灭亡，在你过约旦河进去得为业的地上，你的日子必不长久。⑤

以色列人还被要求记念以色列故土及民族史。对于以色列故土的记忆早

---

① 《民数记》15：40。
② 《历代志上》16：15—17。
③ 《申命记》6：4—9。
④ 《民数记》15：40。
⑤ 《申命记》30：15—18。

已有之，尚在埃及时以色列人就被要求牢记上帝应许给列祖的迦南地："我起誓应许给亚伯拉罕、以撒、雅各的那地，我要把你们领进去，将那地赐给你们为业。我是雅卫。"① 而在所有民族史上的记忆对象中，最重要的莫过于出埃及的记忆。《圣经》不厌其烦地强调以色列人要"记念你在埃及作过奴仆"，著名的"十诫"就开宗明义地宣告："我是雅卫你的神，曾将你从埃及地为奴之家领出来。"② 牢记出埃及成为以色列民族诞生的"奠基神话"（founding myth）："要牢牢记念雅卫你神向法老和埃及全地所行的事，就是你亲眼所看见的大试验、神迹、奇事，和大能的手，并伸出来的膀臂，都是雅卫你神领你出来所用的。"③《圣经》中还有段"日后，你的儿子问你说"的对话，充分强调了对于出埃及的代际记忆：

> 日后，你的儿子问你说："雅卫我们神吩咐你们的这些法度、律例、典章，是什么意思呢？"你就告诉你的儿子说："我们在埃及作过法老的奴仆，雅卫用大能的手将我们从埃及领出来，在我们眼前，将重大可怕的神迹奇事，施行在埃及地和法老并他全家的身上，将我们从那里领出来，要领我们进入他向我们列祖起誓应许之地，把这地赐给我们。雅卫又吩咐我们遵行这一切律例，要敬畏雅卫我们的神，使我们常得好处，蒙他保全我们的生命，像今日一样。我们若照雅卫我们神所吩咐的一切诫命，谨守遵行，这就是我们的义了。"④

仔细研究《圣经》文本以及犹太文化留存，记忆出埃及的主要手段是通过仪式化、周期性的节日来得以强调与凸显的：三大朝圣节就是专为纪念出埃及而来，逾越节与出埃及有着最为直接的联系："你要注意亚笔月，向雅卫你的神守逾越节，因为雅卫你的神在亚笔月夜间，领你出埃及。……七日之内要吃无酵饼，就是困苦饼，（你本是急忙出了埃及地）要叫你一生一

---

① 《出埃及记》6:8。
② 《出埃及记》20:1；《申命记》5:6。
③ 《申命记》7:18—19。
④ 《申命记》6:20—25。

世记念你从埃及地出来的日子。"① 七七节也不例外："你要计算七七日：从你开镰收割禾稼时算起，共计七七日。……你也要记念你在埃及地作过奴仆。"② 住棚节更是如此："每年七月间，要向雅卫守这节七日，这为你们世世代代永远的定例。你们要住在棚里七日，凡以色列家的人都要住在棚里，好叫你们世世代代知道，我领以色列人出埃及地的时候，曾使他们住在棚里。"③ 甚至原来只与创世相联系的安息日也与出埃及联系起来："你也要记念你在埃及地作过奴仆，雅卫你神用大能的手和伸出来的膀臂，将你从那里领出来。因此，雅卫你的神吩咐你守安息日。"④ 在以上这些节日中，还辅之以诵读经文，以加深以色列人对于出埃及历史的记忆。法国著名社会学家涂尔干指出宗教仪式及其信仰群体的内在关系："宗教明显是社会性的。宗教表现是表达集体实在的集体表现；仪式是在集合群体之中产生的行为方式，它们必定要激发、维持或重塑群体中的某些心理状态。"⑤

可见，"出埃及"的记忆成为确立犹太民族认同的核心主题，通过牢记"出埃及"事件，使世世代代的犹太人被烙上了出埃及之印记，仿佛每一代人都经历了出埃及，随后又得到了解救，每一代人都分享着"曾经在埃及为奴"——"后来蒙上帝解救"的共同命运，通过对从奴役到自由的不断强调，犹太群体的特征便由此得以界定与深化。⑥ 从神圣维度来看，通过对神圣时刻——从出埃及到西奈神启——这一时间节点的持续记忆，使发生在过去的神圣时间得到了永恒的延伸，从而使每一世代的犹太人都得以感受神圣、成为神圣。从此以后，以色列人的时间观念便以出埃及为基准，所有的生存意义都与出埃及奇迹般的拯救联系起来："启示从强调的意义上产生直线式的时间和历史。西奈山之约中的启示，把时间和历史划分为'法前'（ante legem）和'法下'（sub lege）时期"⑦。在以色列真正离开埃及之前摩

---

① 《申命记》16∶1—3。

② 《申命记》16∶9—12。

③ 《利未记》23∶41—43。

④ 《申命记》5∶15。

⑤ ［法］涂尔干：《宗教生活的基本形式》，渠东、汲喆译，上海人民出版社1999年版，第11页。

⑥ Ronald Hendel，"The Exodus in Biblical Memory"，*JBL*，Vol.120，No.4（2001），pp.601–622.

⑦ ［德］阿斯曼：《古代东方如何沟通历史和代表过去》，载［德］哈拉尔德·韦尔策编：《社会记忆：历史、回忆、传承》，季斌等译，北京大学出版社2007年版，第37页。

西就已将出埃及作为一种日常化的仪式存在，时刻提醒着这一新生群体的身份标识。"你们要以本月为正月，为一年之首。……你们要记念这日，守为雅卫的节，作为你们世世代代永远的定例。"① 逾越节原来是出自农业社会的节日，现在被赋予伟大的历史意义，以便纪念出埃及这一伟大的历史开端；它甚至与创世联系起来，原来专为记念创世而守的安息日现在多了一重维度，就是记念出埃及的伟大拯救。

通过牢记出埃及的民族经历，以色列人从而获得了一种明确的群体身份。总之，出埃及在犹太民族史上有着至关重要的地位，正如学者纽斯纳所说："作为以色列人，他是一个被上帝解救的奴隶，他要永远感谢上帝的解救。这种解救不只是停留在历史的某一时刻，而是寓于每一代人之中，因而要不断庆祝。……犹太人认为自己逃离埃及向前进的过程至今未尽，而且《圣经》也在这样教诲他们。上帝不只是解救了逃离埃及的那已死去的一代，而且也解救了现在依然活着的一代——确是解救了依然活着的一代。"② 不断提及的"在埃及地为奴"的身份提示着犹太人要时刻牢记过去的民族创伤，这种创伤性历史资源对于民族认同的形成与发展有着极端的重要性。而且，"出埃及"记忆本身也反映了它是犹太民族之开端的事实，因此不免与一个新兴民族为了创造群体身份的行为联系起来："以色列历史的真正开端是出埃及，这一观念更是渗透在旧约最早期的文字里。……对于这一事件的历史意义有很多不同说法，唯一不大可能的是，一个骄傲的民族会靠凭空编造故事，来解释自己民族的起源。"③

此外，犹太集体记忆通过周期性的节日及其仪式得以不断强调与再现。犹太人的节日体系，从日到周、从月到年，几乎无时无刻不将他们纳入到民族集体记忆之中来，将时间神圣化的意识几乎为每个犹太人所遵守，从而使日常生活中的某个固定时间获得了超越日常的意义。节日有着极为重要的社会功能与文化内涵。"正是从其本质上看，在某种程度上而言，神圣的时间是不可逆的。确切地说，它是一种被呈现出的原初神话时间。每一个宗教节日和宗教仪式都表示着对一个发生在神话中的过去、发生在'世界的开端'

① 《出埃及记》12:2,14。
② Jacob Neusner, *The Way of Torah:An Introduction to Judaism*, Belmont:Wadsworth,1993,pp.39-40.
③ ［英］约翰·德雷恩:《旧约概论》,许一新译,北京大学出版社2004年版,第39页。

的神圣事件的再次现实化。对节日的宗教性参与意味着从日常的时间序列中逆出，意味着重新回归宗教节日本身所再现实化的神圣时间之中。因为，神圣时间可以无限制地重新获得，也可以对它无限制地重复。"①

在犹太节日体系中，所有的节日都不可作工，必须歇息下来；《托拉》一再强调"无论何工都不可作"，否则就将遭受重罚。每一周有"安息日"（Sabbath）。安息日的创立有着极为独特的文化意义，一周七天、七天一休，被总结为对时间的合理划分，这是犹太文化对世界的卓越贡献。犹太人据此被称为"时间的创立者"。② 安息日在犹太节日体系中有着极为崇高的地位。安息日首先被理解为纪念上帝创世而设，安息日又与出埃及的历史记忆联系起来，从而使出埃及的拯救赋予了与创世同等的意味。对于安息日的重要意义，著名犹太思想家阿哈德·哈姆说得好："与其说犹太人守了安息日，不如说安息日守了犹太人。"③ 每一月则有"新月节"（Rosh Chodesh）。这个节日尽管在重要性上不如一周一次的安息日和一年三次的朝圣节，但由于每月都举行，而且对以农业为主的以色列人来说它就是日常计时的重要手段，因此它所发挥的过渡作用不容忽视。接下来就是一年三次的朝圣节——逾越节、七七节、住棚节。这三大节日最初都来自农业社会的经历，后来都与出埃及事件联系起来：逾越节是为了纪念上帝引领下的逃出埃及，七七节则是纪念在西奈山上赐予《托拉》，住棚节为了纪念旷野流浪的时期。在犹太传统中，逾越节是逃出埃及的发端，象征犹太民族的诞生；而五旬节代表着犹太教的开始，因为据说摩西是在这一天接受的十诫；住棚节则是为了纪念旷野流浪，从而代表着对应许之地的渴望。一年中最为神圣的两个节日是"新年节"（Rosh Hashanah）与"赎罪日"（Yom Kippur），它们都被称为"圣安息日"，意为安息日中的安息日、神圣之中的神圣。此外，超越于年之上的还有"安息年"（七年一次）和"禧年"（五十年一次）。

正是借助节日所特有的周期性，将民族传统与身份认同得以一遍遍地灌输到每个犹太人的意识之中，并使之牢记不忘："从某种意义上说（宗教节

---

① ［罗马尼亚］米尔恰·伊利亚德：《神圣与世俗》，王建光译，华夏出版社2002年版，第32—33页。

② Abraham J.Heschel, *The Sabbath: Its Meaning for Modern Man*, New York: Farrar, Straus & Young, 1951, p.8.

③ Ben M.Edidin, *Jewish Holidays and Festivals*, New York: Hebrew Publishing Co., 1940, p.33.

日）是犹太民族一年一度的集会……它同时是一年一度的点名，它带来放心这种基本感觉，使犹太人想到我们又渡过了难关，我们依然健在。"① 借助节日的不断重复，使极为遥远的过去得以持续再现，据此当下的人们与先辈们建立某种延续性，节日这种特殊的"集体记忆"成为犹太人保持民族认同、延续民族传统的有效文化手段。如蔡尔兹所说："《旧约》见证着上帝使以色列人存在的一系列历史事件。这些事件被置入传统的年代序列之中，并在以色列历史中不再循环。只有一次出埃及、一次旷野流浪、一次征服迦南。这些事件是决定性的是因为它们构成了以色列的救赎，换言之，它们成为存在条件、救赎性时间与空间的中介。"②

三、大流散与拉比的"反记忆"传统

对于过去不仅有记忆，也有遗忘；正是记忆与遗忘的结合共同构成了历史。实际上，遗忘也是记忆的一种形式，这种记忆形式可以称作"反记忆"。法国学者伽达默尔认为，遗忘不仅是一种记忆，是对事物的选择性记忆，而且它又是一种缺失，由于当下的需要而抹去了过去的某些内容。这些选择性记忆与遗忘的目的就是为当下的需要服务，"只有通过遗忘，精神才获得全面更新的可能，获得那种用新眼光去看待一切事物的能力，以致过去所信的东西和新见到的东西融合成一个多层次的统一体。'记住'乃是有歧义的。它作为记忆包括对回忆的关系。"③ 在流散时代，以《塔木德》为代表的犹太文献体现了对于犹太历史的遗忘。在漫长的中世纪，"犹太人成了犹太教的附庸，以色列人成了《托拉》的婢女，具体的物质存在成了抽象的精神要素的臣属。"④

公元 70 年第二圣殿被毁事件可以说是犹太历史的转折点与分水岭，当时所引发的震荡与冲击比"巴比伦之囚"更甚。拉比传统的重要开创者约哈南·本·撒凯，从耶路撒冷出逃来到亚布内创建了犹太学院，从而将犹太

---

① ［英］查姆·伯曼特：《犹太人》，冯玮译，上海三联书店 1991 年版，第 17 页。
② Brevard S. Childs, *Memory and Tradition in Israel*, p.83.
③ ［法］伽达默尔：《真理与方法》，洪汉鼎译，上海译文出版社 1999 年版，第 19 页。
④ ［美］罗伯特·塞尔茨：《犹太的思想》，第 689 页。

历史引向一个全新的时代。"因为我们的罪而遭流放",拉比传统将圣殿被
毁归于杀戮与亵渎,《塔木德》贤人对此作了极为沉痛的反思。[①] 进入大流
散后,拉比们吸取反抗罗马失败招致流放的惨重教训,对有害于民族存续的
武装反抗采取了一概排斥的态度。拉比们刻意营造了一种"去历史化"处
境,将律法遵守日常生活化,以缓解犹太人的精神困境和外在压力。在追究
去历史的原因时,学者莫米利亚诺指出,犹太人的律法概念导致了他们对历
史研究的漠然:"一方面,《圣经》出现之后的犹太人的确认为《圣经》已经
包括了一切重要的历史:过高评价某种历史意味着过低评价其他所有的事件。
另一方面,整个犹太教的发展产生了某种非历史和永恒的东西,产生了律法,
也即《托拉》,犹太人赋予《托拉》的重要意义消除了他们对普通史学的兴
趣。……每日习读永恒的律法既不需要也不允许历史的解释。"[②] 伯纳德·路
易斯也指出,犹太史学的贫乏并非源自犹太人的忽视,而是有意的抵制。[③]

反记忆不仅包括遗忘,而且也包括歪曲。在漫长的中世纪,犹太人留下
了不可计数的文献,但史学在拉比文献中却几乎找不到任何位置。而成书于
10 世纪南意大利地区的《约西宾书》(*Sefer Yosippon*) 是少有的例外,[④] 该
书作者托名为公元 66 年耶路撒冷的反抗领袖约瑟夫·本·格里安(Joseph
Ben-Gorion)。这本以希伯来语写成的著作是从亚当到马萨达的犹太历史概
览,很大程度上参照约瑟夫斯的《犹太古史》与《犹太战记》而写成,这
几乎是中世纪犹太世界唯一有关约瑟夫斯的著述。"《约西宾书》是直到第
二圣殿被毁为止的以色列古代史。它结束于马萨达的叙述,与约瑟夫斯的记
载形成了鲜明对比……作为一个整体,这本书建立在匿名作者对希伯来文与
拉丁文《圣经》、《新约》与拉丁文约瑟夫斯著作的仔细阅读之上。它成书
于 10 世纪中叶,直到今天仍是一部完全意义上的希伯来经典。"[⑤]

---

① Shaye J.D.Cohn,"The Destruction:From Scripture to Midrash",*Prooftexts*,Vol.2,No.1(Jan.,1982),pp.
18-39.

② [意]莫米利亚诺:《现代史学的古典基础》,第 26—27 页。

③ Bernard Lewis,*History:Remembered*,*Recovered*,*Invented*,Princeton:Princeton University Press,1975,p.
23.

④ 根据《约西宾书》的现代整理者大卫·弗拉塞的研究,它成书于公元 953 年。

⑤ Steven Bowman,"'Yosippon' and Jewish Nationalism",*Proceedings of the American Academy for Jewish
Research*,Vol.61(1995),pp.24-25.

必须注意到，该书对约瑟夫斯的著作进行了符合拉比传统的改写，有学者认为它是历史与评注的结合。[①] 这在关于马萨达的叙述中表现得尤其明显。在介绍马萨达事件的起因时这样写道："在这些事情（圣殿被毁）之后，这些人离开了这座城市（耶路撒冷）并寻求与罗马人进行战斗，杀死了他们中的许多人而几乎不可计数。因而，犹太人一直坚持战斗直到他们所有人都在战斗中死去，为上帝以及他的圣殿而死。"[②] 实际上，"在这些事情之后"的修辞与《圣经·创世记》中以撒献祭的开篇叙事完全一致，而以撒献祭在中世纪往往被视为殉道者的理想典范。该书对马萨达守卫者集体自杀的困惑结局进行了神话式的处理，将他们写成是在战斗中死去的，而不像约瑟夫斯记载的是死于集体自杀。在犹太传统中，为上帝而死就是典型的殉道者。将马萨达战斗渲染成一场圣战，强调马萨达守卫者是为上帝及其圣殿而死，充分表明死亡的宗教意义。对此，研究约瑟夫斯的权威菲尔德曼在比较约瑟夫斯与约西宾之间的差异时写道："从犹太人的立场上看，约瑟夫斯是冷酷的、超然的、失败主义的，并且通常带有亲罗马与反独立的偏见，而约西宾则带有强烈的犹太自豪感，强调犹太人为保卫自己的土地与圣殿免受外邦人的亵渎而进行的战斗。"[③]

进入流散时代以后，耶路撒冷及其所代表的故土[④]在犹太历史与犹太记忆中占有独特的地位。在犹太人的神圣空间观念中，圣殿山周围的核心圣地是极为尊贵和神圣的所在，依此向外延伸其神圣性也在不断递减："正如肚脐位于人体的中心一样，以色列地就位于世界的中心……也是世界的根基。

---

① Steven Bowman, "'Yosippon' and Jewish Nationalism", *Proceedings of the American Academy for Jewish Research*, Vol.61（1995）, p.25.

② *Sefer Yosippon*, ed., David Flusser, Vol.1, Jerusalem: The Bialik Institute, 1978, p.430.

③ Louis H.Feldman, *Josephus and Modern Scholarship*（*1937-1980*）, Berlin: Walter de Gruyter, 1984, pp. 72-73.

④ 大卫王将夺取的耶布斯城改名耶路撒冷定为统一王国的首都,使之成为凝聚犹太民族的重要纽带。此后所罗门王在此建立起第一圣殿,进而赋予其宗教崇拜中心的地位。由于耶路撒冷对于犹太民族的极端重要性,有学者认为犹太人发展出了一种"耶路撒冷崇拜"（Jerusalem Cult）,而锡安山即为其核心的象征。耶路撒冷也被称为锡安之城,上帝在人间的居所:"锡安山,大君王的城,在北面居高华美,为全地所喜悦。神在其宫中自显为避难所。"（《诗篇》48:2—3）参见 Ben C.Ollenburger, *Zion*, *the City of the Great King*: *A Theological Symbol of the Jerusalem Cult*, Sheffield: Sheffield Academic Press, 1987;有关耶路撒冷城历史的介绍,参见[英]西蒙·蒙蒂菲奥里:《耶路撒冷三千年》,张倩红等译,民主与建设出版社 2014 年版。

耶路撒冷位于以色列地的中心，圣殿位于耶路撒冷的中心，至圣所位于圣殿的中心，约柜位于至圣所的中心，约柜前的基石则是整个世界的根基。"[1]第一圣殿被毁后，流放巴比伦的犹太人对耶路撒冷的思念之情从《圣经》中保留的锡安诗篇可见一斑："耶路撒冷啊，我若忘记你，情愿我的右手忘记技巧。我若不记念你，若不看耶路撒冷过于我所最喜乐的，情愿我的舌头贴于上膛。"[2] 随着公元 70 年耶路撒冷城及第二圣殿的被毁，犹太人失去对于圣地的控制近两千年之久。尤其在公元 135 年巴尔·科赫巴大起义失败后，耶路撒冷开始成为一个由其他宗教所主导的城市，仅有极少数的犹太人仍然生活于此。尽管如此，耶路撒冷的犹太人也被视为生活在流放之中，这是由于犹太民族的绝大部分散居在圣地以外。对于圣城的记忆在流散后显得十分迫切，作为对这一记忆要求的回应，犹太人在每日祈祷的最后都以"明年在耶路撒冷见"作结尾。他们虽然由于频繁的迁徙和流放而与耶路撒冷失去了直接联系，但犹太人从未丧失对于耶路撒冷的记忆、从未放弃有朝一日返回圣地的愿望。为了维持这个记忆及愿望，流散犹太人创造了一系列象征及习俗，特别是通过文学、诗歌、祈祷及艺术的形式留存下来。这些纪念形式不仅贯穿于从生到死的整个生命过程之中，而且还通过周期性的安息日、节日与纪念日定期进行重复和强化。

可以说，中世纪几乎所有的犹太人都生活在犹太社团之中，在日常生活及宗教崇拜上接受拉比的指导。这一时期的犹太记忆主要通过祈祷仪式体现出来，以此来维持与故土的精神联系及其纪念。为适应流散生活的需要并强化犹太民族意识，拉比们在圣殿被毁无法献祭情况下提倡以周期性的祈祷加以替代，为此制定了统一的祈祷仪式。明确规定一日三次祈祷，分别为晚祷（Arvit/Ma'ariv）、晨祷（Shacharit）、午祷（Mincha），并念诵专门的祈祷书，祷词主要分为"示玛"（Shema）与"阿米达"（Amidah，意为"站立"）两部分，祈祷时统一站立面向耶路撒冷圣殿的方向，因为那是朝向天堂的大门所在。由于"阿米达"祈祷词共有十八条内容也被称为"十八祝祷词"

① Hannah K. Harrington, *Holiness: Rabbinic Judaism and the Graeco-Roman World*, London: Routledge, 2001, pp.91-92.

② 《诗篇》137:5—6。

（*Shmoneh Esreh*）。① 根据其结构，可以分为三大部分：第一部分为“赞美”
（*shevach/praise*），包括前三个祝祷词；第二部分为“祈求”（*bakashah/re-
quest*），包括随后的十三个祝祷词；第三部分为“感恩”（*hoda' ah/grati-
tude*），包括最后三个祝祷词。其最核心的部分在于“祈求”，祈求上帝尽快
带领犹太人回归故土；“阿米达”的意义就在于，通过每日的祈祷使共同体
成员牢记故土。正如舒拉基所说：

> 　　从埃及的奴役中解放出来和宣布爱心的一致，把十八项祝福的经文
> 引入严格意义的祈祷中。这个经文的主要部分十分古老。它赞颂亚伯拉
> 罕的神——死亡的战胜者、给人以知识的圣神。这个神使人清醒，欢迎
> 忏悔，原谅罪恶，为子民赎罪，治愈创伤，降福岁月，聚集流散者，进
> 行最后审判，惩罚遭神弃绝的人、宽恕爱他的人，重建耶路撒冷并让复
> 国救主弥赛亚进行统治。……祈祷就这样从亚伯拉罕出发，在大流散终
> 了时，导致大卫的儿子的荣耀王国建立。两千年来，在世界所有的犹太
> 教会堂里，这种祷告每天被坚持祈祷的观念的犹太人重复三次。这一主
> 要的经文着重把犹太教确定在具有圣言的完全含义的两个仅有的瞬间：
> 启示和末世。②

---

　　① “十八祝祷词”使祈祷成为一种日常行为，正如迦玛列拉班所说“每个人在每一天都应诵读这十八
项祝福”（Berachot,28b），其主要内容为：(1)先祖（*Avot*），赞美上帝为先祖亚伯拉罕、以撒、雅各之上帝；(2)
力量（*Gevurot*），赞美上帝为大能与权威之主；(3)圣名（*Kedushat ha-Shem*），赞美上帝为神圣与威严之主；
(4)理解（*Binah*），请求上帝将智慧与理解赐予世人；(5)忏悔（*Teshuvah*），请求上帝帮助世人回到《托拉》的
生活之中；(6)宽恕（*Selichah*），请求上帝宽恕一切罪过，赞美上帝为仁慈之主；(7)救赎（*Geulah*），请求并赞
美上帝为以色列人的救赎之主；(8)治愈（*Refuah*），请求上帝治愈病人；(9)丰收（*Birkat ha-Shanim*），请求上
帝赐予丰年；(10)放逐（*Galuyot*），请求上帝召聚流放的以色列人返回故土；(11)公正（*Birkat ha-Din*），请求
上帝恢复往昔的公正；(12)异端（*Birkat ha-Minim*），请求上帝毁灭那些诽谤和陷害犹太人的异端；(13)正
义（*Tzadikim*），请求上帝对所有虔信者施以仁慈和公义；(14)圣城（*Bo' ne Yerushalayim*），请求上帝恢复并
重建耶路撒冷；(15)大卫（*Birkat David*），请求上帝快些降临大卫之子弥赛亚；(16)祈祷（*Tefillah*），请求并
感谢上帝仁慈和怜悯地接受祈祷；(17)仪式（*Avodah*），请求并感谢上帝恢复圣殿和献祭仪式；(18)感恩
（*Hoda' ah*），赞美上帝赐予世人生命与灵魂，使每天都有奇迹；(19)和平（*Sim Shalom*），请求并赞美上帝赐
予世界和平、友善、祝福。一开始第14、15条祷词是合并在一起的，后来才把它们分开，从而实际上“阿米
达”有十九条，但由于约定俗成仍称作“十八祝祷词”。祷词内容随不同时间也会有相应调整，如在安息日
除诵读前后6条外，中间13条合并为一条名为“圣日”（*Kedushat ha-Yom*），意为祝福安息日。
　　② ［法］舒拉基：《犹太教史》，吴模信译，商务印书馆2001年版，第35—36页。

此外，犹太家庭也为对故土的记忆提供了重要场所，重要的体现就是饭后的感恩词。该祈祷由四个主题所构成：对食物的感恩；对以色列地的感激；对于重建耶路撒冷的期待；感谢上帝的全知全善。这样，四个主题中的两个尤其是第三部分，集中于强调对故土的记忆。[1] 而且，对于故土的记忆在生命中也被赋予了重要意义，其中具有代表性的是婚礼与葬礼。犹太婚礼上，在亲朋好友祝贺新人之外，还要加入对于聚集流散者的期待，并将这一切的喜乐献给锡安。[2] 仪式结尾通常以摔碎玻璃杯以示对故土的纪念，提醒所有在场者尽管现在处于喜庆时刻，但过去的悲苦与不幸不能被忘记。这个过程还伴随有诵读著名的锡安诗篇。犹太葬礼同样包含有许多提醒犹太人牢记故土的因素。最重要的就是，悼念者前往死者家中追悼时通常说："愿上帝在锡安与耶路撒冷的送葬者中安慰你。"[3] 死者埋葬的方向要朝向耶路撒冷，以便在弥赛亚降临聚集流散者时，死者得以复活而迅速进入圣城。

在流散生活中承载犹太民族记忆的活动中，逾越节家宴（Passover Seder）有着重要的作用。这个节日在圣经时代是作为朝圣节在圣殿举行的，但在圣殿被毁后被迫转移到了每个犹太家庭。逾越节家宴及其仪式是在圣殿被毁后发展起来的，因此通过对这一节日的深入考察，有助于了解中世纪犹太人的精神世界。学者巴鲁赫·博克舍尔认为，逾越节家宴作为拉比们的创造其目的是为了帮助犹太社群应对圣殿崇拜的不复存在而为，以仪式化的再现来缓解对于故土的思念之情。[4] 由于是晚宴，食物是其不可缺少之重要内容。每一种食物都有其独特的文化内涵与象征意义：青菜（Karpas），在食用前必须蘸着盐水，以此来体验祖先在埃及所流下的痛苦泪水；羊羔（Ze-roah），纪念在埃及被击杀的头生物而以色列人得以越过；无酵饼（Matzah），纪念犹太人因匆忙离开埃及所吃之食物；苦菜（Maror），一种

[1] Lee I.Levine,"Jerusalem in Jewish History,Tradition,and Memory",in Tamar Mayer & S.Ali Mourad, eds.,*Jerusalem:Idea and Reality*,London:Routledge,2008,p.42.

[2] Lee I.Levine,"Jerusalem in Jewish History,Tradition,and Memory",in Tamar Mayer & S.Ali Mourad, eds.,*Jerusalem:Idea and Reality*,p.42.

[3] Lee I.Levine,"Jerusalem in Jewish History,Tradition,and Memory",in Tamar Mayer & S.Ali Mourad, eds.,*Jerusalem:Idea and Reality*,p.43.

[4] 参见 Baruch Bokser,*The Origins of the Seder:The Passover Rite and Early Rabbinic Judaism*,Berkeley: California University Press,1984.

很辣的食物，容易让人辣得掉泪，从而再现以色列人在埃及遭受奴役时的痛苦；果酱（Charoset），由许多切碎的水果、坚果等拌成的混合物，象征着以色列人在埃及作苦工时使用的黏合物；烤蛋（Beitzah），鸡蛋是圣殿时期人们所献的祭品，它表达了人们对圣殿被毁的沉痛哀悼。除了食物还有酒，在晚宴上通常要饮四杯葡萄酒，分别代表出埃及时的四个阶段——领出（bring out）、解救（deliver）、救赎（redeem）、带回（take）："我要用伸出来的膀臂重重地刑罚埃及人，//救赎你们脱离他们的重担，//不作他们的苦工。//我要以你们为我的百姓，我也要作你们的神，是救你们脱离埃及人之重担的。"[1] 在餐前饮的第一杯代表出埃及，饭后饮的最后一杯代表弥赛亚降临。[2]

诵读《逾越节哈加达》是晚宴的一个必经环节。这段《哈加达》包括三大结构，其中分别对应三大主题：奴役—解救—救赎。它是在圣殿被毁后才发展起来的，无疑反映了这一时期拉比的文化心态。其目的是为了提醒犹太人现在仍在遭受的苦难命运，同时希望战胜外来迫害、坚定生存信心，最终返回家园重建圣殿。此外，逾越节的另一项重要仪式就是著名的"逾越节四问"，[3] 在晚宴上通常由家中最小的孩子提出四个问题。可以说，"逾越节家宴每年都在提醒犹太人，记住他们社群社会中的这个最初发展的时刻，就在那个时刻，这个社群获得赎救，摆脱奴役，成为自由人；以家宴的形式提醒他们记住那一刻，让孩子们在这个仪式中扮演突出角色。"[4] 通过这种参与式互动，使得每一位在场者留下了极为深刻的记忆，而且将祖先的民族记忆与文化认同潜移默化进快乐而独特的晚餐之中。其结果是使每一位在场者都认为自己与祖先一样曾出过埃及，同时又与流散的具体处境联系起来，使每个人都认为自己离开了耶路撒冷而流散在各地。在此情境中，出埃及的

---

① 《出埃及记》6:6—7，分隔符为引者所加。

② Baruch M.Bokser, "Ritualizing the Seder", *Journal of the American Academy of Religion*, Vol.56, No.3 (Autumn, 1988), pp.443—471.

③ "逾越节四问"的内容为：其一，为什么别的晚上，我们既可以吃发酵的饼也可吃未发酵的饼，而今天晚上我们只能吃后者？其二，为什么别的晚上，我们可以吃各种菜，而今天晚上我们只能吃苦菜？其三，为什么别的晚上，我们都不会把蔬菜浸在盐水里，而今天晚上我们要把两种蔬菜浸在盐水里？其四，为什么别的晚上，我们可以坐着或者靠着桌子吃，而今天晚上都必须倚靠着吃？

④ ［美］保罗·康纳顿：《社会如何记忆》，第52页。

记忆是与离开耶路撒冷的记忆交错混杂在一起的。

在中世纪犹太人的观念世界中，耶路撒冷成为神圣而虚渺的圣所，一个真实的实在，也是天国中的圣域。中世纪犹太人对耶路撒冷故土的模糊记忆，很大程度上源自犹太人历史意识的缺失。可以说，从《塔木德》的编撰开始，在十多个世纪的漫长历史中，几乎看不到史学著作的产生，就连圣经时代的那种神权史观也很难寻觅，中世纪的犹太人成为"无历史意识的民族"；他们对数学、哲学、医学、诗歌等都有研究，唯独除了历史："它（犹太史学）消失了，没有成为犹太人生活方式的一部分。犹太人没有坚持写历史，他们对历史研究失去了兴趣。"① 迈蒙尼德对历史的态度可以视为一种典型，他就认为阅读历史完全是一种"浪费时间"的行为。中世纪犹太教的历史意识是一种等待弥赛亚降临的状态，所有生活的目标都是指向弥赛亚到来的拯救。在这种超历史甚至无历史的宗教遵守中，转移了现实中的诸多苦难。② 正如纽斯纳所指出的："他们希望运用不受历史控制的自由力量，希望重建各种事件的含义和终极意义，希望在日常的生活之中建立一个世界，一个完全不同但更为美好的世界。他们追求此时此地的永恒，努力建立一个在变化和压力中永远不变的社会。"③

然而，灾难通常是促成犹太史学意识出现的重要外在契机。犹太历史学家约瑟夫·耶鲁沙尔米（Yosef H. Yerushalmi）认为，自从 16 世纪以来，历史女神克丽奥即已重新进入犹太人的视线之中，④ 这是由内外两方面的因素共同促成：西班牙的驱逐犹太人与意大利的文艺复兴。在 1492 年西班牙大驱逐（The Expulsion of 1492）⑤ 后的一百年间，流散到意大利的塞法尔迪犹太人开始对犹太历史表现出兴趣，试图从最近的灾难性事件中寻找救赎的迹象，从而出现一股前所未有的犹太史创作热潮。在解释犹太史学为何在文

---

① ［意］莫米利亚诺：《现代史学的古典基础》，第 24 页。

② Jacob Neusner, *The Idea of History in Rabbinic Judaism*, Leiden: Brill, 2004, p.205.

③ Jacob Neusner, *The Way of Torah: An Introduction to Judaism*, p.71.

④ Yosef H.Yerushalmi, "Clio and the Jews: Reflections on Jewish Historiography in the Sixteenth Century", *Proceedings of the American Academy for Jewish Research*, Vol.46/47(1979-1980), p.607.

⑤ 1492 年 3 月 31 日西班牙国王费迪南德与伊萨贝拉联合签发了驱逐犹太人的法令，以死亡为威胁限令王国领地上的所有犹太人必须在 4 个月之内离开。到 1492 年 8 月 2 日，除马兰诺之外几乎所有的犹太人都已离开了西班牙王国。据犹太传统，这一天为犹太历的阿布月第九日。

艺复兴时期萌芽时，学者莫米利亚诺讲道："（在中世纪）历史从来没有成为犹太教育的一部分，有学问的犹太人传统上总是圣书的诠释者，而非史学家。犹太学者直到16世纪才开始对重新审视犹太的过去感兴趣，这是意大利文艺复兴的副产品，因为意大利人文主义者采用了希腊语文学和历史研究的方法，犹太学者也重新与希腊史学思想建立了联系。"① 如前所述，在哈斯卡拉之后才真正出现了现代意义上的犹太历史意识，这种历史意识把犹太人从仪式化的生活中拉回到现实世界，再度参与到周围世界的发展之中，"转向历史"（Turn to History）由此成为近现代犹太世界的一个关键主题。进入19世纪末20世纪初以后，历史意识的觉醒最终也为现代犹太复国主义运用历史资源进行民族国家构建的行为奠定了思想基础。

---

① ［意］莫米利亚诺:《现代史学的古典基础》,第32页。

第 十 章

历史资源与现代犹太民族国家构建

犹太复国主义在 19 世纪末出现之时，犹太人正处于反犹主义狂热攻击的漩涡之中，它的出现是对长期以来的"犹太人问题"的回应。反犹主义的猛烈发展致使一部分受到西欧民族主义思想影响的犹太知识分子开始思考本民族的命运，而且同化浪潮的快速扩张给犹太认同造成了极大的冲击与削弱，致使犹太社会面临着空前的危机感。在迅猛而剧烈的社会转型中，失范（anomie）一方面带来困顿、惶惑，但同时也成为寻找新象征的契机。正如霍布斯鲍姆观察到的，"在以下情况下，传统的发明会出现得更为频繁：当社会的迅速转型削弱其或摧毁了那些与'旧'传统相适宜的社会模式，并产生了旧传统已不再能适应的新社会模式时；当这些旧传统和它们的机构载体与传播者不再具有充分的适应性和灵活性，或是已被消除时；总之，当需求方或供应方发生了相当大且迅速的变化时。"①

作为现代民族主义运动一部分的犹太复国主义兴起后，为将流散中形成的多元文化以及由此导致的不同肤色、不同语言的犹太人熔合为一个整体，在此犹太复国主义创建现代民族国家的过程中，历史资源的运用发挥了不可估量的作用，大量与古代犹太历史相关的人物、地名、符号等被重新发掘出来。通过重新发现英雄般的过去，以用来激励当前重建民族国家的努力，并使之转化为一种实实在在的政治资源与精神动力。加上犹太民族国家的构建

---

① ［英］埃里克·霍布斯鲍姆等编：《传统的发明》，顾杭、庞冠群译，译林出版社 2004 年版，第 5 页。

伴随着与阿拉伯人的冲突，这个发掘历史资源的过程就显得尤为迫切。可以认为，许多犹太传统象征在犹太政治社会转型与民族国家构建进程中成为"被挪用的传统"（the diverted tradition）。有学者指出，"犹太复国主义基本上是一次革命，这不仅是就国土这方面来说，目的要在以色列之地上建立一个犹太国，而且为在解放后时代的现代犹太人建立一个新的认同和自我身份的焦点，在此意义上也是一次革命。"[①]

一、犹太复国主义对犹太历史的重新分期

为了重新定义自身的民族命运，返回故土的犹太复国主义者对犹太集体记忆进行了根本性的重构，认为犹太人返乡建国的行动是"没有土地的人民回到没有人民的土地上"。由于在流散地不断遭受苦难和创伤的经历，致使他们决心与痛苦的流散时代相决裂，从而创造一种新的集体记忆，以赋予犹太人新的民族身份。[②] 实际上，以色列作为一个再造的国家，其内部面临文化、种族、肤色、语言等方方面面的多样性，用诺亚·卢卡斯的话来说，以色列是"用欧洲的手术在亚洲腹地用剖腹生产的方法诞生"的新国家：

> 以色列是一个新民族。像许多亚洲的政治共同体一样，它是一个植根于以宗教为形式的古老文化遗产的新民族。像今天许多其他新民族一样，以色列是用欧洲的手术在亚洲的腹地用剖腹生产的方法诞生的国家。……从根本上看，以色列是由一场民族运动聚集起来的移民人口组成的，这场民族运动决定了他们移民的基本原则，也决定了他们在定居社会中融为一体的意识形态结构。以色列成为一个国家的过程，给民族意识的发展方向带来了根本性的变化。犹太复国主义为了建立一个犹太国家，精心创造了一个犹太民族的神话。国家一建立，马上就成了创造以色列人这个新民族的工具。[③]

---

① ［美］凯马尔·H.卡尔帕特编：《当代中东的政治和社会思想》，陈和丰等译，中国社会科学出版社1992年版，第377页。

② Yitzhak Conforti, "Zionist Awareness of the Jewish Past: Inventing Tradition or Renewing the Ethnic Past?" *Studies in Ethnicity and Nationalism*, Vol.12, No.1 (2012), pp.155-171.

③ ［英］诺亚·卢卡斯：《以色列现代史》，第402—403页。

为此，犹太复国主义者对犹太历史进行了重新分期，将之划分为古代时期、流散时代与民族复兴三大时期，这种分期为犹太集体记忆的重构奠定了基础。犹太复国主义者通过对漫长流散时代的贬低和否定而在古代民族辉煌与现代民族复兴之间建立起一种象征上的延续。[①] 在此过程中，不仅现代是对流散时代的否定，而且古代也与流散时代存在着对立，从而在这种"否定之否定"的逻辑中找到了对应，古代辉煌与现代复兴之间的历史重要性得到了强调。而且重要的是，这两大时期犹太人的活动中心都是在以色列故土，本·古里安曾强调道：

> 我们先辈四千年前的故事，亚伯拉罕的事迹和生平；以色列在出埃及后沙漠中的流浪；约书亚以及之后士师的争战；扫罗、大卫与所罗门王的生平与业绩；犹大王耶户与以色列王耶罗波安二世的事迹，所有这些都极其重要，对于出生与成长在以色列地的青年一代而言要比在巴塞尔会议上的一切演讲与辩论更有启发和意义。[②]

对于犹太复国主义者来说，古代史的范围从以色列人征服迦南直到公元1、2世纪反抗罗马失败被逐出家园为止，而流散则是从此之后一直到现代犹太复国主义运动兴起之前的一切历史。流散不仅意味着与古老的故土失去物质的联系，而且也是犹太人作为一个民族整体性的丧失。犹太复国主义将自身定义为对流散时代的耻辱与消极存在的否定，由此形成了特定的意识形态——"否定流散地"（*Shelilat ha-Galut*/Negation of the Diaspora）。[③] 犹太复国主义不仅否定整个流散时期，而且也贬低那些居住在流散地的犹太人，认

---

① Yael Zerubavel, "Transhistorical Encounters in the Land of Israel: On Symbolic Bridges, National Memory, and the Literary Imagination", *Jewish Social Studies*, Vol.11, No.3 (Spring/Summer, 2005), p.117.类似于这种历史分期的政治使用最显著的就是"中世纪"(Medieval)一词,它也成为"黑暗时代"的同义词,至今人们仍不假思索地接受了这种预设。

② Mitchell Cohen, *Zion and State: Nation, Class and the Shaping of Modern Israel*, New York: Basil Blackwell, 1987, p.215.

③ 这种观念包含以下主张:(1)犹太民族与其故土有着天然的历史联系;(2)反犹主义是流散后才出现的,因而可以通过犹太人回归故土得到解决;(3)流散地的犹太人通常是不安全的,由于外部的持久压力或迫害而无法长久;(4)在犹太故土,犹太人的生活将会实现正常化,再度成为具有主权独立的民族;(5)犹太复国主义是针对当前世界犹太人面临问题的最有效解决办法。

为流散生活使犹太人沦为屈服、脆弱与胆怯的民族，养成了对外力强加的迫害与杀戮不加反抗的性格。与流散时代形成鲜明反差的是，古代时期代表着民族复兴的理想状态；古代是犹太历史的黄金时代，而流散则是黑暗时代：

> 犹太复国主义的集体记忆……将流散建构为一个充满苦难与迫害的漫长而黑暗的时期。流散地的犹太生活由许多遭受压迫的历史所构成，并不时为经常性的集体迫害与驱逐所打断，它是一种有着恐惧与耻辱的脆弱存在。……犹太复国主义的集体记忆将古代建构为一个古希伯来民族繁荣的时代，他们享受着政治、社会与文化生活上的独立自治。因此，古代被视为民族的黄金时代，这一时期是犹太复国主义者希望返回以找回他们已经失落的民族之根：民族精神，希伯来认同，希伯来语，他们的故土与一个独立民族的社会、经济与政治结构。[1]

古代的黄金时代为犹太复国主义所设想的民族复兴提供了理想的典范与合法的依据。希伯来人不仅对故土有着强烈的依恋，而且愿意为捍卫故土而战斗，反抗罗马的几次战斗就是鲜明的例证。古代英雄们提供了不惜牺牲来保卫故土的历史先例，他们被列入犹太复国主义的先贤祠。圣经时代的英雄以维护并拓展故土为特点，诸如率领以色列人征服迦南地的约书亚、建立统一王国的大卫王、建造第一圣殿的所罗门、率领犹太人重建圣殿的尼希米等等。而第二圣殿时代的英雄以反抗外族入侵为特色，例如打败奉行希腊化的塞琉古王国重新获得独立的马卡比兄弟、抵抗罗马军团围攻的马萨达守卫者以及为争取犹地亚独立而抗争的巴尔·科赫巴等等。[2] 这些古代英雄的共同之处，都是以武力捍卫故土并进行浴血奋战的战斗者，犹太复国主义者从古代历史中力求找回失落已久的战斗精神，借此来武装已在流散中变得虚弱不堪的犹太人。[3] 为国家、为土地而奉献乃至牺牲的精神在此得到了凸显，流

① Yael Zerubavel, *Recovered Roots: Collective Memory and the Making of Israel National Tradition*, Chicago: University of Chicago Press, 1995, pp.221-223.

② Tali T.Shimony, "The Pantheon of National Hero Prototypes in Education Texts Understanding Curriculum as a Narrative of National Heroism", *Jewish History*, Vol.17, No.3(2003), pp.316-317.

③ Dan A.Porat, "The Nation Revised: Teaching the Jewish Past in the Zionist Present(1890-1913)", *Jewish Social Studies*, Vol.13, No.1(Fall, 2006), p.60.

散时代由此成为一段虚空不实的历史，犹太复国主义者所建构的历史从古代民族辉煌时代直接跳跃至现代民族复兴阶段。参见下图：

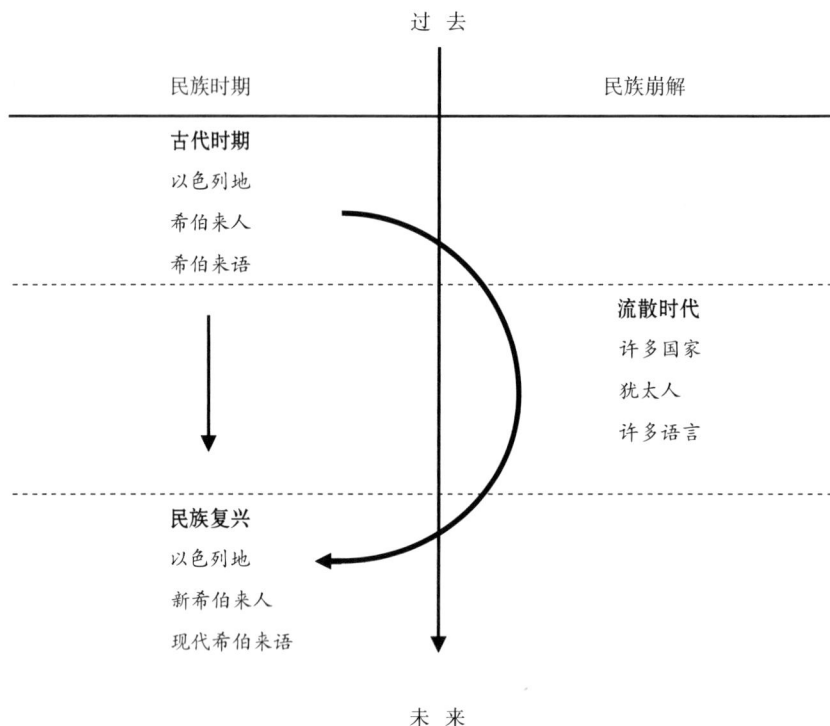

过　去

| 民族时期 | 民族崩解 |

古代时期
以色列地
希伯来人
希伯来语

流散时代
许多国家
犹太人
许多语言

民族复兴
以色列地
新希伯来人
现代希伯来语

未　来

犹太复国主义的历史分期模式①

　　这种历史分期模式的意义很明显，意在跨越或忽视漫长而又屈辱的流散时代，在现代的民族复兴运动与古代的民族辉煌时代之间建立起直接的联系，为当前的犹太复国主义运动提供历史依据及理想典范。它将《圣经》—故土（*Moledet*）—救赎三者串连起来，构成一个根本的目标："从历史中拯救民族国家"——即以理想中的圣经时代为目标，主张回归犹太民族的故土，从而最终实现民族的救赎。圣经时代被犹太复国主义者视为理想的民族辉煌时代，因而《希伯来圣经》经常被用来进行世俗的民族教育以创造新一代的希伯来人。"故土"的观念在犹太复国主义那里被作为理想的

————————————

① Yael Zerubavel, *Recovered Roots*: *Collective Memory and the Making of Israel National Tradition*, p.32.

民族生存空间，这与流散地完全相反：认为犹太民族的所有创造力都是在故土发展起来的，而流散扼杀了犹太民族的思想乃至身体以致沦为一种不正常的状态。"救赎"对于犹太复国主义者而言，意味着回到故土过着与其他民族一样的正常生活，这样才能摆脱流散地的反犹主义迫害，从而在完全独立自主的环境中发展，最终实现犹太民族的再度复兴。①

二、《希伯来圣经》与当代以色列认同建构

在犹太复国主义创建现代民族国家过程中，充分借助了《希伯来圣经》②的作用。可以说，《希伯来圣经》在当代以色列认同建构过程中发挥了极其重要的作用。本·古里安指出，"在我们两千年的流放岁月里，我们没有完全丧失创造力；但《圣经》的光彩却在流放中黯淡，正如犹太民族的光彩一样。只有伴随着故土与希伯来人独立的恢复，我们才能真正、全面地重新评估《圣经》。"③ 这段话表明了犹太复国主义运动对待《圣经》的态度，认为犹太民族的处境与《圣经》的地位有着直接的关联：共荣同衰、兴废与共。然而，在犹太复国主义者看来，复兴古代的辉煌并非一味地回到过去，而是将淡化其中的宗教内涵，对其进行世俗化的运用。在以色列国家创建过程中，跨越两千年流散而与圣经时代建立起联系的手段有：教育、更名、地图、考古、植树等文化举措。

在以色列的学校教育中，《希伯来圣经》占有十分重要的地位，其主要目的就是唤起有关古老故土的意识从而使人们对古代历史形成认同。④ 《圣经》被作为民族历史、地理和文学来对待，开设《圣经》课程的目标在于："在他们心中灌输热爱故土的意识，这里是我们的先辈居住过的，这里也是以色列民族形成的场所……教导热爱我们的人民，那些居住在以色列地并创

---

① Uri Ram, "Zionist Historiography and the Invention of Modern Jewish Nationhood; The Case of Ben Zion Dinur", *History & Memory*, Vol.7, No.1(Summer, 1995), pp.109-113.

② 此处所讲的《希伯来圣经》不仅指狭义的经典，而且泛指整个圣经时代。

③ Anita Shapira, "The Bible and Israeli Identity", *AJS Review*, Vol.28, No.1(Apr., 2004), p.11.

④ Yairah Amit, "The Study of Hebrew Bible in Israel-Between Love and Knowledge", *Jewish History*, Vol. 21, No.2(2007), p.204; Tali T.Shimony, "Teaching the Bible as a Common Culture", *Jewish History*, Vol.21, No.2 (2007), p.167.

造了文化的人"。① 故土研究在以色列建国前被奉为热门，其目的在于培养
人们对于故土的热爱，养成扎根土地的意识："使儿童扎根以色列地，我们
先辈的土地，希伯来民族的诞生地"，以便培育"（故土）就是我们民族性
家园以及创造我们物质与精神文化根基的意识"。② 对《希伯来圣经》的学
习成为一时的风尚，忽略其宗教内涵、进行历史化的解读，以作为犹太民族
曾经在圣地生活的历史见证。③ 有学者指出：

> 由于以色列的教育，今天的绝大多数以色列人将《圣经》视为一
> 种世俗政治的可靠历史材料的来源。犹太复国主义制定的犹太历史将绝
> 大多数《圣经》神话当作犹太历史的开端，而忽略神的干预。亚伯拉
> 罕、以撒与雅各都被当作历史人物。下埃及与出埃及都是一个正在发展
> 中的民族世俗历史的阶段，约书亚征服迦南也是如此。《圣经》事件的
> 顺序被接受，但其解释却是民族主义与世俗的。《圣经》的历史化在以
> 色列是一项民族事业，由所有大学的成百上千名学者共同推动。起点是
> 《圣经》编年，然后……将古代神话视为历史是犹太复国主义世俗民族
> 主义的重要内容，以尝试表现出犹太民族在古代西亚开始以后的连贯叙
> 事。这种行为提供了一个反对拉比与流散传统的证明焦点。向以色列儿
> 童灌输将《圣经》作为历史来接受，以创造连续性的概念。亚伯拉罕
> （通过移居巴勒斯坦）成为第一个犹太复国主义者，约书亚征服了巴勒
> 斯坦（消灭了迦南人，就像今天一样），大卫王夺取了耶路撒冷（就像
> 1967 年一样）。④

在犹太传统中，约书亚在古代英雄人物中几乎毫不起眼，不仅无法与率

---

① Julia Resnik,"'Site of Memory' of the Holocaust:Shaping National Memory in the Education System in Israel",*Nations and Nationalism*,Vol.9,No.2(2003),p.303.

② Uri Ram,"Zionist Historiography and the Invention of Modern Jewish Nationhood:The Case of Ben Zion Dinur",*History & Memory*,Vol.7,No.1(Spring/Summer,1995),pp.111-112.

③ Yuval Drorr,"Teaching the Bible in the Schools of the Labor and the Kibbutz Movements,1921-1953",*Jewish History*,Vol.21,No.2(2007),pp.179-197.

④ Benjamin Beit-Hallakmi,*Original Sins:Reflections on the History of Zionism and Israel*,London:Pluto Press,1992,p.119.

领以色列人逃出埃及奔向自由、颁布十诫并制定律法的摩西比拟，而且也无法与建立强大王国、夺取耶路撒冷的大卫王相比，甚至连后来的士师与先知的地位也不如。但在世俗民族主义者那里，约书亚由于他领导民众征服迦南地而获得了崇高的地位。《约书亚记》也因此成为伊休夫（Yishuv，即巴勒斯坦犹太社团）各级学校的必修内容。在犹太复国主义领袖中，对《约书亚记》最为强调的莫过于本·古里安，因为它为本·古里安提供了对故土进行军事征服的历史范例。① 早在1918年本·古里安就在其《以色列地：过去与现在》一书中表达了这样的基本观点：犹太人返回巴勒斯坦的行为实际上就是约书亚对古代巴勒斯坦征服的重演。一位阿拉伯学者对以本·古里安为代表的犹太领导人借助约书亚征服巴勒斯坦的意象有一番出色的反讽：

引用《圣经》和使用恐怖手段去散布恐怖情绪，这是为了"收复""上帝许给亚伯拉罕的土地"并驱逐当地居民所惯用的伎俩。本·古里安和梅纳赫姆·贝京只消查阅一下《约书亚记》，就于1948年4月9日在代尔亚辛村和1953年10月14—15日在奎比亚以及巴勒斯坦其他地方对阿拉伯人的许多不可忘却的大屠杀中使用起在巴勒斯坦用过的那些旧日的恐怖手段来了。不过，约书亚是以一个尚未成年、年幼的雅卫的名义讲述他的故事的，而且说的是在他那野蛮时代的情况，毫不掩饰原始人的特色；而今天的约书亚们乃是一些善于谋求私利的处理国际关系的外交家，他们的行为竟与古代的约书亚一模一样，所不同的只是他们在干了这种肮脏的勾当以后，口里却喊着："和平，和平；我们所需要的就是维持现状！"②

为了体现犹太人对于故土的主权，地名的变更是一项重要举措。凝聚集体认同的地名作为一种"象征资本"（Symbolic Capital）有着重要的作用，

① Anita Shapira, "Ben-Gurion and the Bible: The Forging of an Historical Narrative?" *Middle Eastern Studies*, Vol.33, No.4(Oct., 1997), p.658.

② ［英］亨利·卡坦：《巴勒斯坦，阿拉伯人和以色列》，西北大学伊斯兰教研究所译，北京人民出版社1975年版，第92—93页。

命名把语言层面的象征权威转换为社会认可的力量，通过强加某种社会共识而从象征权力转化为实际权力，著名社会学家布尔迪厄强调：象征资本是一种独特的权力形式——它本身虽不被视为权力，但被当成一种有关承认、服从、忠诚的合法性要求。[1] 本·古里安很早就注意到地名这种"象征资本"对于实际主权的重要性："为了这个国家的原因，我们必须去除阿拉伯地名。正如我们不承认阿拉伯人对这块土地的政治主权一样，我们也不承认他们的精神所有权以及他们的地理名称。"[2] 犹太复国主义者对许多地名进行了重新命名，抹去地貌上的阿拉伯特征而代之以犹太化的过程（Judaization of Israel），早在 1925 年成立的犹太民族基金会（Jewish National Fund，简称 JNF）命名委员会（Naming Committee）不仅为犹太民族基金会所拥有的地区取名，而且还为犹太人控制的其他许多地区命名，到建国前夕已为犹太定居点命名了 400 多个名字。

1951 年，本·古里安下令成立政府命名委员会（Government Naming Committee，简称 GNC），吸收最著名的考古学家、历史学家、地理学家及文学家参加，制订一项在"所有地方，所有山脉、河谷、泉水及道路冠以希伯来名字"的重大计划。[3] 新地名的确定往往根据两大标准：一是体现连续的本质主义精神（essentialism），大量恢复圣经、塔木德时代的希伯来地名，以强调与故土的历史联系；二是突出断裂的时代主义精神（epochalism），以犹太复国主义的政治领袖或英雄人物命名，用来强化爱国主义精神与世俗政治认同。[4] 地名的推广需要地图的大量绘制，地图的绘制即是一项权力的运作，有学者强调道："绘图，是一项特别的思想武器，通过它可以对权力进行获取与管理，并赋予合法性与正当性。"[5] 绘图不只为人们提供明确的地理向标，更重要的是由于名称的选择而体现权力的运用。以色列建国前后

[1] Pierre Bourdieu, *Language and Symbolic Power*, Cambridge: Polity Press, 1991, pp.72-73.

[2] Meron Benvenisti, *Sacred Landscape: The Buried History of the Holy Land since 1948*, trans. Maxine Kaufman-Lacusta, Berkeley: University of California Press, 2000, p.14.

[3] Maoz Azaryahu & Arnon Golan, "(Re)naming the Landscape: The Formation of the Hebrew Map of Israel, 1949-1960", *Journal of Historical Geography*, Vol.27, No.2(2001), p.184.

[4] Saul B.Cohen & Nurit Kliot, "Place-Names in Israel's Ideological Struggle over the Administered Territories", *Annals of the Association of American Geographers*, Vol.82, No.4(1992), p.653.

[5] J.B.Harley & David Wooward, eds., *History of Cartography*, Vol.1, Chicago: University of Chicago Press, 1987, p.506.

印制了大量带有希伯来地名的地图，并在中小学的地理教育中灌输这些新地名。

通过大批地名的犹太化，使本来极为陌生的地理空间变得熟悉亲切起来，原本仅限于精神层面的圣地变成具有实际内涵的故土。① 对于当时的犹太人而言，在整个以色列地旅行与游历有着独特的意蕴。这不是被当作消闲娱乐的方式，而是成为了解故土、热爱故土的重要手段。 "了解故土" (*Yediat ha-aretz*/Knowing the Land) 成为当时极其神圣的口号。有学者强调了体认故土对于民族认同的重要性："首先及最重要的是，故土是土壤、石块与岩层，花朵与树木，山川与河谷；在这种风景之中灌注了民族之根，从而使它的精神与文化实体得以成形……从我们的徒步旅行中，我们得以理解并不足够的理性认知与单调信息。如果缺乏对故土的认同以及真挚深刻的情感，就无法获得完全的熟悉、直接的情感联系与对这个土地的归属和热爱之情。"② 旅行被视为重新获得他们的犹太之根和恢复并增强与故土联系的纽带。在此影响下，学校与青年运动组织了大量的户外旅行活动。

对象征的争夺还延伸到了古代，考古学（尤其是圣经考古）在建国前后的以色列有着独特的地位，它被赋予了寻找民族历史之根的神圣使命。在民族主义者看来，考古学最主要的特点就是能够使现在与过去建立联系并提供物质材料和实际证明。③ 早在 1920 年耶路撒冷成立了 "巴勒斯坦及其古代史研究的希伯来协会"（Hebrew Society for the Study of Palestine and Its Antiquities），其秘书长耶沙亚胡·佩雷斯（Yeshayahu Peress）号召以 "以色列的精神" 来研究这块土地上的古代史，并将之作为一项 "神圣的使命"。④

---

① Christine Leuenberger & Izhak Schnell, "The Politics of Maps: Constructing National Territories in Israel", *Social Studies of Science*, Vol.40, No.6(2010), pp.807-808.

② Meron Benvenisti, *Sacred Landscape: The Buried History of the Holy Land since 1948*, p.233.

③ 实际上，考古学是一种国家层面上的团体活动，知识精英们 "以考古的名义去生产与控制过去"，它可以被称为一门 "过去的政治学"（Politics of the Past）；考古发现通常被用来证明新兴国家合法性的重要资源，因而为民族认同提供了重要的象征资源。参见 Philip L. Kohl, "Nationalism and Archaeology: On the Constructions of Nations and the Reconstructions of the Remote Past", *Annual Review of Anthropology*, Vol.27 (1998), pp.223-246。

④ Yaacov Shavit, "Archaeology, Political Culture, and Culture in Israel", in Neil Asher Silberman & David Small, eds., *The Archaeology of Israel: Constructing the Past, Interpreting the Present*, Sheffield: Sheffield Academic Press, 1997, pp.48-49.

在整个以色列地寻找古代历史遗址，在本土层面上增强了一种今天与过去的整体意识，从而有助于构建一种国家认同："考古学成为一项民族工具，以色列人通过它得以恢复他们在遥远过去与古老家园的根。参与到考古发掘之中……是从事一项跨越流散重建与民族过去及民族记忆之间联系的爱国主义行为。"① 通过对圣经时代遗址的发掘，给予现代犹太定居点以诗意般的证实。但由于当时的战争环境与动荡时局，加上许多历史遗迹控制在阿拉伯人手中，考古学并没有真正开展起来。

以色列建国以后，考古几乎成为引发全民狂热的行为，为此圈定了大量的考古遗址，并有着惊人数量的职业考古人员与研究机构。考古学甚至发展成为一种大众的民族性崇拜："对于以色列来说，对于历史的相信已成为对宗教信仰的替代。通过考古学，他们发现了自身的宗教价值。在考古学中，他们发现了他们的宗教。他们知道，他们的父辈三千年前生活在这个国家。这就是考古学的价值所在，通过考古学他们为之战斗，他们通过它得以存活。"② 考古行为不仅被用来确定过去的年代，更重要的是赋予新移民以共同的身份认同与集体记忆，它成为以色列建构认同的一部分，这个共同的根把来自世界各地的移民（无论是极端正统派还是世俗人士）连结在一起："对于今天的以色列人来说，考古是'与过去握手'，考古发现被称为'来自祖先的祝贺'。考古是以色列人认同活动的一部分，因为考古正在为他们的身份提供旁证，寻找他们共同的根。来自世界各地的以色列移民，无论是宗教上的正统派还是自由派，这共同的根能把他们连在一起。每一次'来自祖先的祝贺'，每一次直接与'过去握手'都或多或少对圣经研究有所裨益。"③ 伊格尔·亚丁这样强调考古行为对于激发民族热情的重要作用：

　　　公众对于这块土地古代史的兴趣……几乎是异常的……这种巨大的兴趣并不仅仅来自对于考古的兴趣。每个人都知道他正在发现和发掘，发现物与遗留物都是来自他的父辈。而且，每个发现物都是这个民族与这块土地联系与契约的见证。由此考古研究便增加了一种重要的民族维

---

① Anthony D.Smith, *National Identity*, London：Penguin Books, 1991, p.149.

② Amos Elon, *The Israelis：Founders and Sons*, New York：Holt, Rinehart & Winston, 1971, p.289.

③ ［德］维尔纳·科勒：《圣经：一部历史》，林纪焘等译，三联书店1998年版，第573页。

度……就以色列而论，对我来说已经提及的这个因素——寻找与建构这个民族与这块土地之间的联系——必须给予考虑。在我看来，（考古学）增强着希伯来意识，可以说是对于与古代犹太教和犹太意识的认同和联系。[①]

实际上，以色列的考古学是有选择性的，它主要着力于犹太人在以色列地定居的历史以及对这一地区的犹太文化特别关注，而对犹太人从以色列地流散后的历史与基督教、伊斯兰教时期的留存不甚关心。而且考古学还是阿以冲突另一个角斗场的延伸，对这个没有硝烟的战场的争夺更加剧烈；考古计划在某些情况下充当着改变景观以抹去阿拉伯人居址的证据，并从物质上增强古代和现代犹太定居点之间的连续性。[②] 绝大多数考古学家接受的是犹太史与《希伯来圣经》的学术训练，这更加使他们在情感上与学术上产生了倾向性。有学者对圣经研究及圣地考古中的"东方主义"进行了研究，指出以色列人在"发明"古代以色列的同时，将巴勒斯坦历史"沉默化"。[③]

此外，植树活动被当时的犹太人视为一项神圣的行为，认为这将导向"以色列地的救赎"，而松树作为一种重要的民族形象，表征着犹太民族流散后的再生与以色列国成功地在故土扎根。[④] 而且，植树造林更被视为一种去除巴勒斯坦特征的重要手段。因此，除在毁坏的阿拉伯村庄上建立犹太定

---

① Amos Elon, "Politics and Archaeology", in Neil Asher Silberman & David Small, eds., *The Archaeology of Israel: Constructing the Past, Interpreting the Present*, p.37.

② Nadia Abu el-Haj, *Facts on the Ground: Archaeological Practice and Territorial Self-Fashioning in Israeli Society*, Chicago: University of Chicago Press, 2001, p.167; Rachel S. Hallote & Alexander H. Joffe, "The Politics of Israeli Archaeology: Between 'Nationalism' and 'Science' in the Age of the Second Republic," *Israel Studies*, Vol. 7, No. 3(Fall, 2002), pp.84-116.

③ 怀特拉姆指出，巴勒斯坦自古以来就是多种民族和历史的家园，耶布斯人、以色列人、迦南人、非利士人、摩押人及其他民族在此繁衍生息；但从19世纪晚期开始，这个复杂多元的历史开始陷入沉默并被强行压制，从而使入侵的以色列人及其历史成为唯一值得思考与书写的叙事。这种"胜利者的书写"导致同一时期兴起而迄今的圣经研究与圣地考古中存在两种明显的倾向：一是将古代巴勒斯坦人的历史从圣经研究中剥离开来，二是学者们在"发明"古代以色列的同时对巴勒斯坦人的历史保持"沉默"。详见 Keith W. Whitelam, *The Invention of Ancient Israel: The Silencing of Palestinian History*, London: Routledge, 1996。

④ Yael Zerubavel, "The Forest as a National Icon: Literature, Politics, and the Archeology of Memory", *Israel Studies*, Vol.1, No.1(Spring, 1996), p.60.

居点外，以色列政府还授权犹太民族基金会大量种植树木、开垦犹太农场。据统计，犹太民族基金会在 20 世纪总共种植了大约 2.4 亿棵树，其中绝大多数为松树；犹太民族基金会成为改变巴勒斯坦地貌的主要组织，其箴言是"记住，孩子们：你们种植的不是树木，而是人民"。[①]

这种结果就是，通过对巴勒斯坦地貌这种象征资本的"除名毁忆"，巴勒斯坦人的文化存在就被从地貌上抹掉了。巴勒斯坦地理学者法拉赫于 1987—1991 年间就以色列境内阿拉伯地貌的遗存进行了综合调查，对 400 多个被废弃村庄及其破坏程度进行了统计归类：2/3 的村庄被完全毁灭，其中大约 80 个村庄由于在其原地上种植树木而难以确认；其他村庄虽被完全破坏，但其轮廓由于仙人掌篱笆、石块地基、野生果树而得以保留，而在这些具有明确阿拉伯标志的被毁村庄中有 52 个现在为犹太人居住。[②] 一位参观了巴勒斯坦的人这样写道：

> 我有幸参观了许多巴勒斯坦从前的村庄，这些村庄通过植树及与之相关的犹太民族基金会进行的各种各样的改造，其情形仿佛是促使"集体"忘却——这个集体是有选择的。举例来说，如果你去参观已被毁的加利利加博西亚村遗址，非常仔细地观察就将发现在同一个地方，树木和地貌本身显示了两种不同、彼此抗拒又相互融合的叙事。你不得不依靠地貌来进行解读，因为没有别的东西留存下来。对初到此地的参观者来说，最为显眼的就是从犹太民族基金会在那里种植的树木看得出来，松树和在过去四十年间一直长在那里的其他树木混在一起，这种栽种方式使松树显得好像过去它们就一直种在那里。[③]

---

① I.Braverman,"Planting the Promised Landscape: Zionism, Nature, and Resistance in Israel/Palestine", *Natural Resources Journal*, Vol.49, No.2(Spring,2009), pp.318,330.

② 参见 Ghazi Falah, "The 1948 Israeli-Palestinian War and Its Aftermath: The Transformation and De-Signification of Palestine's Cultural Landscape", *Annals of the Association of American Geographers*, Vol.86, No.2(July, 1996), pp.256-285。

③ Carol Bardenstein, "Threads of Memory and Discourses of Rootedness: Of Trees, Oranges and the Prickly-Pear Cactus in Israel/Palestine", *Edebiyât*, Vol.8, No.1(1998), p.9.

三、新型犹太人的塑造及传统象征的政治化挪用

自从犹太复国主义运动兴起后，对流散犹太人的排斥很大程度上成为塑造新型犹太人的重要内容。在犹太复国主义者看来，长期的流散使犹太人沦为一个不正常的精神民族（*Am Haruach*），不能依靠劳动自力更生而专靠经商和放债为生，成为被鄙视的对象。犹太人不仅在身体与生理上萎缩，而且也在精神与心理上扭曲。一些犹太复国主义者甚至接受了反犹太者的贬低性描述，认为流散犹太人无论是个体还是集体而言都是病态的，在精神与物质上都是畸形的。对此，利奥·平斯克有一番形象的论述：

> 在犹太民族失去政治实体之后，并没有停止作为一个精神民族而存在。因此，世界将这个民族视为最为骇人的行尸走肉的动物。一个没有统一和组织、没有土地和其他联系纽带、不再活跃但在动物中不断移动的幽灵般的民族，这种恐怖的形式在历史上绝无仅有，不像在它之前或之后的事情，从而在各民族中的想象中留下奇怪而独特的印象。①

犹太复国主义者认为犹太人的不正常是遭受一切反犹主义迫害的内在根源，而克服的办法就是努力恢复犹太人的正常状况。因此，主张犹太人的"正常化"，"像其他民族一样"（*ke-khol ha-goyim*）成为犹太复国主义的有力宣言。具体来说，就是像其他民族一样拥有正常的政治、经济、社会与文化生活，返回民族故土以去除犹太人的无根状态；并坚信如果犹太人实现了正常化，反犹主义与犹太人问题将不复存在。相对于流散生活而言，犹太复国主义运动就是一场革命运动，正如本·古里安所说："所有其他的革命，无论是过去还是未来的，都是针对一种制度，一种政治、社会或经济结构的反抗。我们的革命不仅反对一种制度，而且是反对一种命运，反对一个独特民族的独特命运。"②

---

① Arthur Hertzberg, ed., *The Zionist Idea: A Historical Analysis and Reader*, Philadelphia: The Jewish Publication Society of America, 1997, p.184.

② Arthur Hertzberg, ed., *The Zionist Idea: A Historical Analysis and Reader*, p.607.

为了塑造现代国民性格，犹太复国主义者重新发现了流散前的犹太历史，特别是从第二圣殿时代末期反抗异族的斗争中汲取力量，那一时期的英雄典范如马卡比人、马萨达人、巴尔·科赫巴都成为他们称颂的代表。赫茨尔在其《犹太国》中直言不讳地将新一代犹太人称为"马卡比人"："……我相信一代惊人的犹太人将脱颖而出，马卡比将再次兴起。"[①] 与犹太复国主义运动兴起几乎同时，中欧等地成立了许多犹太健身协会。1895 年，最早的犹太健身俱乐部君士坦丁堡以色列健身协会（Israelite Gymnastic Association Konstantinopel）由居住在君士坦丁堡的德国和奥地利犹太人成立，主要原因是由于当时德国健身协会中奉行的"唯独雅利安"会员制而拒绝接纳犹太人。他们以德国的协会为模板，并采纳了当时极为流行的"四 F"原则——活力、奉献、愉快、自由（Frish，Fromm，Froehlich and Frei），作为协会的宗旨。[②] 1897 年，保加利亚成立了"参孙健身协会"（Shimshon Gymnastics Society）。

从个体上挽救犹太民族的主张，主要来自早期犹太复国主义运动的二号人物——马克斯·诺尔道（Max Nordau），他极力提倡犹太人应该重新回归正常，做一个像非犹太人一样的正常人，这是摆脱反犹迫害的唯一办法。他提出了"有肌肉的犹太人"（*Muskeljudentum*/Muscle Jewry）观念："让我们拾起我们最古老的传统，让我们再度成为雄壮、强健、敏锐的人"，并以第二圣殿时期反抗罗马的巴尔·科赫巴作为英雄典范加以提倡，"巴尔·科赫巴是一位拒绝接受失败的英雄，当胜利最后离开他时，他知道如何去死。巴尔·科赫巴也是世界历史上好战、勇武犹太人的最后体现。"[③] 为挽救犹太人不断降低的体质，诺尔道极力主张建立一系列犹太健身俱乐部，从强身健体的个体行为出发拯救民族整体。在诺尔道看来，"有肌肉的犹太人"是"斯巴达人"，"……成为一个犹太复国主义者意味着成为完完全全的战斗

---

① ［奥］西奥多·赫茨尔：《犹太国》，肖宪译，商务印书馆 1993 年版，第 91 页。

② Joseph Hoffman，"A Sound Mind in a Sound Body：A History of Maccabi"，Pierre Gildesgame Maccabi Sports Museum，1990，p.1.

③ Max Nordau，"Jewry of Muscle（1903）"，in Paul R.Mendes-Flohr & Jehuda Reinharz，eds.，*The Jew in the Modern World：A Documentary History*，p.435.

者",①"犹太复国主义通过对青年一代的身体教育更新着犹太人的身体，而这将更新失落已久的有肌肉的犹太教。"②

　　在赫茨尔与诺尔道等人的号召推动下，1898 年，巴尔·科赫巴健身协会（Juedische Turnzeitung Bar Kochba-Berlin）在柏林成立。两年后该协会出版了第一份期刊《犹太健身运动》（Die Juedische Turnzeitung）致力于推广犹太健身运动。在该杂志的第 1 期，编者发出了鼓舞人心的呼吁："这就是我们想要的！"（Was wir wollen!）③ 并大胆宣称渴望获得强健的身体力量，"我们想归还失去弹性的松弛身体，以使它鲜活有力。我们想通过犹太协会的努力增强我们早已消失的归属感并提升我们的自决意识。我们想勇敢地回击这股复苏的反犹主义，并形成一个高贵的民族意识。在世界所有人面前，我们承认我们的民族性。"1903 年，在这份杂志的呼吁下，众多德国犹太健身俱乐部共同成立了犹太健身协会（Die Juedische Turnerschaft），总部设在柏林。犹太健身协会的章程规定"协会的目标是推动健身作为塑造健康身体以构成犹太民族观念一部分的中介"。④ 这里使用"观念"而非"故土"是为了避免与政治犹太复国主义的主张发生公开联系，以免受到外部世界的指责。

　　在犹太复国主义的影响与推动下，以"马卡比"、"巴尔·科赫巴"、"马萨达"等为名字的犹太健身俱乐部遍布欧洲大地，它们在英国（1906年）、匈牙利（1906 年）、瑞士（1908 年）、南斯拉夫（1911 年）、俄国（1913 年）、波兰（1915 年）等地纷纷出现。同样，这股犹太健身之风随着移民前往巴勒斯坦。早在 1906 年，利奥·科恩与以西结·哈金在雅法创立里斯翁·锡安健身协会（后来更名为特拉维夫马卡比协会）。随后，佩塔提

---

　　①　Todd S.Presner,"'Clear Heads,Solid Stomachs,and Hard Muscles':Max Nordau and the Aesthetics of Jewish Regeneration",*Modernism/modernity*,Vol.10,No.2(April,2003),p.282.

　　②　Moshe Zimmermann,"Muscle Jews versus Nervous Jews",in Michael Brenner & Gideon Reuveni,eds.,*Emancipation through Muscles:Jews and Sports in Europe*,Lincoln & London:University of Nebraska Press,2006,p.13.

　　③　Joseph Hoffman,"A Sound Mind in a Sound Body:A History of Maccabi",Pierre Gildesgame Maccabi Sports Museum,1990,p.2.

　　④　Haim Kaufman,"Jewish Sports in the Diaspora,Yishuv,and Israel:Between Nationalism and Politics",*Israel Studies*,Vol.10,No.2(Summer,2005),pp.149-150.

克瓦（1909 年）、耶路撒冷（1910 年）等地也成立相应的组织。1912 年，所有奥斯曼统治下的巴勒斯坦地区健身协会联合起来定名为"以色列地马卡比健身与运动联盟"，下辖 8 个小型协会等。[①] 到第一次世界大战前夕，犹太健身组织已有 30 个协会、常任会员达 4500 人，分布在德国、奥地利、保加利亚、土耳其与巴勒斯坦等地。在 1921 年第十二届世界犹太复国主义大会上，所有犹太运动协会正式联合组建了"世界马卡比联盟"（World Maccabi Federation），来自德国的海因里希·库恩当选为主席，该联盟也正式成为世界犹太复国主义运动的一部分，其成员遍布 22 个地区而总人数超过 10 万。[②] 自此，犹太健身运动成为一项世界性运动，并与犹太民族复兴紧密联系起来。

在犹太健身协会的名称上，以"马卡比"的使用最为频繁，而且犹太复国主义组织的徽章也经常包含有象征马卡比起义的狮子，反映出犹太复国主义领袖赋予马卡比强健犹太身体的内涵。值得注意的是，当初马卡比人进行起义的目的就是反对犹太人模仿希腊人开展健身运动、抛弃犹太传统律法的做法。而现代的马卡比运动号召犹太人仿效外邦人开展健身运动，犹太复国主义者完全颠倒了马卡比最初的内涵，在此它转而成了现代犹太健身运动的象征。本·古里安指出，"马卡比毫无疑问是犹太复国主义运动的最重要支系之一。它的重要不仅体现在其名称——这极其适合它——而且体现在将身体融入犹太复国主义运动创造的一个重要因素之中，从而使在许多个世纪流放与散居中被削弱的犹太民族身体状态恢复起来。……犹太人返回他们的故土与那些出生在此的人们必须拥有它，正如他们必须拥有科学技术上的精神与思想活力一样；我们在古老家园的存在要求身体能力不低于精神才智。"[③]

在巴勒斯坦地区号召发展犹太身体力量的重要人物还有约瑟夫·别尔季切夫斯基（Micha Joseph Berdichevsky），他极力提倡仿效犹太历史上的战斗

---

① Haim Kaufman,"Jewish Sports in the Diaspora, Yishuv, and Israel: Between Nationalism and Politics", *Israel Studies*, Vol.10, No.2(Summer, 2005), pp.152-153.

② 1968 年又更名为"马卡比世界联合会"（Maccabi World Union）。

③ Joseph Hoffman,"A Sound Mind in a Sound Body: A History of Maccabi", Pierre Gildesgame Maccabi Sports Museum, 1990, p.2.

英雄，从而复活了几乎已完全被人们遗忘的民族象征。例如，为妇人所伤后要求士兵杀死自己的亚比米勒，当遭遇失败时为免遭羞辱而伏剑身亡的扫罗，选择与非利士人同归于尽的参孙。除了这些《圣经》中的英勇事例以外，别尔季切夫斯基还特别歌颂了第二圣殿末期守卫耶路撒冷的战斗者，其中包括反抗希腊的马卡比人、反抗罗马的奋锐党人以及巴尔·科赫巴起义者。根据学者西伯曼的研究，这套犹太民族英雄谱包括："自信的犹太战士勇敢地保卫着他们的土地与自由。与迦南人、非利士人进行战斗的希伯来士师，打败了强大的希腊军队的马卡比自由战士，在古代沙漠进行绝望无助战斗的马萨达守卫者与伟大反抗领袖巴尔·科赫巴的追随者，被作为力量、决心与无畏的永恒典范。"[1]

别尔季切夫斯基认为，流散时期犹太民族过于追求学识但没有形成新的创造，他们虽然撰写了许多著作但都缺乏原创性，宗教知识使犹太人沦为一个"只有大脑但缺乏灵魂的人"。因此，别尔季切夫斯基号召人们从宗教道德的束缚中解放出来，重新拾起古老的民族本性，扎根于自己的土地准备为之战斗牺牲，要想达此目标就必须重新拾起古老的犹太英雄主义。他以莎士比亚式的口吻发出了这样的伟大号召："生存还是毁灭（To Be or Not to Be）！成为最后一批犹太人或者是最初一批希伯来人！"[2] 所谓的在"最后一批犹太人"与"最初一批希伯来人"之间做出选择，即是要求放弃精神屈服的流散状态、停止以繁琐的犹太哲学思考问题，转而成为扎根土地的鲜活、自豪与英勇的民族。

在此意识形态主导下，犹太复国主义者塑造出一种理想国民的典范——"萨布拉"（Sabra），即土生土长的犹太人，以其奉献、勇敢、勤劳、强壮、战斗的精神特征区别于流散犹太人的逃避、胆怯、懒惰、虚弱、反战的特点。这个理想典范集中了许多优良品质，以致被有的学者称为"神话般的萨布拉"（the Mythological Sabra）。[3] 实际上，萨布拉仅占当时社会中的很少

① Neil Asher Silberman, *A Prophet from amongst You*: *The Life of Yigal Yadin*: *Soldier, Scholar, and Mythmaker of Modern Israel*, Reading, Mass.: Addison-Wesley, 1993, p.11.

② Alain Dieckhoff, *The Invention of a Nation*: *Zionist Thought and the Making of Modern Israel*, London: Hurst & Company, 2003, p.130.

③ Yael Zerubavel, " The ' Mythological Sabra ' and Jewish Past: Trauma, Memory, and Contested Identities", *Israel Studies*, Vol.7, No.2(Summer, 2002) , pp.115-144.

一部分。根据学者阿尔莫格的估计，萨布拉一代在 1948 年的总数大约为 2 万人左右，不到总人口的十分之一，而"（典型的萨布拉）是少数中的少数。他们的数量不超过几百人，……他们是主导性群体，并作为整个一代的行为典范。"[1] 为显示与流散地的决裂，他们为自己及亲人取希伯来名字，以象征与流散前独立时期的历史联系。可以说，他们与流散犹太人有着本质的不同："（与流散犹太人）的不同不仅是思想上的，而且是心理上的、生物上的，几乎就是生理上的。"[2] 有学者对萨布拉的形象进行了极好的总结：

> 他们只说希伯来语并无视犹太宗教律法哈拉哈；他们忽略了父辈的文化，更是把他们祖父辈搁在一边。流散对于他们而言是一种完全健忘的文化。他们遗忘了流散时代的《塔木德》而记住了圣经时代的故事；他们遗忘了犹太名字而为他们的后代取新希伯来名字；他们遗忘了亚布内的拉比而记住了巴尔·科赫巴的反抗；他们遗忘了大屠杀但记住了英勇的隔都反抗。这种记忆与遗忘的混合构成了以色列的民族精神，由于它在建国前犹太复国主义文化中的发展，从而塑造了三至四代的以色列人："开拓者"、希伯来人、"萨布拉"与以色列人。[3]

与流散犹太人不同，新型犹太人充满自信并成为自己命运的主宰，而不再由上帝来主宰，强调与土地结合，使犹太人由"圣书之民"（People of the Book）转为"圣地之民"（People of the Land）。在世俗犹太复国主义的观念中，救赎并不出于上帝，而是来自民族与土地，以色列的观念取代上帝成为新的救赎中心。返回圣地，即是以色列人与以色列地的结合。在一些基布兹的哈加达中，甚至将犹太人神圣的祈祷词"示玛"改为："以色列啊，你要

---

① Oz Almog, *The Sabra: The Creation of the New Jew*, trans. Haim Watzman, Berkeley: University of California Press, 2000, p.3.

② Mooli Brog, "Victims and Victors: Holocaust and Military Commemoration in Israel Collective Memory", *Israel Studies*, Vol.8, No.3(Fall, 2003), pp.65-66.

③ Uri Ram, "Historiosophical Foundations of the Historical Strife in Israel", in Anita Shapira & Derek J. Penslar, eds., *Israeli Historical Revisionism: From Left to Right*, London: Frank Cass Publishers, 2003, p.46.

听，以色列是我们的命运，以色列是独一的。"① 在犹太传统的示玛祈祷中，上帝是绝对的主角，因为传统上认为拯救来自上帝；而在这个新祈祷中，以色列取代上帝成为拯救的来源，因此表明他们决心用自己的努力来获得救赎。

新型犹太人的典范就是扎根于故土的土壤之中，乐意为故土奉献汗水和鲜血，以劳动和战斗来保卫家园。著名思想家大卫·戈登鼓吹犹太人应当形成"劳动的宗教"，强调通过劳动再度扎根于犹太故土及其文化之上；"我们来改造这块土地，同时也要被它所改造"成为当时人们的经典口号："在早期犹太复国主义者心中设想的犹太国里，工作的概念被置于崇高的地位。工作是为回到家园来的犹太人制定的'发挥本身才能'的计划的一部分。旧世界的犹太人脱离了土地并且丧失了双手的技能，新的犹太人将是强壮的和自给自足的，是农民和劳动者，用自己的汗水和气力建设犹太人家园。"② 面对着荒芜不毛的土地与阿拉伯人的威胁，劳动与战斗成为以色列国家创建时期的两大根本性任务，劳动者与战斗者也成为以色列人崇拜的集体性偶像。他们甚至从《圣经》上找到了历史根据，尼希米返回故土领导人们修建耶路撒冷城墙时"一手作工，一手拿兵器"③，这一形象成为以色列人的理想类型："这块希伯来之地已经浸透着劳动者的汗水和鲜血——这是一块对我们来说极其神圣的土地，我们不许离开它。建设故土当作一项神圣的使命，从而形成了'鲜血—人—土地'（Dam-Adam-Adamah），理想的犹太人应该是耕种土地的农民与保卫土地的士兵。"④

在犹太复国主义者看来，犹太人当前争取生存和建国的斗争就是大卫与歌利亚搏斗场景在现代的再现。由于占据着圣地的阿拉伯人不肯妥协，因此犹太人除了建设开垦土地外，还必须全力保卫土地。正如塔本金在1936年阿拉伯民族大起义后说道："我们卷入了一场战斗，因为我们已经别无选

---

① Charles S.Liebman & Eliezer Don-Yehiya, *Civil Religion in Israel : Traditional Judaism and Political Culture in the Jewish State*, Berkeley, Calif. : University of California Press, 1983, p.38.

② ［美］劳伦斯·迈耶：《今日以色列》，钱乃复等译，新华出版社1987年版，第100页。

③ 《尼希米记》4：17。

④ Anita Shapira, *Land and Power : The Zionist Resort to Force , 1881-1948*, trans.William Templer, Stanford, Calif. : Stanford University Press, 1992, p.74.

择。我们必须发展精神与身体上从事劳动定居者的使命。但这还不够，我们所设想的理想人还需要另一种品质，他必须是一个战斗者。"① 萨德赫也强调："为独立的希伯来国家而战是我们的自我实现。自我防卫也是建设一个美好的未来，建设整个故土。在建设过程中，砖石就是我们战士们的躯体；而建筑的泥浆，就是我们兄弟们的鲜血。"② 除了劳动，还必须用战斗来保卫土地，杰出的希伯来民族诗人亚科夫·卡汉（Yaakov Cahan）创作了著名的新诗《反叛者》（The Hooligans），意在唤醒人们的战斗精神，以成为像反抗罗马人那样的反叛者：

> 醒来，醒来，反叛者！
> 去拯救我们遭受压迫的土地——
> 通过强有力的手，呼唤我们的权力！
> 犹地亚曾经在血与火中陷落，
> 犹地亚也将在血与火中崛起。③

正是靠着一批批"萨布拉"的热情与奉献，犹太复国主义运动创造了现代史上的奇迹，巴勒斯坦犹太社团得以在四面包围与频繁冲突中站稳脚跟，并在经济建设与社会发展上取得瞩目的成就，从而为以色列成功建国奠定了坚实的基础。

为了超越流散时代形成的多样性，以色列国在公共节日、国家建筑等方面大量采用犹太传统象征符号，以此唤起来自不同地区的流散犹太人对于新国家的政治认同。④ 在此过程中，以色列的国旗、国徽、国歌成为传统犹太象征与现代国家认同相结合的重要代表。根据族群象征主义（ethno-symbolism）理论，"国旗、国歌和国徽是一个独立国家用以宣布自己的认同和主

---

① Anita Shapira, *Land and Power: The Zionist Resort to Force, 1881-1948*, p.206.

② Nachman Ben-Yehuda, *The Masada Myth: Collective Memory and Mythmaking in Israel*, Madison: University of Wisconsin Press, 1995, p.93.

③ Anita Shapira, *Land and Power: The Zionist Resort to Force, 1881-1948*, pp.32-33.

④ 例如，犹太传统节日被宣布为以色列的国家法定节日，以色列议会议席采用的120席位制，以色列国家最高元首称为"纳西"（Nasi），使用流散前的犹太历法、货币谢克尔，传统希伯来语的复活等等，都是犹太传统的重要体现。

权的三个象征，由此它们立刻赢得了尊敬和忠诚。它们自身也反映了一个国家的整个背景、思想和文化。"①

犹太复国主义运动对旗帜的使用具有一段较长的历史。1885 年，里斯翁·锡安（Rishon LeZion）的农业定居点使用一幅蓝白旗帜来作为其成立三周年的标志（图案一），位于大卫星中心的"ציון"是"锡安"一词的希伯来文拼写。1891 年，带有大卫星图案以及中心刻有"马卡比"希伯来文字样的蓝白旗帜由锡安之子教育协会（B'nai Zion Educational Society）使用（图案二），它由雅各·阿斯科维斯及其子查尔斯·阿斯科维斯（Jacob Baruch Askowith & Charles Askowith）设计，当年 7 月 24 日展示于波士顿锡安之子教育协会的锡安大厅。1896 年，赫茨尔在其《犹太国》中提议为这个新的犹太国家设计一幅旗帜，白色背景象征着新生活的纯洁性、7 颗金星代表着 7 小时工作制："我们没有旗帜，所以我们需要一个。如果我们希望领导许多人们，我们就必须提出一个高于他们大脑的象征。我将建议一幅带有七颗金星的白色旗帜。"② 这个提议随后由大卫·沃尔夫森（David Wolff-sohn）具体付诸实施（图案三），并成为 1897 年巴塞尔第一届世界犹太复国主义代表大会的旗帜。也是在此次大会上，来自纽约的莫里斯·哈里斯（Morris Harris）提交了一幅他设计的由两块条纹与大卫星组成的新旗帜，最中心处为象征马卡比起义的雄狮（图案四），该旗帜被称为"锡安之旗"，从第二届世界犹太复国主义代表大会起被接受为该运动的官方旗帜。1933 年布拉格举行的第十八届世界犹太复国主义代表大会正式将这幅大卫星与两块蓝色条纹组成的旗帜作为犹太复国主义的象征。比较起来，这些旗帜的共同点不言而喻：都带有大卫星的图案，而且位于旗帜的中心。这是因为旗帜设计者大多从《以赛亚书》中找到了灵感源泉："到那日，耶西的根立作万民的大旗，外邦人必寻求他，他安息之所大有荣耀。"③ 耶西是大卫王的父亲，"耶西的根"自然指代大卫王。这段话被犹太复国主义者解释为以大卫王为旗帜招聚流散在各地的犹太人返回故土。在犹太传统中，大卫王的标志通常是大卫星，因而以大卫星为旗帜的现代犹太复国主义运动被视为《圣

---

① ［英］埃里克·霍布斯鲍姆等编：《传统的发明》，第 13 页。

② Theodor Herzl, *The Jewish State*, Minneapolis：Filiquarian Publishing, 2006, pp.85—86.

③ 《以赛亚书》11：10。

经》中先知预言的实现。

图案一　　　　　图案二　　　　　图案三　　　　　图案四

犹太复国主义运动旗帜的变迁①

1948年以色列建国后，为了避免使流散地犹太人陷入"双重忠诚"的困境，临时议会决定为这个新国家重新设计一幅官方旗帜，以与犹太复国主义运动的旗帜区别开来。外交部长摩西·夏里特对此解释说："以便避免为犹太社团带来麻烦，就是当他们举起犹太民族的国际性旗帜（即犹太复国主义运动的旗帜），避免可能发生的误解以及造成他们不是这个国家公民的印象。"人们对于新国旗的图案争论不已，有人希望加入七臂烛台的图案，还有人痴迷于犹大之狮。最后，本·古里安决定向公众征求方案；6月10日以色列政府发布设计方案竞标告示：

> 以色列国临时政府发出邀请，征集有关国旗与国徽的提案。要求：旗帜：天蓝与白色。图案：大卫盾或七颗星（金色或其他颜色）。国徽：天蓝与白色以及任何设计者喜好的附加颜色。图案：七臂烛台与七颗星（六角）。任何其他方案或想法都将尽可能地加以考虑。政府不承诺接受任何提交的方案。方案应当以密封的信件邮寄，并写上临时政府秘书处徽章委员会。信件将被给予一个身份标记而并不能写上姓名或能够证明提交者身份的任何内容。标记所有者的姓名及其内容将在第二封信件中说明。提交方案的截止日期为以色列时间的5708年希完月7日（1948年6月14日，后来延长至6月25日——引者注）周一中午。②

---

① 从左至右依次为：里斯翁·锡安定居点的旗帜（1885年）、波士顿锡安之子教育协会会旗（1891年）、赫茨尔构想而由大卫·沃尔夫森具体设计的旗帜（1896年）、莫里斯·哈里斯设计的旗帜（1897年）。

② Don Handelman & Lea Shamgar-Handelman，"Shaping Time：The Choice of the National Emblem of Israel"，in Emiko Ohnuki-Tierny，ed.，*Culture through Time：Anthropological Approaches*，Stanford：Stanford University Press，1990，pp.193-226.

　　尽管活动时间比较短促，此次图案征集共收到 164 人提交的 450 份方案，比较突出的有：尼斯姆·萨巴赫的方案为两块条纹和大卫星以及七颗黄色的小星星（方案一）；摩迪凯·尼姆扎比一口气提出了八个立意大致类似的图案（方案二）；奥特赫·瓦利斯奇的方案干脆将中心位置设计为七颗平行的大卫星（方案三）；图案总召集人理查德·阿里尔也提交了自己的图案（方案四），意在仿效法国的三色旗。以色列政府官员大多数倾向于传统的两块条纹与蓝色大卫星；与此同时，夏里特决定向流散犹太领袖征求意见，美国犹太社团领袖阿巴·席尔瓦拉比（Rabbi Abba Hillel Silver）回信中说："我们情愿将犹太复国主义运动的旗帜作为以色列的国旗，而仅进行很小的修改。我们觉得使用这个旗帜对海外犹太复国主义活动所引起麻烦的恐惧在某种程度上被过分夸大了。"其他流散领袖的回复也大致类似。

 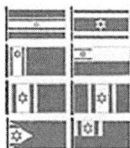  

方案一　　　　　方案二　　　　　　方案三　　　　　方案四

以色列国旗

以色列国旗竞标最终候选方案和正式国旗①

　　1948 年 10 月 28 日，以色列临时议会一致决定将犹太复国主义运动的旗帜作为以色列国旗，同时授权理查德·阿里尔对其进行细微的修改，将位于

---

　　①　四个方案的设计者，从左至右依次为：尼斯姆·萨巴赫（Nissim Sabah）、摩迪凯·尼姆扎比（Mordechai Nimtza-bi）、奥特赫·瓦利斯奇（Otta Wallish）、理查德·阿里尔（Richard Ariel）。

图案中心的雄狮及环绕周围的七颗小星等去掉以显得简洁大方，[1] 从而绘制出以色列国旗的最终图案。随后提交议会批准并出台如下决议：

> 国家临时议会在此声明，以色列国国旗的形状可以描绘如下——旗帜为 220 厘米长、160 厘米宽。背景为白色，在其上面覆盖有两块宽为 25 厘米、贯穿整个旗帜的深蓝色条纹，条纹与旗帜顶部及底部各相距 15 厘米。在白色背景的中央，位于两块蓝色条纹之间并且到每块条纹距离相等的是一个大卫星，由六块深蓝色、宽为 5.5 厘米的条纹组成，它们共同构成两个等边三角形，其底边与两块水平的条纹相平行。

以上决议表明，以色列国旗主要由蓝色大卫星与两块蓝色条纹等图案组成。位于中央的大卫星也被称为大卫盾，它是一个传统的犹太教符号。传统上，大卫星的六个角分别象征着上帝统治宇宙的六个方位：东、西、南、北、上、下。[2] 在此被解释为，朝上的三角形指向的是精神的与神圣的，而另一朝下的三角形指向的是物质的与世俗的；由此犹太复国主义运动乃至以色列国象征着把精神的与物质的世界、神圣的与世俗的人士连接在一起。两块蓝色条纹寓意为犹太人在祈祷时披在肩上的围巾"塔利特"（tallit），提示人们几千年以来的犹太人一直在为回归故土而祈祷。除蓝色大卫星与蓝色条纹外，背景颜色为白色；充分借用了作为经典犹太色调的蓝白两色，[3] 白色象征着光明、纯洁、正直、和平，而蓝色代表着忠信、智慧、依靠与天堂。

与国旗设计竞赛同时进行的还有国徽设计竞赛，在后一环节中被选为最终候选方案的有：奥特赫·瓦利斯奇（Oteh Walisch）与斯塔卢斯基（W. Struski）（方案二）使用了提图斯摧毁圣殿时的七臂烛台，顶部的七颗小星代表着赫茨尔提倡的七小时工作制；埃塔玛尔·大卫（Itamar David）与耶

---

① 这些符号随即都成为地方的象征：犹大之狮成为耶路撒冷城市的徽标，赫茨尔的七颗小星作为特拉维夫与赫茨利亚的标记，而《托拉》法版作为以色列大拉比署的标志。

② G.Sholem, "The Curious History of the Six Pointed Star; How the 'Magen David' Became the Jewish Symbol", *Commentary*, Vol.8(1949), pp.243-351.

③ 蓝白两色正式作为犹太民族的象征始于奥地利诗人路德维希·弗兰克尔（Ludwig August Frankl），1864 年他在名为《犹大的颜色》（*Judah's Colors*）诗歌中表达了这个观念，此后为许多犹太人所接受。参见 A.L.Frankl, "Juda's Farben", in *Ahnenbilder*, Leipzig, 1864, p.127。

拉赫米尔·谢克特（Yerachmiel Schechter）提交的图案（方案三、四）除含有七臂烛台与七颗小星外，还借助了诸如"以色列和平"（*Shalom al Yisrael*）铭文、羊角号（*shofar*）与棕榈叶（*lulav*）等传统象征。而加布里埃尔与马克西姆·沙米尔（Gabriel and Maxim Shamir）兄弟的竞标方案（方案一）获得头奖，并提交至 1948 年 12 月 28 日国徽与国旗委员会第六次会议进行审议。沙米尔兄弟在解释其设计时指出："在决定使用七臂烛台后，我们寻找另一个元素过程中认定橄榄枝①是对犹太民族热爱和平最为美丽的表达。这些树叶也具有装饰性的成分。现在我们面临使用哪个七臂烛台的问题……我们决定采用一个标准化而非古老的式样。我们的目的在于创造一个不含犹太传统象征的现代国徽。我们告诉自己七臂烛台本身是一个古代的象征，它在印章中的存在构成一个传统的元素。但它的形状应该是现代的。"②然而，作为国徽与国旗委员会成员的交通部长大卫·勒梅兹（David Remez）要求沙米尔兄弟回归传统使用提图斯七臂烛台，因为它不仅象征过去的辉煌，而且还代表着现在以及未来的期望。

1949 年 2 月 10 日，以色列临时议会决定，在（方案一）去掉七颗星的基础上吸纳其他三种方案从而构成现有国徽的图案并开始正式启用。③以色列国徽是由七臂烛台、橄榄枝等围成的盾形符号。位于图案中间的烛台原型来自刻在提图斯凯旋门上的烛台，这个烛台在耶路撒冷的圣殿中经常使用，从古代起就已作为犹太教的神圣标记。七臂烛台寓意犹太人战胜了邪恶的罗马军团而胜利回到耶路撒冷，恢复了第二圣殿的辉煌。围在烛台两边的橄榄枝象征着古代以色列地农业的丰收，同时又象征着和平。最底部的文字"ישראל"是"以色列"一词的希伯来语拼写，也是这个犹太国家的名称。国徽的主色调仍然由经典的蓝白两色组成。

---

① 实际上，七臂烛台与橄榄枝的结合并非沙米尔兄弟的发明，这个意象最初可以追溯至先知撒迦利亚（《撒迦利亚书》4：1—3，11—14）。

② A.P.，"How the Emblem of the State of Israel was Born"，interview with the Shamir brothers，*Ma' ariv*，Feb.，16(1949).

③ Don Handelman & Lea Shamgar-Handelman，"Shaping Time：The Choice of the National Emblem of Israel"，in Emiko Ohnuki-Tierny，ed.，*Culture through Time：Anthropological Approaches*，pp.193-226.

方案一　　　　　方案二　　　　　方案三　　　　　方案四

以色列国徽

以色列国徽竞标最终候选方案和正式国徽①

以色列国歌《哈蒂克瓦》（Hatikvah，也称《希望之歌》）②，最初源自西里西亚犹太诗人纳菲塔利·依姆伯尔（Naphtali Herz Imber）1878 年创作的短诗《我们的希望》（*Tikvateynu*/Our Hope），1888 年由撒母耳·科恩（Samuel Cohen）谱成歌曲，随后为希巴特锡安运动（Hovevei Zion，即热爱圣山运动）采纳为该运动主题曲，1897 年在第一届世界犹太复国主义代表大会上，代表们一致将其确定为犹太复国主义运动的主题曲。从此开始，迅速成为全世界犹太人最受欢

---

① 四个方案的设计者，从左至右依次为:加布里埃尔与马克西姆·沙米尔(1948 年)、奥特赫·瓦利斯奇与斯塔卢斯基(1948 年)、埃塔玛尔·大卫与耶拉赫米尔·谢克特(1948 年)、埃塔玛尔·大卫与耶拉赫米尔·谢克特(1948 年,与前一方案相比没有羊角号与棕榈叶)。这些方案的共同点不言而喻:都带有七臂烛台的图案,而且占据着徽标的中心。

② 《哈蒂克瓦》全部内容如下:
只要我们的心中,
还深藏着犹太人的灵魂;
只要我们的眼睛,
还眺望着东方的锡安山。

两千多年的希望,
就不会化为泡影;
我们将成为自由的人民,
矗立在锡安和耶路撒冷。

迎的歌曲。其内容后来发生了一些变化，里斯翁·锡安的定居者对其进行了压缩性修改。1948 年以色列国《独立宣言》宣布将其作为国歌。[①] 其歌词充满着浓烈的民族主义色彩，锡安、耶路撒冷被作为犹太民族两千年来的崇高梦想，充分表达出犹太民族渴望返回故土、恢复主权自由的经典主题。[②]

　　建国初年对英雄记忆进行政治化运用的另一重大事件就是，1949 年以色列政府对现代犹太复国主义运动奠基人也是以色列国父——赫茨尔的遗体进行了规模盛大的移葬仪式。建国后，为表明赫茨尔为之奋斗毕生、殚精竭虑的犹太复国主义事业大功告成，决定将赫茨尔的遗体从原先埋葬的维也纳迁至以色列重新安葬，象征着以色列国对于犹太复国主义运动的正统性与合法性。以色列政府成立了一个特别国家委员会为安葬地点选址，选定耶路撒冷城西海拔 834 米的一座山丘将其命名为"纪念之山"（Mount of Remembrance）。由此使耶路撒冷作为民族性首都的地位进一步巩固起来。同时向大众公开征集陵墓设计方案。共有 63 份设计方案参与竞赛，最终约瑟夫·克劳维宁的设计被选中，主体为一块刻有赫茨尔名字的未经修饰的黑色花岗石。[③] 在安葬日期问题上，人们出现了许多争议：有人提议在二月以与制宪议会同时，也有提议在逾越节，还有人建议定在赫茨尔日（即他逝世之日），然而后者已被确立为军队日。1949 年 4 月 18 日，以色列举行了建国以来第一次国葬仪式，参加的来宾几乎包括各级政要、社会名流。丧葬仪式赋予安葬地以神圣性，从此这座山丘被称作"赫茨尔山"。

　　1951 年，以色列政府在赫茨尔陵墓毗邻建造了专门收殓为国捐躯的以色列国防军官兵的阵亡将士公墓，也有许多领袖政要安葬于此，诸如列维·艾希科尔、果尔达·梅厄、伊扎克·拉宾等。以集体军事公墓的形式安葬死

---

　　① 值得注意的是，它的国歌地位在很长时间内没有官方的法律正式加以认可；直到 2004 年 11 月，以色列议会通过了一项《国旗与国徽法》（The Flag and Coat-of-Arms Law），该法随后又更名为《国旗、国徽、国歌法》（The Flag, Coat-of-Arms, and National Anthem Law），才正式确认了《哈蒂克瓦》的国歌地位。

　　② 有些正统派宗教人士拒绝承认《哈蒂克瓦》的地位，其理由是在歌词中找不到任何有关上帝或《托拉》的字眼。亚伯拉罕·库克拉比（Abraham Isaac Kook）就持反对态度，他谱写出《信仰》（HaEmunah/The Faith），期望以此替代《哈蒂克瓦》作为以色列的国歌。此外，以色列阿拉伯人也批评《哈蒂克瓦》犹太色彩过于浓厚，完全忽视了以色列境内非犹太公民的感情，而再三要求更换国歌。这从另一个层面看出，在世俗民族主义对传统犹太象征进行选择性利用的过程中，压制、排斥了许多其他群体的诉求。

　　③ Maoz Azaryahu, "Mount Herzl: The Creation of Israel's National Cemetery", Israel Studies, Vol. 1, No. 2 (Fall, 1996), pp. 48−50.

去的将士被赋予了民族最高规格的纪念，而且以色列国防军定期在公墓举行军事典礼给予死者荣耀，以此鼓励后来者效仿敬尤，从而传递出这样的信息：通过个体的牺牲换来了民族的再生，因而值得后来者永远铭记，是为虽死犹生、精神不朽。[1] 以色列政府通过为阵亡将士建造国家公墓、确立纪念节日，从而实现了乔治·莫斯所说的"死亡国家化"（nationalization of death），死者得以进入国家的纪念序列之中，作为全体公民的道德典范和精神楷模。莫斯通过对两次世界大战期间阵亡士兵的纪念活动进行研究，认为对阵亡士兵的崇拜使民族得以神圣的仪式复兴："对死者的召唤是为了使民族年轻化，因为'战斗、死亡与复兴'即是民族的本质所在。从他们的死亡中，民族将得到恢复。"[2] 又如安德森所言：

> 没有什么比无名战士的纪念碑和墓园，更能鲜明地表现现代民族主义的文化了。这些纪念物之所以被赋予公开的、仪式性的敬意，恰好是因为它们本来就是被刻意塑造的，或者是根本没人知道到底是哪些人长眠于其下。……尽管这些墓园之中并没有可以指认的凡人遗骨或者不朽的灵魂，它们却充塞着幽灵般的民族的想象。[3]

四、"马萨达神话"的历史隐喻与政治功用

马萨达神话（Masada myth）[4] 在 20 世纪上半叶的出现，有着独特的历

---

① Yoram Bilu & Eliezer Witztum, "War-Related Loss and Suffering in Israeli Society: An Historical Perspective", *Israel Studies*, Vol.5, No.2 (Fall, 2000), pp.3–4.

② George L.Mosse, *Fallen Soldiers: Reshaping the Memory of the World Wars*, New York: Oxford University Press, 1990, p.78.

③ [美]本尼迪克特·安德森：《想象的共同体：民族主义的起源与散布》，第 9 页。

④ 马萨达原指位于犹地亚沙漠东部边缘、靠近死海西部的一处天然要塞。公元 73 年 4 月 15 日，驻守马萨达要塞的一千余名犹太人在罗马军队的包围下选择了集体自杀。这段历史为同一时期的历史学家约瑟夫斯所记载，透过《犹太战记》的历史表述却看不到英雄主义的任何显现：在马萨达顶部不仅没有发生极其惨烈的战斗，而且这些守卫者始终逃避与罗马军队作战，更重要的是他们还不断对周围的犹太同胞进行劫掠与屠戮。在此后漫长的中世纪几乎找不到关于马萨达的表述。但随着现代犹太复国主义运动的兴起，这段被人遗忘的历史藉以一系列文学作品、旅行探险等，马萨达的集体记忆得以被唤醒。希伯来文版《犹太战记》以及拉姆丹《马萨达》诗篇使之转化为当代犹太英雄主义的象征。此后，一批批犹太青年不惜跋涉人迹罕至的犹地亚沙漠远足朝圣，马萨达遂而发展为新一代希伯来人的集体圣所。是为"马萨达神话"。

史背景与社会条件。在历史上，由于没有自己的国家，犹太人在世界各地都是外来者，因而普遍地遭到其他民族的憎恨与排斥，犹太人几乎成为一个永远的受害者民族，其顶点就是 20 世纪上半叶发生的纳粹大屠杀。在漫长的流散时期，面对外族的压迫与迫害，犹太人通常被认为是不加反抗的，为对这一逆来顺受的犹太形象进行否定，犹太复国主义运动力图从流散前的历史中寻找反抗外敌的英雄主义事例，以唤起犹太人奋起追求独立、捍卫自由的战斗精神。实际上，作为罗马—犹太战争终结地的马萨达原本是一个逃避战斗的历史事件，但在犹太复国主义的思想操控与权力运作下，却一跃为现代以色列集体认同的重要象征符号。这种选择性利用被马里埃·斯利金（Marie Syrkin）称为"马萨达之惑"："尽管马萨达斗争的最终结果是其守卫者的自杀，但仅有英勇的抵抗场景为以色列人所记住，而不是令人讨厌的非犹太式终曲。然而不合逻辑的是，发生在马萨达的事情渗入到以色列的想象之中，作为积极斗争的最终表达，从而颠倒了死亡的接受方式。"[1] 正是通过对死亡接受方式的颠倒，使马萨达超越了原来的历史面貌，由令人讨厌的集体自杀转化为一种面临包围下争取自由、不惜牺牲的英雄主义神话。

马萨达作为一个现代政治神话，之所以能够为犹太复国主义者所深切认同，有着两个方面的基本原因。一方面，透过犹太复国主义的论述策略，马萨达从被遗忘的边缘进入认同的中心，逐渐发展为巴勒斯坦犹太人以及以色列国的物化象征与身份隐喻，使得犹太人在历史与现状的被包围之间找到了对应性，据此完成了"自然民族化"（nationalization of nature）[2] 的过程；另一方面，马萨达十分形象地展现了犹太人所遭遇的历史苦难与现实处境，它成为"民族自然化"（naturalization of nation）的深刻文化表征与独特心理暗示，马萨达及其所代表的"围困心态"成为犹太民族的灵魂缩影，犹太人

---

[1]　Marie Syrkin，"The Paradox of Masada"，*Midstream*，Vol.19，No.8（Oct.，1973），p.67.

[2]　有关"自然民族化"的论述，参见 Oliver Zimmer，"In Search of Natural Identity：Alpine Landscape and the Reconstruction of the Swiss Nation"，*Comparative Studies in Society and History*，Vol.40，No.4（Oct.，1998），pp.637-665。一般说来，民族主义与自然风景之间存在两种关联：一是自然民族化，民族将其历史、神话、记忆与特性投射于一块地理空间之上，从而将民族共同体与其特点疆域联系起来，使后者转化为国家的家园；另一是民族自然化，某块地理场所被纳入民族主义的叙述策略之后就具有了某种本真性，它直接影响着民族特性的形成，民族被转而视为自然的产物，自然赋予民族以悠久的历史和伟大的力量。总之，在前者的情况中，文化形塑了自然；而在后者那里，自然决定了文化。

永远地具有一种被包围的感觉，似乎永久地处在被包围的马萨达之巅，绝望无助地抵抗着强大凶狠的敌人。在"自然民族化"与"民族自然化"的相互作用下，马萨达代表着民族的根基性与本真性，体现了犹太人对于自身命运及处境的深刻理解：马萨达不仅是犹太人的过去，也是他们的现在，更是他们的未来。以至可以说，以色列是一个扩大了的马萨达堡，每个以色列公民都是马萨达的战士："任何以色列人决不会忘记，他们的国家除了一面靠海外，是被阿拉伯国家的辽阔疆域所包围的一个狭小的岛。那种被包围感，人民的马萨达堡心理，是显而易见的。从事实上和心理上来讲，包围状态的存在在以色列是真实的，并且被人们感觉到。"[1] 另如泽鲁巴弗尔所说："在一个它的集体经历经常为战争所打断的社会中，马萨达不再只是一个来自古代的抽象故事，而是一种为当代以色列人提供自身处境之隐喻的鲜活而有力的视觉形象。……马萨达首先以及最重要的是一种象征。它代表着以少敌多的抵抗状态，那些为政治、宗教及精神自由而宁死不降的最后一搏。"[2]

在漫长的中世纪，马萨达完全被犹太集体所淡忘，以至人们不知道马萨达地名的存在。7世纪随着伊斯兰教的兴起，阿拉伯人在巴勒斯坦定居之后将许多地名实行了"阿拉伯化"，马萨达被更名为"塞巴赫"（es-Sebbeh）。从19世纪中叶起，外国探险者开始对犹地亚地区（包括马萨达）展开考察，他们随后发表的探索经历引发了犹太人的兴趣。进入20世纪初，一些犹太人也开始对马萨达进行实地考察。1912年，以利亚撒·莱文（Eliezer Levin）率领的耶路撒冷马卡比协会到达马萨达对之进行了为期11天的考察，这是有记载的现代犹太人前往马萨达之始。随后不久，赫茨利亚高中的几十名学生也组织了对马萨达遗址的参观。

有关马萨达的集体记忆被唤醒后，它就立刻被犹太复国主义者塑造为犹太英雄主义的代表，进而以不可遏制的程度在巴勒斯坦犹太人的思想意识上烙下了印记。在此形象的建构过程中，有两件里程碑式的事件——1924年约瑟夫斯著作希伯来文的出版以及1927年著名诗人拉姆丹《马萨达》诗篇

---

① ［美］劳伦斯·迈耶：《今日以色列》，第63页。

② Yael Zerubavel, "The Death of Memory and the Memory of Death: Masada and the Holocaust as Historical Metaphors", *Representations*, No.45 (Winter, 1994), p.88.

的发表，而这很大程度上也与伊休夫当时迫切需要树立英雄主义的典范有关，马萨达正好被作为古代英雄主义的代表。西奥尼奇的希伯来文版《犹太战记》为马萨达提供了历史的叙事，而《马萨达》诗篇则通过文学的比喻使马萨达符号得以凸显。

1923 年，雅各·西姆奇奥尼（Jacob N. Simchoni）首次以希伯来文从希腊原文中翻译出版了约瑟夫斯的作品，名为《约瑟夫斯著作集》（Works of Josephus），共有四卷，其中包括《犹太战记》、《驳阿庇安》与《自传》等。尽管"充满许多不准确并在文体上远远偏离约瑟夫斯"，[1] 但它对当时许多刚刚来到圣地而缺乏足够历史知识的犹太人来说具有重要的意义。不仅有助于当时的人们学习希伯来语，更重要的是，据此了解在此前长期不被重视的前流散时代的历史。实际上，西姆奇奥尼在翻译过程中，对约瑟夫斯进行了不少的改动，约瑟夫斯希腊文原文标题为"与犹太人的战争"有着明显的罗马倾向，而西姆奇奥尼则在希伯来文中译为"犹太人反对罗马人的战争"（Jewish War against the Romans）。该译本出版后，立即成为伊休夫内部的"世俗圣经"。其中关于马萨达的描述也为许多人注意到。

在马萨达知识生产与社会传播过程中，对当时以及后来影响深远的是著名诗人以撒·拉姆丹（Iassc Lamdan）的《马萨达》诗篇。他出生于乌克兰的明里诺夫，其父亲是拉比家族的商人，拉姆丹长大后在当地接受了世俗教育，第一次世界大战期间其家人在集体迫害中丧生。在反犹暴动冲击下，他于 1920 年迁居巴勒斯坦。拉姆丹喜爱从事诗歌写作，《马萨达》诗篇开始写作于 1923—1924 年间，以希伯来文正式发表是在 1927 年，可以说，其思想的孕育是在西姆奇奥尼的译作出版之前。"《马萨达》是一部戏剧与史诗并存的诗篇，共由六大部分构成……（这首诗）描绘了诗人在决定'阿里亚'即移民马萨达（寓指巴勒斯坦）过程中的精神斗争。"[2] 自该诗出版后，至少有 11 个不同的版本。[3] 它是有关马萨达叙述除约瑟夫斯《犹太战记》之外最有影响的作品，在马萨达神话的形成及传播过程中起到不可忽视的重

---

①　Louis H. Feldman, *Josephus and Modern Scholarship*(*1937−1980*), p.35.

②　Leon I. Yudkin, *Isaac Lamdan: A Study in Twentieth-Century Hebrew Poetry*, London: East & West Library, 1971, p.49.

③　Nachman Ben-Yehuda, *The Masada Myth: Collective Memory and Mythmaking in Israel*, p.221.

要作用。

拉姆丹为什么选择马萨达作为他作品中的主要意象，而非像其他诗人那样通常使用圣经人物或主题？实际上，拉姆丹笔下的马萨达与约瑟夫斯的马萨达历史叙述并没有直接关联，而且《马萨达》诗篇的创作是在西姆奥奇尼翻译的希伯来文《犹太战记》出版之前。马萨达对于拉姆丹而言，仅仅是一种希望的象征和文学的比喻，并非实际所指的历史。有学者指出，"《马萨达》诗篇是战争、暴力、骚乱、革命与移民的产物。"[1] 在拉姆丹诗篇中最为著名、最常引用的名言就是："攀登，镣铐之舞！马萨达决不再次陷落！（Never Again Shall Masada Fall！）跌倒？我们当然要攀登！本·亚尔将会再度显现，他没有死去，没有死去！"[2] 特别是"马萨达决不再次陷落"这一句后来成为人们必定提及的激动人心的战斗口号。在诗歌的结尾，他企图传递出力量与希望："强大、强大，我们要强大起来！"[3] 拉姆丹借助马萨达意在表达希望与乐观的内涵，正如施瓦茨等人的研究所表明的："拉姆丹……使用了军事隐喻，他将巴勒斯坦的定居者比作'战斗者'，他对马萨达犹太要塞的领袖以利亚撒·本·亚尔充满了赞美之情……"[4]

拉姆丹通过一系列象征与比喻使马萨达从一个纯粹的历史叙述开始诗化为民族精神的内在象征，马萨达成为一种再生、复兴与重建的象征。记忆的选择性与建构性在此得到了极好的体现，拉姆丹在诗歌中所表现的颓废与消极情绪往往被人们所忽略，而片面强调他所提倡的战斗、奋勇精神。这首诗中所反映出的矛盾、复杂的马萨达形象，被人们缩减和美化为勇于战斗、不怕牺牲的象征。这首《马萨达》诗篇被当时巴勒斯坦的犹太人所高度重视，在之后许多年中一直是伊休夫与以色列学校教科书中的必读文本，它甚至进入了许多基布兹逾越节上的诵读段落，借此马萨达的意象得以影响许多犹太

---

① Leon I.Yudkin, *Isaac Lamdan: A Study in Twentieth-Century Hebrew Poetry*, p.74.

② Isaac Lamdan, "Masada", in Leon I.Yudkin, *Isaac Lamdan: A Study in Twentieth-Century Hebrew Poetry*, p.215.

③ Isaac Lamdan, "Masada", in Leon I.Yudkin, *Isaac Lamdan: A Study in Twentieth-Century Hebrew Poetry*, p.234.

④ Barry Schwartz, Yael Zerubavel & Bernice M.Barnett, "The Recovery of Masada: A Study in Collective Memory," *The Sociological Quarterly*, Vol.27, No.2(Summer,1986), p.158.

学生与青年。[1]

通过对马萨达的知识生产与社会传播，马萨达所代表的古代犹太人的光荣战斗与争取自由的英雄事迹被发掘出来。地处边陲的马萨达在此努力下，被转化为凝聚民族集体记忆的文化风景与历史象征，藉此得以将民族共同体的成员在共同的地理认同的"家园"中连结起来，赋予其成员以文化身份。[2] 特别是通过马萨达朝圣活动（pilgrim to Masada）及其仪式行为，借助于史蒂芬·欧文所说的"记忆的仪式"（rituals of remembrance），[3] 朝圣活动将参与者和马萨达所代表的民族过往经历结合在一起，使得马萨达的社会影响不断扩大。西蒙·夏马就强调了特定风景与集体记忆之间的密切关联，认为森林、村庄、山脉、河流等等都凝聚了深切而独特的历史记忆，对于这些风景的体认势必唤起共同的群体身份。[4] 对于马萨达的定期旅行早在20世纪20年代初就已开始，最早期的一批主要来自特拉维夫的赫茨利亚中学。但由于交通的不便而没有大规模开展起来，真正的发展是到20世纪30年代。随着欧洲犹太人处境的日益恶化与犹太移民运动的快速发展，阿拉伯人的反抗情绪逐渐加重，英国委任当局也开始偏向阿拉伯人，许多犹太青年及学生在犹太复国主义的鼓动下，陆续踏上征途，深入地处荒野边鄙的马萨达进行朝拜。从1930—1948年，据不完全统计，各类青年运动在马萨达上进行了上千次的集体朝拜。

青年朝圣者抵达马萨达之后，往往举行一定的仪式，以象征对先人的敬仰之情。由于没有国家权力的强制规范而没有形成固定的形式，但其中也包括一些必不可少的环节，比如诵读以利亚撒·本·亚尔的演讲或拉姆丹的《马萨达》诗篇。这种仪式性的诵读不由使在场者通过"想象"或"被想

---

[1]　耐人寻味的是，这首《马萨达》诗篇的创作者终其一生都未到过马萨达，也没有表达过前往马萨达的意愿。实际上，许多希伯来青年正是在读到拉姆丹的《马萨达》诗篇后才萌发了对马萨达的了解与崇敬，进而不惜艰辛跋涉人迹罕至的犹地亚荒漠。值得一提的是，与古代的马萨达守卫者一样，拉姆丹于1954年选择自杀结束了短暂的一生。

[2]　Maoz Azaryahu & Aharon Kellerman, "Symbolic Places of National History and Revival: A Study in Zionist Mythical Geography", *Transactions of the Institute of British Geographers*, Vol.24, No.1.（1999）, p.110.

[3]　Stephen Owen, *Remembrances: The Experience of the Past in Classic Chinese Literature*, Cambridge, Mass.: Harvard University Press, 1986.

[4]　Simon Schama, *Landscape and Memory*, New York: Alfred A. Knopf, 1995, p.30.

象"进入马萨达守卫者当时的最后情境之中，从而得以感受英雄先辈当时所遭遇的悲壮时刻，以为现在的艰难处境提供精神动力。尽管这些仪式是十分世俗的，但显然借用了宗教的形式。它把会堂移到马萨达之上，诵读的内容由《托拉》变为《犹太战记》和《马萨达》诗篇，这二者成为马萨达朝圣者的神圣经典。在这种纪念框架中，仪式性诵读与火炬传递通常在夜晚进行。在熊熊燃烧的篝火旁，共同回忆那一悲壮勇敢的时刻。火炬的传递，象征着自由精神的传承。这种仪式意味着，旧一代的马萨达人曾在火中倒下，而新一代的马萨达人将从火中崛起。在时间上，朝圣者通常选择逾越节与哈努卡节来朝拜马萨达，根据犹太传统这两大节日都是与自由密切相关的。

通过朝圣活动及其附带的仪式典礼，马萨达的特殊风景被剥离出了原有的地理意义，重新被编入一套以民族为中心的象征系统。对于犹太复国主义而言，作为一个地理空间的马萨达，因此被转化为铭刻民族记忆与神话历史的"诗意空间"。它已不再是一个美学的鉴赏，而是犹太民族光荣的集体记忆。换言之，正是经由这些朝圣旅行及仪式，马萨达密不可分地与辉煌光荣的犹太历史连结在一起，成为表征民族的"神圣风景"（scared-scape）。马萨达所呈现的内涵，是为了召唤神圣的民族记忆，古代的马萨达人与当代的希伯来青年从而得以穿越"同质而空洞的时间"，在空间上置于同一序列，借助于这一历史体认，从而赋予希伯来青年以共同的历史宿命与群体身份。"马萨达对于我们是一个犹太英雄主义的记忆。这是为什么它在过去几十年间成为希伯来青年的朝圣场所之一的原因。"[1]

马萨达所具有的力量很大程度上来自其悲剧性的结局。戏剧研究者指出，悲剧往往更能唤起人们内心的认同，因为它象征着人类某些不可或者难以克服的苦难。正如著名民族主义理论家勒南所言："在民族的记忆中，苦难通常要比胜利更有价值，因为苦难要求责任、号召集体的奉献。"[2] 从犹太历史来看，苦难与屈辱有着十分特殊的象征意义，这种由外化的悔恨之情而来的苦难意识不仅是现代希伯来文学史的重要母题，也为犹太民族认同提供了强大的心理支持与必要的修辞策略。在此意义上，马萨达已不再只是一

---

① Yael Zerubavel, *Recovered Roots: Collective Memory and the Making of Israel National Tradition*, p.67.

② Ernest Renan, "What Is a Nation?" in Homik Bbabha, ed., *Nation and Narration*, p.19.

处地理场所，也不是完全属于古代的历史遗迹，而是一个勇敢战斗不惧死亡的精神象征与文化符号：

> 马萨达是一种象征、马萨达是一个指南、马萨达是一份期盼、马萨达是一声呐喊、马萨达是一座灯塔……马萨达是犹太人与全人类最伟大的英雄主义之象征。青年一代完全为马萨达所唤醒。这一代人创造了这个国家，并在许多方面保卫了这个国家。马萨达是解放这个国家的力量，它还是扎根并保卫全部领土的勇气之来源。[①]

因此，马萨达在古代英雄主义与现代英雄主义之间架设起了一座桥梁，成为连接古代民族独立与现代民族独立之间的精神纽带。两千年前马萨达所进行的反抗罗马人的最后战斗，由此超越了时间的束缚进入到现代犹太人为争取民族自由与国家独立的战斗意识之中；它所激发的无穷力量与战斗意志，成为民族精神的根本内核。犹太复国主义通过对马萨达的投射与想象，将之建构为理想中完美的自由象征，一个战斗的民族、勇武的人民正在形成。

第二次世界大战爆发后，战火逐渐燃至中东，在欧洲犹太人遭受纳粹灭绝性打击的同时，伴随着纳粹势力向中东的扩张而使巴勒斯坦犹太人也面临着同样的危亡时刻，以隆美尔的纳粹非洲军团一度逼近开罗附近的阿拉曼。在此危急情况下，马萨达所代表的为自由而战的精神得到了空前的强调。马萨达也因此超脱了青年运动的象征而一跃成为全民认同的对象。伊休夫高层所指定的应对纳粹入侵的计划就直接名为"马萨达计划"，以借助马萨达的精神唤起民族的抵抗意识。

在民族危亡的紧要关头，马萨达成了表明抵抗决心的关键地区。许多军事组织（哈加纳、伊尔贡与莱希）、青年运动纷纷组织成员前往马萨达进行朝拜。马萨达朝圣达到一个高峰时期。古特曼（Shmaria Guttman）在青年运动中组织起了有关马萨达精神的讲习班，地点就设在马萨达的顶部，借助马萨达的象征唤起青年一代的战斗精神与牺牲意识。古特曼后来回忆开设这个班的原因时讲道："在那些艰难的时期，我认为他们（青年）应该接受训练

---

① Tsvi Ilan, *To Masada in the Zealot's Footsteps*, Tel Aviv: Shreberk, 1973, p.3.

以准备为自由和解放而奉献。因此，我认为没有其他地方像马萨达这样适于训练这个目标。"[1] 1942 年 1 月正式开班，每周一次，大约有 56 名学员参加了这个讲习班，大部分来自青年运动。值得注意的是，参加这个讲习班的大多数成员后来成为了以色列政界与军界的精英翘楚，其中包括著名的西蒙·佩雷斯与迈耶·阿米特。至于讲习班的内容，大多数是讨论如何抵抗隆美尔入侵的计划。这些青年在马萨达学习之后，往往肩负着向其所在的运动传达马萨达精神的使命，号召人们坚决斗争：

> 对于我们而言，以色列地的青年……代表着犹太民族最后要塞的希望，马萨达是我们与故土之间契约的象征。……我们将把马萨达的信息带给我们运动的其他成员……并对它宣誓：**马萨达决不再次陷落！**[2]

马萨达的当下所指不仅超出了巴勒斯坦，而且达到了欧洲，在华沙隔都起义期间及之后，人们一再将之与马萨达联系起来。马萨达作为历史上的犹太英雄主义与华沙隔都的当代英雄主义行为互相辉映，华沙隔都孤悬于纳粹的重重包围之中而被称作华沙的马萨达。这两大事件成为犹太英雄主义的古今象征而贯通在一起。尽管它们在时间和空间上存在着巨大差异，处于完全不同的时空脉络。但犹太复国主义从其捍卫自由、争取尊严的斗争中找到了共同点。首先，这两大群体都是被包围，都是以羸弱的少数对抗强大的敌人；其次，它们都以悲剧性的结尾收场，都以全部牺牲而结束；再次，两大事件都发生在逾越节前夕，逾越节在犹太传统中是争取自由的节日。马萨达对于当时的伊休夫来说，地理上离他们很接近，但在时间上却距他们十分遥远；而华沙隔都对他们在空间上很遥远，但在时间上却特别接近。英雄主义和牺牲精神的历史记忆将这两大事件连结起来，犹太复国主义者从华沙隔都中找到了真实的马萨达历史再现，为了反抗强权不惜牺牲一切。在隔都起义期间，拉姆丹《马萨达》诗篇中另一句也经常被人们所引用："本·亚尔将会再度显现，他没有死去，没有死去！"

---

① Nachman Ben-Yehuda, *The Masada Myth: Collective Memory and Mythmaking in Israel*, p.74.
② Yael Zerubavel, *Recovered Roots: Collective Memory and the Making of Israel National Tradition*, p.76.

以色列建国后，在本·古里安"国家主义"意识形态的运作下，马萨达经历了快速的社会化与政治化，发展为以色列建国初期的重要民族认同场所与历史记忆空间。建国后，国家权力对之前较为松散自由的马萨达崇拜进行了规训与控制。以色列国防军经常组织成员到马萨达宣誓，其誓词为："马萨达决不再次陷落"，以表明以色列国坚决捍卫民族独立的愿望与斗志。不但军人，社会各界也纷纷到马萨达去感受那种爱国主义宣传，以增强处在四面包围之下求生存的决心和动力。[①] 在马萨达考古中作出主要贡献的伊格尔·亚丁将军说道："通过参观马萨达，我们可以教育（流散犹太人）知道我们今天所谓的'犹太复国主义'要比无数次的浮夸性演讲更为有力。"[②]

1950 年，出现了著名的"千人大攀登"（The Trek of the Thousand）活动，一千多名来自加达纳（Gadna）的青年在进行长途跋涉后登上了马萨达。这项活动始于 3 月 20 日，分为两队，每队各 500 人。他们于 23 日抵达马萨达，在他们登顶后收到了总统、总理和军队总参谋长用无线电信号发来的祝贺。1955 年 3 月 30 日，1300 名加达纳成员再度集体攀登了马萨达。埃尔哈南·欧伦强调，"我们有兴趣地证明加达纳能够作为民族青年运动的基础……在这里有着古代英雄主义的动机……此时此刻我们不知道什么是西卡里……那些制造马萨达神话的人们并不清楚马萨达叙事的细节……我不接受西卡里与奋锐党的区别……重要的是，我们来到了这块土地……我们将为这块必要的土地而战斗，正如 1948 年的独立战争那样。因此，这是一个考验而非一个神话。"[③]

马萨达精神社会化与政治化的重要体现莫过于以色列国防军与马萨达崇拜的历史关联。最早将马萨达朝圣与国防军联系在一起的并非国家或军事领导机构的倡议，而是源于自下而上的自发行为。伊扎克·本·阿里率领的侦

---

① 在 1963—1965 年的马萨达考古期间，以色列政府专门发行了马萨达纪念邮票及纪念硬币。以色列国家邮政局发行了以马萨达为主题的纪念邮票，其内容分别以马萨达整体轮廓、马萨达会堂遗址、希律王宫为对象，再现了马萨达气势恢宏、辉煌庄严的特点。与之同时，也发行了马萨达纪念硬币，硬币正面的主体部分为马萨达要塞的形象，正下方罗马军队的营地赫然可见，强调马萨达的被包围状态，底部刻写着"我们仍是自由人"的文字，在其背面则刻有"马萨达决不再次陷落"，四周环绕的图案是参与到考古发掘的考古人员与志愿者及士兵的雕刻。

② Yigael Yadin, *Masada：Herod's Fortress and Zealots Last Stand*, trans. Moshe Pearlman, London：Weidenfeld & Nicolson, 1966, p.168.

③ Nachman Ben-Yehuda, *The Masada Myth：Collective Memory and Mythmaking in Israel*, p.161.

察兵于 1950 及 1953 年对马萨达进行攀登；在随后有记载的活动中，伊扎克·阿拉德也于 1953 年攀登了马萨达。① 随着攀登的不断频繁，加上军队本身需要进行仪式化的展示，在 1955—1956 年左右国家权力正式介入马萨达崇拜，从而正式形成一种新的军事传统。值得注意的是，以色列国防军通常在马萨达顶部平台举行宣誓仪式。在促成马萨达作为新兵宣誓场所中发挥了重要作用的贝拉尔（Shaul Berar）道出了以色列军队偏爱马萨达的原因：

> 重要的是要有一个挑战，这个地方必须具有历史性的意义。在帕尔马赫成员眼中，这种挑战和历史意义最为自然的就是在马萨达顶部。（军事联队中的）许多帕尔马赫成员，只要一说起"马萨达"，每个人都将记起在青年运动时代的仪式——吹起长笛与拉姆丹的诗篇……个人经历与国家记忆结合起来……马萨达是真实的事情。在马萨达就像是在历史中行走！②

选择马萨达作为宣誓场所并非偶然。在 1967 年第三次中东战争胜利之前，可供利用的传统象征并不多，最重要的西墙控制在约旦手中，许多著名场所犹太人无法进入。选择马萨达作为象征空间有着独特的内涵，不仅作为犹太民族连续性的象征——"我们依然在此"，而且也是对苦难历史的反抗——"我们并未被打败"。具体对马萨达而言，这种仪式是对罗马军团乃至整个罗马帝国的有力回击，表明他们没有取得胜利。而且，这也是对周围试图消灭以色列的阿拉伯国家的有力警示，以色列人有能力击败一切外来入侵。对历史的强调加入到对现实的理解之中，象征着以色列人在包围之下仍然屹然矗立。

在古代遗址上进行军事宣誓，可以说是以色列人的创举。透过这种集体仪式，将马萨达的精神内化于每一位经历者心灵之中，象征着他们与两千余年前的马萨达战士融为一体：今天的以色列士兵就是当时的马萨达守卫者，

① Nachman Ben-Yehuda,"The Masada Mythical Narrative in the Israeli Army",in Edna Lomsky-Feder & Eyal Ben-Ari,eds.,*The Military and Militarism in Israeli Society*,New York:State University of New York Press,1999,p.67.

② Nachman Ben-Yehuda,*The Masada Myth:Collective Memory and Mythmaking in Israel*,p.151.

他们决心为捍卫国家独立与完整而战斗，甚至不惜牺牲生命为代价。在此，传统的民族象征得以融入新的国家之中，赋予新的国家以传统的身份。对此，有新闻媒体直接报道称"以利亚撒的战士们在马萨达宣誓"。[1] 而且，"对于军事当局来说，典礼以历史的形式提供了合法性。正如新兵援用的措辞所显示的：'由于马萨达战士们的勇敢，我们今天得以在这里站立。'"[2] 亚丁在 1963 年于马萨达顶部平台举行的一次新兵宣誓仪式上作了如此发言：

> 我们毫不夸张地说，由于马萨达战士的英雄主义——像其他与我们民族有关的英雄主义一样——我们今天才得以在这里站立。古老民族的年轻士兵们，在我们四周的是那些企图摧毁我们营地的废墟。我们站在这里，不再绝望无助地面对我们的强大敌人，不再进行一场孤注一掷的战斗，而是坚强自信地知道我们现在的命运，掌握在我们自己的手中，掌握在我们的精神力量中……我们，这些英雄们的后代，今天站立在此并重建我们民族的废墟。[3]

有记载的首次马萨达军事仪式发生于 1956 年 9 月 14 日，随后 12 月 10 日与 20 日又分别举行。从那时起，每一批新招募的士兵都要在马萨达的顶部平台举行宣誓典礼，成为他们踏入军营所接受的第一堂课。起初，在马萨达顶部平台上举行的仪式并不健全，没有形成固定的形式。但后来随着国家对此的不断重视而将之固定化，马萨达宣誓仪式成为一项重要而独特的政治仪式，发展出一整套规范的具体流程，并为后来的活动所沿袭：

1. 攀登马萨达并到达顶部平台。
2. 在顶部平台以特别的队列进行阅兵，随后以特别的队伍进行排列。
3. 大声诵读以利亚撒·本·亚尔的"演说"，这个段落通常来自第

---

① Nachman Ben-Yehuda, *The Masada Myth : Collective Memory and Mythmaking in Israel*, p.163.

② B.Shargel, "The Evolution of the Masada", *Tradition*, Vol.28(1979), p.363.

③ Yael Zerubavel, "The Death of Memory and the Memory of Death : Masada and the Holocaust as Historical Metaphors", *Representations*, No.45(Winter, 1994), p.84.

一段落。有时也会加入约瑟夫斯的其他段落。拉姆丹的《马萨达》诗篇也不时会加入进来。

4. 火炬献词，内容通常是"马萨达决不再次陷落"。

5. 宣誓。其誓词内容为："我在此郑重宣誓并承诺，效忠于以色列国，效忠于它的宪法，效忠于它的授权政府，无条件与无保留地服从以色列国防军的纪律，遵守上级军官下达的一切指挥和命令，并将我全部的力量甚至牺牲我的生命来保卫故土以及以色列的自由。"①

6. 由联队司令官发表演说，通常附有随军拉比的演说。

7. 向士兵个体授予武器。

典礼结束后，士兵们在教导员带领下参观马萨达历史遗址，教导员则负责讲解当年的"战斗"场景与"英勇"反抗。与传统犹太教的仪式中诵读《托拉》不同，马萨达军事典礼上诵读约瑟夫斯、拉姆丹等世俗文献，而且还有军队大拉比的参与，以充分赋予其宗教合法性与正当性。而且在宣誓典礼上，军方通常邀请士兵的家属一同参加，其差旅费用一概由军队负担。这种行为意在鼓动士兵的荣誉感，家属的在场见证着其亲人正式成为保卫国家光荣使命的承担者。亚丁在新兵入伍典礼上有一段讲话经常为人们所引用："当拿破仑及其军队站在埃及金字塔旁时，他告诉士兵们四千年的历史正在注视着他们。但他不可能这样说：你们自己四千年的历史正在注视着你们。……今晚，你们誓言的回音将通过我们敌人的营地而得到了回响。它的重要性并不低于我们所有的战斗装备。"② 另如以色列国防军的教育官摩迪凯·巴让在大屠杀纪念委员会所强调的："我们是努力建立一个新英雄主义的一代，这种英雄主义应该被转变成朴实的和具体的词汇，可以为任何人所理解，就是保卫的英雄主义、斗争与行动的英雄主义……巴尔·科赫巴、马

---

① Ze' ev Drory, *The Israel Defence Force and the Foundation of Israel*: *Utopia in Uniform*, London: Routledge, 2004, p.24, 这段誓词于1948年5月31日由本·古里安亲自拟定，以确保士兵不接受任何国家权力以外的组织、政党、机构的直接或间接的指挥。

② Amos Elon, "Politics and Archaeology", in Neil Asher Silberman & David Small, eds., *The Archaeology of Israel*: *Constructing the Past*, *Interpreting the Present*, p.40.

卡比与马萨达的英雄主义。"① 可以说，到以色列建国前后，在国家权力的干预下，马萨达发展为一个重要的英雄主义政治神话。

客观来说，有关马萨达事件的记述有两大基本来源：一是约瑟夫斯的《犹太战记》，另一是考古发掘活动。尽管历史与考古作为现代科学都标榜求真，但在某些特定时期（特别是国家构建初期），往往被用来服务于带有政治功效与社会作用的对象，从而有意或无意中歪曲、背离了历史的真相，完成了迈克尔·麦杰所谓的"实质被表象掩盖，真理被话语掩盖"② 这一过程。而且，这种被建构出的历史认识一旦深深扎根，它就难以撼动而为人们接受为理所应当的"真相"。学者皮埃尔·纳克特指出："'马萨达'不只是一系列超过 19 个世纪的事件，它还是今天的神话甚至可以说是仍在演变的'情结'。它无需进一步的忙乱，'真相'与'神话'及'情结'并非对立之事。事情并非如此简单。神话并不像错误之于真相那样与现实对立；神话伴随着真相，我敢说，神话包围着真相。"③

集体记忆往往对过去赋予新的意义，对其进行润饰、削减、完善，从而赋予它们一种不曾拥有的魅力。有学者对集体记忆所导致的扭曲进行了系统研究，认为具体存在以下七种形式：④（1）选择性忽略（Selective Omission）；（2）虚构（Fabrication）；（3）夸大与美化（Exaggeration and Embellishment）；（4）联结或脱离（Linking versus Detaching）；（5）谴责敌人（Blaming the Enemy）；（6）指责环境（Blaming the Circumstances）；（7）背景框架（Contextual Framing）。经过一套特定的"框架、声音与叙述结构"的叙述，历史中的马萨达已经被进行彻底的改造，被剥离出原先的具体时空脉络，转化为表征民族精神的英雄主义神话。在民族主义的操控下，马萨达事件原有的历

---

①　M. Brug, "From the Top of Masada to the Heart of the Ghetto: Myth as History", in David Ohana & Robert Wistrich, *Myth and Memory: Transfigurations of Israeli Consciousness*, Jerusalem: Van Leer Institute, 1996, p.217.

②　[美]迈克尔·麦杰：《文本、泛文本与当代文化裂片》，载[美]肯尼斯·博克等编：《当代西方修辞学：演讲与话语批评》，常昌富等译，中国社会科学出版社 1998 年版，第 263 页。

③　Pierre Vidal-Naquet, *The Jews: History, Memory, and the Present*, New York: Columbia University Press, 1996, p.56.

④　参见 R.F. Baumeister & S. Hastings, "Distortions of Collective Memory: How Groups Flatter and Deceive themselves", in J.M. Pennehaker, B. Paez & B. Rimé, eds., *Collective Memory of Political Events: Social Psychological Perspectives*, New Jersey: Mahwah, Lawrence Erlbaum Associates, Inc., 1997, pp.277-293。

史面貌遭到不同程度的诠释、延伸与歪曲，从而被赋予一个全新的形象与意义，其中所包括的一些消极因素遭到彻底的抹杀与忽略，消失得无影无踪。

究其本质，"马萨达神话"是在犹太复国主义运用传统象征进行民族国家动员过程中被建构出来的政治神话，以之作为反抗外敌的英雄主义事例，来唤起犹太人奋起追求独立、捍卫自由，甚至不惜为之牺牲的战斗精神。可以认为，马萨达是在政治文化转型中为了服务于民族国家构建而"被发明的传统"。政治神话在某些时间与场合可以增进社会凝聚，同时也会随时空的变化而遭到质疑。在马萨达神话的建构过程中，也存在着许多断裂、矛盾，由此充分体现了权力的运作以及反抗。马萨达符号发展的履历表明，政治神话的意义不仅在不同时间里发生着变化，而且不同的群体对它所建构出的意义也极不相同。一直以来，宗教群体对马萨达神话的建构都是持消极态度，他们基本上是权力的外在力量。此外，学者群体也开始从学理上对马萨达神话的建构本质进行否定。不同群体对马萨达符号的不同态度充分表明，作为民族认同对象的建构存在着阶层和文化的差异性。实际上，这种差异性及其发展也埋下了政治神话回归历史的潜在可能性。

第 十 一 章

纳粹大屠杀的公共记忆及其国际化

20 世纪通常被称为"战争的世纪"，先后爆发了两次空前惨烈的世界大战与一场激烈对峙的美苏冷战，小规模的冲突对抗则不计其数；在有关战争、创伤、记忆的探讨中，纳粹大屠杀是一个非常引人注目的主题。纳粹大屠杀是指 1933—1945 年间由希特勒领导的德国纳粹政权以国家机器对犹太民族实施的有组织、分阶段的种族灭绝行为，其结果导致 600 万欧洲犹太人（其中包括 150 万儿童）的丧生，占世界犹太人总数的 1/3 左右，从而导致欧洲犹太世界的整体性毁灭。这场罪恶滔天的暴行不仅是对犹太民族生存权利的否定，更无疑是对人类文明基本准则的挑衅。在惨绝人寰的灾难面前，一切都似乎显得苍白无力，著名思想家西奥多·阿多诺曾说：在奥斯威辛之后写诗是野蛮的，这就是为什么在今天写诗已成为不可能的事情……

纳粹大屠杀为何会在具有高度文明、理性的欧洲发生？人们对此进行了深刻的反思，如何汲取大屠杀的惨痛历史教训并防止它再次发生，在第二次世界大战后成为一项十分迫切的议程。德国著名作家、诺贝尔文学奖获得者格拉斯强调道："在奥斯威辛之后写作——无论写诗还是写散文，唯一可以进行的方式，是为了纪念，为了防止历史重演，为了终结这一段历史。"①为此，战后许多国家尤其是犹太人自身，开始以各种方式记忆纳粹大屠杀，

---

① 程三贤等编：《给诺贝尔一个理由：诺贝尔文学奖获奖演说精选》，中国广播电视出版社 2006 年版，第 132 页。

以便深刻揭露纳粹的罪恶，让世界人民认识到纳粹及其暴行的危害，以及确保后代子孙能够理解大屠杀发生的原因和对其后果进行深刻的反省。其主要的形式有，开展不同层面的大屠杀纪念活动（例如建造纪念馆、设立纪念日），在世界范围内推广大屠杀教育活动，进行大屠杀历史研究等等。如今，纳粹大屠杀已不仅是专属于犹太人的记忆遗产，而且也成为全人类的共同记忆遗产，向世人提示着有必要牢记纳粹暴政带给人类文明的这段耻辱，以免悲剧的历史再度重演。

一、指称"纳粹灭绝犹太人行动"的几个概念

从广义上说，大屠杀暴行发生的时间跨度为 1933—1945 年，1933 年希特勒在德国的上台成为纳粹一系列暴力反犹活动的开端；从狭义而言，其时间跨度为 1941—1945 年，从提出灭绝犹太人的"最后解决"计划开始，这一时期大规模的灭绝行动真正走向组织化、系统化。如何称呼与定义这场"纳粹灭绝犹太人行动"？实际上，早在第二次世界大战期间就有指称这一行动的不同词汇，分别来自纳粹、犹太世界及非犹太世界等阵营。而在犹太世界中，宗教与世俗力量对其的称呼也各自不同。为正本清源、厘清名实，现拟对指称这场大灾难的专门术语进行语义社会学的考究。归结起来，学术界指称"纳粹灭绝犹太人行动"的词汇主要有以下几种：

（一）"Final Solution"（最后解决）

"Final Solution"是一个纳粹术语，与之对应的德语词汇为"Endlösung"（含"斩尽杀绝"之意）。该词最初来自纳粹的称呼，全称为"对犹太人问题的最后解决"（*Endlösung der Judenfrage*）。[1] 第二次世界大战期间纳粹德国制定从肉体上消灭欧洲所有犹太人的计划，通过实施这个灭绝性方案，旨在一劳永逸地解决所谓的"犹太人问题"（*Judenfrage*/the Jewish Question）。[2]

---

① François Furet, *Unanswered Questions: Nazi Germany and the Genocide of the Jews*, New York: Schocken Books, 1989, p.182.

② 长期以来，德国社会内部滋生的反犹传统将犹太人的存在视为威胁德意志民族生存及健康的根本性问题，从而将之定义为"犹太人问题"。

当前学界对于"最后解决"一词被提出的年代尚有分歧，但根据学者格尔纳奇的研究，这一想法是由希特勒在 1941 年 12 月 12 日的演讲中首次公开提出；随后德国军官及高层在 1942 年 1 月 20 日于柏林召开的万湖会议（Wannsee Conference）上对这一计划的实施进行了系统的讨论，海因里希·希姆莱被指定为该计划的总负责人。① 总之，该词表明纳粹意在通过对犹太人发动种族战争的形式以使困扰已久的犹太人问题永远不复存在。

第二次世界大战期间纳粹德国对其灭绝犹太人的行动高度保密而几乎不为外人所知，直到战后对纳粹分子进行的纽伦堡审判才使有关"最后解决"的详细计划及实施情况引起了关注。尽管有不少纳粹分子在接受审判时辩称自己并不知道该计划的详细内容，但随着相关档案及其他物证的增多而使该计划逐步为世人所知。战后初期纳粹德国史研究的重要代表——威廉·夏伊勒的《第三帝国的兴亡》，在谈及纳粹灭绝犹太人行动时多次使用了"最后解决"："海德里希给陆军总司令部送去了一份关于'清除'工作的初步方案。第一步工作是把犹太人全都赶到城市里去，因为在城市里比较容易把他们一网打尽加以消灭。他说，'最后解决'需要隔一个时期才能实施，而且必须'严守秘密'。但是所有看到这份秘密备忘录的将领都明白，所谓'最后解决'就是斩尽杀绝。不出两年之内，当这项方案最后付诸实施的时候，'最后解决'就成了德国高级官员之间提到战争期间纳粹这一惨绝人寰的滔天罪行的代号。"② 随后普通大众也接受了这个称呼，并成为战后初期英美学界指称"纳粹灭绝犹太人行动"的常用名词。

（二）"Hurban"（毁灭）

"Hurban"（חורבן，也拼作"Churbn"）意为"毁灭"，与"destruction"意义相近。该词最早出现在《塔木德》中（Gittin，57b），具有历史与神学

---

① Christian Gerlach，"The Wannsee Conference，the Fate of German Jews，and Hitler's Decision in Principle to Exterminate All European Jews"，*The Journal of Modern History*，Vol.70（Dec.，1998），p.790.莱茵哈德·海德里希在 1942 年 2 月 26 日写给友人的信件中使用了这个表达形式——"对犹太人问题的最后解决"，后来成为证实该计划存在的重要依据。

② William L.Shirer，*The Rise and Fall of the Third Reich：A History of Nazi Germany*，New York：Simon & Schuster，1960，p.662；中文版参见［美］威廉·夏伊勒：《第三帝国的兴亡：纳粹德国史》，董乐山等译，三联书店 1974 年版，第 916 页。

的双重重要性，在前现代时期通常被视为对犹太人罪行的惩罚，因此也意味着上帝与以色列之间神圣契约的破坏。[①] 犹太传统中经常将之作为对第一、第二圣殿被毁的称呼。[②] 第二次世界大战爆发后，有些宗教人士用该词来形容纳粹推行的大规模驱逐、迫害、杀戮等反犹暴行，将之称作 "*Churbn Europa*"（意为 "欧洲的毁灭"）。他们坚持从传统的神学维度来思考灾难的发生，认为它是由于欧洲犹太人偏离上帝和《托拉》、奉行急剧的皈依同化与采纳外邦的生活方式而招致的必然惩罚；[③] 其神学依据则来自《托拉》上的诫命："这百姓要起来，在他们所要去的地上，在那地的人中，随从外邦神行邪淫离弃我，违背我与他们所立的约。那时我的怒气必向他们发作，我也必离弃他们，掩面不顾他们，以致他们被吞灭，并有许多的祸患灾难临到他们。"[④]

然而，"Hurban" 并不代表犹太历史连续性的终结，相反它是对某个时期流放生活的审判与清算，因此极端正统派人士坚信它更是对犹太信仰的考验，凡信守与上帝契约者将会得到拯救，尤其当犹太人濒临集体性死亡的边缘之际，仁慈的上帝将以 "大能的手" 施行干预以实现对子民的救赎（*Geulah*），历史上出埃及的壮丽神迹将再度重现。[⑤] 为了牢记灾难，第二次世界大战期间许多犹太教正统派的机构开展了所谓的 "毁灭研究"（Hurban research），1946 年又在德国创办意第绪语不定期刊物《最近的毁灭之后》（*Fun letztn Hurban*），主要用来记载这场大灾难见证者的证词。[⑥] 1947 年，马克斯·考夫曼拉比推出畅销书《拉脱维亚犹太人的毁灭》（*Churbn Lettland*），[⑦]主要描述第二次世界大战期间纳粹对于拉脱维亚犹太人的毁灭性

---

① Alan Mintz, *Hurban: Responses to Catastrophe in Hebrew Literature*, New York: Columbia University Press, 1984, p.2.

② 犹太传统通常也以该词来形容后来所遭遇的历次大灾难，例如公元 135 年巴尔·科赫巴起义失败、1096 年十字军屠杀美因茨犹太社团、1492 年西班牙大驱逐、1648 年东欧哥萨克暴乱等等。

③ Gershon Greenberg, "Ontic Division and Religious Survival: Wartime Palestinian Orthodoxy and the Holocaust(Hurban)", *Modern Judaism*, Vol.14, No.1(Feb., 1994), p.25.

④ 《申命记》31:16—17。

⑤ Gershon Greenberg, "Redemption after Holocaust According to Mahane Israel: Lubavitch 1940–1945", *Modern Judaism*, Vol.12, No.1(Feb., 1992), pp.61–62.

⑥ Philip Friedman, "The European Jewish Research on the Recent Jewish Catastrophe in 1939–1945", *Proceedings of the American Academy for Jewish Research*, Vol.18(1948–1949), pp.189–192.

⑦ Max Kaufman, *Churbn Lettland*, *Die Vernichtung der Juden Lettlands*, Munich: Self-published, 1947.

打击，该书使"Hurban"一词与"纳粹灭绝犹太人行动"建立起广泛的联系。尽管"Shoah"一词在后来取代"Hurban"获得主导性的地位，但由于后者独特的神学内涵而仍为极端正统派频繁使用。

（三）"Pogrom"（集体迫害）

"Pogrom"一词最初来自俄语"погро́м"，主要指俄国政府针对犹太人的大规模驱逐、迫害、杀戮等行为，该词通常为东欧犹太人使用。其主要特征是政府发动、群众参与的有组织反犹攻击行为，《犹太百科全书》对该词进行了界定："集体迫害在俄语中特指一场伴随有毁灭、掠夺、谋杀与强暴的攻击性行为，是由人口中的一部分对另一部分进行的恶行。……作为一个国际性词汇，'集体迫害'一词在许多语言中被用来特别指称伴随有抢劫杀戮犹太人的攻击性行为。"[1] 1938 年 11 月 9 日由党卫军一手炮制的"水晶之夜"（Kristallnacht）[2] 通常被视为纳粹集体迫害的代表，人们经常用"pogrom"来对"水晶之夜"加以指代，从而构成一个专有名词"Pogromnacht"。[3] 随着反犹暴力的不断升级，该词的使用范围也在不断扩展；约翰·克里尔指出，"到 20 世纪，'pogrom'一词在英语中已经成为指称一切直接针对犹太人的集体暴力之通用词汇。"[4]

战后初期，有些西方媒体使用"pogrom"一词来形容这场大灾难，在 1945 年 11 月到 1946 年 10 月进行的纽伦堡审判中，集体迫害就被用来形容"纳粹灭绝犹太人行动"，"在许多场合，（美国首席律师罗伯特·H. 杰克逊）

---

① Yehuda Slutsky，"Pogroms"，in Fred Skolnik & Michael Berenbaum，eds.，*Encyclopaedia Judaica*，Second Edition，Vol.16，Jerusalem：Keter Publishing House，Ltd.，2007，p.279.

② 1938 年 11 月 9—10 日纳粹德国抢劫犹太人财产和迫害犹太人的事件。因暴行后到处都是砸碎的玻璃，故有此讽刺性名称。11 月 7 日，德国驻法大使馆三秘冯·拉特被波兰犹太人大学生格伦斯潘枪杀。希特勒和戈培尔以此为借口，发动党徒在整个德国和奥地利对犹太人采取报复行动。9 日当晚有 91 名犹太人被杀，数百人受重伤，约有 7500 家犹太商店被洗劫一空，约 177 座犹太会堂被焚毁或拆毁。这个事件成为纳粹统治下的犹太人生存状况的转折点。

③ 例如研究"水晶之夜"的代表作——《水晶之夜：1938 年的集体迫害》，参见 Kurt Pätzold & Irene Runge，*Kristallnacht：Zum Pogrom 1938*，Köln：Pahl-Rugenstein，1988。

④ John Klier，*Russians，Jews，and the Pogroms of 1881-1882*，New York：Cambridge University Press，2011，p.58.

与其他起诉人使用 'pogrom' 一词来形容纳粹对犹太人的迫害。"① 汉娜·阿伦特（Hannah Arendt）在 1963 年的《耶路撒冷的艾希曼》中强调纳粹灭绝犹太人行动是迄今为止最为重大的集体迫害："迄今为止所有参与者都没有获得关于奥斯威辛真正恐怖的清楚理解，它与以往所有暴行有着本质的不同，但它在控方与法官看来似乎并不是犹太历史上最为恐怖的集体迫害（pogrom）。"② 总体来看，与其他指称这个灭绝行动的词汇相比，"pogrom" 的程度要轻一些。

（四）"Holocaust"（纳粹大屠杀）

"Holocaust" 一词最初源自《希伯来圣经》中的 "olah"（意为供奉），③ 后来七十士译本将之转译为希腊语 "holókaustos"，"hólos" 本意为全部、"kaustós" 本意为焚烧，因此合起来意为 "献祭所用的全部祭品"。④ "Holocaust" 不但指代在 "纳粹灭绝犹太人行动" 中丧生的六百万犹太人，而且还包括同样死于纳粹迫害的大约五百万非犹太死难者。美国大屠杀纪念馆对其有一番定义：

> 纳粹大屠杀（Holocaust）特指 20 世纪历史上的一场种族灭绝事件。这一事件是 1933—1945 年间由纳粹德国及其合作者操纵的、由国家主持的、有计划地迫害与消灭欧洲犹太人的行动。犹太人是主要的牺牲品——600 万人被杀害，吉普赛人、有生理缺陷者和波兰人也因种族或民族的原因而被列为毁灭与致死的目标。另有数百万人，包括同性恋、

---

① Lawrence Douglas, "The Shrunken Head of Buchenwald：Icons of Atrocity at Nuremberg", in B. Zelizer, ed., *Visual Culture and the Holocaust*, New Brunswick, NJ：Rutgers University Press, 2001, p.286.

② Hannah Arendt, *Eichmann in Jerusalem：A Report on the Banality of Evil*, First edition in 1963, New York：Penguin, 1994, p.267.

③ Jon Petrie, "The Secular Word HOLOCAUST：Scholarly Myths, History, and 20th Century Meanings", *Journal of Genocide Research*, Vol.2, No.1(March, 2000), p.31；Zev Garber & Bruce Zuckerman, "Why do We Call the Holocaust 'The Holocaust'? An Inquiry into the Psychology of Labels", *Modern Judaism*, Vol.9, No.2(May, 1989), p.199.

④ 用 "Holocaust" 来指称惨遭纳粹屠戮的六百万犹太人，遭到一些犹太学者的质疑。沃尔特·拉克强调以该词来指称纳粹灭绝暴行是 "极不恰当的"，因为它暗示着六百万犹太死难者即是献给上帝的 "焚烧的祭品"："纳粹的目的并非进行这种形式的献祭，犹太人也并非那种仪式性受害者的地位。"参见 Richard Evans, *In Hitler's Shadow*, New York：Pantheon, 1989, p.142。

耶和华见证会信徒、苏联战俘和持不同政见者等，也在纳粹暴政下遭受了严酷的迫害并被致死。[1]

一般认为，美国犹太历史学家鲁弗斯·利尔斯在 1949 年首次将该词与纳粹灭绝犹太人行动联系起来。[2] 但科尔曼注意到："在 1949 年，英语中的'Holocaust'并不具有今天（1972 年）的内涵。学者与作家们普遍使用'持久的集体迫害'（permanent pogrom）……或'最近的劫难'（recent catastrophe）、或'灾难'（disaster）、或'这场灾难'（the disaster）。"[3] 著名历史学家劳尔·希尔伯格 1961 年出版的《欧洲犹太人的毁灭》被认为是揭开战后大屠杀研究序幕的经典之作，而在该书中并无一处使用"Holocaust"一词。[4] 但就在同年，以色列政府进行的"艾希曼审判"（Eichmann Trial）成为至关重要的转折点，这场审判直接导致了大屠杀意识的上升，这一词汇也获得了广泛的认同，20 世纪 60 年代中期以后被人们用来作为专指这场灭绝暴行的英文名词："到 1967 年，'Holocaust'由于其巨大而惊人的回响，已经成为犹太人讨论与认同的核心词汇。"[5] 此后，"Holocaust"成为希伯来语"Shoah"的英文对应词汇并一直沿用至今。

（五）"Shoah"（浩劫）的由来及其社会化

与非犹太人不同，犹太世界指称这场大灾难的专门术语为"Shoah"（השואה，意为"浩劫"），[6] 这一术语的普遍使用反映了以色列建国前后的

---

[1]　United States Holocaust Memorial Museum, *Teaching about the Holocaust: A Resource Book for Educators*, Washington, DC: Center for Advanced Holocaust Studies, 2001, p.3.

[2]　Rufus Learsi, *Israel: A History of the Jewish People*, Cleveland & New York: The World Publishing Company, 1949, pp.645, 654.

[3]　Gerd Korman, "The Holocaust in American History Writing", *Societas*, Vol.2(1972), p.256.

[4]　Raul Hilberg, *The Destruction of the European Jews*, London: W.H.Allen, 1961.

[5]　Paul Breines, *Tough Jews: Political Fantasies and the Moral Dilemma of American Jewry*, New York: Basic Books, 1992, p.71.诺拉·列文的《大屠杀：欧洲犹太人的毁灭》就是突出代表，参见 Nora Levin, *The Holocaust: The Destruction of European Jewry, 1933–1945*, New York: T.Y.Crowell, 1968。

[6]　本书在涉及有关"纳粹灭绝犹太人行动"的指称时，一般用"纳粹大屠杀"这个较为宽泛的词汇进行指代，"Shoah"（浩劫）通常也被包括在内，但在具体情境（尤其是以色列建国初期）中根据其特定的内涵而使用"Shoah"这一词汇。

巴勒斯坦犹太社团对于这场大灾难的认知，并通过对此概念的社会化进程以服务于民族国家构建的目标。事实上，"Shoah"一词并非20世纪的发明，早在《希伯来圣经》中就已被使用。该词在《圣经》中总共出现12次，通常指代一场恐惧可怕的与不可预料的个体或集体灾难，并且往往与上帝的报复和惩罚联系在一起，以战争或天灾的形式体现出来，以作为对人悖逆行为的应有惩罚。而且它的发生是一种突如其来、无法预料的结果，由于人们完全无法预见灾难所带来的后果，因而一旦发生，受害者便陷入惶恐无措、进退失据的境地。就具体的《希伯来圣经》篇章内容而言，其用法及侧重各有不同：

首先，"Shoah"强调了灾难的降临及其突然性、破坏性。在《以赛亚书》中，它指代末日审判时对行不义之人的惩罚："到降罚的日子，有**灾祸**从远方临到"①；在《诗篇》中，被用于大卫对仇敌的诅咒："愿**灾祸**忽然临到他身上。"② 这种大灾难不同于一般的恶性事件，因而它的降临通常带来毁灭性的严重后果："祸患要临到你身，你不知何时发现，灾害落在你身上，你也不能除掉，所不知道的**毁灭**也必忽然临到你身"③；"忽然来的惊恐，不要害怕，恶人遭**毁灭**，也不要恐惧"④。而且更重要的是，"灾祸""毁灭"这些词经常与"忽然"连在一起使用，以此强调灾难降临的突如其来与不可预测。

其次，"Shoah"指代灾难降临的独特方式，它通常以"暴风"的隐喻形式体现出来，这也与其突如其来的特征相吻合。在《箴言》中，它用在因自然或恶行而招致惩罚的个体身上："惊恐临到你们，好像狂风，灾难来到，如同**暴风**，急难痛苦临到你们身上。"⑤ 在《以西结书》中，这种惩罚对象扩展到全体以色列人，以色列的敌人歌革作为雅卫的工具将对以色列人的悖逆行为给予突然的打击："你和你的军队，并同着你许多国的民必如**暴风**上来，如密云遮盖地面。"⑥ 由此可见，以"暴风"作为比喻重在强调灾

---

① 《以赛亚书》10：3，以下《圣经》引文中的着重号皆为引者所加。
② 《诗篇》35：8。
③ 《以赛亚书》47：11。
④ 《箴言》3：25。
⑤ 《箴言》1：27。
⑥ 《以西结书》38：9。

难降临的迅猛异常以及带来的巨大心理震撼。

第三，"Shoah"还被用来形容末日来临前的萧条景象，而这种状况正是对悖逆上帝者的应有惩罚。在《西番雅书》中，该词指代末日来临前的恐怖异象，上帝将毁灭以色列人中的有罪者："雅卫的大日临近……那日，是忿怒的日子，是急难困苦的日子，是**荒废凄凉**的日子，是黑暗、幽冥、密云、乌黑的日子。"① 在《约伯记》中，它被用来描绘没有生机的贫瘠之地，而罪与罚仍是其中心主题："他们因穷乏饥饿，身体枯瘦，在**荒废凄凉**的幽暗中，啃干燥之地"；"使**荒废凄凉**之地得以丰足，青草得以发生?"②

最后，"Shoah"直接指代灾难导致的恐怖场景，即面临灾难的最高顶点——死亡。约伯在向上帝申诉恶人对其致命攻击时说，"他们来如同闯进大破口，在**毁坏**之间，滚在我身上"③。在《诗篇》中，该词被用来指代仇敌对大卫的攻击以及大卫对仇敌的诅咒："主啊，你看着不理要到几时呢?求你救我的灵魂脱离他们的**残害**"；"那些寻索要灭我命的人，必往地底下去。他们必被刀剑**所杀**，被野狗所吃"④。在此，敌人的攻击是致命的，它不同于一般性的仇恨憎恶，而是一种彻彻底底的灭绝行为。

从前面的分析可以得知，"Shoah"在神学内涵上要比"Hurban"逊色不少，前者几乎从来没有与圣殿毁灭联系在一起。圣经时代以后，"Shoah"已很少为犹太人所使用，更无需说用来指称灾难以及与之类似的概念。在纳粹开始入侵波兰、大举迫害犹太人的1939年，"Shoah"一词开始被人们用来描述当前的艰难处境。同年在巴尔干建立的援助波兰犹太难民的犹太代办处便在一般意义上使用了该词："波兰人与那些居住在当地的犹太人正遭受着一场前所未有的浩劫（Shoah）。波兰已经被希特勒的德国摧毁，而其残余部分则为苏联所瓜分。"⑤ 在此，"Shoah"不仅指犹太人的流离失所同时也指波兰人的惨痛遭遇。1940年，一本题为《波兰犹太人的浩劫》（*The Shoah of Polish Jewry*）的论文集在巴勒斯坦出版，其中包括许多曾在波兰居

---

① 《西番雅书》1:14—15。

② 《约伯记》30:3;38:27。

③ 《约伯记》30:14。

④ 《诗篇》35:17;63:9—10。

⑤ Dalia Ofer, "Linguistic Conceptualization of the Holocaust in Palestine and Israel, 1942–53", *Journal of Contemporary History*, Vol.31, No 3(July,1996), p.570.

住而于战争爆发后离开者的证词与回忆文章。① 其中的一位作者、华沙犹太委员会的领袖阿波林埃勒·哈特格拉斯（Appolinaire Hartglass）根据自己的多年经历及亲身观察，在前言中发出了这样的警告：如果这场战争持续许多年，纳粹通过对波兰人与犹太人的系统灭绝将使波兰变成犹太民族的坟墓。② 由此可知，"Shoah"一词已被用来指代纳粹正在进行的有计划、有系统地屠杀行为，但它也将波兰人包括在这一概念之内。1943 年，随着华沙隔都起义的消息传至巴勒斯坦，有关纳粹灭绝犹太人的情况逐渐清晰起来，这促使人们对屠杀重要性的理解不断加深，其直接结果就是"Shoah"的使用逐渐普遍起来。

战争结束后由盟国进行的纽伦堡审判使许多不为人知的纳粹反犹暴行公诸于世，特别是"最后解决"计划的揭露更是使世人首次了解到纳粹毁灭欧洲犹太人的真正企图，从而直接影响着人们对于这场大灾难的概念认知。因此，1946 年是一个十分关键的转折点，"Shoah"一词由此开始与所有欧洲犹太人的毁灭正式联系起来。同年，巴勒斯坦犹太社团有人提议建立"Yad Vashem"（亚德·瓦谢姆）的机构以纪念被纳粹灭绝的几百万欧洲犹太人，由此将指代这一事件的概念使用问题提上议事日程。③ 1947 年 7 月13—14 日，希伯来大学在耶路撒冷举办了首届世界犹太研究会议（WCJS），此次规模空前的学术会议将主题定为"对我们时代的浩劫与英雄主义的研究"（Research on the Shoah and Heroism in Our Time），表示要研究最近在欧洲大地发生的"浩劫与英雄主义"（Shoah uGvurah），从而在"Shoah"一词的推广过程中起到极为重要的作用。特别需要指出的是，当时的巴勒斯坦犹太人正在进行一场争取建国的艰苦努力，而武装斗争是实现这一目标的主要途径；这种政治现状投射到学术研究之上，即是对于"Gvurah"（即英雄主义）一词的高度凸显。这次会议多次将"Shoah"与"Gvurah"连在一起使

---

① Orna Kenan, *Between Memory and History：The Evolution of Israeli Historiography of the Holocaust，1945-1961*, New York：Peter Lang, 2003, p.7.

② Dalia Ofer, "Linguistic Conceptualization of the Holocaust in Palestine and Israel, 1942-53", *Journal of Contemporary History*, Vol.31, No 3(July, 1996), p.569；Idit Gil, "The Shoah in Israeli Collective Memory：Changes in Meanings and Protagonists", *Modern Judaism*, Vol.32, No.1(Feb., 2012), p.78.

③ 建立纪念遇难欧洲犹太人机构的想法最初由莫迪哈凯·舍纳哈比在 1942 年提出，参见 Orna Kenan, *Between Memory and History：The Evolution of Israeli Historiography of the Holocaust*, p.43。

用，实际目的在于强调第二次世界大战期间犹太人从事的反抗活动为当时犹太人的斗争树立榜样。

"Shoah"首次进入以色列官方视线之中是在 1951 年 4 月，当时以色列公众围绕为遇难欧洲犹太同胞设立纪念日的问题上发生了激烈的争论。4 月 12 日，议会决定将尼散月 27 日作为"浩劫与隔都起义纪念日"（*Yom ha-Shoah u-Mered ha-Geta'ot*/The Shoah and Ghetto Uprising Remembrance Day）。[1] 这个议会决定的重要后果是，"Shoah"作为指称"纳粹灭绝犹太人行动"的专有名词首次得到了官方的正式认可。[2] 1953 年 8 月 19 日以色列议会颁布的《亚德·瓦谢姆法》（*Yad Vashem，rashut ha-zikaron la-Shoah vela-Gvurah*/The Law of Remembrance of the Shoah and Heroism，简称 *Yad Vashem Law*），也称《浩劫与英雄主义纪念法》，这项法律规定成立名为"亚德·瓦谢姆"的纳粹大屠杀殉道者与英雄纪念机构；同时决定为大屠杀浩劫与英雄主义设立纪念日，以便"为其英雄与死难者提供一个整体性记忆"。[3] 在此，"Shoah"作为指称这场大灾难的专有名词在国家法律中被使用，凭借国家权力渗透到各个角落，获得了无可质疑的合法地位。[4]

"Shoah uGvurah"的连用代表着一个新概念的产生，这个词组为纳粹大屠杀带来的空前灾难意识深入公众观念发挥了重要作用。透过这个词组，不仅体现了纳粹灭绝所有犹太人的种族反犹主义动机，而且暗示着犹太人对此灭绝行为的回应、努力及纪念，如果说"Shoah"代表着困境与悲剧本身，而"Gvurah"则表达了对这一危机的应对与反抗。约瑟夫·耶鲁沙尔米指出，"集体记忆"概念的希伯来语形式——"Zakhor"，蕴含着犹太传统对

---

[1] James E.Young, "When a Day Remembers: A Performative History of *Yom ha-Shoah*", *History & Memory*, Vol.2, No.2(Winter, 1990), p.60.

[2] Roni Stauber, *The Holocaust in Israeli Public Debate in the 1950s: Ideology and Memory*, trans. Elizabeth Yuval, London: Vallentine Mitchell, 2007, p.33.

[3] Jackie Feldman, "Between Yad Vashem and Mt.Herzl: Changing Inscriptions of Sacrifice on Jerusalem's 'Mountain of Memory'", *Anthropological Quarterly*, Vol.80, No.3(Fall, 2007), p.1152.

[4] 实际上，使"Shoah"一词具有世界范围影响的事件是 1985 年克洛德·兰兹曼根据同名剧本改编而来的电影《浩劫》（*Shoah*），公映后迅速取得巨大成功。参见 Shoshana Felman, "Film as Witness: Claude Lanzmann's *Shoah*", in Geffrey H.Hartman, ed., *Holocaust Remembrance: The Shapes of Memory*, Oxford: Basil Blackwell, 1994, pp.90-103.

于灾难性或破坏性历史事件的典型回应模式，即通过记忆来克制创伤、恢复秩序。[①] 实际上，大屠杀浩劫与英雄主义的结合进一步扩充了"Shoah"的概念，使之不仅指代来自纳粹的恐怖行径，而且包括犹太人对其的思考与回应。换言之，它蕴含着抵抗行为，准确地说，它可以被视为对缺乏犹太抵抗运动的反击，从而对许多流散犹太人提出了积极的道德要求与奉献意识。

更重要的是，大屠杀灾难意识的广泛普及与以色列民族国家构建进程相互促进、互为表里。纳粹大屠杀与以色列建国在时间序列上的靠近，使得"从浩劫到重生"（*Me-Shoah le-Tekumah*/from Shoah to Rebirth）在建国前后的主流话语中占据着十分重要的地位，[②] 这个连用扎根于"灾难与救赎"的犹太传统主题，从而表达出大灾难后犹太人获得奇迹般拯救的思想。可以说，在以色列建国前后的重要时期，词语推广与认同建构是一个双向的互动过程：一方面，"Shoah"（浩劫）的话语凭借国家权力强制渗透到以色列社会的各个层面，进而使大屠杀成为以色列人集体认同的核心要素，在此创伤记忆国家化过程中获得了神圣的地位；同时，以色列国通过对此创伤记忆的控制、管理、运用，将大屠杀死难者内在化为以色列人，从而在世界犹太人中间获取对于"Shoah"（浩劫）话语的主导权。

二、纳粹大屠杀纪念日的确立及其英雄主义内涵

为了纪念在纳粹大屠杀中丧生的600万犹太同胞，以色列建国后通过对其创伤记忆的控制、管理、运用，特别是建立亚德·瓦谢姆纪念馆为国家纪念记忆场所、确立纳粹大屠杀纪念日为国家法定节日，并凭借国家权力渗透到以色列社会的各个层面，大屠杀被作为以色列人集体认同的核心要素，甚至成为一种为人们所崇奉与膜拜的"公民宗教"（civil religion）[③]。在此权力

[①]　Yosef Hayim Yerushalmi, *Zakhor: Jewish History and Jewish Memory*, p.99; Saul Friedlander, "Trauma, Transference and 'Working through' in Writing the History of the 'Shoah'", *History & Memory*, Vol.4, No.1 (Spring-Summer, 1992), p.42.

[②]　Dalia Ofer, "The Strength of Remembrance: Commemorating the Holocaust During the First Decade of Israel", *Jewish Social Studies*, Vol.6, No.2 (Winter, 2000), pp.38-40.

[③]　Charles S. Liebman & Eliezer Don-Yehiya, *Civil Religion in Israel: Traditional Judaism and Political Culture in the Jewish State*, p.100.

运作过程中，纳粹大屠杀纪念日（יום השואה/Yom HaShoah）的确立即为一个典型案例。通过对围绕该节日的日期与名称问题展开激烈的争夺较量之分析，可以揭示出以色列建国初期政治生活中传统与现代、宗教与世俗之间交错复杂的关键面相。

（一）有关设立纳粹大屠杀纪念日的最初提议

给纳粹大屠杀死难者设立纪念日的动议在第二次世界大战期间即已提出，以此作为对纳粹大规模灭绝欧洲犹太人的直接回应。这种活动最初始于对华沙隔都起义的纪念。华沙隔都起义从一开始就在纳粹大屠杀纪念安排中占据着核心的地位；在有关设立大屠杀纪念日问题上的许多争论，便是围绕着要不要以华沙隔都起义日（4月19日）作为整个纳粹大屠杀事件的纪念日而展开。早在1944年，发行于巴勒斯坦的《达瓦尔报》（Davar）呼吁将4月19日作为欧洲犹太人毁灭的官方纪念日，但伊休夫领导机构犹太民族委员会（National Council）没有就此做出任何决定。[①] 率先对华沙隔都起义开展集体纪念的行为来自1945年4月的华沙，当时华沙刚刚获得解放。这种活动随即扩展到巴勒斯坦，随后有关的许多纪念典礼与大型集会都放在4月19日。在当时的纪念论述中，对不久前的民族浩劫进行了选择性处理，很少提及集中营里的迫害、屠杀与幸存行为，而集中于军事斗争特别是华沙隔都起义，这几乎成为时人对大屠杀的主要认知。[②]

随着纳粹大屠杀纪念规模的不断扩大，有必要专门为之设立一个纪念日。在当时的巴勒斯坦，4月19日象征着大屠杀期间的英雄主义行为已是普遍的共识。亚德·瓦谢姆特别委员会的主要成员提议将4月19日作为英雄主义纪念日，在这一天"来自世界各地的人们将到纪念大厅朝圣"，设立这个英雄主义纪念日用来纪念大屠杀期间所有犹太人的英勇行为，其中华沙隔都起义享有最耀眼的位置。然而，他们想在体现英勇抵抗和屠杀毁灭的纪

---

① Boaz Cohen, *Israeli Holocaust Research*: *Birth and Evolution*, trans. Agnes Vazsonyi, London: Routledge, 2013, pp.3–4.

② Orna Kenan, *Between Memory and History*: *The Evolution of Israeli Historiography of the Holocaust*, *1945–1961*, pp.25–26.

念日之间进行区分，因而提议将针对所有死难者的纪念典礼放在阿布月 9 日①举行，"届时前去我们丧生者的公墓朝圣"。② 除 4 月 19 日与阿布月 9 日外，当时也有其他的日期被用来与纳粹大屠杀纪念日联系起来。1947 年 7 月，在由亚德·瓦谢姆委员会主办的第一届浩劫与英雄主义国际研讨会上，巴勒斯坦犹太民间文学协会的负责人约姆·托夫·莱文斯基（Yom-Tov Levinsky）建议将纳粹大屠杀纪念日放在希完月 20 日，③ 认为这一天意味着"为六百万死难者进行全面哀悼的一天"，而不是像专门纪念隔都起义者英勇反抗行为的 4 月 19 日，因此有必要从传统的哀悼节日中选择一个日期用来纪念那些惨遭纳粹屠杀的犹太同胞。④

（二）宗教与世俗阵营围绕纪念日期的争夺

1948 年 5 月 14 日以色列国建立后，有关纪念日问题的分歧依旧存在，这种分歧的实质在于宗教阵营拒绝承认 4 月 19 日的合法地位。大拉比署很早即已开始讨论如何纪念欧洲犹太人，1946 年初成立了纪念流散殉道者委员会（Committee of the Memorial to the Diaspora Martyrs），并向巴勒斯坦犹太社团发表声明称"大拉比署决定根据《托拉》的律法和希伯来传统的精神来纪念殉道者"，而这包括点燃蜡烛、诵读诗篇、学习塔木德经文和吟唱卡迪什祷文，来纪念受害者及其亡灵。⑤ 大拉比署并没有对抵抗活动进行区别对待，而是把所有纳粹受害者称为"所有那些为犹太人的上帝而牺牲的殉道者"⑥。在日期问题上，战后初年从欧洲来到巴勒斯坦的拉比们以缺乏宗教依据为由拒绝以 4 月 19 日作为纪念日，随后爆发的独立战争推迟了他们

---

① 阿布月 9 日在传统中代表着犹太历史上的重大灾难,例如第一、第二圣殿的毁灭,贝塔尔要塞的陷落以及犹太人从西班牙的大驱逐等等。

② Roni Stauber, *The Holocaust in Israeli Public Debate in the 1950s*: *Ideology and Memory*, p.31.

③ 希完月 20 日作为哀悼性纪念日直到第二次世界大战前夕一直在东欧遵守,始于 1171 年 5 月 26 日（犹太历为希完月 20 日）31 名犹太人因血祭诽谤而被活活烧死。1648 年的 6 月 10 日（犹太历为希完月 20 日）,成千上万的东欧犹太人被哥萨克骑兵屠戮,使之与犹太历史上的大灾难再度联系在一起。

④ Roni Stauber, *The Holocaust in Israeli Public Debate in the 1950s*: *Ideology and Memory*, p.33.

⑤ Orna Kenan, *Between Memory and History*: *The Evolution of Israeli Historiography of the Holocaust, 1945–1961*, p.15.

⑥ Orna Kenan, *Between Memory and History*: *The Evolution of Israeli Historiography of the Holocaust, 1945–1961*, p.15.

做出统一的决定。1948 年 12 月 17 日，大拉比署联合宗教事务部在耶路撒冷召开特别会议，宣布以犹太历提别月 10 日作为大屠杀死难者的民族性纪念日："有必要决定一年中的某个日期为犹太人哀悼（纳粹大屠杀中的）毁灭，以作为吟诵卡迪什悼词、点燃贾泽特蜡烛和学习塔木德经文的纪念日。因此，大拉比署决定将提别月 10 日作为几百万死亡日期无法知晓的欧洲犹太社团殉道者的永久性纪念日——对于他们的儿女和亲戚来说，它将被视为他们死亡的纪念日。"[①] 提别月 10 日在犹太传统中为纪念死者的特定节日（General Kaddish Day），最初源自对新巴比伦王尼布甲尼撒二世围困耶路撒冷的纪念。

宗教人士认为，纳粹大屠杀是犹太历史上遭受的屠杀与毁灭链条上的又一环，大屠杀尽管有着空前的规模，但它只是犹太历史上众多痛苦与灾难的延伸，因此应当根据传统来开展纪念活动。他们不仅在时间上确立了与世俗群体不同的纪念日，而且还建造自身独立的纪念场所来开展纪念活动。1949 年，以宗教事务部部长撒母耳·卡哈纳拉比（Samuel Z. Kahana）为首的大拉比署在锡安山上建立起一座规模较小的"浩劫纪念室"（*Martef HaShoah*/Shoah Cellar），成为以色列境内的第一座纳粹大屠杀纪念馆。宗教力量之所以选择锡安山作为其纪念场所是因为它靠近大卫王墓，犹太传统中弥赛亚出自大卫王的后裔，因而这种选址安排象征着他们对弥赛亚救赎应许的期待。[②]

1949—1950 年间，纳粹大屠杀的纪念活动主要在提别月 10 日与 4 月 19 日两个日期举行；宗教人士接受大拉比署的决定在前一日期开展纪念活动，而世俗群体的纪念活动通常在后一日期进行，双方对此互不妥协。为了消除这种纪念日期上的分歧，1950 年，议会中来自马帕姆（Mapam，统一工人党）的议员提议设立一个全国性纪念节日：主张将 4 月 19 日作为全国性纳粹大屠杀纪念日，以确保隔都起义在以色列社会中占有持久的地位。阿哈龙·兹斯林（Aharon Zisling）在解释这个提议时说："我们不想这个节日仅

---

① Roni Stauber, *The Holocaust in Israeli Public Debate in the 1950s: Ideology and Memory*, p.37.

② Doron Bar, "Holocaust Commemoration in Israel During the 1950s: The Holocaust Cellar on Mount Zion", *Jewish Social Studies*, Vol.12, No.1(Fall, 2005), p.20.

仅属于某一部分人，而应当属于每一个人。"[1] 在马帕姆议员的努力下，为纳粹大屠杀纪念日确定一个具体的日期被正式列入议会的议事日程。1951年，内务委员会任命了一个次级委员会来确定最终日期，它由来自联合宗教阵线的摩迪凯·努洛克（Mordechai Nurock）领导，其成员包括马帕姆的赫兹勒·伯格（Hertzl Berger）、右翼政党希鲁特的拉兹勒·诺亚（Esther Raziel-Naor）与马帕姆的兹斯林。[2] 由于4月19日在犹太历为尼散月15日，它与逾越节重合而不为拉比署同意，因而委员会决定将纪念日放在逾越节与独立纪念日之间。但极端正统派代表向议会要求，整个尼散月都不能作为哀悼日；这一要求遭到前隔都战士组织的反对，他们想选择一个尽可能靠近隔都起义的日期以凸显其意义。[3] 最后，尼散月27日由于处在适中的位置（位于逾越节结束后五天、阵亡将士纪念日前七天）而最终被选中作为大屠杀纪念日。

在该纪念日的名称问题上，马帕姆的议员想称之为隔都抵抗日（Ghetto Rebellion Day），但纳粹大屠杀纪念日委员会在咨询了其他议员后，决定将之命名为"浩劫与隔都起义纪念日"（*Yom HaShoah u-Mered HaGeta'ot*/Shoah and Ghetto Uprising Remembrance Day）。1951年4月12日，以色列议会正式做出决议：将每年的尼散月27日作为"浩劫与隔都起义纪念日——一个以色列家的永久性纪念日。"[4] 这个纪念日的名称充分表明，隔都起义被凸显为整个纪念日名称的一部分，从而使大屠杀期间的抵抗活动获得了积极意义。正如委员会成员兹斯林强调的，这个全国性节日应当凸显起义的价值，"这一天象征着犹太民族在最近这场战争中的积极抵抗。它将象征着那里的犹太复国主义，那些从事战斗的犹太复国主义背景，尽管不仅有犹太复国主义者还有其他犹太人参与了战斗。"[5]

在宗教势力的干扰下，新纪念日的推广并不顺利。由于议会选定的纳粹

---

[1] Roni Stauber, *The Holocaust in Israeli Public Debate in the 1950s: Ideology and Memory*, p.39.

[2] Roni Stauber, *The Holocaust in Israeli Public Debate in the 1950s: Ideology and Memory*, pp.39-40.

[3] James E.Young, "When a Day Remembers: A Performative History of Yom ha-Shoah", *History & Memory*, Vol.2, No.2(Winter, 1990), pp.60-61.

[4] E.Don-Yehiya, "Memory and Political Culture: Israeli Society and the Holocaust", in Ezra Mendelson, ed., *Studies in Contemporary Jewry*, Vol.9, New York: Oxford University Press, 1993, p.140.

[5] Roni Stauber, *The Holocaust in Israeli Public Debate in the 1950s: Ideology and Memory*, p.40.

大屠杀纪念日——尼散月 27 日——没有任何传统宗教上的内涵，这在正统派当中引发了不满，并与两年前大拉比署的决定相冲突。大拉比署决定无视议会的决定，其中一个重要理由就是犹太律法禁止在尼散月禁食与哀悼，因为它被视为喜乐之月，代表着逾越节之后的庆祝。① 著名的哈雷迪拉比亚伯拉罕·卡勒利兹（Avraham Y. Karelitz）就认为，现在的人们无权为将来的世代设定新的哀悼或纪念日。② 宗教群体特别是极端正统的哈雷迪派完全无视以色列议会确定的纳粹大屠杀纪念日，在提别月 10 日依然正常开展纪念活动。③ 以色列社会围绕大屠杀的纪念问题产生巨大的分歧，从而存在宗教的与世俗的两个正式纪念日：世俗团体选择在尼散月 27 日纪念纳粹大屠杀，而宗教力量则在提别月 10 日进行，这也从另一个侧面反映出以色列建国初期宗教与世俗力量之间的激烈争斗。

（三）《亚德·瓦谢姆法》与纪念日的最终确立

为了给予纳粹死难者以统一的纪念，在时任教育部长迪努尔（BenZion Dinur）的积极推动下，1953 年 8 月 19 日，以色列议会正式通过《亚德·瓦谢姆法》（也称《浩劫与英雄主义纪念法》），声明其目的在于"将所有那些在……战斗与反抗中遇难的犹太人的记忆集中到故土上来……因为他们皆属于犹太民族"，并"赋予在这场灾难和抵抗中丧生的犹太民族成员以纪念性的以色列国公民身份"。④ 这项法律规定成立名为"亚德·瓦谢姆"的纳粹大屠杀殉道者与英雄纪念当局（Yad Vashem/Shoah Martyrs' and Heroes' Remembrance Authority）；同时，由议会设立"浩劫与英雄主义纪念日"（Yom HaShoah ve-HaGevurah/Shoah and Heroism Remembrance Day），以便

---

① Doron Bar,"Holocaust Commemoration in Israel During the 1950s:The Holocaust Cellar on Mount Zion", *Jewish Social Studies*, Vol.12, No.1(Fall,2005), p.24.

② David Golinkin, "Yom HaShoah:A Program of Observance", *Conservative Judaism*, Vol. 37, No. 4 (Summer,1984), p.57.

③ Ruth Ebenstein,"Remembered Through Rejection:Yom HaShoah in the Ashkenazi Haredi Daily Press, 1950-2000", *Israel Studies*, Vol.8, No.3(Fall,2003), pp.146-147.

④ Jackie Feldman,"Between Yad Vashem and Mt.Herzl:Changing Inscriptions of Sacrifice on Jerusalem's 'Mountain of Memory'", *Anthropological Quarterly*, Vol.80, No.3(Fall,2007), p.1152.

"为其英雄与死难者提供一个整体性记忆"。① 这部法律的出台表明，英雄主义被以国家法律的形式抬高到与大屠杀本身同等的地位。

在纳粹大屠杀纪念日的名称问题上，与此前两年的议会决议相比，这部法律突出了英雄主义的内涵。作为该法案的主要推动者，迪努尔认为隔都起义固然是大屠杀期间犹太人反抗的象征，但它的内涵太有限，"英雄主义"一词更能体现犹太人在面临纳粹灭绝时的所有积极和消极的反抗行为。基于此，他强烈建议将纪念日的名称从原来的"浩劫与隔都起义纪念日"改为"浩劫与英雄主义纪念日"。② 正如迪努尔解释的，它由两部分构成，一是讨论灭绝问题，另一就是探讨勇敢、英雄主义的价值问题。在他看来，"英雄主义"一词的使用将大屠杀期间的反抗斗争作了最为宽泛的解释，它对争取生存的消极抵抗行为表达了充分的敬意，因而代表着犹太人对于空前民族浩劫的不同回应方式。③

实际上，这个法案虽然明确了纳粹大屠杀纪念日的日期和名称，但它并未对与纪念日有关的具体细节进行详细的规定，例如没有强调降半旗、限制娱乐活动等等，因而在权威效力、实施程度等方面难免大打折扣。努洛克对此抱怨道，"（在尼散月 27 日）娱乐场所普遍对外开放，电台广播播放着婚庆与欢宴、舞蹈与戏剧的音乐……一片欢乐与庆祝而非哀悼与哭泣"。④ 而且在 20 世纪 50 年代初，对纳粹大屠杀的纪念并非以色列政府关注的重点，这可以从亚德·瓦谢姆纪念馆的建造一再被延迟体现出来。加上积极推进大屠杀纪念活动的迪努尔自 1955 年后不再担任教育部长，因而有关纪念日的具体仪式等问题被暂时搁置起来。

虽然政府对纳粹大屠杀纪念日没有太多的举动，但亚德·瓦谢姆纪念当局在 1953 年成立后致力于赋予纪念日更多的民族特征。它在每年的纪念日举行隆重的纳粹大屠杀纪念典礼，一开始在殉道者森林举行，自亚德·瓦谢

---

① Benzion Dinur, "Problems Confronting Yad Vashem in its Work of Research", *Yad Vashem Studies*, Vol.1 (1957), pp.9-10.

② Roni Stauber, *The Holocaust in Israeli Public Debate in the 1950s: Ideology and Memory*, p.63.

③ Roni Stauber, *The Holocaust in Israeli Public Debate in the 1950s: Ideology and Memory*, p.66.

④ Orna Kenan, *Between Memory and History: The Evolution of Israeli Historiography of the Holocaust, 1945-1961*, p.17.

姆纪念馆于 1956 年落成后改在纪念之山举行。而且，还通过与地方当局和幸存者组织的合作在全国各地组织纪念活动。① 尽管如此，纳粹大屠杀纪念日并未成为全国性纪念日，对此亚德·瓦谢姆纪念当局也清楚意识到这一点。他们尤其抱怨宗教事务部与大拉比署，在 1951 年的议会决议和 1953 年的《亚德·瓦谢姆法》之后，仍然在提别月 10 日开展纪念活动。②

当时有许多尝试来解决亚德·瓦谢姆纪念当局与宗教事务部的矛盾，但这种努力遭到后者的顽强抵抗。1957 年，在安置来自波兰的纳粹受害者骨灰问题上，亚德·瓦谢姆纪念当局与宗教事务部之间的冲突达到顶点。前者要求将这些骨灰安葬在亚德·瓦谢姆纪念大厅，而宗教事务部则主张将他们安置在"浩劫纪念室"，以与 1949 年来自奥地利、德国、波兰的骨灰毗邻。他们声称，将这些殉道者的骨灰葬在世俗的机构没有任何价值，并将亵渎他们的神圣性。③ 宗教事务部不断抬高提别月 10 日的行为，不仅威胁着尼散月 27 日的地位，而且对亚德·瓦谢姆作为全国性纪念当局的权威造成了损害。对于宗教事务部的做法，亚德·瓦谢姆纪念当局负责人约瑟夫·梅尔卡曼（Yosef Melkman）1958 年在一份纪念仪式的报道中表达了担忧："如果亚德·瓦谢姆是浩劫与英雄主义的全国性纪念当局的话，一个政府部门怎么可以在没有获得我们允许和没有向我们咨询的情况下根据自身的意愿组织纪念活动？我们是有政府还是完全无政府？……亚德·瓦谢姆无法忍受宗教事务部破坏前者地位与可信度的行为，将来在纪念纳粹大屠杀问题上耶路撒冷的人口将分裂为两大对立的阵营。"④ 面对这两大政府部门不断升级的冲突，议会和政府其他部门不得不进行调解。

为了消除纪念日分歧而带来的政治分裂危险，⑤ 1958 年 6 月，努洛克联合幸存者组织提出将尼散月 27 日作为官方的全国性纪念日的提案。其内容

---

①　Roni Stauber, *The Holocaust in Israeli Public Debate in the 1950s：Ideology and Memory*，p.98.

②　Doron Bar, "Holocaust Commemoration in Israel During the 1950s：The Holocaust Cellar on Mount Zion"，*Jewish Social Studies*，Vol.12，No.1（Fall，2005），p.22.

③　Doron Bar, "Holocaust Commemoration in Israel During the 1950s：The Holocaust Cellar on Mount Zion"，*Jewish Social Studies*，Vol.12，No.1（Fall，2005），pp.29-30.

④　Roni Stauber, *The Holocaust in Israeli Public Debate in the 1950s：Ideology and Memory*，p.105.

⑤　甚至在世俗群体内部也存在不同意见，反对派领导人梅纳赫姆·贝京要求将纳粹大屠杀与英雄主义纪念日拆分为两个节日：纳粹大屠杀纪念日放在阿布月 9 日，而英雄主义纪念日放在阵亡将士纪念日。参见 James E.Young，*The Texture of Memory：Holocaust Memorials and Meaning*，p.271。

包括，在纪念日这一天，学校学习大屠杀历史、允许工人举行集会、关闭商店与娱乐场所等等。1958 年底 1959 年初，议会委员会围绕这个提案召开了多次会议，绝大多数代表支持颁布一部将纳粹大屠杀纪念日作为全国性纪念日并赋予其官方地位的法律。[①] 尽管有着宗教势力的不满，以色列政府和议会委员会决定坚持以尼散月 27 日作为纪念日。这既建立在 1951 年议会决议和 1953 年《亚德·瓦谢姆法》的基础上，更重要的是，如果改变日期势必招致议会绝大多数成员的反对。但它并未要求大拉比署改变他们自 1948 年以来将提别月 10 日作为纪念日的决定。很显然，这种要求必将遭到宗教势力的极力反对。这也反映了以色列建国初期宗教与世俗政治力量之间的某种平衡："我们不能忽视提别月 10 日的事实。这一天是传统上为死者祈祷的日子，在这两个日期之间并不存在冲突。"[②]

对于"浩劫与英雄主义纪念日"的名称，许多隔都战斗者组织并不乐意。梅查德基布兹（HaKibutz HaMeuchad）与阿里茨基布兹（HaKibutz Ha'Artzi）的成员极力避免使用这个名称，他们宁愿将之称为"隔都起义日"（Ghetto Uprising Day）、"浩劫与起义纪念日"（Shoah and Uprising Remembrance Day）、"浩劫死难者与起义英雄的民族纪念日"（the National Remembrance Day for Shoah Victims and Uprising Heroes）或"浩劫、英雄主义与起义纪念日"（Remembrance Day for Shoah，Heroism，and Uprising）等等。[③] 这些提议被亚德·瓦谢姆纪念馆否决，因为纪念馆希望在自身与纪念日之间建立明确的联系，为此这两者的名称应当保持一致。与《亚德·瓦谢姆法》相一致，1959 年初政府决定该纪念日的名称仍为"浩劫与英雄主义纪念日"。

1959 年 4 月 7 日，议会通过《浩劫与英雄主义纪念日法》（The Shoah and Heroism Remembrance Day Law），正式决定以犹太历尼散月 27 日为官方法定的纳粹大屠杀纪念日。决议如下：

---

① James E.Young，"When a Day Remembers：A Performative History of *Yom ha-Shoah*"，*History & Memory*，Vol.2，No.2（Winter，1990），p.62.

② Roni Stauber，*The Holocaust in Israeli Public Debate in the 1950s：Ideology and Memory*，p.111.

③ Roni Stauber，*The Holocaust in Israeli Public Debate in the 1950s：Ideology and Memory*，p.103.

1. 尼散月 27 日为浩劫与英雄主义纪念日，每年用来纪念纳粹及其仆从造成的犹太民族大灾难，以及那一时期的犹太英雄主义与反抗行为。如果尼散月 27 日是在星期五，纪念日就应当定在当年的尼散月 26 日。

2. 纪念日这一天，以色列全国应当遵守两分钟的默哀，在此期间路上的所有交通工具应当停下来。纪念仪式与会议应当在军营以及教育机构举行；悬挂在公共建筑上的旗帜应当降半旗；电台节目应当表达这一天的特别性质，娱乐场所的节目应当与这一天的精神相一致。

3. 政府授权的部长通过咨询亚德·瓦谢姆纪念当局，应当按照法律规定为纪念日的遵守起草必要的指导。①

通过该法律的颁布，正式确立尼散月 27 日作为全国性大屠杀纪念日的官方地位，并对相关的仪式遵守进行了详细规定。重要的是，该法律还赋予亚德·瓦谢姆纪念当局充分的权威以指导纪念日的遵守。在这一天，以色列政府通常在亚德·瓦谢姆纪念馆的华沙隔都广场举行重大纪念典礼。1961年 3 月 27 日，议会又对该法作了进一步修订，要求在大屠杀纪念日前一天所有娱乐场所必须关闭。

（四）纪念节日序列的形成与英雄主义价值观的凸显

由前文可知，大屠杀纪念日由"浩劫与隔都起义纪念日"发展为"浩劫与英雄主义纪念日"、尼散月 27 日从众多纪念日期中脱颖而出，其变化不止是名称和日期的改变，更是内涵和实质的更新。纳粹大屠杀纪念日最终确立的复杂过程，充分反映出以色列建国初期各种政治力量特别是宗教与世俗之间的较量。1959 年，浩劫与英雄主义纪念日的最终确立，标志着大屠杀纪念活动得到了国家法律的肯定，从而将创伤记忆的国家化、政治化推向一个顶点。加上此前于 1949 年、1950 年先后确立的独立纪念日（*Yom HaAtzmaut*）与阵亡将士纪念日（*Yom HaZikaron*），这三大新型政治节日共同构成

---

① James E.Young, "When a Day Remembers: A Performative History of *Yom ha-Shoah*", *History & Memory*, Vol.2, No.2(Winter,1990), pp.63-64.

以色列国的纪念节日序列。这些纪念日不同于传统的宗教节日，是现代民族国家构建新型政治认同的重要手段。作为纳粹大屠杀纪念日的尼散月 27 日在传统的逾越节之后五天，阵亡将士纪念日前一周、独立纪念日前八天，[①]象征着纳粹大屠杀介于古代民族自由与现代民族独立的中间阶段，从而在两者之间搭建起一座象征之桥。这个纪念节日序列的形成，使得"从浩劫到重生"在建国前后的主流话语中占据着十分重要的地位，[②] 该词的连用扎根于"灾难与救赎"的传统主题，从而表达出大灾难后犹太人获得奇迹般拯救的思想。正如时任以色列总理列维·艾希科尔在 1964 年的纳粹大屠杀纪念日讲话中强调的："殉道者与英雄纪念日处在古代的自由节（逾越节）和现代的独立日中间，我们民族的编年史围绕这两大事件为中心展开。通过从埃及的奴役中摆脱出来，我们获得了古代的自由；现在，通过追溯至纳粹大屠杀，我们再度存活并作为一个独立的民族。"[③]

实质上，在纳粹大屠杀纪念日—阵亡将士纪念日—独立纪念日庆典这个纪念节日序列背后，英雄主义的价值观一脉相承并将这三者串联起来。通过对英雄主义的强调，隔都起义者作为潜在的以色列人获得了空前的民族价值，而当下为国捐躯的国防军战士则是隔都起义者的英勇延续。[④] 而且，纳粹大屠杀纪念日的确立与华沙隔都起义密切相关，充分反映出建国前后以色列社会对于流散地的排斥。阿肯松认为，纳粹大屠杀纪念日直到 1959 年才正式确立是因为它"所纪念的行为正是以色列的神话制造者想要消除的对象：在外邦敌人面前顺从地殉道。以色列正要成为纳粹大屠杀的解毒剂"[⑤]。通过对大屠杀期间英雄主义事迹的不断强调与凸显，积极抵抗几乎成为国家权力主导下的大屠杀纪念的叙述主体，以用来服务于以色列国家构建的根本

---

① 这个纪念节日序列还得到空间上的体现：独立纪念日与阵亡纪念日的纪念场所位于耶路撒冷西郊的赫茨尔山，而亚德·瓦谢姆纪念馆作为大屠杀纪念日的纪念场所毗邻赫茨尔山的纪念之山。

② "从浩劫到重生"的专用术语最初由迪努尔 1953 年 4 月向议会提出"亚德·瓦谢姆法"议案时使用，参见 Dalia Ofer, "The Strength of Remembrance: Commemorating the Holocaust During the First Decade of Israel", *Jewish Social Studies*, Vol.6, No.2(Winter, 2000), pp.38-40。

③ Don Handelman, *Nationalism and the Israeli State*, Oxford: Berg, 2004, p.97.

④ Avner Ben-Amos, Ilana Bet-El & Moshe Tlamim, "Holocaust Day and Memorial Day in Israeli Schools: Ceremonies, Education and History", *Israel Studies*, Vol.4, No.1(Spring, 1999), p.272.

⑤ D.H.Akenson, *God's Peoples: Covenant and Land in South Africa, Israel, and Ulster*, Ithaca: Cornell University Press, 1992, p.249.

目的；而英雄主义的价值灌输伴随着对绝大多数大屠杀死难者的压制与忽略，致使以争取生存为目标的幸存者个体创伤记忆只能在暗地里默默流传。[①] 这种英雄主义价值观的内在不实性存在着巨大的矛盾，从而也就埋下了日后走向解构的致命隐患。

三、亚德·瓦谢姆纪念馆与以色列国家记忆场所的形成

以色列建国后从不同层面将大屠杀创伤记忆融入新兴的国民集体意识之中，亚德·瓦谢姆纪念馆（יד ושם/Yad Vashem Memorial）的建造即是这一方面的重要努力，作为展示大屠杀创伤记忆的最主要场所，以色列国的许多重大政治活动均在此举行，该纪念馆几乎已成为当代以色列国的世俗民族圣地（national shrine）。作为一项重要的政治工程，亚德·瓦谢姆纪念馆的建造过程表明，它不仅是大屠杀死难者的重要纪念空间与当代以色列的国家记忆场所，更是各个不同政治群体展开争夺与较量的重要象征场域。

（一）建造纳粹大屠杀死难者纪念场所的早期提议

在巴勒斯坦故土为纳粹大屠杀死难者建造纪念场所的想法在第二次世界大战期间即已提出，1942 年 9 月，来自哈梅克基布兹的摩迪凯·舍纳哈比在犹太民族基金会的一次会议上正式提议在耶斯列谷地（Jezreel Valley）建造纪念馆，以保存所有死于纳粹之手的犹太人的名字，这个构想中的纪念馆还包括博物馆、公墓、档案馆、研究中心等等："应当发起一项民族性工程以纪念那些死于当前的战争，尤其是死于纳粹暴政的受害者。为此目的，在农业区应当预留一块至少两千迪纳姆的区域，以便在那里建造一座国家公园。"[②] 但当时由于伊休夫自身尚处于纳粹非洲军团的攻击之下而无暇顾

① 建国初期主流社会以挑剔的态度对待幸存者，谈论纳粹大屠杀成为禁忌。参见 Gulie Arad,"Israel and the Shoah:A Tale of Multifarious Taboos", *New German Critique*, No.90(Autumn,1983),pp.5-26。
② Mooli Brog,"'The Memory of a Dream is a Blessing':Mordechai Shenhavi and Initial Holocaust Commemoration Ideas in Palestine,1942-1945", *Yad Vashem Studies*,Vol.30(2002),p.305.

及。① 尽管如此，舍纳哈比的提议成为随后许多关于建造纳粹大屠杀纪念馆设想的基础。

第二次世界大战结束后，舍纳哈比的提议在进行修正后于 1945 年 5 月在发行于巴勒斯坦的主流报纸——《达瓦尔报》刊登出来，题为"亚德·瓦谢姆：一座被摧毁流散地的纪念馆"（Yad Vashem, A Memorial to the Destroyed Diaspora）。② 值得注意的是，他在此首次以"亚德·瓦谢姆"（Yad Vashem）一词来称呼未来纪念纳粹大屠杀的场所，③ 并充分强调纪念这场空前浩劫的极端重要性。④ 当年 8 月，这项提议在伦敦举行的世界犹太复国主义大会上被详细讨论，并决定成立由大卫·勒梅兹（David Remez）为首的临时委员会负责此事。

随着纽伦堡审判对纳粹罪行的揭露，建立"亚德·瓦谢姆"的机构以纪念被纳粹灭绝的几百万欧洲犹太人的呼声在巴勒斯坦犹太社团日渐高涨。1946 年 2 月，临时委员会在耶路撒冷办公并在特拉维夫设立分支，随后又召开了多次全体会议。在这些会议上，舍纳哈比有关这个纪念工程的提议被广泛接受。在 2 月 25 日的决议中，决定以"亚德·瓦谢姆"作为未来纳粹大屠杀纪念馆的名称："亚德·瓦谢姆——纪念被毁灭的殉道者与隔都反抗者、纪念被摧毁的社团、纪念在战争中阵亡的士兵以及纪念那些代表其民族的志愿者"。⑤ 当年 10 月，在来自民族委员会、犹太代办处、犹太民族基金会、世界犹太人大会、希伯来大学以及希伯来民族知识协会的代表共同努力下，亚德·瓦谢姆特别委员会在耶路撒冷正式成立，并推举哈伊姆·魏兹曼

---

① James E.Young, *The Texture of Memory: Holocaust Memorials and Meaning*, New Haven: Yale University Press, 1993, p.244.

② Dalia Ofer, "Linguistic Conceptualization of the Holocaust in Palestine and Israel, 1942-53", *Journal of Contemporary History*, Vol.31, No.3(July, 1996), p.574.

③ 在希伯来语中，"yad"(memorial/hand)字面上意为手指，通常象征着一座纪念碑；"shem"(name)意为名字。"Yad Vashem"作为一个词组最初出现在《希伯来圣经》，意在强调给予上帝联合、信守契约的人记念及名号以示永存不忘："那些谨守我的安息日，拣选我所喜悦的事，持守我约的(人)……我必使他们在我殿中、在我墙内有记念、有名号(*yad vashem*/a memorial and a name)，比有儿女的更美。我必赐他们永远的名，不能剪除。"(《以赛亚书》56:4—5)

④ Dalia Ofer, "The Strength of Remembrance: Commemorating the Holocaust During the First Decade of Israel", *Jewish Social Studies*, Vol.6, No.2(Winter, 2000), p.26.

⑤ Dalia Ofer, "The Strength of Remembrance: Commemorating the Holocaust During the First Decade of Israel", *Jewish Social Studies*, Vol.6, No.2(Winter, 2000), p.34.

作为第一任主席，具体则由大卫·勒梅兹负责。

1947 年 7 月 13—14 日，希伯来大学在耶路撒冷举办了首届世界犹太研究会议，此次规模空前的学术会议将主题定为"对我们时代的浩劫与英雄主义的研究"，表示要研究最近在欧洲大地发生的"浩劫与英雄主义"。会议进一步明确了为大屠杀死难者建造纪念馆的计划，还专门对亚德·瓦谢姆及其目标进行了深入而详细的探讨，并达成如下共识：决定在耶路撒冷建立一个收集所有有关犹太人大灾难以及英雄主义历史材料的世界性中心，它包括纪念大厅与英雄大厅，以分别纪念六百万受害者与从事抵抗的犹太英雄。[1] 参加此次会议的前犹太反抗领袖阿巴·科维勒（Abba Kovner）反对在纪念受害者与抵抗英雄上进行区分，认为这将使参观者无法理解毁灭与抵抗之间的联系。[2] 尽管有着以上分歧，为纳粹大屠杀死难者建造纪念馆得到了当时巴勒斯坦犹太社团的广泛支持。

（二）《亚德·瓦谢姆法》与民族性纪念机构的成立

随着 1948 年独立战争的爆发，民族委员会推迟了有关建造大屠杀纪念馆的计划。再加上缺乏经济来源，亚德·瓦谢姆特别委员会的活动陷于停顿之中。作为建造纳粹大屠杀纪念馆的首倡者，舍纳哈比在独立战争结束后重新提出建立"亚德·瓦谢姆"民族性纪念机构的提案。他向时任总理本·古里安提议给予那些纳粹大屠杀死难者以荣誉性的以色列公民身份，并强调应以国家法律的形式把建造民族性纪念机构的设想固定下来。由于以色列建国初期对流散犹太人的消极态度，本·古里安政府对大屠杀的纪念活动并不积极，这也可以从纳粹大屠杀纪念日迟迟没有确立的问题上得到体现。事实上，在 1948 年到 1950 年间，以色列政府各部门主要忙于新到移民的吸收与安置工作而无暇顾及这一纪念工程。

面对这一情况，来自宗教阵线的瓦尔哈夫提格在议会辩论中警告说："不仅是外部世界，而且我们自身也正在遗忘。战争结束五年后，没有建造任何纪念馆，也没有研究或搜集相关材料，而且出现另一个令人痛心的现

[1] Orna Kenan, *The Evolution of Israeli Historiography of the Holocaust*, 1945-1961, pp.43-44.

[2] Roni Stauber, *The Holocaust in Israeli Public Debate in the 1950s: Ideology and Memory*, p.28.

象：在以色列建国两年后，相当多的材料被随意丢弃在许多地方而无人搜集。这种忽视正是对我们罪孽的一个提醒。"① 时任教育部长本锡安·迪努尔也抱怨有关纳粹灭绝犹太人的档案被放置在海法港口而无人问津，他呼吁由政府成立专门的委员会调查并研究纳粹大屠杀事件："我们如何能保持沉默，不去调查……当事情发生时，谁在制定计划？毕竟文献还在，许许多多的档案促使我们去寻找真相……这是我们的职责……这也是以色列政府的职责。"②

　　与以色列官方的迟疑滞缓不同，宗教力量率先发起了纪念活动。1948年12月独立战争尚未结束，以宗教事务部部长撒母耳·卡哈纳拉比为首的大拉比署在锡安山上建立起一座"浩劫纪念室"，从而成为以色列境内的第一座纳粹大屠杀纪念馆。③ 这座纪念室遍布烛光而格调阴沉，意在将纳粹大屠杀描绘成贯穿整个犹太历史的"死亡与毁灭"之延续。④ 通过开展与世俗群体不同的纪念活动，宗教力量对后者所主导的纳粹大屠杀记忆形成了冲击与挑战，从而给以色列政府造成不小的压力。

　　这一时期以色列政府所开展的纳粹大屠杀纪念活动，不仅遭受着来自宗教阵营的挑战，而且有着国际方面的强大压力。法国犹太人伊扎克·施努尔森（Yitzhak Shneurson）在巴黎成立的"当代犹太档案中心"（Centre de Documentation Juive Contemporaine）在战后积极从事纳粹大屠杀的档案收集工作，随后又转向纪念活动。1947年底，他发起一个全欧范围内的犹太历史委员会会议，并成功地从法国、英国、荷兰等地筹集到大量资金，以将巴黎犹太档案中心建成欧洲主要的纳粹大屠杀档案馆。1952年他又进一步提议在巴黎建立有关纪念和研究纳粹大屠杀的世界性中心，由该档案中心和法国政府共同出资建造。⑤

　　①　E.Don-Yehiya,"Memory and Political Culture:Israeli Society and the Holocaust",in Ezra Mendelson,ed.,*Studies in Contemporary Jewry*,Vol.9,p.141.

　　②　E.Don-Yehiya,"Memory and Political Culture:Israeli Society and the Holocaust",in Ezra Mendelson,ed.,*Studies in Contemporary Jewry*,Vol.9,pp.141-142.

　　③　Doron Bar,"Holocaust Commemoration in Israel During the 1950s:The Holocaust Cellar on Mount Zion",*Jewish Social Studies*,Vol.12,No.1(Fall,2005),p.19.

　　④　Dalia Ofer,"The Strength of Remembrance:Commemorating the Holocaust During the First Decade of Israel",*Jewish Social Studies*,Vol.6,No.2(Winter,2000),pp.38-39.

　　⑤　Orna Kenan,*The Evolution of Israeli Historiography of the Holocaust,1945-1961*,p.45.

巴黎犹太档案中心建造纳粹大屠杀纪念馆的想法在时任以色列教育部长本锡安·迪努尔看来，无疑是流散地犹太人企图挑战以色列中心地位的行为，他在 1953 年 4 月 3 日写给本·古里安的信中担忧巴黎的这种行为将"给予巴黎以耶路撒冷般的地位"。[①] 舍纳哈比也就此向本·古里安提出抗议，"这个想法正在巴黎变成现实"，而一旦这个纪念馆成立必将吸引世界犹太人的关注，"在世界看来耶路撒冷将被巴黎取代……在那种方式下，角色分工将会完成：巴黎将纪念纳粹死难者，而耶路撒冷则只接受德国赔偿"。[②] 在此情况下，以色列政府对巴黎的行为进行了干预，本·古里安指令以色列驻法大使采取必要的手段改变施努尔森的计划，同时与施努尔森进行谈判以资助巴黎当代犹太档案中心 50 万美元建造一座纪念碑来换取他取消建立纪念纳粹大屠杀的世界性中心的设想。[③]

为了应对来自巴黎等地建造纪念馆的压力，同时给予纳粹大屠杀死难者以统一的纪念，1953 年 8 月 19 日，正好是巴黎"无名犹太殉难者纪念碑"揭幕一天后，以色列议会正式通过《亚德·瓦谢姆法》（也称《浩劫与英雄主义纪念法》），规定成立名为"亚德·瓦谢姆"的纳粹大屠杀殉道者与英雄纪念当局，赋予该机构建造一座纪念工程的权力，搜集屠杀的证据并"向世人提供教训"。现将前两条主要内容转译如下：[④]

I. 亚德·瓦谢姆纪念当局

特此在耶路撒冷建造一座纪念当局——亚德·瓦谢姆，以纪念：（1）死于纳粹及其仆从手中的 600 万犹太死难者；（2）被压迫者毁灭的犹太家庭；（3）在令人发指的企图抹掉以色列之名及其文化过程中被摧毁的社团、会堂、运动和组织以及大众性的文化教育、宗教慈善机构；（4）为他们的民族献出自己生命的坚毅犹太人；（5）英雄主义的犹太军人以及城市、村庄和森林的地下战士，他们在与纳粹压迫者及其

---

① Tom Segev, *The Seventh Million: The Israelis and the Holocaust*, trans. Haim Watzman, New York: Hill & Wang, 1993, p.431.

② Roni Stauber, *The Holocaust in Israeli Public Debate in the 1950s: Ideology and Memory*, p.50.

③ James E. Young, *The Texture of Memory: Holocaust Memorials and Meaning*, p.245.

④ http://www.yadvashem.org/yv/en/about/pdf/YV_law.pdf, 2013 年 8 月 18 日查阅; "Yad Vashem Law", *Knesset Proceedings*, Vol.14(1953), p.2456.

仆从的战斗中付出了生命；（6）英勇战斗的被围困者与隔都战士，他们点燃并助长了反抗的火焰以拯救他们民族的荣耀；（7）以色列之家民众崇高而持久的斗争，他们在毁灭的边缘上为人类尊严与犹太文化而战；（8）排除一切障碍和围追堵截前往以色列地的努力，从事解放和营救幸存者的献身精神和英雄主义；（9）冒着生命危险拯救犹太人的高尚外邦人。

II. 亚德·瓦谢姆的职能与权力

亚德·瓦谢姆纪念馆的任务是将所有那些在与纳粹及其仆从的战斗与反抗中遇难的犹太人的记忆集中到故土上来，保存他们对被摧毁的社团、组织与机构的记忆，因为他们皆属于犹太民族；为此目的，亚德·瓦谢姆应该致力于：（1）建立由它发起并在其指导下的纪念工程；（2）收集、研究和出版有关浩劫与英雄主义之见证，以向世人提供教训；（3）在以色列和全体民众中间牢固地确立由议会规定的浩劫与英雄主义纪念日，为英雄与死难者提供一个整体性记忆；（4）赋予在这场灾难和抵抗中丧生的犹太民族成员以纪念性的以色列国公民身份，使他们与其民族团聚；（5）批准并指导永存这场灾难的受害者和英雄的记忆有关的项目，或与这类项目进行合作；（6）在国际项目中代表以色列，旨在永存对纳粹的受害者和那些在反抗纳粹的战斗中丧生者的记忆；（7）做履行其职能所需的任何其他行为。

……

这部法律还规定纪念当局由教育部长直接领导，由来自教育部、宗教事务部、外交部、索赔委员会、世界犹太人大会的代表共同构成。亚德·瓦谢姆第一届董事会由教育部长迪努尔担任主席，成员包括舍纳哈比、来自犹太民族基金会的约瑟夫·魏兹（Yosef Weitz）、犹太代办处的夏拉该（Zalman Shragai）与科勒（Moshe Kol）等。[①] 值得注意的是，在法律第二部分"亚德·瓦谢姆的职能与权力"中，多次强调亚德·瓦谢姆纪念当局对纳粹大屠杀纪念活动进行指导，在此表明亚德·瓦谢姆纪念馆的主导作用得到国家

---

① Roni Stauber, *The Holocaust in Israeli Public Debate in the 1950s: Ideology and Memory*, p.119.

法律的确认。

（三）亚德·瓦谢姆纪念馆的选址、设计及其论争

根据《亚德·瓦谢姆法》，1954 年以色列政府开始建造一座名为"亚德·瓦谢姆"的纪念馆。在选址问题上，几乎所有代表都一致主张将之设在耶路撒冷。时任教育部长本·迪努尔反复强调耶路撒冷对于犹太民族以及以色列国的特殊意义，基于这个重要性，未来的亚德·瓦谢姆纪念馆必须设在耶路撒冷："'亚德·瓦谢姆'……表明，我们不仅希望保存（死难者）的记忆及其事迹、斗争、生平、苦难、死亡，而且为了看到他们的记忆将在我们中间保存。这个名称还意味着，我们的故土以色列、我们的圣城耶路撒冷作为记忆他们的场所……这里是这个民族的心脏、以色列的心脏，所有的一切都应当集中到这里……"[①] 耶路撒冷对犹太民族而言有着极为神圣的意义，宗教人士也主张设在耶路撒冷，宗教事务部副部长瓦尔哈夫提格指出，"在欧洲犹太人的大型精神中心毁灭后，不再有天上或地上的耶路撒冷之替代物，因为圣城耶路撒冷就在以色列地"。[②]

虽然《亚德·瓦谢姆法》在一开始即强调"在耶路撒冷建造一座纪念当局"，但这部法律只是规定将该纪念馆设在耶路撒冷，并未具体指出在耶路撒冷的具体哪个场所建造。亚德·瓦谢姆特别委员会主席勒梅兹建议亚德·瓦谢姆应当位于耶路撒冷的山丘上，这样可以让参观者产生近似于宗教朝圣的心情。[③] 为了强调纳粹大屠杀与犹太复国主义、以色列国之间的直接关联，特别委员会选中了赫茨尔山西郊的一座山丘，将之命名为"纪念之山"（*Har Hazikaron*）。纪念馆建造所需的土地征用工作则由犹太民族基金会负责。

在经费来源问题上，主要分为战后德国的赔偿、以色列政府的补贴与犹太组织的捐献三大部分。犹太人对德索赔联合会（Conference on Jewish Material Claims against Germany）在纪念馆的建造过程中发挥着十分重要的作

---

① Jackie Feldman，"Between Yad Vashem and Mt. Herzl: Changing Inscriptions of Sacrifice on Jerusalem's 'Mountain of Memory'"，*Anthropological Quarterly*，Vol. 80，No. 3（Fall，2007），p. 1152.

② Boaz Cohen，*Israeli Holocaust Research: Birth and Evolution*，p. 7.

③ Roni Stauber，*The Holocaust in Israeli Public Debate in the 1950s: Ideology and Memory*，p. 121.

用，该组织为纪念馆的建造提供了将近一半的预算。[1] 尽管建国初期大量移民的涌入以及持续的战争状态，经济处于极度紧张之中的以色列政府还是承担了 33.66% 的预算。而犹太代办处则承担剩余的 16.33%。[2] 由于反对《亚德·瓦谢姆法》中把流散地犹太人当作以色列潜在公民的定义，美国犹太委员会（American Jewish Committee）拒绝向纪念馆的建造提供资金支持。

更多的关注集中在纳粹大屠杀纪念馆的主体建筑结构问题上。迪努尔强调道："这个问题（建筑结构）是如此广泛与重要，并负有如此的责任，以致我们认为它只有让普通大众参与到讨论与设想中才是正确的与合适的。"[3] 董事会成员科勒说："问题在于，用什么方式将使人们的情感产生敬畏与尊崇，并需要保持沉默，以及用什么方式能使下一代震惊。"[4] 实际上，舍纳哈比早在第二次世界大战期间就已对未来纪念馆的建筑结构进行了大胆构想。他设想这个纪念馆包括"纪念大厅"（the Hall of Remembrance）与"英雄大厅"（the Hall of Heroism），以分别纪念死于流散地浩劫的犹太人与参加盟军的犹太战士；[5] 勒梅兹也强调亚德·瓦谢姆的两部分应是"纪念反抗战士的场所和纪念死难者名字的场所"。[6]

由于对纪念大厅的设想没有异议，因此有关纪念馆设计论争的核心即是要不要建造英雄大厅的问题。建造英雄大厅的计划在 1956 年 7 月提交给第一次讨论会，该讨论会由一群从建国前参与这个纪念工程的建筑师组成。舍纳哈比认为应当建造两座不同的建筑以在纳粹大屠杀与武装反抗之间进行区分：纪念大厅，用来纪念纳粹大屠杀期间的死难者；英雄大厅，纪念参加反抗纳粹的犹太人，包括隔都起义者、游击战士、盟军中的犹太士兵与巴勒斯坦的犹太志愿者。建筑师摩西·夏隆（Moshe Sharon）强调英雄大厅可以表达"不同时期的英雄主义与斗争精神……这将包括隔都战士、伞兵、游击

---

① Boaz Cohen, *Israeli Holocaust Research：Birth and Evolution*, p.47.

② Ronald Zweig, "Politics of Commemoration", *Jewish Social Studies*, Vol.49, No.2(Spring, 1987), p.161.

③ Roni Stauber, *The Holocaust in Israeli Public Debate in the 1950s：Ideology and Memory*, p.121.

④ Roni Stauber, *The Holocaust in Israeli Public Debate in the 1950s：Ideology and Memory*, p.121.

⑤ Mooli Brog, " 'The Memory of a Dream is a Blessing'：Mordechai Shenhavi and Initial Holocaust Commemoration Ideas in Palestine, 1942-1945", *Yad Vashem Studies*, Vol.30(2002), p.318.

⑥ Kobi Kabalek, "The Commemoration before the Commemoration：Yad Vashem and the Righteous Among the Nations, 1945-1963", *Yad Vashem Studies*, Vol.39, No.1(2011)pp.179-180.

战士或许还有以色列独立战争的参与者"①。

但是，建造英雄大厅的计划遭到海外犹太人的强烈反对，他们就此问题与以色列犹太人展开了激烈的博弈。索赔委员会极力反对建造英雄大厅的提议，要求只为纳粹大屠杀期间的所有犹太死难者建造一座大厅。索赔委员会的代表马克·俞维拉（Mark Yuvilar）强调："作为一个欧洲犹太人，我反对在英雄与殉难者之间制造不同的计划。这整个的概念是非犹太的与不正确的。"② 索赔委员会的反对给亚德·瓦谢姆董事会很大的压力而不得不加以考虑；以至索赔委员会主席纳胡姆·古德曼（Nahum Goldman）不无得意地说，"我看见这里的每个决定都是有利于索赔委员会的"。③ 而且，宗教阵营也极力反对建造两座大厅的做法，认为反抗战士与纳粹大屠杀死难者一样都是"为犹太人的上帝而死的殉道者"。来自宗教犹太复国主义阵营的乌尔巴赫（Ephraim Urbach）指出："纪念大厅是用来纪念所有那些纳粹大屠杀期间的死难者，而无论他们是如何遇难的。在犹太人的墓地，人们统一被埋葬而无论他们是怎样死去的。"④

坚持强调英雄主义的隔都战斗支持者们，将不建造英雄大厅的决定视为向索赔委员会的投降，也是偏离亚德·瓦谢姆将大屠杀浩劫与英雄主义并重的核心原则的行为。⑤ 1956年4月的亚德·瓦谢姆理事会第一次会议上，舍纳哈比坚持认为犹太战斗是纪念馆的中心活动："在隔都与森林里从事战斗的积极抵抗者，从以色列地到欧洲接受重要使命的伞兵，非法进入巴勒斯坦的勇敢移民与反抗纳粹计划的所有崇高行为……这都向全世界证明我们的同胞比像羔羊一样走进屠场做的更多……这是民族纪念工程赖以立基的轴心：纳粹大屠杀的英雄主义。"⑥

然而，亚德·瓦谢姆董事会首要考虑的是，在以色列建造一个象征被毁灭欧洲犹太人的纪念场所，以吸引来自全世界的参观者，为此必须考虑流散

① Roni Stauber, *The Holocaust in Israeli Public Debate in the 1950s: Ideology and Memory*, p.122.
② Roni Stauber, *The Holocaust in Israeli Public Debate in the 1950s: Ideology and Memory*, p.122.
③ Boaz Cohen, *Israeli Holocaust Research: Birth and Evolution*, p.49.
④ Roni Stauber, *The Holocaust in Israeli Public Debate in the 1950s: Ideology and Memory*, p.124.
⑤ Boaz Cohen, *Israeli Holocaust Research: Birth and Evolution*, p.153.
⑥ Roni Stauber, *The Holocaust in Israeli Public Debate in the 1950s: Ideology and Memory*, p.126.

地犹太人的感受。几经权衡，以迪努尔为首的亚德·瓦谢姆董事会决定进行妥协而仅建造纪念大厅："我们想建造一座包括所有方面的纪念大厅……我的意思以及我对它的构想是，必须要有一座纪念大厅——我们将给予它适当的名字——用来纪念所有那些死难者与所有那些战斗者。"① 为了安抚那些隔都战斗支持者，纪念当局决定将拉帕波特的华沙隔都战斗者纪念碑复制一份放置于纪念馆的广场。1957 年，亚德·瓦谢姆董事会决定建造统一的纪念大厅并将之付诸实施，它由阿里尔·埃尔哈尼（Arieh Elhanani）等人设计。1961 年 4 月 13 日，举行了纪念大厅（Ohel Yizkor）落成仪式，自此以后，亚德·瓦谢姆纪念馆正式投入使用。②

（四）英雄主义的价值灌输与国家记忆场所的形成

亚德·瓦谢姆纪念馆建成后，国家权力对大屠杀记忆的介入主要是通过亚德·瓦谢姆纪念当局来实现的，"作为全国纪念当局，亚德·瓦谢姆是以色列纳粹大屠杀记忆的最终裁决者"。③ 可以说，亚德·瓦谢姆纪念馆是以色列政府将纳粹大屠杀死难者内在化为以色列人的重要手段，使之获得了近似于宗教般的神圣地位，从而为以色列的政治存在提供了道义上的合法性："亚德·瓦谢姆作为纳粹大屠杀的象征，在以色列公民宗教中起到至关重要的作用，而享有极为神圣的地位：不仅是因为它象征着丧生的六百万犹太人，而且还因为它象征着犹太民族与流散文化，以其受难与死亡为犹太人对于以色列的权利提供了合法性。"④ 作为表征大屠杀创伤记忆的最重要政治空间，亚德·瓦谢姆纪念馆还是不同政治派别进行权力较量与争夺的角斗场。有学者指出，在 20 世纪 50 年代的以色列社会，有关纳粹大屠杀的叙述

---

① Roni Stauber, *The Holocaust in Israeli Public Debate in the 1950s: Ideology and Memory*, p.123.
② 亚德·瓦谢姆纪念馆始建于 1954 年，主体建筑分阶段在 1957—1981 年间完成；其建筑占地总面积达 4000 平方米，依纪念之山而建，整个建筑包括纪念大厅、历史博物馆、图书馆和档案馆，以及各类主题纪念馆等等。从 1993 年开始，以色列政府决定在原址附近建造新馆，由著名建筑师摩西·萨夫迪（Moshe Safdie）主持设计，直到 2005 年正式竣工。
③ James E.Young, *The Texture of Memory: Holocaust Memorials and Meaning*, p.244.
④ Charles S.Liebman & Eliezer Don-Yehiya, *Civil Religion in Israel: Traditional Judaism and Political Culture in the Jewish State*, p.9.

存在公共记忆与私人记忆的显著区分。[①] 一开始在武装反抗的英雄主义主流话语下，本土生长的"萨布拉"对数百万欧洲犹太人"像羔羊一样走进屠场"的软弱举动表示不解，认为后者是犹太人的耻辱，因而许多幸存者的创伤记忆只能在暗地里默默流传。

在亚德·瓦谢姆纪念馆的陈列中，"从浩劫到重生"的主题贯穿始终。纪念馆展览的内容分为：第一部分题为"纳粹德国的反犹政策，1933—1939"，1939—1941 年间的犹太隔都生活作为其延伸；第二部分题为"大规模屠杀，1941—1945"，展示纳粹进行种族灭绝的整个过程；第三部分也是最高潮部分题为"犹太人的抵抗，1941—1945"，描绘犹太人在灭绝过程中所从事的武装反抗活动。展览并非以 1945 年第二次世界大战结束来收尾，而是直到 1948 年以色列建国。[②] 这种选择性安排意在凸显犹太人的抵抗与英雄主义，从而内在地契合着犹太复国主义"否定流散地"的历史叙述，认为纳粹大屠杀正是对那些无视犹太复国主义通过移居故土来实现拯救号召的欧洲犹太人的历史性惩罚。[③]

亚德·瓦谢姆纪念馆及其陈列有着重要的教育作用。以色列人积极主动地强化全民族的忧患意识，将大屠杀的灾难转化为教育力量，用教化来深化世人对于大灾难的认同。而在以色列进行纳粹大屠杀教育、纪念与研究的核心机构就是亚德·瓦谢姆纪念馆。以色列的各级学校定期组织学生，国防军则定期组织士兵前往纪念馆进行爱国主义教育。亚德·瓦谢姆纪念馆每年定期举办国际大屠杀研讨会，邀请包括中国在内的各国人士参加。它每年在国际范围内举办不同规模的学术交流活动，旨在使世界各国的人们深化对大屠杀的历史认识，使类似的悲剧永远不再发生。亚德·瓦谢姆纪念馆主要活动可以分为教育、研究、存档及纪念四个方面，以便让所有年龄、不同国籍的人们了解纳粹大屠杀。

---

① Anita Shapira,"The Holocaust：Private Memories，Public Memory"，*Jewish Social Studies*，New Series，Vol.4，No.2(Winter，1998)，p.50.

② Tim Cole，*Selling the Holocaust：From Auschwitz to Schindler*，New York：Routledge，1999，p.133.

③ Orna Kenan，*The Evolution of Israeli Historiography of the Holocaust*，*1945-1961*，pp.66-67.随着 1961 年"艾希曼审判"的进行，一度遭到政治权力有意忽视和压制的私人记忆得以再度浮现，亚德·瓦谢姆纪念馆也开始有意识地增加反映幸存者的内容，它作为国家记忆场所的多元性才逐渐呈现与展示出来。

亚德·瓦谢姆纪念馆的主要活动①

教 育	研 究	存 档	纪 念
①开办大屠杀研究国际学校；②为以色列及世界范围内的教育者提供技术培训；③开展针对不同年龄段的研究计划、基本课程及教育材料；④举行有关大屠杀的图片展；⑤向公众讲述大屠杀等。	①指导、鼓励与支持有关大屠杀的研究；②鼓励学生与青年学者研究大屠杀；③举办与合作举办研讨会、学习班与国际会议以及开展学术性计划；④出版研究成果并使之为普通大众所知；⑤出版有关大屠杀的回忆录、档案、影集及日记。	①全力搜集有关大屠杀的图片、文件与史料，迄今已有 1.38亿页的文件及 40 万幅图片；②搜集纪念大屠杀死难者的证词（Pages of Testimony），迄今已达 220 万页；记录幸存者的证词，迄今已有 10.2 万份各类形式的证词；而且这些数据还在不断增长。	①举行有关大屠杀的纪念仪式与典礼；②保存六百万遇难犹太人的记忆与名字，同时全力搜集大屠杀死难者的档案，迄今已掌握了四百万个名字；③给予那些冒险救助犹太人的外邦义人以荣誉并纪念，自 20 世纪 60 年代已超过 2.3 万人。

此外，以色列政府还对亚德·瓦谢姆纪念馆进行着特殊形式的政治运用，使之成为向外部世界展示以色列民族精神的重要场所，其主要对象是来到以色列访问的外国元首及政要。当他们置身于大屠杀纪念馆，四周为一个个赫然在列的死难者名字与一座座依稀昏暗的烛光所包围，从而对这种苦难与创痛有着切实而深刻的体会；透过对历史上犹太人苦难悲惨的认同，转而对以色列在当前中东格局中被孤立、被包围的现状表达同情与理解。正如巴尔托夫指出的，以色列因而被视为纳粹大屠杀"必然的结果和万应的灵药"（the consequence and the panacea）："（来到亚德·瓦谢姆的）参观者将产生这样的想法，即如果在纳粹大屠杀之前存在一个犹太国家，种族灭绝将不会发生；既然种族灭绝已经发生，那么就必须要有一个犹太国家。但正如这个国家可以追溯至纳粹大屠杀一样，纳粹大屠杀也属于这个国家：几百万受害者都是潜在的以色列人……更为甚者：所有以色列人都是过去、现在以及未来的潜在受害者。"② 从以色列作为受害者的角度来看，为避免历史悲剧的重演，它有权采取进攻性防御以确保自身安全。因此，纳粹大屠杀纪念馆从

---

① YV 的官方网站为：http://www.yadvashem.org/，本处内容从中多有参考。

② Omer Bartov，"Chambers of Horror：Holocaust Museums in Israel and the United States"，*Israel Studies*，Vol.2，No.2（Fall，1997），p.66.

而以一种特别的方式为其采取先发制人的强硬政策赋予了合法性与正当性："以色列人民吸取了他们的教训，不扎根于他们的故土，犹太人与犹太民族的存在将没有前途。他们吸取了另一个残酷的教训：那些弱者除了懦弱以外，不能做任何事情。"[1] 大屠杀对于塑造以色列人的权力观产生了深远的影响，其影响遍布政治、安全、文化乃至社会生活各个领域。在以色列建国60年后，2008年，以色列议会发言人如此强调纳粹大屠杀之于以色列社会的作用：

> 纳粹大屠杀在日常生活中的体现有着很长的名单。注意听每一个被讲述的内容，你将发现其中无数次提及纳粹大屠杀。纳粹大屠杀遍布于媒体与公共生活、文学、音乐、艺术、教育。这些公开的体现形式隐藏着纳粹大屠杀最深层次的影响。以色列的安全政策，恐惧与偏执、负罪与归属，都是纳粹大屠杀的产物……在希特勒于柏林自杀身亡六十年后，他的手依然能够触摸到我们……以色列将那些甚至在我们出生之前死去的纳粹大屠杀死难者归化，将他们纳入到以色列国家的怀抱之中。……因此，我们的死者并没有安静地歇息，而是十分忙碌，通常作为我们当前悲伤生活的一部分。[2]

四、"艾希曼审判"与公共记忆的泛起

与国家层面对创伤记忆的不断运用不同，公众意识中的纳粹大屠杀经历了一个极度复杂而异常艰辛的过程。在一开始，许多来到以色列的幸存者成为"沉默的一代"，当时全部国民的注意力集中于反抗英国统治者及阿拉伯人而争取民族独立的斗争之上，社会所认可的英雄是积极反抗、勇于自卫、不怕牺牲的战斗者形象。"不管是在国外还是在以色列，人们都不能正视或者解释欧洲大屠杀现象。……并不是以色列人想遗忘。无所不在的公共纪念

---

① Dalia Ofer,"The Strength of Remembrance:Commemorating the Holocaust During the First Decade of Israel",*Jewish Social Studies*,Vol.6,No.2(Winter,2000),p.49.

② Avraham Burg,*The Holocaust Is Over:We Must Rise From its Ashes*,New York:Palgrave Macmillan,2008, pp.23-24.

碑，以及纪念被害的几百万死难者的众多仪式，使得人们的记忆栩栩如生，几乎难以忍受。但是，这种记忆显得像是一种流行的歇斯底里症，一方面在形成发展，但另一方面对于出生在以色列的这一代年轻人来说，在他们民族认同感的形成过程中，这种记忆却又是十分含糊的。"① 巴勒斯坦的犹太人普遍批评欧洲犹太人"像羔羊一样走进屠场"，相反前者却在死亡的威胁面前，决心为捍卫故土准备战斗到最后一刻、流尽最后一滴鲜血。强调欧洲犹太人"像羔羊一样走进屠场"的表达最先是在维尔纳隔都的科维勒出版的一份传单中所使用，在这份传单中，他号召犹太人奋起抵抗纳粹的统治，而不是消极地像羔羊一样被屠戮。②

在以色列建国初期，社会主流是以挑剔的态度来对待幸存者的，这让幸存者感受到一种"无言的悲哀"③。在大多数人的眼里，只有那些参加过隔都起义或者反德游击队的抵抗者才是真正的"正义之士"，才是"为生存而战"的典范，除此之外的幸存者都被视为软弱与无能之辈。这一崇尚英雄的价值观与同一时期以色列社会的发展潮流密切相关。在建设新国家的过程中，以色列人的理想人格是体现了坚忍不拔与奋力求生精神的"萨布拉"，社会价值观的主流是强调集体观念、开拓意识与奋斗精神，而把任何群体的特殊利益与感情抱怨都视为不合时宜。这种来自全社会的偏激与忽略加剧了幸存者的痛苦，他们强烈地感受到了周围的同胞们虽然泪流满面地欢迎他们、同情他们，但从内心来说并不喜欢他们。④ 不仅如此，甚至还有一些人在利用他们的痛苦。埃利·威塞尔（Elie Wiesel）曾一针见血地呼吁道：

> 人们为了政治目的而利用他们，以他们的名义来表达愤慨、来影响投票、来发动宣传、来组织会议。顺从而幻灭，他们听天由命。人们撇开他们发表有关幸存者问题的讲话。你们是否知道没有一个幸存者被请求成为负责与西德进行财政补偿洽谈特别政务会的成员——没有

① ［英］诺亚·卢卡斯：《以色列现代史》，第 320—321 页。

② Anita Shapira, *Land and Power: The Zionist Resort to Force, 1881-1948*, pp.330-331.

③ Gulie N. Arad, "Israel and the Shoah: A Tale of Multifarious Taboos", *New German Critique*, No.90（Autumn, 1983）, p.5.

④ 张倩红：《后大屠杀时代：纳粹屠犹的社会后果分析》，《史学月刊》2005 年第 9 期。

一个幸存者得到机会发表他对资金分配的意见——没有一个幸存者坐在著名的索赔会议的国际政务会上。是别人以死者的名义表达着受难者的思想，不是他们自己，而是别人在处理他们的遗产；他们不被认为有资格以自己的名义为自己辩护。逃避者、流浪者，人们就是这样看待他们的。什么都不合格，什么都不合适。他们是制造麻烦的人、败兴的人、带来灾祸的人，只能小心对待。给他们同情是完全正确的，但应敬而远之。①

总之，他们经历的灾难被粉饰、被利用，为数众多的幸存者只有屈从与哀伤，生活在极度的恐惧和孤立之下，普遍存在着忧虑、羞愧、自卑、不信任感、不安全感甚至罪恶感。对于幸存者来说，纳粹大屠杀带来的精神伤害如幽灵鬼魅一般缠绕在心灵深处。大屠杀所带来的恐惧，以及谈论它的惊慌和谨慎，是当时许多幸存者的切身感受；许多幸存者的子女甚至没有被告知，父辈曾经所遭受的极度恐惧。对于战争恐惧造成的"软性"、"隐性"伤害，第二次世界大战时即引起关注，现在国际学术界用正式定义的 PTSD（Post-traumatic Stress Disorder，中文译为"创伤后应激障碍"）加以概括。②大屠杀期间，纳粹营造的极度恐怖环境，是幸存的受害者 PTSD 广泛产生的客观环境，初步研究表明，PTSD 存在于涉及大屠杀的人群之中，其影响甚至延伸至第二代："纳粹大屠杀不仅作为一个历史性事件而且作为一种创伤性经历，继续作为幸存者及其家庭成员生活的一部分，尽管随着时间的推移它的恶性影响并没有任何的削弱。"③

---

① Dina Wardi, *Memorial Candles: Children of the Holocaust*, London: Routledge, 1992, p.196.

② 受害者的 PTSD 症状表现为因惊恐而失去行动能力、精神失常陷于歇斯底里状态、失忆、情绪失控、自杀等。通常由亲身经历或目睹的严重威胁和令人极度恐惧而又无助的暴力事件引起，当事人经常在脑海中浮现或在噩梦中经历当时的情况，并有严重的焦虑、失眠、情绪失控、抑郁、失忆等症状，严重者自杀倾向明显。就儿童而言，如果成年后再次受到伤害，就更易遭创伤后的压力摧残。参见 Violet Kaspar, "Posttraumatic Stress Disorder: Diagnosis, Prevalence, and Research Advances", *Sociological Focus*, Vol.35, No.1 (Feb., 2002), pp.97 - 98; Pamela Ballinger, "The Culture of Survivors: Post-Traumatic Stress Disorder and Traumatic Memory", *History and Memory*, Vol.10, No.1 (Spring, 1998), p.100。

③ Dalia Ofer, "The Past That Does Not Pass: Israelis and Holocaust Memory", *Israel Studies*, Vol.14, No.1 (Spring, 2009), p.10.

纳粹大屠杀在以色列建国初期的状况充分反映出私人记忆与公共记忆的区分：[1] 在公共修辞上，大屠杀被作为以色列存在的合法性神话，并为此设立了许多纪念场所及活动；而在私人层面，大屠杀幸存者却无法向公众倾诉心声，只能作为个人经历被压制。战后大屠杀进入以色列的国民意识有一个比较漫长的过程，大屠杀在公众集体意识中的发展与战后的几次重大事件密不可分，可以大致划分为几个阶段：1950—1952 年的"德国赔偿事件"（*Heskem HaShillumim*），促使以色列人对纳粹德国及其屠杀罪行进行了首次反思；1953—1954 年的"卡斯特勒审判"（Kastner Trial），以色列政府高层也被迫卷入其中；1960—1962 年的"艾希曼审判"，这次审判激发了对于第二次世界大战期间灭绝行为的全民热情，从而直接促成大屠杀意识在以色列国民意识的高涨；而 1967 年六日战争前夕以色列濒于灭绝的状态，将民众对于大屠杀的深切认同推向最顶点。[2]

直到 20 世纪 50 年代，大屠杀的悲剧对以色列人的内部生活几乎没有特别重要的影响，但慢慢地这一切都在开始发生变化。以色列政府于 1950 年颁布《纳粹与纳粹合作者惩治法》（Nazis and Nazi Collaborators Punishment Law of 1950），开始对纳粹及与其合作的犹太人进行清算。随后，以色列社会在要不要接受联邦德国战争赔偿问题上引起了激烈的争论，因为按照纽伦堡审判的结果，德国应该向纳粹受害国家提供战争赔偿。[3] 许多民众从情感上强烈反对与西德媾和，认为接受赔偿就意味着减轻了对纳粹所犯罪行的追究，而且拿着刽子手的"血钱"来用于以色列的建设，不可避免地是对所有死难者亡灵的亵渎。以色列议会几乎为此濒于分裂，只有以色列工党和各宗教党派赞成赔款谈判，而统一工人党与自由党则极力加以反对。统一工人党发言人把早些时期与美国政府的贷款谈判比喻为出卖以色列的肉体，而拟议中与德国的赔偿谈判就像是出卖以色列的灵魂。[4] 以贝京为首的自由党则

---

① Anita Shapira, "The Holocaust: Private Memories, Public Memory", *Jewish Social Studies*, New Series, Vol.4, No.2(Winter, 1998) , p.50.

② Hanna Yablonka, "The Development of Holocaust Consciousness in Israel: The Nuremberg, Kapos, Kastner and Eichmann Trials", *Israel Studies*, Vol.8, No.3(Fall, 2003) , p.2.

③ Orna Kenan, *Between Memory and History: The Evolution of Israeli Historiography of the Holocaust, 1945-1961*, pp.68-69.

④ [英]诺亚·卢卡斯:《以色列现代史》，第 333 页。

在全国范围内举行了大规模示威游行，甚至威胁不惜使用暴力阻止赔偿法案
的通过。贝京将之视为犹太民族有史以来最为可耻的行为："我们的荣誉不
应为了金钱而遭到出卖；我们的鲜血不应通过物资而得到补偿。我们应当洗
刷这些耻辱！"但最终经济的实利还是压倒道德的呼吁，政府的提案以微弱
多数获得通过，理由是由于吸收移民需要大量资金。根据 1952 年 9 月与德
国政府达成的《德国赔款协定》，联邦德国在 12 年里向以色列偿付大约 8.2
亿美元，此外还规定向纳粹受害者提供个人赔偿。[①]

　　1954 年的"卡斯特纳审判"使普通犹太人开始触及到对于民族创伤的
揭露。伊斯莱尔（又称鲁道夫）·卡斯特纳是一名工党高级官员。第二次
世界大战期间，他作为匈牙利犹太复国主义领袖与艾希曼和其他纳粹官员举
行过谈判，要求释放该国一些面临屠杀的犹太人。1953 年，右翼编辑马尔
基尔·格伦瓦尔德指控卡斯特纳与纳粹合作谋杀了数十万匈牙利犹太人，以
换取几百名他自己的亲戚朋友的生命。有人将卡斯特纳的这种行为斥为
"将自己的灵魂卖给了魔鬼"。[②] 由于卡斯特纳当时是一名政府高级官员，这
个事件立即引发了以色列政府的高度紧张。因为根据 1950 年的《纳粹与纳
粹合作者惩治法》，与纳粹灭绝计划合作者应判处死刑。首席检察官提出诉
讼，认为格伦瓦尔德有诽谤罪。然而，地方法院却认定格伦瓦尔德的指控有
效并驳回起诉，这几乎宣告卡斯特纳有罪。不甘失败的首席检察官随即向最
高法院提起上诉，而议会中的少数党派就政府处理此案的模糊态度提出一项
不信任的动议，在此压力之下，总理夏里特被迫宣布辞职。审判期间，以色
列公众的情绪异常激愤要求依法惩治卡斯特纳，但来自匈牙利的大屠杀幸存
者却持反对立场。最后由于卡斯特纳被暗杀，对其罪行的追究被迫告一段
落。卢卡斯就此案件评价道："法庭判决在犹太复国主义道义和社会团结的
表面上划开了一道深深的伤口。卡斯特纳被暗杀了，这仿佛证明，调查大屠
杀的历史必然会带来令人无法容忍的紧张关系。"[③] "卡斯特纳审判"虽然没

---

　　① Frederick Honig, "The Reparations Agreement between Israel and the Federal Republic of Germany", *The American Journal of International Law*, Vol.48, No.4(Oct., 1954), pp.564-578; P.G., "German Reparations to Israel: The 1952 Treaty and Its Effects", *The World Today*, Vol.10, No.6(June, 1954), pp.258-274.

　　② Yechiam Weitz, "The Holocaust on Trial: The Impact of the Kasztner and Eichmann Trials on Israeli Society", *Israel Studies*, Vol.1, No.2(Fall, 1996), p.5.

　　③ ［英］诺亚·卢卡斯：《以色列现代史》，第 323 页。

有改变以色列社会不敢直接面对巨大民族创伤的整体态势，但它使卷入其中的一部分幸存者开始打破了一些沉默，进而对灭绝犹太人的大屠杀敏感起来。

　　随着对纳粹大屠杀真相的不断揭露，到 60 年代初，情况逐渐发生了根本的改变。1961 年进行的"艾希曼审判"对思考这场大灾难产生了重要影响，成为战后纳粹大屠杀创伤记忆的转折点。① 在 1961 年的独立日演说中，本·古里安强调了过去一年中的两件重大事情：巴尔·科赫巴战士遗体在犹地亚沙漠的发现与对阿道夫·艾希曼②的审判，这两大事件被本·古里安强调是犹太民族在其故土拥有主权的代表。③ 经过将近一年时间的取证与审讯后，1961 年 4 月 11 日以色列法院正式开始对艾希曼进行审判，这一事件引起了世界媒体的高度关注。"艾希曼审判"持续了整整四个月，8 月 14 日，经过 32 次法庭公审与 114 个阶段性程序后，整个审判过程宣布结束。12 月 11 日，耶路撒冷地区法院作出判决：艾希曼以反人类罪及战争罪等多项指控被判处死刑。艾希曼辩称他只不过是"纳粹机器上的一个齿轮"，因此不服判决，要求上诉最高法院，遭到了拒绝。1962 年 5 月 29 日，艾希曼请求以色列总统赦免，仍被拒绝。5 月 31 日子夜时分，艾希曼被处以绞刑，这是以色列国成立以来唯一一次施行的死刑。"艾希曼审判"以及围绕审判而来的"阿伦特争论"，使公众对纳粹大屠杀的关注达到了顶点。无数的证据与供词把人们带回了那种撕心裂肺的恐怖岁月，亲身经历过大屠杀的人们心灵上的伤口再度被撕开，剧痛与悲愤使他们如同重温了炼狱之行；那些在大屠杀时代以后成长起来的青年人被一幕一幕的悲剧惊呆了，他们真正体会到了当时犹太民族的孤苦与无奈，他们不再蔑视父辈们的逆来顺受，不再非议

---

　　① Dominick LaCapra, *Representing the Holocaust: History, Theory, Trauma*, Ithaca: Cornell University Press, 1994, p.58.

　　② 阿道夫·艾希曼，纳粹党卫队军官，自 1939 年起在德国保安总局工作，主要负责犹太人事务，在此后的 6 年中，艾希曼一直是"最后解决"政策的策划者、组织者与执行者，在纳粹战争机器的最高指挥部里，艾希曼被公认为"犹太问题专家"。战争结束之际，艾希曼趁乱逃到阿根廷，化名生活在布宜诺斯艾利斯。1960 年，一个极其偶然的机会使艾希曼的真实身份得以暴露，以色列情报部门"摩萨德"派出特工小组，经过周密的部署与策划，于 5 月 11 日成功地把艾希曼秘密绑架回以色列。

　　③ Anita Shapira, "The Eichmann Trials: Changing Perspectives", in David Cesarani, ed., *After Eichmann: Collective Memory and the Holocaust since 1961*, London: Routledge, 2005, p.19.

幸存者的怯懦，他们为自己曾经对民族灾难的轻视而深感内疚。[①] 在审判过程中，汉娜·阿伦特作为《纽约时报》的记者对审判进行了全方位的报道，1963年她以《耶路撒冷的艾希曼：一份平庸的恶的报告》为题的著作正式发表。[②] 随即遭到以格肖姆·索伦（Gershom Scholem）为代表的以色列学者的批驳，双方就是否应由以色列法庭来审判艾希曼的问题展开了激烈的论战。

"艾希曼审判"使许多以色列人特别是战后一代成长起来的青年知道了这场悲剧的全部恐怖真相。这场审判还使许多幸存者站出来吐露大屠杀期间的悲惨经历，特别是埃利·威塞尔等人出版的许多关于灭绝营的著作也引发了人们的深刻反省。这一切使得在本土环境中成长起来的"萨布拉"一代为大屠杀的灾难所深深震撼。"艾希曼审判……第一次使年轻人强烈地感觉到了他们和那些遭受厄运的欧洲犹太人之间的一致性……一方面促使人们认识到犹太人的命运，同时又强调了犹太复国主义原则的正确性，断言散居各地的犹太人不可避免地要受到迫害。在多数以色列人看来，住在国外的犹太少数民族是一种致命幻觉的可怜的受害者。"[③] "艾希曼审判"对于整个当代的大屠杀历史书写来说也是一个重要的转折点："艾希曼审判对于以色列与流散地的犹太人来说具有许多含义。它公开展示了恐怖故事的全部内容，因而犹太人与非犹太人都遭遇了这些事实以及不可避免的结论。并非每个人都是积极地对待审判，但从现在开始已经无法再忽视这个大屠杀的决定性历史重要性。"[④]

之后"六日战争"的创伤性经历进一步强化了以色列民众对于大屠杀的认知。1967年"六日战争"前夕的垂危境地，当时许多阿拉伯世界的领袖发誓"要将以色列赶入地中海"，仿佛大屠杀的历史悲剧将再度重演，而这次是在犹太人的故土发生。当时有士兵这样表达了自己的担心："……人们相信如果我们丢掉这场战争我们将被灭绝。他们感到极其害怕。我们从集

---

①　参见张倩红：《以色列史》（修订本），人民出版社2014年版，第265—266页。

②　Hannah Arendt, *Eichmann in Jerusalem: A Report on the Banality of Evil*, New York: Penguin Books, 1963.

③　[英]诺亚·卢卡斯：《以色列现代史》，第406页。

④　Leni Yahil, *The Holocaust: The Fate of European Jewry, 1932–1945*, Oxford: Oxford University Press, 1990, p.8.

中营获得了——或者说继承了——这个观念。"① 这场战争所引发的强烈忧患意识与危机心理促使他们开始同情犹太人在大屠杀时期无力反抗的遭际，1973 年的赎罪日战争又进一步强化了这种观念。许多以色列人开始意识到，在集中营的极端条件中生存下来，这本身就需要极大的生存勇气。在此情形下，集中营死难者的生存磨难被赋予了新的意义，认为这也是一种英勇行为，即"争取生存的英雄主义"。② 韦法兹（Gad Vfaz）在 1970 年写道：

> 权力与无权的意识是相互平衡的，它们都有着单一的重要经历——大屠杀意识与对犹太民族命运的认同。我们中的许多人在成长过程中都曾反对我们的犹太教；至于我自己，我在 20 岁时，也即艾希曼审判期间开始成为"犹太人"。这是一个漫长的过程，它在六日战争前的五、六月达到高潮。③

五、走向国际化的大屠杀公共记忆

前事不忘，后事之师。半个多世纪以来，许多犹太学者与非犹太学者一起专注战争罪责研究，以纳粹大屠杀为个案来建构创伤记忆，他们认为，"大屠杀记忆"代表的是过去被人们所压抑、所忽视的东西，理应进入"公共历史领域"。而且，纳粹大屠杀作为一种典型的"记忆创伤性遗产"，已不是发生在特定时间、特定人群中的"特殊事件"，而是需要由全人类共同担负的罪恶，是世界各国不得不共同面对的历史。纳粹大屠杀在建构"世界性记忆"（Cosmopolitan Memory）方面发挥着独特的作用，特别是其在明晰道德规则、呼唤人性回归方面具有不可忽视的启迪与警示作用。正是在这样的语境下，纳粹大屠杀成为全人类的共同记忆，对大屠杀的教育、纪念与研究也发展为一种全球话语。

---

① Orna Kenan, *Between Memory and History：The Evolution of Israeli Historiography of the Holocaust*, *1945-1961*, p.87.

② 钟志清：《身份与记忆：论希伯来语大屠杀文学中的英雄主义》，《外国文学评论》2008 年第 4 期。

③ Anita Shapira, "Whatever Became of 'Negating Exile'", in idem, ed., *Israeli Identity in Transition*, Westport, Conn.：Praeger Publishers, 2004, p.90.

（一）战后德国社会对大屠杀罪行的深刻历史反省

由于德国是纳粹大屠杀的主要加害方，因而它与大屠杀的罪行最为密切相关，战后德国对大屠杀罪行的反思与纪念成为具有风向标意义的行为。战后德国社会对纳粹大屠杀的历史反省经历了一个曲折的过程，其中领导人的主动认罪与深刻忏悔有着十分重要的导向作用。从第二次世界大战结束到整个 50 年代，无论是欧美社会还是犹太世界，出于种种不同的原因，"大屠杀的内疚与沉默"成了普遍的现象。[①] 执政的阿登纳总理虽然也主张对犹太人进行赔偿，但对于大屠杀的态度更多地表现为消极、推诿。这一时期出于东西方冷战对峙的需要，大批原纳粹高级文武官员被免于起诉并重返政府机关。1954 年，在阿登纳内阁的 18 名成员中，有四名是纳粹党员，其中两人是党卫队成员。阿登纳总理府国务秘书戈罗布克就是当年纳粹迫害犹太人的《纽伦堡法》的起草者与评论者。人们称这种现象为"戈罗布克现象"。德国人虽然对纽伦堡审判中揭露的纳粹罪行感到震惊，但并不接受对于德国人"集体有罪"的推断。当时，纳粹余孽在德国有一定的影响，甚至还发生了多起反犹事件。

1963—1965 年在法兰克福举行的奥斯威辛审判成为关键性的转折点。在奥斯威辛审判前后长达 20 个月的时间内，媒体对审判过程做了详尽深入的报道和评论，从而促使大屠杀的事实越来越公开。[②] 当时有关纳粹罪犯的追诉时效问题成为公开辩论的焦点。支持与反对方之间几经较量，最终在舆论的压力下，1979 年 7 月 3 日，联邦议院取消了关于纳粹谋杀罪行的追诉时效问题，这意味着对战犯的追究可以无限期继续下去，纳粹罪责也因此持续成为公众政治议题。

1968 年 11 月 7 日，女记者克拉斯菲尔德当众给了原纳粹党员、联邦德国总理库特·基辛格一记响亮的耳光。她认为，一位原纳粹党员与高官在第

---

① 以历史学界为例，在有关如何面对纳粹大屠杀的问题上，战后初期的德国史学家分成两大阵营：大多数学者代表"沉默文化"，主张以禁忌的方式来保全德意志应有的荣誉，对纳粹暴行采取了"心照不宣的沉默"；仅有少数史学家开始用"浩劫"、"悲剧"、"恶魔"等字眼来解释纳粹时代，认为罪责问题已成为"德国人灵魂存亡的问题"，主要代表为弗里德里希·梅尼克(Fridrich Meineche)与雅斯贝尔斯。详情参见张倩红：《战后德国史学界对纳粹大屠杀罪行的反思》，《世界历史》2014 年第 4 期。

② 参见［德］扬-维尔纳·米勒：《另一个国度：德国知识分子、两德统一及民族认同》，马俊、谢青译，新星出版社 2008 年版。

二次世界大战结束 20 年后竟能当上联邦德国总理，这是德国的耻辱。在这股风潮的影响下，1969 年初，联邦德国总统吕布克因其纳粹背景而被迫下台。同年，反法西斯战士维利·勃兰特出任联邦德国总理。1970 年 12 月 7日，勃兰特向华沙犹太人受难者纪念碑献上花圈后，突然双腿下跪，向无辜受难的犹太人表达最沉痛的哀悼，并虔诚地为纳粹时代的德国认罪、赎罪，此举被誉为"欧洲近一千年来最强烈的谢罪表现"。次年，勃兰特获得了诺贝尔和平奖。时任联邦德国总统赫利同时向全世界发表了著名的赎罪书，德国政府以实际行动获得了国际社会的尊重。这种悔罪态度为此后的历届德国政府所坚持与重申。1995 年，德国总理科尔继勃兰特之后再次双膝跪倒在犹太人受难者纪念碑前，重申德国政府的歉意。

在政界领导人的推动下，对纳粹大屠杀的反省不断走向深入。1978 年，德国文化部长要求课堂教学中增加纳粹大屠杀的内容，培养学生与纳粹意识形态作斗争的思想观念被明确列入学校教育的首要目标。1979 年，联邦德国与以色列召开联合教科书会议，大屠杀问题被重点提出。同一年，西德各州的电视台连续转播了美国电视系列片《大屠杀》，据统计仅约有六千万人口的西德收看节目的人达两千万，边境上的东德居民也大量收看，它的播放和产生的影响成为联邦德国媒体史上的最重大事件。此后，大屠杀越来越进入公众视野。西德政府还颁布法律禁止否认大屠杀的言论与行为。1985 年，联邦德国议会通过决议，将否认大屠杀判定为对犹太人的侵害，应给予法律惩处。1994 年 5 月，联邦议会通过《反纳粹和反刑事犯罪法》，加重了"煽动罪"的定罪程度。按照新法，在公开场合宣传、不承认或者淡化纳粹屠杀犹太人的罪行，最高可处以 5 年的监禁。

而且，德国还通过一系列大屠杀纪念活动，以永远牢记惨痛的历史教训。1995 年，第二次世界大战结束 50 周年之际，德国政府在柏林市中心修建了"恐怖之地"战争纪念馆。1999 年，德国联邦议院又通过在柏林市中心建造大屠杀纪念碑的决议案。2005 年 5 月 10 日，作为第二次世界大战胜利日 60 周年庆祝活动的一部分，位于柏林市中心的"欧洲犹太人大屠杀纪念碑"举行了庄严隆重的揭幕仪式。该建筑物北靠勃兰登堡门，南接波茨坦广场，紧邻联邦议会大厦和政府主要部门。这一地点的选择具有深厚的象征意义，体现了德国非同寻常的道德反省与自觉诚意。正如德国联邦国会议长提尔瑟所说："德国联邦国会透过决议建立这座纪念碑，就是自觉意识到统一的德国必须坦白承认它的历史责任，而且要在首都柏林的市中心公布其历史上的最大罪行，以永远牢记这一切。"①

在知识界与政界的共同推动之下，战后德国社会以其积极的努力正视过去，形成了健康的历史意识，获得了国际社会的普遍赞誉，走出了奥斯威辛的阴影，也为德意志国家找到了发展与复兴的光明之途。回顾战后德国社会反思大屠杀罪行的曲折历程，带给我们最重要的启迪是：尊重事实、理性包容的民族心态与健康、负责任的历史意识相辅相成；正确的历史态度不仅仅是出于对受害者的关切、对国际社会的责任担当，更是德意志国家实现自我救赎、重建民族认同的必由之路。

（二）国际性大屠杀教育、纪念与研究机构

为了汲取惨痛的历史教训，第二次世界大战结束后，世界许多国家都相继出台谴责纳粹种族主义的法规，并将否认大屠杀定为犯罪行为。在此牢记历史教训的过程中，由许多国际性机构开展的大屠杀教育活动发挥了重要作用。除以色列亚德·瓦谢姆纪念馆以外，在境外开展国际范围内的纳粹大屠杀教育、纪念与研究机构中，有美国的大屠杀纪念馆（United States Holocaust Memorial Museum）、欧盟的大屠杀教育、纪念与研究国际合作行动委员会（The Task Force for International Cooperation on Holocaust Education, Remembrance and Research，简称大屠杀国际行动委员会），西蒙·维森塔尔中心（The Simon Wiesenthal Center）等机构。这些机构还与世界许多国家在有关大屠杀教育方面开展合作，② 推动了国际社会对于大屠杀的认知，有助

---

① 陈郴：《克服过去——柏林欧洲犹太人大屠杀纪念碑的历史启思》，思想编辑委员会编：《转型正义与记忆政治（思想5）》，台湾联经出版公司2007年版，第131页。

② 近年来，在一些国际大屠杀教育机构的资助下，大屠杀教育也在中国逐渐兴起。自2005年起，伦敦犹太文化中心、欧盟大屠杀国际合作行动委员会与犹太人对德索赔联合会等机构出资，联合河南大学犹太—以色列研究中心在中国内地举办每年一届的"大屠杀国际研讨班"（International Seminar on Holocaust）。迄今已连续成功举办十届，其中河南大学犹太—以色列研究中心承办五次（2006、2010、2012、2013、2014年），南京大学犹太和以色列研究所承办两次（2005、2009年）、上海大学历史系（2007年）、云南大学西南亚研究所（2008年）、西北大学中东研究所（2011年）各承办一次。其主要内容为，如何在中国的语境下讲授历史上的反犹主义、纳粹种族意识形态、否认纳粹大屠杀的现象以及与南京大屠杀进行比较研究等问题。这也是纳粹大屠杀教育、纪念与研究走向国际化的重要体现。

于与种族主义行为作斗争并根除其消极影响。

战后美国历届政府均十分重视纳粹大屠杀的纪念活动，早在 1978 年 11 月时任总统吉米·卡特成立有关大屠杀纪念的总统委员会，具体由埃利·威塞尔主持。该委员会向总统提交报告建议在华盛顿特区建立一个国家大屠杀纪念馆，美国国会随后全票通过建立纪念馆的法案。1993 年 4 月 22 日，美国大屠杀纪念馆正式建成，美国总统克林顿与以色列总统哈伊姆·赫尔佐克（Chaim Herzog）参加了落成仪式，由埃利·威塞尔担任该纪念馆基金会主席。自 1993 年 4 月 26 日正式向公众开放以来，据馆方的不完全统计，该纪念馆已接待了 91 个国家的首脑、3000 多万访客，其中有 900 万是在校学生。该纪念馆也从事大屠杀的研究与教育活动，成为在北美地区开展大屠杀教育活动的中心。

欧洲社会也对大屠杀纪念活动给予了高度关注，其中重要的代表就是欧盟大屠杀教育、纪念与研究国际合作行动委员会。1998 年，该机构由瑞典前总理佩尔松（Göran Persson）发起成立，秘书处设在柏林。第一任主席为著名大屠杀历史学家耶胡达·鲍尔。其成员对任何政府及组织开放，因而该委员会既有政府性机构也有非政府组织。[①] 大屠杀国际行动委员会的主要宗旨是致力于在民族以及国际层面上开展广泛的大屠杀教育、纪念及研究活动。2000 年 1 月 26—28 日在瑞典斯德哥尔摩召开了有关大屠杀的国际会议，来自世界 45 个国家的领导人或高级官员和一些国际组织的近千名代表出席了这次会议，由埃利·威塞尔担任大会荣誉主席。会议期间于 1 月 27 日通过了《斯德哥尔摩国际大屠杀论坛宣言》（Declaration of the Stockholm International Forum on the Holocaust），由 23 个政府首脑或总理及 14 位副总理和部长联合签署，成为大屠杀国际行动委员会的奠基文件及纲领准则。呼吁全世界都有义务建立和使用"切实可行的手段和机制"来尽早确定有可能发生种族灭绝大屠杀的威胁，并对此进行监督和报告，世界各国还有义务在联合国及其他有关国际与地区组织的范围内开展合作，以便为消除发生种族灭

---

① 截止到 2012 年 1 月 1 日，有瑞典、美国、英国、德国、以色列、荷兰、波兰、意大利、奥地利、捷克、匈牙利、立陶宛、阿根廷、卢森堡、挪威、丹麦、拉脱维亚、瑞士、罗马尼亚、克罗地亚、比利时、爱沙尼亚、西班牙、加拿大、法国、爱尔兰、斯洛伐克、斯洛文尼亚、塞尔维亚、希腊、芬兰等 31 个成员国，目前葡萄牙、马其顿、土耳其等为其观察员国。

绝大屠杀的危险而采取有效措施。《宣言》全文如下：

纳粹德国对犹太人的屠杀（简称"纳粹大屠杀"）从本质上说是对文明基础的否定。纳粹大屠杀史无前例的特征使之永远具有全球意义。半个世纪后，纳粹大屠杀仍然是与时代联系紧密的一个事件，大屠杀幸存者仍然是这一吞噬犹太民族暴行的见证。此外，数百万其他纳粹暴行受害者的不幸遭遇在整个欧洲留下了抹之不去的创伤。

由纳粹策划和执行的大屠杀的严重性必须铭刻在我们的集体记忆中。那些反抗纳粹，有时甚至牺牲自己生命来保护或者救助大屠杀受害者的无私奉献者也必须铭刻在我们心中。纳粹大屠杀暴行的烈度与那些英雄行为的崇高应该成为我们理解人类善恶能力的试金石。

在人类社会仍然面临有计划的屠杀、种族灭绝、种族主义、反犹主义以及排外行径的情况下，国际社会必须承担与这些邪恶行径作斗争的神圣职责。我们必须一道坚持纳粹大屠杀这一铁定事实，反对否认大屠杀发生的分子。我们必须加强人民的道德义务以及各国政府的政治承诺，确保后代子孙能够理解纳粹大屠杀发生的原因和对纳粹大屠杀后果的反思。

我们誓言要进一步开展有关纳粹大屠杀的教育、对纳粹大屠杀的纪念以及对纳粹大屠杀的研究，不仅在那些已经做出许多努力的国家中进行，更要在希望加入这一努力的国家中进行。

我们承担鼓励对纳粹大屠杀进行全方位研究的义务。在中小学、在大学、在社区中开展有关大屠杀的教育，并在其他机构中鼓励这种教育的开展。

我们承担纪念大屠杀受害者和表彰那些站出来反对大屠杀人士的义务。鼓励以各种适当的形式纪念纳粹大屠杀，包括在我们所在的国家设立大屠杀周年纪念日。

我们承担清除目前仍然笼罩在纳粹大屠杀问题上含糊不清阴影的义务。采取一切必要措施促使档案公开，以确保研究人员能够获得所有有关大屠杀的档案文献。

在新千年的第一次主要国际论坛宣布我们在不幸过去的土地上播种

美好未来种子的承诺是再恰当不过的。我们对受害者遭受的苦难表示同情，从他们的斗争中得到启示。我们的承诺必须是：不忘所有死去的受害者、尊重所有尚存的幸存者、重申人类对互相理解和公正的共同追求。

此外，一些个人也对纳粹大屠杀的教育、纪念与研究作出了重要贡献。许多幸存者纷纷撰写回忆录，并将大屠杀的创伤经历口述出来，以数字化的形式保存大屠杀的档案。1977 年，西蒙·维森塔尔①在美国建立了以自己名字命名的西蒙·维森塔尔中心，其宗旨是继续追踪残存的纳粹战犯，②并组织揭露法西斯罪行的宣传教育活动，开展对纳粹大屠杀的系统研究。2005 年 9 月 20 日，他在维也纳以 96 岁高龄去世，留下了以下名言："幸存是一种特别待遇，随之而来的还有义务。我永远都在问我自己，我能为那些没能活下来的人做些什么。我自己找到的答案（它不一定是每个幸存者的答案）是：我想成为他们的代言人，我想让他们的回忆继续，让那些死者活在记忆里。"③ 电影《辛德勒的名单》的导演斯皮尔伯格也参与到保存大屠杀创伤记忆的活动中来。1993 年春，他建立一家非盈利的基金会，负责募集资金并收集整理和保存关于大屠杀的证词和回忆。斯皮尔伯格把目光主要投向大屠杀的幸存者们，让他们上了一回"斯皮尔伯格名单"，即用现代声像技术采访 5 万名大屠杀幸存者，让他们自己讲述在那个黑暗年代里的悲惨和惊心动魄的遭遇，以期建立世界上现存最大的"口述历史"档案馆。现在还活着的大屠杀幸存者估计不到 30 万人，但是他们大都已年过古稀，所以斯皮尔伯格称其计划是一场"与时间的赛跑"。

---

① 西蒙·维森塔尔是国际知名的学者、社会活动家和反法西斯斗士。他本人是纳粹大屠杀的幸存者，而他的亲人中有 80 多人在纳粹屠刀下惨遭毒手。1947 年，他在维也纳创办了专事追踪纳粹战犯的犹太人文献资料中心。

② 60 多年来，由于西蒙·维森塔尔及其朋友们的努力，已有上千名纳粹战犯，包括一手策划希特勒"最后解决"方案的艾希曼、逮捕安妮·弗兰克的盖世太保卡尔·西尔伯鲍尔、双手沾满犹太人鲜血的特雷布林卡集中营营长斯坦戈尔等人，被送上了正义的审判台。他因此被誉为"纳粹猎人"，通过对纳粹战犯的持久追捕为他赢得了国际声望。

③ ［美］西蒙·维森塔尔：《向日葵》，刘蕴秋译，上海三联书店 2009 年版，序言。

（三）联合国主导下的大屠杀记忆与全球伦理的培育

虽然不少国家（以德国政府为代表）对纳粹大屠杀进行了深刻的历史反省，但值得注意的是，在战后不久就出现一股否认纳粹大屠杀的逆流，新纳粹势力一再试图为纳粹的种族灭绝行为翻案，认为纳粹大屠杀是盟国与犹太人联合编造出来的"神话"，第二次世界大战期间的欧洲并没有发生大规模屠杀犹太人的事件，希特勒也并无"最后解决"方案，而 600 万犹太人被屠杀纯粹是"人为炮制出来的谎言"，其目的除了转嫁盟国责任以外，即是力图博取国际社会的同情从而为建立犹太国家提供方便。[①] 一些亲纳粹的学者积极为这种翻案思想提供论证，以美国学者阿瑟·布茨（Arthur R. Butz）、英国学者大卫·欧文（David Irvin）为代表的修正派[②]为否认大屠杀的行为披上了学术的外衣。而且，否认大屠杀的行为还与国际政治中的反以情绪夹杂在一起，具有代表性的就是伊朗前总统内贾德，他曾多次否认纳粹大屠杀的存在，声称这是以色列的"谎言"："以色列人创造了一段所谓的大屠杀历史，而大屠杀给他们造成的损失全部都要由巴勒斯坦人来赔偿"。

面对国际社会中出现的否认大屠杀的逆流，一些国家与国际组织积极进行驳斥与抵制，先后出台了相关法律禁止否认大屠杀的言论与行为。联合国作为维护世界和平的首要国际组织，在抵制各种否认大屠杀的言行、推广大屠杀教育与纪念活动等方面发挥了重要作用。联合国出台的有关大屠杀的许多举措，正是大屠杀公共记忆走向国际化的重要体现，在此过程中，培育了以追求和平与正义为宗旨的全球伦理。在联合国教科文组织的推动下，纳粹大屠杀被列入"世界记忆遗产"，它包括四个方面的内容：（1）大屠杀证词集（The Pages of Testimony Collection），由以色列亚德·瓦谢姆大屠杀纪念馆 2012 年提交，2013 年被列入世界记忆遗产名录；（2）国际寻人服务局档案，由国际寻人服务局国际委员会（ITS）2012 年提交，2013 年被列入世界

---

① 参见 Deborah E. Lipstadt, *Denying the Holocaust: The Growing Assault on Truth and Memory*, New York: Free Press, 1993。

② Arthur R. Butz, *The Hoax of the Twentieth Century: The Case Against the Presumed Extermination of European Jewry*, Torrance, Calif.: Institute for Historical Review, 1976; David Irving, *Hitler's War*, New York: The Viking Press, 1977.

记忆遗产名录；（3）《安妮·弗兰克日记》，由荷兰政府 2008 年提交，2009 年被列入世界记忆遗产名录；（4）华沙犹太隔都档案局（伊曼纽尔·林格尔布卢姆档案馆），由波兰政府 1999 年提交，同年被列入世界记忆遗产名录。这些被收录的世界记忆遗产分别来自以色列、波兰、荷兰等不同国家（甚至还来自国际组织），充分反映出纳粹大屠杀已成为世界许多国家的共同记忆遗产之事实。

为了更好地汲取历史教训，联合国专门设立了大屠杀纪念日，通过了许多决议来开展大屠杀纪念活动、并谴责否认大屠杀的行为。在联合国大会的推动下，大屠杀与联合国的主题得到了联合国会员国中绝大多数国家的支持。2005 年 11 月 1 日，联合国大会通过关于纪念大屠杀的第 60/7 号决议，把 1 月 27 日苏联军队解放奥斯威辛—比克瑙集中营的日子作为一年一度缅怀大屠杀死难者的国际纪念日，决定推动有关大屠杀教育、纪念和研究活动的开展。决议指出：[1]

　　重申大屠杀造成三分之一犹太人和难以计数的其他少数民族成员被杀害，将永远警示所有人防范仇恨、歧视、种族主义和偏见的危险：

　　1. 议决由联合国指定 1 月 27 日为一年一度缅怀大屠杀遇难者的国际纪念日；

　　2. 促请会员国制订教育方案，教导子孙后代汲取大屠杀的教训，以帮助防止今后出现灭绝种族行为，并在这方面赞扬大屠杀教育、纪念和研究活动国际合作工作组；

　　3. 驳斥任何全部或部分否认大屠杀历史事件的言行；

　　4. 赞扬有关国家积极参与保护在大屠杀期间作为纳粹死亡营、集中营、强迫劳动营和监狱的地点；

　　5. 毫无保留地谴责一切针对不同族裔、不同宗教信仰的个人或团体的宗教不容忍、煽动、骚扰或暴力行为，不论这些行为发生在何处；

　　6. 请秘书长就"大屠杀与联合国"这个主题制订宣传方案以及采

---

[1] 《联合国大会关于纪念大屠杀的第 60/7 号决议（2005 年）》，载《大屠杀与联合国宣传方案：讨论文件杂志（第一卷）》，联合国新闻部外联司 2010 年版，第 92 页。

取措施动员民间社会开展大屠杀纪念和教育活动，以帮助防止今后出现灭绝种族行为；在本决议通过之日起六个月内向大会报告该方案的建立情况；之后向大会第六十三届会议报告该方案的执行情况。

为了贯彻以上决议，联合国还具体制定了"大屠杀与联合国宣传方案"，方案的核心内容包括：每年1月举行隆重的大屠杀纪念活动；举办反映大屠杀各方面内容的图片与实物展览；邀请大屠杀研究专家为会员国和有关国际组织提供年度简报；与世界主要的大屠杀教育、纪念与研究机构建立合作关系并与其联合开展工作；与联合国各新闻中心、新闻处和新闻办协作开展活动，通过媒体对大屠杀纪念活动进行宣传；开设或制作有关大屠杀的网站、电影和讨论文件系列；等等。2006年1月27日，联合国推动了第一个大屠杀纪念日的开展。2007年1月26日，联合国大会又通过关于否认大屠杀的第61/255号决议，提出了两点要求："1. 毫无保留地谴责任何否定大屠杀的言论；2. 敦促所有会员国毫无保留地驳斥任何全部或部分否认大屠杀历史事件的言论，并反对为此目的进行的任何活动。"① 此后每年的1月27日，联合国都会以一个特定的主题展开纪念，秘书长要就大屠杀问题发表致辞，国际社会也在同时举行一系列的纪念活动，提醒人们："大屠杀这一绝无仅有的悲剧不容改写，只要人类记忆继续存在，就必须牢记这一令人耻辱和可怕的悲剧"。用潘基文秘书长的话来说，"所有家庭都应永远不再遭受大屠杀期间发生的这类邪恶行为。只有共同努力，我们才能防止种族灭绝行为并结束有罪不罚现象。通过教育后代，让他们铭记这一段可怕的历史，我们可以帮助维护全世界人民的人类尊严"。

---

① 《联合国大会关于否认大屠杀的第61/255号决议（2005年）》，载《大屠杀与联合国宣传方案：讨论文件杂志（第一卷）》，联合国新闻部外联司2010年版，第93页。

第 十 二 章

NAKBA、后犹太复国主义与记忆的碎片化

　　对民族传统中神话、仪式与象征的建构，通常出现在民族国家的形成年代，对于共同体起源的强调在反对外在压力的过程中得到了强化。以色列在民族国家构建的过程中，充分借助了流散以前的民族象征与历史资源，从而得以超越带给犹太人多样性的流散时代。加上纳粹大屠杀所激发的民族创伤与悲情意识，以色列国成功地将其成员维系进一个历史、政治与道德的共同体之中。在民族动员的伟大号召下，内部派别的分歧往往被掩盖与被压制；而当这种宣传霸权超出限度时，反抗的异音也就随之而起。

　　进入 20 世纪 80 年代以后，巴勒斯坦人从外部冲击着以色列立国的合法性，他们拿起"弱者的武器"抗拒以色列的军事占领，以色列境内阿拉伯人的民族意识也开始觉醒，开始质疑以色列作为民主国家的特性。而从以色列社会内部来看，犹太复国主义民族认同遭受的挑战来自两大主要的阵营：[①] 族群的、宗教的新犹太复国主义与自由的、世俗的后犹太复国主义。随着主流意识形态的不断衰退，以色列人的价值观念也发生着深刻的变化："以色列人对自己的认识已经改变了。他们不再把自己看作勇敢的开拓者。在建国后最初年代里培育的理想主义和自我牺牲精神，已让位给一切为自己的一代人。他们向习惯于为集体利益着想的社会的价值观挑战。更重要的

---

　　① Uri Ram, "National, Ethnic or Civic? Contesting Paradigms of Memory, Identity and Culture in Israel", *Studies in Philosophy and Education*, Vol.19(2000), p.405.

是，作为一个公正和人道主义社会的以色列形象，在国内和国外都受到作为一个拒绝给予阿拉伯人那些以色列犹太人自己曾狂热追求的东西的占领者和压迫者的以色列形象的挑战。"① 在此冲击之下，犹太复国主义的主流话语与集体记忆越愈多元、濒临碎化。伴随着各个群体日益增强的权力诉求，集体记忆的"私人化"倾向不断凸显，犹太记忆从单数（Jewish memory）的形式变为复数（Jewish memories）。

一、巴勒斯坦难民问题及其创伤记忆

在最后的国境之后，我们应当去往哪里？
在最后的天空之后，鸟儿应当飞向何方？②

巴勒斯坦裔著名学者、思想家爱德华·萨义德在民族诗人马哈茂德·达维什（Mahmoud Darwish）以上诗句的基础上创作了《最后的天空之后》，以直观真实的文字与图画再现了巴勒斯坦难民的流亡之痛，从而引起国际社会的极大关注。实际上，巴勒斯坦难民已成为第二次世界大战后全球流离失所人口中的最大一群，散居在周边阿拉伯国家以国际救济为生的难民达几百万之众，而难民为了维护自身的民族权利进行着不懈的抗争。可以说，处在被占领状况的巴勒斯坦人半个多世纪以来一直是国际社会的"失语者"，民族生存与发展的应有基本权利一再被漠视、被打压、被剥夺。

在第一次中东战争中，大约有 4/5 的阿拉伯人被迫离开家园沦为难民，其中包括阿拉伯人口中的社会精英，但仍有一小部分留在巴勒斯坦，到 1949 年底留下的 16.7 万阿拉伯人已处在以色列政府的统治之下。大量难民的产生引起国际社会的高度关注，1949 年 12 月 9 日，第四届联合国大会通过关于设立巴勒斯坦难民救济机构的决议，随后联合国近东巴勒斯坦难民救济和工程处（简称 UNRWA）正式成立，以为难民提供必要的救济援助。据联合国机构的统计，这场战争直接导致大约 72.6 万巴勒斯坦难民，具体分

---

① ［美］劳伦斯·迈耶：《今日以色列》，第 391 页。
② ［美］萨义德：《最后的天空之后：巴勒斯坦人的生活》，金玥钰译，新星出版社 2006 年版，封底。

布在：约旦河西岸（28 万）、加沙地带（19 万）、黎巴嫩（10 万）、叙利亚（7.5 万）、约旦（7 万）、埃及（7000）、伊拉克（4000）等地。[①] 在难民产生问题上，巴以双方形成各自不同的历史表述：[②] 巴勒斯坦人强调，以色列政府借战争造成的动荡局势大肆驱赶阿拉伯居民，并执行了"民族清洗"（ethnic cleaning）的计划，因而以色列政府是难民问题的"罪魁祸首"；而以色列方面则拒不承认巴勒斯坦难民问题的存在，认为它是由阿拉伯社会崩溃导致居民的自愿逃离所造成的，入侵以色列的周边阿拉伯国家必须对此问题承担全部责任。[③]

1948 年中东战争以双方的军事停火而告结束，但这并不意味着巴以对抗的平息，双方的较量在另一个没有硝烟的战场——记忆争夺战——继续进行。在以色列人为占领巴勒斯坦采取合法化的行动中，巴勒斯坦人并非无动于衷。在阿拉伯人尤其是巴勒斯坦人的集体记忆中，1948 年战争导致了一个阿拉伯语新名词的形成——"Nakba"（النكبة，意为灾难，等同于"catastrophe"）。从词源来看，战争开始不久的 1948 年 8 月，叙利亚学者康斯坦丁·祖拉克在贝鲁特出版的《灾难的意义》（Ma'na al-Nakba）一书中率先使用该词来形容阿拉伯人所经历的这场灾难："阿拉伯人在巴勒斯坦的失败绝不是一场简单的灾难（Nakba），也不是一件无关紧要的、转瞬即逝的事件，而是一场完全意义上的灾难，是一次比阿拉伯人在其漫长历史上遭受的所有煎熬与悲剧都更为痛苦的煎熬与悲剧。"[④] 1949 年巴勒斯坦诗人阿布斯发表了名为《安达卢西亚的幽灵：巴勒斯坦的灾难与杰宁之役的悲剧》（Ghost of Andalucia：A Play about the Nakba of Palestine and the Great Battle of

---

① 有关这场战争及难民问题产生的详尽过程，参见 Benny Morris, *1948：A History of the First Arab-Israeli War*, New Haven：Yale University Press, 2008；Yoav Gelber, *Palestine, 1948：War, Escape and the Emergence of the Palestinian Refugee Problem*, Brighton：Sussex Academic Press, 2001；殷罡主编：《阿以冲突——问题与出路》，国际文化出版公司 2002 年版，第 306—332 页。

② 对于这场战争，两个完全不同，甚至对立的历史叙述被建构起来。有学者将此叙述差异称为"历史的双螺旋"，参见 Robert I. Rotberg, ed., *Israeli and Palestinian Narratives of Conflict：History's Double Helix*, Bloomington：Indiana University Press, 2006, p.2。

③ 详见 Nur Masalha, *The Politics of Denial：Israel and the Palestinian Refugee Problem*, London：Pluto Press, 2003。在建国初的以色列，谈论难民问题被视为一项禁忌。

④ Constantin Zureiq, *The Meaning of the Nakba*, Beirut：Center for Arab Unity Studies, 1994（First Edition in 1948）, p.11, 转引自 Huneida Ghanim, "The Nakba," *Jadal*, No.3（May, 2009）, p.43。

Jenin）的诗作。一开始，人们并不认为灾难会持续很久，而同时用其他词汇指代这场战争："掠夺"（al-ightisab）、"事件"（al-ahdath）、"出逃"（al-hijra）① 等等。随着难民回归的遥遥无期，人们逐渐将"Nakba"接受为对那场战争的主要代称。50 年代末，东耶路撒冷市长阿里夫（Arif Al-Arif）推出纪念性著作——《Al-Nakba：耶路撒冷的毁灭与遗失的乐园，1947—1952》（Al-Nakba：The Destruction of Jerusalem and the Lost Paradise，1947—1952），此后这一概念普及开来。阿里夫强调这场灾难的突如其来："我如何不能将之称为（Nakba）？在这一时期我们为灾难所击打，包括所有阿拉伯社会尤其是巴勒斯坦人，而这是许多世纪从未遭遇的：我们被剥夺了故土，从我们的家园逐出，并且我们的人民及其血肉大量丧生；总之，它击打在我们尊严的最核心部位。"②

除大量难民的产生以外，战争还导致 400 多座村庄毁灭，其中代尔亚辛村庄的毁灭成为难民创伤记忆的焦点，他们把牢记"代尔亚辛"作为以色列国执行"民族清洗"的具体罪状。③ 实际上，"Nakba"对巴勒斯坦人而言意味着家园故土的丧失、部落社会的崩溃以及建国理想的破灭，突然降临的灾难使难民陷入手足无措的境地："在形容他们最初几年作为难民的经历时，巴勒斯坦人使用了例如'死亡'、'瘫痪'、'葬礼'、'不复存在'、'我们迷失了自己'、'我们不知道去往何方'、'不知道该做什么'和'我们就像屠场里的羔羊'的隐喻。在被连根拔起的 30 年后，老一代的难民仍然沉浸在悲痛之中。"④

---

① 这场战争又被难民自称为"1948 年巴勒斯坦大出逃"（1948 Palestinian Exodus）。值得注意的是，这种创伤经历在后来又不断重演：1967 年第三次中东战争、1982 年贝鲁特难民营大屠杀等，分别被巴勒斯坦人称作第二、三次大出逃。

② Nur Masalha，"60 Years after the Nakba：Historical Truth，Collective Memory and Ethical Obligations"，Kyoto Bulletin of Islamic Area Studies，Vol.3，No.1（July，2009），p.37；Nur Masalha，The Palestine Nakba：Decolonising History，Narrating the Subaltern，Reclaiming Memory，London & New York：Zed Books，2012.

③ 1948 年 4 月 9 日，伊尔贡和斯特恩集团在贝京的指挥下将耶路撒冷附近的代尔亚辛村手无寸铁的阿拉伯居民——其中大多数是妇女、儿童和老人——全部杀死，代尔亚辛的恐怖被媒体一再渲染，导致许多阿拉伯人逃离家园而成为巴勒斯坦社会崩溃的转折点。巴勒斯坦人将之称为"代尔亚辛大屠杀"（The Deir Yasin Massacre）。

④ R.Sayigh，Palestinians：From Peasants to Revolutionaries，London：Zed Books，2007，p.110.

难民们常常把 1948 年之前的巴勒斯坦想象成"天堂"[1]，而这场战争直接导致故土成为"失乐园"（The Lost Paradise）。当代著名诗人达维什用"遗失的安达卢西亚"的隐喻来指代巴勒斯坦故土："安达卢西亚成为一个遗失的地方，然后巴勒斯坦变成安达卢西亚；我们就像遗失安达卢西亚那样失去了巴勒斯坦。"[2] 许多难民在见面结束语中以"下个月我们就将回归"为鼓励，[3] 并在书信的末尾通常加上"巴勒斯坦之爱"或"巴勒斯坦之吻"的修饰短语，以示对失去美好故土的追怀眷恋之情。值得注意的是，这种对 1948 年之前巴勒斯坦的回忆有着高度的选择性：尽管有不少人曾住在城市，但对乡村生活的回忆成为难民的压倒性叙述，因为乡村的山水地貌更能表征巴勒斯坦民族的本真性（authenticity），同时也是抵抗西化生活方式、保留大量传统民族文化的最后要塞。[4]

以色列占领巴勒斯坦后对从前的阿拉伯村庄进行了大规模的犹太化，使之无论在地理外貌上还是文化内涵上都发生了根本的改变。对此，背井离乡的巴勒斯坦人纷纷用记忆来防止遗忘、以记忆来对抗占领：为了牢记被以色列人占领的故土，他们在流亡地的难民营以从前居住的村庄名进行命名，并在难民籍贯的登记地址上仍然标注出走前的村庄，以示对故土的念念不忘之情；[5] 难民营的难民还按从前的村庄单位聚居在一起，以确保村庄传统与社会结构的延续，从而维持许多古老的习俗、传说、歌谣等；他们甚至不惜选择村庄内部通婚，以将这种共同体的意识代代延续。[6] 而且，知识精英在塑

---

[1] 例如 Walid Khalidi, ed., *From Haven to Conquest: Readings in Zionism and the Palestine Problem until 1948*, Beirut: Institute for Palestine Studies, 1971。

[2] 安达卢西亚（al-Andalus）位于西班牙南部，8—15 世纪阿拉伯人在此创造出著名的"黄金时代"，1492 年被基督徒逐出后成为阿拉伯人指称美好理想社会的代名词。参见 Meron Benvenisti, *Sacred Landscape: The Buried History of the Holy Land since 1948*, p.307。

[3] R.Sayigh, *Palestinians: From Peasants to Revolutionaries*, p.110。

[4] R.Davis, "Mapping the Past, Re-creating the Homeland: Memories of Village Places in Pre-1948 Palestine", in Ahmad H.Sa'di & Lila Abu-Lughod, eds., *Nakba: Palestine, 1948, and the Claims of Memory*, New York: Columbia University Press, 2007, p.71。

[5] Julie Peteet, "Words as Interventions: Naming in the Palestine-Israel Conflict", *Third World Quarterly*, Vol.26, No.1(2005), p.159。

[6] Diana Allan, "Mythologising Al-Nakba: Narratives, Collective Identity and Cultural Practice among Palestinian Refugees in Lebanon", *Oral History*, Vol.33, No.1(Spring, 2005), p.50; Sonia El-Nimr, "Oral History and Palestinian Collective Memory", *Oral History*, Vol.21, No.1(Spring, 1993), p.55。

造公共记忆中也起到重要作用。比尔泽特大学推出大型纪念书籍系列（Memorial Book Series）——《被毁的巴勒斯坦村庄》（*The Destroyed Palestinian Villages*），涵盖了 20 多个不同村庄[1]。但最为著名的是由学者瓦利德·哈利迪编辑的巴勒斯坦历史画册——《在流亡以前的》与《所有残留下的》[2]，以 1948 年为时间节点，对巴勒斯坦地貌在此前后的变化进行了形象生动的描绘。此外，植物也被用作抗拒占领的重要手段，其中仙人掌成为巴勒斯坦文艺作品中的主要民族意象。[3] 这个与"Nakba"联系起来的隐喻有两方面的象征内涵：一是它以顽强的生命力扎根于沙漠，象征着颠沛流离的巴勒斯坦人虽被连根拔起但仍然忠于故土、拒绝遗忘；二是它以强大的适应力在新环境中生长，并维持着有力的存在，难民通过随身携带它以表明与故土时刻相伴。

从时间上说，"Nakba"灾难的发生使巴勒斯坦人对于故土的记忆几乎永久性地定格在 1948 年 5 月 15 日，从此巴勒斯坦人的一切皆被分成截然不同的两半："Nakba"之前与"Nakba"之后。这种灾难创伤意识随难民的迁徙很快蔓延开来，从而在阿拉伯人特别是巴勒斯坦社会形成了一种新的集体记忆：每年的 5 月 15 日被作为"Nakba"纪念日（*Yawm an-Nakba*）。值得注意的是，这一日刚好是以色列庆祝独立的第二天。通过与以色列独立日的关联，意在强调以色列人独立建国的实现正是巴勒斯坦人灾难的开端，以色列所取得的一切皆是以毁灭巴勒斯坦为代价的。[4] "Nakba"纪念日代表着巴勒斯坦人在 1948 年战争中遭受的集体驱逐与流离失所，对于他们而言，这是一个哀痛、愤怒与悲伤的记忆，而这与以色列国欢快、欣喜、振奋的独立

---

[1] 有学者以海法附近的巴勒斯坦村庄 Ein Houd（以色列人占领后改称为 Ein Hod）为例，对巴以双方在空间记忆层面的争夺进行了深入分析，参见 Susan Slyomovics, *The Object of Memory：Arab and Jew Narrate the Palestinian Village*, Philadelphia：University of Pennsylvania Press, 1998。

[2] Walid Khalidi, *Before Their Diaspora：A Photographic History of the Palestinians*, 1876－1948, Washington, DC：Institute for Palestine Studies, 1984；idem, *All That Remains：The Palestinians Villages Occupied and Depopulated by Israel in 1948*, Washington, DC：Institute for Palestine Studies, 1992. 在阿拉伯文版中，后一本书加上了"以免我们遗忘"的副标题。

[3] 详见 Kamal Boullata, "Asim Abu Shaqra：The Artist's Eye and the Cactus Tree", *Journal of Palestine Studies*, Vol.30, No.4（Summer, 2001）, pp.68－82。

[4] Nur Masalha, "Remembering the Palestinian Nakba：Commemoration, Oral History and Narratives of Memory", *Holy Land Studies*, Vol.7, No.2（Nov., 2008）, p.126。

日庆典形成鲜明的对照。萨迪如此评价道："Nakba"作为"一个巴勒斯坦人的事件与巴勒斯坦集体记忆的场所；它将所有巴勒斯坦人在一个特定的时间节点上连接起来，而对他们来说成为一个'永恒的当下'。"[1]

　　研究社会记忆的学者指出，某种仪式所凝聚的记忆能够穿越时间与空间的阻隔，将当下的人们与过去的一代沟通起来。[2] 难民家庭极力保存着祖屋的钥匙、过去的地契等一切他们曾在那里居住的物证，通过某种仪式操演来实现"Nakba"记忆的代际传递。祖屋与土地可能荡然无存，但一直保留下来的钥匙与地契作为记忆的纽带，象征着巴勒斯坦人对于故土的所有权。特别是钥匙作为家园的最后象征，提示着在"Nakba"之前巴勒斯坦人曾经拥有的美好生活；钥匙也是回归的象征，寓意不只是回到离开时的房屋，而且也是回到正常的、充满尊严与温暖的生活状态。[3] 1998年，"Nakba"五十周年纪念游行的核心仪式即是将1948年那一代保存的钥匙传递给他们的孙辈，一位参加了这项活动的伯利恒难民营难民这样讲道："我快要离开人世了，现在我有责任将这把我那被毁家园与村庄的钥匙传给年轻一代，他们将继续为我们的回归权而斗争。"[4]

　　创伤记忆不仅具有象征层面的精神诉求，而且往往转化为实际的政治行为。"Nakba"创伤记忆为日渐成长的巴勒斯坦民族认同提供了重要的历史资源，成为巴勒斯坦民族苦难的最高道德象征；它直接推动着难民对于回归权（Right of Return）的抗争，从而发挥着独特的政治动员作用。作为抗争的初级表现，巴勒斯坦难民在墙壁、街道、公共汽车等物体上制造了大量涂鸦，以这种街头艺术来表达对以色列占领的不满及回归权的渴望。社会学家米歇尔·德塞都强调在日常生活的实践中处处充斥着文化的强制与抵抗，正是这种弱小的反抗令弱势方得以在日常生活中同霸权方进行谈判和继续生存："抵抗是在日常生活中发生的，它既微小又多元，但却可以让无权者自

---

　　① Ahmad H.Sa'di,"Catastrophe,Memory and Identity:Al-Nakba as a Component of Palestinian Identity", *Israel Studies*,Vol.7,No.2(Summer,2002),p.177.

　　② [美]保罗·康纳顿:《社会如何记忆》,第48页。

　　③ Ahmad H.Sa'di,"Catastrophe,Memory and Identity:Al-Nakba as a Component of Palestinian Identity", *Israel Studies*,Vol.7,No.2(Summer,2002),p.181.

　　④ Meron Benvenisti,*Sacred Landscape:The Buried History of the Holy Land since 1948*,p.308.在此鼓励下，人们纷纷收集1948年以前的护照、收据、出生证明等以作为对故土拥有主权的象征。

我充权。"① "政治涂鸦"（Graffiti，源自希腊文 "γραφειν"，意指 "书写"）被称为来自社会底层的反抗，尽管他们丧失了对公共文化的支配地位而不为社会所关注，但涂鸦令其得以挤入正规空间结构的缝隙之中而成为弱者的印记。② 对巴勒斯坦难民而言，政治涂鸦正是起到这样一种独特的抗争作用。

随着民族正当权利的表达不断被无视、被压制，巴勒斯坦人的反抗手段越来越激进、越来越非理性：从最初的 "政治涂鸦" 发展到 "投掷石块"，再向 "人体炸弹" 不断升级。由于没有国家政权及其经济军事的支持，巴勒斯坦人只能使用最原始的石头作为武器来与装备有飞机坦克的以色列士兵对峙。③ 由此，"投掷石块" 成为巴以冲突中极为常见的一幕。"投掷石块" 并非简单的对抗行为，而是巴以冲突中双方实力不对称的反映，它是完全处于经济军事弱势地位的巴勒斯坦人表达不满与抗议的无奈选择。但暴力的行为往往不断升级，而走向更加恐怖、更不人性的方式。通过制造 "人体炸弹" 发动自杀式袭击（其实施者多为妇女、儿童），一些巴勒斯坦人发展起了一种对于烈士的殉道式崇拜。④ 透过这种血腥的、激进的方式表达着难民对于巴勒斯坦民族和土地的牺牲、付出与挚爱。这是 "Nakba" 记忆被极端化的重要体现，这种做法导致了西方社会对巴勒斯坦人形象的误解与丑化，萨义德对此抱怨道：

> 自从 1948 年以来，我们就一直是一个次要的存在。我们大量的经历都没有被记录下来。我们中的很多人被杀害，很多人留下永远的伤痕，并且从此沉默，毫无踪迹。而那些被用来表现我们的形象只是更进

---

① Michel de Certeau, *The Practice of Everyday Life*, Berkeley: University of California Press, 1984, p.37.

② 有学者认为，政治涂鸦是弱势人群的象征资源，北爱尔兰人就以这种方式表达对英国统治的不满。详见[美]约翰·博兰：《北爱尔兰的墙上涂画、游行与日常生活》，载[德]哈拉尔德·韦尔策：《社会记忆：历史、回忆、传承》，第 211—228 页。

③ 对以色列占领的武力反抗还从焚烧树林上反映出来，1987 年第一次因提法达（起义）期间，巴勒斯坦人对 JNF 的森林制造了 900 起纵火事件。参见 I.Braverman, "Planting the Promised Landscape: Zionism, Nature, and Resistance in Israel/Palestine", *Natural Resources Journal*, Vol.49, No.2(Spring, 2009), p.355。

④ 参见 Laleh Khalili, *Heroes and Martyrs of Palestine: The Politics of National Commemoration*, Cambridge: Cambridge University Press, 2007.有学者指出，对"Nakba"的创伤记忆直接促成阿拉伯知识分子转向原教旨主义。详见 Ali E.Hillal Dessouki, "Arab Intellectuals and Al-Nakba: The Search for Fundamentalism", *Middle Eastern Studies*, Vol.9, No.2(May, 1973), pp.187-195。

一步地削弱了我们的真实，对于大多数人而言，巴勒斯坦人主要被看作是战士、恐怖分子和不法的贱民。如果说到"恐怖"这个词，一个人头戴阿拉伯头巾和面罩、扛着卡拉什尼科夫步枪的形象立即跃于眼前。[①]

1948年中东战争作为现代巴勒斯坦史上的主要分水岭，它所带来的"Nakba"创伤记忆成为巴勒斯坦人的"奠基神话"[②]，也是巴勒斯坦历史、记忆与认同的核心事件。正如有学者强调的，"巴勒斯坦当代史进入一个关键的时间点：1948年。那一年，一个国家及其人民被从地图与词典中抹去了……这块土地的新主人说'巴勒斯坦人已不复存在'，自此后巴勒斯坦人一般可以方便地称为'难民'，或者少数免于驱逐的'以色列阿拉伯人'。一种长期的不在场已经开始了。"[③] 这场战争的一个重要后果即是大批巴勒斯坦人沦为难民，流亡在各地。在流亡中，"Nakba"记忆几乎成为连接难民与失去家园的唯一纽带，难民据此维持自身的认同与文化并给予年轻一代对故土的归属意识，进而推动着独立的巴勒斯坦民族意识走向觉醒。

随着岁月的不断流逝，许多当年亲历灾难的难民已经陆续离开人世，剩下的难民感到抢救苦难记忆的紧迫性，而有意识地将这种创伤体验保存下来，使将来的一代牢记本民族曾经遭受的极度苦痛："巴勒斯坦存在，是因为巴勒斯坦人选择记住它。但记忆会褪色、人民会老去，而且有些人比其他人更善于记忆。仅有记忆已不足够，是时候让我们每个人都成为历史学家去写下历史了。"[④] 难民的口述经历成为抒发流亡之痛与思乡之苦的重要手段，"在绵延不断而极其浓烈的怀旧情绪中，巴勒斯坦人极其详细地讲述并记下

① ［美］萨义德：《最后的天空之后：巴勒斯坦人的生活》，前言，第4页。

② Esther Webman, "The Evolution of a Founding Myth: The Nakba and Its Fluctuating Meaning", in Meir Litvak, ed., *Palestinian Collective Memory and National Identity*, New York: Palgrave Macmillan, 2009, p.28.

③ E. Sanbar, "Out of Place, Out of Time", *Mediterranean Historical Review*, Vol.16, No.1(2001), p.87.

④ Juliane Hammer, *Palestinians Born in Exile: Diaspora and the Search for a Homeland*, Austin: University of Texas Press, 2005, p.40.口述史研究由此成为难民研究的新方向，参见 S. B. Gluck, "Oral History and al-Nakbah", *Oral History Review*, Vol.35, No.1(Winter/Spring, 2008), pp.68-80.难民还成立纪念网站来收集有关灾难前一切的证词，主要有：http://www.palestineremembered.com/、http://www.alnakba.org/、http://www.nakba-archive.org/，等等。

他们离开时的每一棵树木、每一堵石墙、每一座墓地、房屋、寺庙、街道及广场"①。更为重要的是，通过对灾难记忆的书写，难民塑造了自身的巴勒斯坦文化认同。一位在加沙的难民哈尼（Kawther Abu Hani）这样记下她母亲讲述自己的流亡之痛，后者不停地回忆道：

> 我很想知道我们在拿撒勒的那个小房子怎么样了，多年前我们离开那里……山丘现在又变成什么样子呢？或许百里香的气味改变了……我的朋友变多老了，对于他们的小孩来说我已经只是一个故事了……天啊，我甚至没有参加他们的婚礼。我人生的每个阶段都希望有他们参与，重要的是，那时的我们陷入爱里直到变得抑郁，我在等待有一天我们可以学习爱而遗忘游戏。哦，亲爱的，但为爱担心跟为（以色列）占领担心是不一样的。现在，我记得……②

巴勒斯坦人的流离失所也造就了一批杰出的流亡知识分子，透过他们的书写，民族创伤得以以另一种方式再现。流亡是一种独特的生存体验，由乡愁引发的巨大痛楚与可怕孤独是不可弥合的："流亡总是不可思议地令人不得不想到它，但经历起来却又十分可怕。它是强加于个人与故乡、自我与其真正家园之间不可弥合的裂痕：它那极大的哀伤永远也无法克服。虽然文学和历史包括流亡生活中的种种英雄的、浪漫的、光荣的甚至胜利的故事，但这些充其量只是旨在克服与亲友隔离所导致的巨大悲伤的一些努力。流亡的成果将永远因为所留下的某种丧失而变得黯然失色。"③ 流亡者对美好的过去无法释怀，对现状却又格格不入："别人会觉得流亡者是其周围环境中的一员，但他总是格格不入"④；正是流亡者兼有圈外人（outsider）与圈内人（insider）的这种游移的、兼具的、混杂的位置使之获得双重的视角

---

① Danny Rubinstein, *The People of Nowhere: The Palestinian Vision of Home*, trans. Ina Friedman, New York: Random House, 1991, p.25.

② Ayesha Saldanha, "Palestine: The Pain of Exile", *Global Voices Online*, July 17 (2010), http://global-voicesonline.org/2010/07/17/palestine-the-pain-of-exile/, 2011 年 10 月 15 日查阅。

③ Edward W. Said, "Reflections on Exile", in M. Robinson, ed., *Altogether Elsewhere: Writers on Exile*, Boston: Faber & Faber, 1994, p.137.

④ Edward W. Said, "Reflections on Exile", in M. Robinson, ed., *Altogether Elsewhere: Writers on Exile*, p.143.

（double perspective），因而对文化的洞察、对故土的体认也更为深刻，萨义德对此有精辟的论述："流亡是过着惯常秩序以外的生活。它是游牧的、边缘的、对位的（contrapuntal）；而一旦习惯了这种生活，它将再度爆发出震撼性的力量。"[1] 下文以萨义德与达维什这两位 20 世纪下半叶整个伊斯兰世界最有影响的知识分子为例，分析巴勒斯坦裔知识分子的流亡书写（Exile writing）与塑造民族认同的努力。

爱德华·W. 萨义德，当代最伟大的公共知识分子、思想斗士、后殖民理论的主要奠基人，生前担任美国哥伦比亚大学教授、美国现代语言学会主席。他出生在耶路撒冷的一个阿拉伯商人家庭，1948 年中东战争的爆发导致萨义德一家不得不离开故土而四处流亡。萨义德后来回忆起这场战争对个人、家庭、民族带来的苦难与创痛：

> 我的家庭在这场破坏最大的灾难中支离破碎：……那时我 12 岁，而对所发生的一切很平淡和半意识；等到明白这种有限的意识时，我开始特别清醒地回忆起某些事情。其中之一就是，我家庭的每个成员都在这一时期沦为难民；没有一个留在巴勒斯坦，包括被约旦全部兼并的西岸领土。因此，我那些居住在雅法、萨费德、海法与西耶路撒冷的亲戚统统在突然间无家可归，而且陷入持久的贫困、无措、伤痛之中。我在巴勒斯坦陷落后再次看到过他们中的许多人，但所有人都遭到环境的重重打击，他们的脸上写满了忧愁、病容、绝望。我的大家庭丧失了所有地产与住宅，就像当时许多的巴勒斯坦人一样承受着类似于自然灾难的政治灾难。这场灾难以其持久的后果烙刻在我的记忆之中，很大程度上是因为我曾经记忆中满足自得与安逸闲暇的面容，现在却为流离失所与无家可归的忧愁所替代。许多家庭与个体在这个看来没有尽头、持续不断的流亡中丧失了生命、损耗了精神、摧毁了镇定。……这个巨大损失与驱逐的象征性经历，今天仍在继续。[2]

---

[1] Edward W. Said, "The Mind of Winter: Reflections on Life in Exile", *Harper's Magazine*, Vol.269 (Sept., 1984), p.55.

[2] Edward W. Said, "Afterword: The Consequences of 1948", in Eugene L. Rogan & Avi Shlaim, eds., *The War for Palestine: Rewriting the History of 1948*, Cambridge: Cambridge University Press, 2007, pp.248–249.

　　萨义德对巴勒斯坦民族有着深沉的爱，他大部分著作的主题都有关巴勒斯坦民族的认同问题，其中《巴勒斯坦问题》、《最后的天空之后》与《流离失所的政治：巴勒斯坦自决的奋斗》是其"巴勒斯坦问题三部曲"。他以犀利的文笔、独到的见解批判着西方殖民主义对中东尤其是巴勒斯坦带来的灾难，因长期坚持在国际上为巴勒斯坦民族权利奔走呐喊而被誉为"巴勒斯坦之子"[①]。在其生前最后一部命名为《文化与抵抗》的访谈集中，他号召巴勒斯坦人用"记忆"来抵抗遗忘："我们没有组织性的记忆，因为我们没有国家，没有一个中央政府。尽管如此，几乎每一户巴勒斯坦人家（哪怕他们已是 1948 年以来的第三代）都仍然会保存着祖屋的钥匙、旧信、旧契约、老照片、旧剪报——这些都是我们的生存相对整全的时代的遗物，而保存它们，就是为了保存那个时代的记忆。记忆是一种保存身份认同感的有力集体工具。它不只可以通过官方论述和书本来保存，也可以通过非正式的记忆来保存。那是抵抗历史被擦拭的一座要塞，是抵抗的一种方法。"[②]

　　当代巴勒斯坦杰出的民族诗人马哈茂德·达维什，出生在北部加利利山区的一个村庄，1948 年以色列占领当地后，达维什随同家人离开故土沦为难民，成年后长期漂泊在埃及、黎巴嫩、突尼斯等地。他积极参与巴勒斯坦政治事务，曾担任巴勒斯坦解放组织执委，1988 年起草了巴勒斯坦国独立宣言。而他最为突出的成就是在诗歌创作上，前后出版了 20 多本诗集，[③]绝大部分围绕巴勒斯坦故土而展开，以抒发巴勒斯坦人丧失家园、流离失所的悲痛和哀思之情。其中最为脍炙人口的莫过于《大地正在对我们紧闭》（The Earth is Closing on Us），而成为难民的"诗篇"（psalm of the exiles）。对家园的渴望在其诗歌中拥有至高的地位，《正在等待回归者》一诗用"母亲"来形容巴勒斯坦："在门旁，母亲等待着我们；我们将回归故土。"[④] 在

---

　　① Mark M.Ayyash, "Edward Said: Writing in Exile", *Comparative Studies of South Asia, Africa and the Middle East*, Vol.30, No.1（2010）, p.108.

　　② ［美］萨义德、［美］巴萨米安：《文化与抵抗：萨义德访谈录》，梁永安译，上海译文出版社 2009 年版，第 131 页。

　　③ 主要有《血肉之躯的圣歌》（*The Bodily Anthem*, 1980）、《诗篇》（*Psalms*, 1995）、《两个伊甸园的亚当》（*The Adam of Two Edens: Selected Poems*, 2001）、《围困状态》（*State of Siege*, 2002）、《不幸的天堂》（*Unfortunately, It Was Paradise: Selected Poems*, 2003）, 等等。

　　④ Mahmoud Darwish, "Awaiting the Return", in Helena L.Schulz, *The Palestinian Diaspora*, p.102.

《我属于那里》（I Belong There）的诗中，"天堂"喻指巴勒斯坦故土，"母亲"指四处流亡的巴勒斯坦难民；最终的指向与目标只有一个——"家园"。全诗如下：

> 我属于那里。我拥有无数记忆。我出生，就像所有人出生一样。
> 我有一位母亲，一幢有许多窗户的房子、兄弟、朋友，
> 还有一副配置铁窗的囚室！
> 我有一阵波浪，海鸥猛地撩起，还有一个属于自己的全景。
> 我有一块湿透的草坪。在我言语深处的地平线，
> 我有一轮月亮，一只小鸟的食粮，还有一棵不朽的橄榄树。
> 我生活在一块很久以前就用刀剑从事捕猎的土地上。
>
> 我属于那里。当天堂为她的母亲哀悼时，
> 我将天堂交还给她的母亲。
> 我哭泣，为的是让一朵回家的云可以载着我的泪。
> 为了打破规则，我学会了所需的一切言语，来接受血脉的拷问。
> 我学会了而且拆解了所有的言语，
> 为了将它们汇聚成一个词汇：**家园**。[1]

他强调"每一首美妙的诗歌即是一项抵抗行为"，[2] 诗歌由此成为他倾吐愤懑、抵抗压迫的武器，以此唤起巴勒斯坦人为捍卫民族权利的斗争："他的诗歌给予疲倦者与绝望者以力量，使被称作家园的想象空间得以恢复、振作与复活。"[3] 由于他杰出的文学才华和饱满的民族情感，感染了无数流亡各地的难民，有评论者将20世纪80年代以来深受其影响的巴勒斯坦青年称作"M 一代"（Generation M，M 即达维什姓氏的缩写），并指出："没有家园，

---

① Mahmoud Darwish,"I Belong There",in idem,*Unfortunately*,*It Was Paradise*:*Selected Poems*,ed.& trans. Munir Akash,Caroyln Forché and others;Berkeley:University of California Press,2003,p.7.

② Fady Joudah,"Mahmoud Darwish's Lyric Epic",*Human Architecture*:*Journal of the Sociology of Self-Knowledge*,Vol.7(2009),p.12.

③ Ashwani Saith,"Mahmoud Darwish:Hope as Home in the Eye of the Storm",*ISIM Review*,Vol.15 (Spring,2005),p.28.

达维什把语言变成宽敞的帐篷——对我们以及所有需要家园的人。他把思念变成相遇的地方。"①

由于萨义德、达维什等流亡知识分子的努力，加上难民的口述历史记录，巴勒斯坦人保存创伤记忆的努力没有白费，难民遭受的巨大苦难逐渐为世人所知。② 通过对民族苦难的政治化，"Nakba"创伤记忆获得了无比的情感力量，使得处于此一共同体的成员牢记民族创伤；而对创伤的记忆又向人们提醒着它曾经所遭受的不幸，并传递着道德的要求：认同和奉献。在此文化心理的浸润下，对民族命运的悲愤与忧思深深地烙刻在每个个体身上，这种创伤性受难意识往往能够激发出强烈的民族情绪，期望以牺牲与战斗来创造一个美好的未来。

对于留在以色列境内的阿伯来人来说，他们经历着分裂的国家认同与历史记忆。尽管以色列的《独立宣言》明确规定所有居民均享有平等的社会政治权利，阿拉伯语也被规定为官方语言之一，并强调了以色列阿拉伯人的合法地位："我们号召生活在以色列国中的阿拉伯人起来维护和平，并且在公民享有平等权利以及在一切临时和永久的国家机关中拥有相应的代表权的基础上参加国家建设"，③ 但以色列作为"犹太国家"的现实决定了阿拉伯人二等公民的命运。从1948年到1966年，以色列政府把阿拉伯人置于隶属于国防部的军事管制之下，其目的以维持秩序并建立与阿拉伯人的关系，但这一临时机构却在战后维持了17年之久。军管时期对阿拉伯人的政策可以用"控制"两个字来概括。建国初期以色列政府一直没有确定阿拉伯人的地位，直到1952年4月《国籍法》颁布后，阿拉伯人作为少数民族的法律地位才被确定下来。整个军事管制时期，阿拉伯人在宗教、婚姻、教育、文化等内部事务方面保持自治，他们隔离于以色列主流社会之外，处于"文

---

① Ibtisam Barakat, "Mahmoud Darwish: A People and a Poet", *Common Ground News Service*, August 19 (2008), http://www.cgnews.org/article.php? id=23779&lan=en&sid=1&sp=0, 2011年10月21日查阅。

② 2002年，由以色列犹太人成立纪念"Nakba"的"Zochrot"（即希伯来文"记忆"的阴性复数形式）组织即是一个重要表现，它致力于强调一直被忽视的1948年巴勒斯坦灾难。详见 Ronit Lentin, *Co-memory and Melancholia: Israelis Memorialising the Palestininan Nakba*, Manchester: Manchester University Press, 2010; A. E. Weaver, "Remembering the *Nakba* in Hebrew: Return Visits as the Performance of a Binational Future", *Holy Land Studies*, Vol.6, No.2 (Nov., 2007), pp.125-144。

③ [以]阿巴·埃班：《犹太史》，第440页。

化与经济的孤岛之上",尽管法律条文赋予了阿拉伯人同样的公民权利,但往往以安全问题为理由,对他们进行种种限制,如不得随意集会、搬迁;进入别的地区必须获得许可证;限制阿拉伯人的就业机会;强迫一些阿拉伯人撤出边境地区的"安全区"而移居内地等。①

"以色列阿拉伯人"(*Arviei Yisrael*)这一词汇,本身就是以色列与阿拉伯这两大对立的文化认同之间的结合,因而必然地、内在地充满着深刻的矛盾。总体而言,以色列阿拉伯人在思想意识上处于国家意识与民族感情相冲突的两难境地,一方面,他们是以色列的公民,他们有义务、有责任忠诚于以色列;另一方面,他们又是阿拉伯民族大家庭中的一员,通过收音机、电视与其他媒体他们又能深刻地感受到周围阿拉伯国家的民族主义浪潮。他们的生活与文化水平虽然也随着经济和社会的发展而提高,他们虽然和犹太人一样参与选举,但"二等公民"与"边缘客民"确实是他们真实的感觉。以色列阿拉伯人脆弱的国家认同受到不断高涨的巴勒斯坦民族主义情绪的影响,这种复杂而分裂的态度无疑影响着以色列国家文化建构与社会整合的进程。劳伦斯·迈耶如此分析这种文化困境与记忆冲突:

> 要阿拉伯人同全社会的生活融为一体的尝试的失败,或者至少说在这方面的无能为力,使以色列成了两种主要文化并存的国家。这种并存可能是和平的,但它缺乏能把居民和国家结成整体的某种永久的纽带。以色列面临的矛盾不是表现在理想与现实之间,而是埋藏在理想本身之中。以色列是个犹太人国家。全国性节日是犹太人的节日。在以色列庆祝的仅有的世俗节日是阵亡将士纪念日和独立日,而这是对阿拉伯人没有意义的,除非是有相反的意义,也不会使他们高兴;因为两个节日都是纪念犹太国诞生的,而以色列不是为了非犹太人的利益而存在的。以色列的大门是对犹太人敞开的,因为这是他们与生俱来的权利,对非犹太人则并非如此。……以色列阿拉伯人似乎住在某种地狱里,这在他们的以色列身份证上得到了反映。身份证把他们列为阿拉伯人,但又是以

---

① Sherry Lowrance, "Being Palestinian in Israel: Identity, Protest, and Political Exclusion", *Comparative Studies of South Asia, Africa and the Middle East*, Vol.25, No.2(2005), pp.487-499.

色列公民。1967 年中东的阿拉伯国家袭击以色列时，一位以色列阿拉伯人惋惜地说："我的同胞正在同我的国家打仗。"①

二、赎罪日战争对国民集体记忆的解构

在以色列建国以来的短暂历史中，1967 年的六日战争成为一个主要的转折点。六日战争的惊人般胜利加深了一些宗教人士的这一观点：以色列建国是大屠杀悲剧救赎的一部分，是上帝并没有完全从历史舞台中撤出的证明，从而导致了宗教力量在六日战争后的急剧扩张。到 20 世纪 70 年代初，以色列国内形成以右翼的、民族主义—宗教力量为代表的所谓"新犹太复国主义"阵营。对宗教界来说，1967 年战争似乎是上帝对列祖应许的实现，尤其是耶路撒冷的重新统一及两千多年后再度回到犹太人的怀抱，进一步证实了上帝的计划。② 这些笃信宗教的犹太人认为，拥有统一不可分割的以色列地是至高无上的任务和荣耀，是上帝诺言的现代应验，因此不是仅靠世俗力量就能改变的东西。1967 年战争刚一结束，塞法尔迪大拉比就被占领土问题宣称："这是我们祖先和先知们生活过的，上帝许诺给我们的土地，一个犹太人哪怕头脑中有一丝放弃它的念头，也是渎神的。"③

六日战争因而被宗教犹太复国主义者看作是神直接干预历史的信号，他们利用这一历史性机遇扩大自己在犹太复国主义政体中的影响力。④ 许多持宗教观点的人士特别关心约旦河西岸的领土——《圣经》中的犹地亚和撒玛利亚，这里包括了许多犹太教的重要历史遗迹。根据宗教观点，既然上帝已把以色列地许给犹太人，犹太人应在这里的任何地方定居。于是，一些极端宗教人士通过扩建定居点运动来否定传统的政治犹太复国主义，对犹太复国主义进行了极端化的解析。在宗教民族主义指导下，正统派拉比和极端民

---

① 　[美]劳伦斯·迈耶：《今日以色列》，第 275 页。

② 　1967 年之前"大以色列"（即《圣经》中描述的以色列地）的观念一直是潜伏着的，没有人公开主张以战争取得对耶路撒冷老城和约旦河西岸的控制。而 1967 年之后随着对这些地区控制的实现，要求永久保持这些地区的宗教民族主义情绪逐渐产生，进而促使"大以色列"的思想公开化。

③ 　[美]劳伦斯·迈耶：《今日以色列》，第 11 页。

④ 　Chaim I. Waxman, "Messianism, Zionism, and the State of Israel", *Modern Judaism*, Vol. 7, No. 2 (May, 1987) , p.175.

族主义者相联合，并主张以宗教和民族主义作为以色列立国的基础，最终的目标是建立一个宗教和民族高度融合的神权政体。[①]

这种思想在信仰者集团（Gush Emunim）成立后更加具体化了。该组织是一个对在约旦河西岸建立定居点有着狂热使命与决心的宗教和世俗的混合团体。1968年，全国宗教党内一些正统派神学院学生联合一部分世俗成员组成信仰者集团。他们认为犹太人对阿拉伯人的军事胜利和古老领土的收复，证明了弥赛亚时代的到来，而他们积极从事扩建定居点以推动"神的拯救"。[②] 信仰者集团的基本纲领为："领导以色列人民再度觉醒的伟大运动，全部实现犹太复国主义者的理想，因为他们知道这个理想的源泉是以色列的遗产和犹太教的基础，这个理想的目的是以色列和全世界人民的彻底赎罪。"[③] 以此为出发点，他们阻止向阿拉伯人归还领土，反对"以土地换和平"计划，把自己看成是一个神圣的历史过程的最终展现的推动者，深信使独立战争和六日战争发生的上帝将继续推动这一历史进程，直到命运注定的伟大时刻的到来。信仰者集团因不满全国宗教党在领土问题上过于迁就工党，1974年决定退出全国宗教党，从行动上反对工党政府在被占领土上有限定居的政策。认为犹太人和以色列政府完全有权利征收被占领土上阿拉伯人的地产，并且可以无限制地占领。[④]

这一时期关于被占领土的争论说明了以色列在作为"民主国家"还是"犹太国家"的两端之间不断徘徊，一旦满足宗教势力重新占领全部以色列地的要求，势必动摇以色列作为民主国家的根基；而放弃被占领土，又会被宗教极端势力视为民族的叛徒而影响整个国家的内部团结。围绕着被占领土问题的争端使以色列陷入精神危机的境地。劳伦斯·迈耶对此分析道："今天在以色列展开的最重大的斗争所涉及的既不是领土，也不是安全，而是这

---

①　Lilly Weissbrod,"Gush Emunim Ideology:From Religious Doctrine to Political Action",*Middle Eastern Studies*,Vol.18,No.3(July,1982),pp.266-267.

②　Kevin A.Avruch,"Traditionalizing Israeli Nationalism:The Development of Gush Emunim",*Political Psychology*,Vol.1,No.1(Spring,1979),p.54.

③　[美]劳伦斯·迈耶:《今日以色列》,第375页。

④　Kevin A.Avruch,"Traditionalizing Israeli Nationalism:The Development of Gush Emunim",*Political Psychology*,Vol.1,No.1(Spring,1979),p.55.其主张得到利库德集团的支持与鼓励;贝京上台之初,就批准了在约旦河西岸建立60个定居点的计划。

个国家的灵魂。这是一个决定以色列将成为什么样的国家的斗争……以色列最大的危险不在它的国境之外，而在它自己的灵魂和精神里。"[1]

　　然而，对犹太复国主义主导的国民集体记忆更为严重的挑战来自第四次中东战争（以色列方面称之为"赎罪日战争"）。1973 年 10 月 6 日，这一天是犹太人最为神圣的赎罪日，埃及、叙利亚同时对以色列发动了突然的猛烈攻击，以色列在战争初期几乎一败涂地，使 1967 年战争中带来的巨大安全感荡然无存。国防部长达扬被迫辞职，总理梅厄夫人也黯然下台，以色列遭受了建国以来第一次重大的考验。赎罪日战争的结果虽然以以色列的逆转告终，媒体也经常用"巨大的胜利"来指代这场战争，但事实上它不仅造成了巨大的人力、物力损失，而且带来不可弥补的精神创伤，使得"以色列国防军不可战胜"的神话顿时破灭。这场战争的岌岌可危直接动摇了以色列人的安全感，总理梅厄夫人在战争爆发后不久的讲话中强调："毫无疑问，这场战争的目标在于反对再度建立的犹太国家的根本存在。这是一场威胁我们作为一个民族与一个国家的根本存在的战争。"[2] 在当时普遍流行的悲观情绪中，许多人质疑以色列是否有能力防止下一场悲剧的重演。一位当事人记录了这次战争给以色列人带来的巨大心理震荡：

　　　　1973 年前的岁月里，我们怀着对战争的恐惧经历了以色列—阿拉伯冲突的各个阶段，这种恐惧是极为合理的。但基本上我们有安全感。当时我很清楚，同我交谈的人也都很清楚，即使爆发另一次战争，当然这次战争将是灾难性的，许多人会死去或受伤，但毫无疑问我们最后会占上风。换句话说，我们不能想象以色列国会被毁灭。

　　　　我认为赎罪日战争粉碎了这个基本信念。我们忽然发现，如果有一天趁我们不备，所有阿拉伯国家都向我们开火，他们能把我们作为一个民族—政治实体消灭，把我们作为个人消灭。……所以说，最近这次战争使我们作为一个民族的安全感被破灭了。[3]

---

　　①　[美]劳伦斯·迈耶：《今日以色列》，第 391—396 页。
　　②　Tirza Hechter, "Historical Traumas, Ideological Conflicts, and the Process of Mythologizing", *International Journal of Middle East Studies*, Vol.35, No.3(Aug., 2003), p.443.
　　③　[美]劳伦斯·迈耶：《今日以色列》，第 314—315 页。

从心理上说，赎罪日战争带给以色列人更多的是挫败感。这次战争期间，"Mehdal"（原意为疏忽、省略，等同于英语中的"Omission"）一词迅速飙升为以色列大众视野中的关键词。该词通常寓意为某件糟糕的事情发生，它是由于自身的缘故而导致的。[①] 实际上，在战争爆发两天后，就政府在这场战争中的决策行为进行质询时有人使用了"Mehdal"一词。[②] 语言学家摩西·戈特尔斯坦（Moshe Goshen-Gotestein）发现，"Mehdal"一词到战争结束后才成为以色列人对于赎罪日战争以前及期间政治领导层的错误决策之象征。[③] 使"Mehdal"一词广为人知是在反对派领导人梅纳赫姆·贝京的使用之后。1973年10月23日总理梅厄夫人宣布与埃及、叙利亚达成停火协议后，贝京指责政府在战争及媾和过程中犯下了"严重的错误"与"严重的疏忽"（a serious omission）。[④] 随后，新闻媒体及社会大众普遍将该词来形容政府在此次战争中的过失，认为以色列政府的严重疏忽与错误直接导致了赎罪日战争的发生，这给以色列社会带来了极大的灾难。

从"Mehdal"一词与这场战争的关联可以看出，它充分反映了以色列公众对于赎罪日战争的集体记忆。它告诉人们，战争就像是某件弄错的事情，但它不是必须会弄错；它还蕴涵着这种可能性：如果情况有所不同，事情的结果或许会更好。这就是赎罪日战争神话的核心内容。[⑤] 战争结束后大多数以色列人用"疏忽"、"震惊"、"创伤"、"地震"的隐喻来形容战争爆发带给他们的心理震撼，同时强调它带来不可逆转的严重后果，并促使他们重新审视以色列国的存在及其一切。

"Mehdal"的广为接受使牢牢扎根于以色列政府中的错误遭到了严厉的批评，也对政府长期忽视公众观点的行为表达了抗议。在赎罪日战争之后不久，抗议组织的数量有了迅速的增长，他们把主要聚焦点集中于以色列政治

①　Charles S.Liebman,"The Myth of Defeat:The Memory of the Yom Kippur War in Israeli Society",*Middle Eastern Studies*,Vol.29,No.3(July,1993),p.413.

②　Oded Kotler,"An Instant Poll:Interviewees:An Israeli Omission",*Ha' aretz*,8 October(1973),p.3.

③　Moshe Goshen-Gotestein,"The Great Mehdal",*Ha' aretz*,9 August(1974),p.19.

④　Tirza Hechter,"Historical Traumas,Ideological Conflicts,and the Process of Mythologizing",*International Journal of Middle East Studies*,Vol.35,No.3(Aug.,2003),p.447.

⑤　Charles S.Liebman,"The Myth of Defeat:The Memory of the Yom Kippur War in Israeli Society",*Middle Eastern Studies*,Vol.29,No.3(July,1993),p.413.

决策中的不民主程序。一项在战争结束六个月后进行的民意调查显示，梅厄夫人的公众支持率跌到了建国以来历届政府的最低点——不到10%。[1] 很快，国防部长达扬被迫辞职，梅厄总理也黯然下台，以色列遭受了建国以来第一次重大的考验。这场战争使建国初期的英雄主义精神受到大大削弱。对现行政府政策的不满往往通过选举体现出来，工党于1977年首次在选举中落败沦为在野党，而一直在野的利库德集团则在宗教与民族主义势力的支持下首次执政。可以说，赎罪日战争在这场以色列建国以来最大的政坛"地震"中扮演了至关重要的角色。

然而，战争最为深远的意义还不止于此。这次战争中阿拉伯人所表现出的惊人战斗力，使以色列人不再迷信武力能够解决一切问题，军事上的绝对优势地位荡然无存。务实的政治家们开始寻求以和平与妥协来化解旷日持久的阿以冲突。1978年发动赎罪日战争的埃及总统萨达特访问了耶路撒冷，并在以色列议会发表了演讲。次年，以色列与埃及签订了和平条约。随后，以色列与约旦等国也达成协议。通过与周边阿拉伯国家的一系列条约，虽然没有从根本上改变冲突的存在，但以色列的安全形势得以大大改善。

三、后犹太复国主义"修正"记忆的努力

在巴勒斯坦分治决议出台40年后、六日战争20年后、利库德集团上台10年后，1987年12月一场史无前例的巴勒斯坦民族大起义突然爆发，被称为"因提法达"（Intifada，原意为"摆脱"、"驱逐"，转意为巴勒斯坦民众反抗以色列占领的大规模起义）。这场大起义与以往任何阿拉伯起义明显不同的是，它直接引发了以色列社会内部的民族分裂，展示了犹太复国主义运动内部所存在的问题。长期以来，"对以色列的阿拉伯人来说，法律平等的缺失和以色列作为犹太国家的根本特性诱发了对阿拉伯人的结构性歧视和制度性歧视。"[2] 在巴勒斯坦人斗争影响下，加上以色列政府的长期不平等政策，导致了以色列国内70万阿拉伯人与犹太人毅然决裂，他们决定支持巴

---

① P.O.R.I.，survey，*Ha'aretz*，10 May（1974），p.5.

② Shira Kamm，*The Arab Citizens of Israel Status & Implications for the Middle East Conflict*，Haifa：Mossawa Center，2003，p.25.

勒斯坦人为争取民族权利的斗争，以表明他们更是巴勒斯坦人，而非以色列人。[①] 更对以色列安全造成致命威胁的是，以哈马斯为代表的巴勒斯坦伊斯兰激进组织也在这次民族大起义中登上历史舞台并迅速发展壮大。巴勒斯坦民族意识的觉醒和高涨使以色列人再也无法忽视巴勒斯坦人在这一地区的存在。这一切表明犹太复国主义试图在巴勒斯坦地区建立和维持一个犹太国的目标遭到了致命的冲击和否定，巴勒斯坦民族意识的高涨对犹太复国主义乃至以色列国本身构成了极大的威胁和挑战。

在此情况下，一些以色列人开始重新审视并反思一个世纪以来的犹太复国主义，特别是以色列立国的目标、特征及未来。恰恰在巴勒斯坦民族大起义同一年，一股后犹太复国主义思潮迅速在以色列国内崛起，这股思潮孕育于1978年的"现在就要和平"运动之中，其中以西姆哈·弗拉潘（Simha Flapan）的《以色列的诞生：神话与现实》和本尼·莫里斯（Benny Morris）的《巴勒斯坦难民问题的产生，1947—1949》的出版为主要标志。这场运动主要是一场被称为"新历史学家"（new historians）的知识分子反抗主流犹太复国主义霸权的思想行为，基本上由大学中的学者所主导，但这场由书斋发端的文化思潮却对全社会产生了不可忽视的影响："后犹太复国主义争论只是吸引了以色列社会中的那些文人阶层。当时这虽是场精英运动，但对于整个社会事实上产生了广泛影响。"[②] 他们大多是1948年后出生的一代，成长于1967年左右，真正的思想成熟是在20世纪70年代；他们的主要观点体现为"新历史学"（new historiography），意在修正建国初国家主导下的压迫阿拉伯人、东方犹太人与流散犹太人的历史记忆，体现各个族群之间平等的新型国内、国际关系。正是由于对建国初期的历史采取全盘颠覆的立场，他们通常又被称为"修正主义者"（revisionists）。他们还成立了一个政治性的组织——"有限者集团"（Yesh-Gvul/There Is A Limit）[③]，强调以色列领土的有限性而为巴勒斯坦人提供必要的生存空间。

后犹太复国主义作为一个正在萌芽中的新社会思潮，还未形成一个完整

---

① 参见张倩红：《以色列史》，第374—375页。
② ［以］艾兰·佩普：《现代巴勒斯坦史》，王健等译，上海人民出版社2010年版，第220页。
③ "有限者集团"，以色列国内成立于1982年黎以战争后的和平主义组织，其口号是"我们不再为被占领土战斗、哭泣和服务！"

的思想理论体系，其自身力量尚十分微弱，但是该思潮代表着以色列内部具有开明、自由倾向的犹太知识分子对传统犹太复国主义主流集体记忆的批判性反思和修正性努力。在后犹太复国主义者看来，犹太复国主义对历史记忆的歪曲、放大、改动等做法充分表明，历史书写已成为集体记忆的工具，它并非致力于追求历史真相，而是代表着政治利益集团操控民族认同的行为，它力图将历史转变成意识形态以服务于特定的目标，转变为一系列神话以建立或增强群体认同的趋势。正如夏皮拉强调的："历史作为不公与悲惨的编年——这是后犹太复国主义传递出的信息。历史成为情感性的描绘，在其中我们通常倾向于同情被征服者而批判胜利者。因而，犹太复国主义成为一个胜利者的运动而使之不道德就成为一个不争的事实。"[1] 简言之，犹太复国主义运动已经完全沦为胜利者的宣传。后犹太复国主义的思想主张可以主要概括如下：

首先，在 1948 年第一次中东战争问题上，认为以色列历届政府操控民众的集体记忆，将自身侵略、压迫、占领等行径合法化，而否认犹太人在建国过程中曾经有计划、强制性地驱逐巴勒斯坦人。这些新历史学家认为这种行为构成了以色列国"原罪"的基础——将阿拉伯人驱逐出了家园，以色列国建立在摧毁另外一个民族的基础之上，本身就是一种不道德的现象。"新历史学家"们利用以色列以及巴勒斯坦的档案，对 1948 年战争进行再研究，得出的结论是，许多历史认知完全是犹太复国主义为了凝聚民族认同而虚构的神话。

遭到后犹太复国主义批判的 1948 年中东战争神话[2]

1. 1948 年战争是由反对联合国有关巴勒斯坦分治及建立犹太国家与阿拉伯国家之决议的阿拉伯人所发动的。因此，这场战争是犹太人进行自我防卫以免遭到阿拉伯人屠戮所作的孤注一掷的尝试。

---

[1] Anita Shapira,"Politics and Collective Memory：The Debate over the 'New Historians' in Israel",*History & Memory*,Vol.7,No.1(Spring/Summer,2000),p.33.

[2] Mordechai Bar-On,"New Historiography and National Identity：Reflections on Changes in the Self-Perception of Israelis and Recent Israeli Revisionist Historiography",in Anita Shapira,ed.,*Israeli Identity in Transition*,p.12.

续表

2. 在阿拉伯进攻者面前，以色列军队无论在数量还是装备上都落后于前者。它是一场"小而机敏的大卫"与"大而笨拙的歌利亚"之间的斗争。
3. 英国站在阿拉伯人一边，而这增加了犹太军队的压力。而且，英国人从未真正放弃对于巴勒斯坦的控制，但这次他们决定通过其阿拉伯代理人来完成。
4. 战争以惊人的胜利结束，是由于犹太人在道德与战斗能力上的优越性所致。以色列人投入战场的军队是由在勇敢、耐力与智慧上都极为卓越的指挥者与战斗者所组成。
5. 阿拉伯领导层应对巴勒斯坦难民问题的产生负全部责任。它是巴勒斯坦人大批逃离的结果，尽管以色列当局要求他们待在原地。
6. 战争仅以脆弱的停战协定而非完全的和平告终，是因为阿拉伯人拒绝接受战争的裁定并拒绝承认犹太国家在他们中间的客观存在。

其次，后犹太复国主义者认为，以色列建国前后所宣扬的英雄主义事迹并不"英雄"，甚至就是一个谎言；以色列人在和阿拉伯人的冲突中并非以少敌多，等等。他们通过细致的档案研究发现，在整个战争过程中犹太人无论在战争前期的组织与动机上，还是在投入具体战斗的人数及构成上优于阿拉伯人，而且在战争的许多阶段犹太人的装备都更为精良。因此，以色列军队并非那么英勇，它的指挥官大多都是业余人员，他们遭受的失败与挫折要超过所获得的胜利与成功。这种观点显然受到1973年第四次中东战争的影响，因而动摇了建国以来一直将以色列国防军视为英勇、常胜之代表的传统信念。[①] 此外，他们还致力于解构被人们奉为典范的英雄主义象征——马萨达、巴尔·科赫巴与特尔哈伊等，认为这些象征符号并非英雄主义，而是犹太复国主义者极力夸大与虚构的结果。

再次，在大屠杀问题上，后犹太复国主义认为犹太复国主义没有给予欧洲犹太人的命运多少关注，反而在战后将自己"受害化"成为大屠杀遗产的继承者，在国际国内争取合法性与政治权益。正是出于"否定流散地"方针而对流散犹太人持消极态度，伊休夫领袖对第二次世界大战期间欧洲犹太人的命运给予了很低程度的关注，他们拒绝投入人力、物力来采取积极的

---

① Mordechai Bar-On, "New Historiography and National Identity: Reflections on Changes in the Self-Perception of Israelis and Recent Israeli Revisionist Historiography", in Anita Shapira, ed., *Israeli Identity in Transition*, p. 15.

营救措施，因为这可能损害到以色列故土的犹太复国主义事业。① 同时指出，犹太复国主义以大屠杀来强调流散地的不安全而以色列是犹太人理想天堂的说法是虚假的，因为旷日持久的巴以冲突就是最好的反证。后犹太复国主义者认为以色列国的建立利用了世界对大屠杀的同情，相反以色列建国后却对大屠杀幸存者采取无视的态度。正如艾兰·佩普所说："以色列国的创建借助了西方殖民主义的帮助。它致力于将巴勒斯坦人口连根拔起，而用从大屠杀而来的犹太'独特性'来加以掩盖。"②

后犹太复国主义普遍受到热爱正义和良知人士的欢迎，它是一场"为了以色列的灵魂而进行的斗争"③。长期以来，后犹太复国主义并不为以色列主流社会所接纳和认可，特别是遭到了许多宗教和极端势力的攻击和排斥，甚至被斥为歪曲历史迎合反犹主义的"内奸"和"帮凶"。而且，他们的民族和解立场也没有得到多数巴勒斯坦人的积极响应，而始终徘徊于两大对立社会的边缘处。④ 尽管如此，后犹太复国主义思潮的萌生和成长已成为一个不可否认的事实。这种思潮从学术领域动摇了建国初期建构的一系列神话，推进了以色列社会的民主化进程。正如著名历史学家汉纳·赫尔佐克（Hanna Herzog）所认为的，后犹太复国主义既不是对犹太复国主义的超越，更不是一种反犹太复国主义的思想，它是一种追求实现一个更加自由、民主、开放、平等的以色列国家和社会的思想，即对犹太复国主义发展过程中出现的一些不合理因素进行的反思、批评和修正。⑤

从根本上说，后犹太复国主义坚持要求以色列改变目前奇异而矛盾的二元特征——犹太国家和民主国家，真正走向一个现代的、民主的世俗社会。虽然在目前看来，后犹太复国主义的影响和作用还十分有限，但它的确对主

① 有关以色列国建国初期对大屠杀的宣传与利用，参见 Tom Segev，*The Seventh Million：The Israelis and the Holocaust*，trans. Haim Watzman，New York：Hill & Wang，1993。

② Anita Shapira，"Politics and Collective Memory：The Debate over 'New Historians' in Israel"，*History & Memory*，Vol.7，No.1（Spring/Summer，2000），pp.19-20。

③ Yoram Hazoni，*The Jewish State：The Struggle for Israel's Soul*，New York：Basic Books，2000。

④ Shlomo Aronson，"The Post-Zionist Discourse and Critique of Israel：A Traditional Zionist Perspective"，*Israel Studies*，Vol.3，No.1（Spring，2003），p.105。

⑤ Ephraim Nimni，ed.，*The Challenge of Post-Zionism：Alternatives to Israeli Fundamentalist Politics*，London & New York：Zed Books，2003，p.15。

流的犹太复国主义意识形态产生了巨大冲击，通过对建国以来以色列主流社会所建构的历史记忆的深刻反思，促使人们开始思考以色列社会的真正出路。对此，犹太学者劳伦斯·西波斯坦（Laurence Siberstein）有一番较为全面的论述："后犹太复国主义是当前流行的一系列批判性的观点，这些观点对犹太复国主义理论及其主导下的历史叙述、社会和文化提出了疑问。如同犹太复国主义这个术语一样，后犹太复国主义也是向主流文化提出挑战的诸多观点的集合体。对于批评者而言，后犹太复国主义对犹太复国主义的基本原则和价值理念提出了挑战；而对其拥护者来说，后犹太复国主义的批评是以色列成长为一个真正民主国家的必要前提。"①

四、多元文化主义与集体记忆的"私人化"

进入 20 世纪下半叶以来，"多元文化主义"（Multiculturalism）② 浪潮正在以前所未有的力量席卷全球，世界在一方面越来越一体化，另一方面也越来越多元化，强调文化的复杂性与多样性成为当今时代所普遍认可的一项公理。在著名学者查尔斯·泰勒看来，多元文化主义就是一种"承认的政治"："对于承认的需要，有时候是对承认的要求，已经成为当今政治的一个热门话题。可以这么说，这种需要正是政治上的民族主义背后的驱动力之一。今天，代表了少数民族，'贱民'群体和形形色色的女性主义的这种要求，成为政治，尤其是所谓'多元文化主义'政治的中心议题。"③ 受其影

---

① Laurence J.Silberstein，*The Postzionism Debates：Knowledge and Power in Israeli Culture*，New York & London：Routledge，1999，p.2.

② 根据社会学家内森·格雷泽的统计，美国主要报刊从 20 世纪 80 年代末才开始使用"multiculturalism"一词，该词在 1989 年仅出现过 33 次，两年后增加至 600 次，到 1994 年达到了 1500 余次。参见 Nathan Galzer，*We Are All Multiculturalists Now*，Cambridge，Mass.：Harvard University Press，1997，p.7。学者王希对多元文化主义进行了系统研究，认为实践中的"多元文化主义"与其说是一种严格的理论，不如说是一种象征性的政治口号。在多元文化主义的旗帜下，往往集合了一大批不同的（有时甚至相互冲突的）诉求。有的诉求涉及理论问题，有的涉及具体政策，还有的则涉及一些具体的社会行为和态度。尽管这些诉求的内容不同，但坚持者都自认为是在体现"多元文化主义"的精神，而那些持反对意见的人（即便只是反对一种诉求而同时支持其他的诉求）也有可能被当作反多元文化主义者。参见王希：《多元文化主义的起源、实践与局限性》，《美国研究》2000 年第 2 期。

③ ［加］查尔斯·泰勒：《承认的政治》，董之林等译，载汪晖、陈燕谷主编：《文化与公共性》，三联书店2005 年版，第 290 页。

响，多元文化主义也不可避免地给当代以色列社会带来了冲击。自20世纪80年代以来，这股思潮日渐在以色列国勃兴，并发展为当前公众与学术讨论的核心焦点。

与多元文化主义相互影响、相互支持的是后犹太复国主义对于主流政治与文化的批评。而且，以色列国内政治经济状况的发展为多元文化主义提供了便利条件。进入20世纪80年代以来，在以色列日益勃兴的公民社会（civil society），强调削弱国家对社会的控制，各种民间的非政府组织纷纷成立，并要求扮演越来越重要的作用："20世纪80年代末与90年代，美国与西欧政治文化不断增强的影响推动了以色列社会的自由趋势与民间组织的发展。对正常化——使以色列成为一个正常国家——的追求在不断增长，即与邻国实现和平相处、根据市场准则发展经济、将个人权利与自由作为最重要的价值，并成为代表境内所有公民的国家。"① 多元文化主义思潮在经济领域的体现就是以色列社会中的私有化革命。这股私有化浪潮自从20世纪80年代以来改变着以色列社会，打破了原有的福利国家制度使其走向商业化运作，② 从而扩大了社会与经济的差距："多元文化主义选择挑战以色列人凝聚力的根基，作为其对立面而出现并提倡代之以它虚幻的、私有化的凝聚力，而这实际上推动着福利国家的废除，这个过程严重伤害着那些多元文化主义力图要代表的底层阶级的利益。"③

总体来看，多元文化主义思潮给以色列社会带来了空前的挑战。多元文化主义瓦解着以色列建国初期以来长期实施的熔炉政策："部门化与多元文化主义通常被作为以色列社会的'自然状态'出现，从而瓦解着熔炉政策。在这个方面，部门化是劳工犹太复国主义霸权崩溃的体现，并为那些曾经被压制与沉默的群体及声音提供了政治和文化的表达空间。"④ 随着许多派别

---

① Angelika Timm, "Israeli Civil Society: Historical Development and New Challenges", in Amr Hamzawy, ed., *Civil Society in the Middle East*, Berlin: Schiler, 2003, p.87.

② Avraham Doron, "Multiculturalism and the Erosion of Support for the Universalistic Welfare State: The Israeli Experience", *Israel Studies*, Vol.12, No.3(Fall, 2007), pp.92–108.

③ Daniel Gutwein, "From Melting Pot to Multiculturalism; or, The Privatization of Israeli Identity", in Anita Shapira, ed., *Israeli Identity in Transition*, p.228.

④ Daniel Gutwein, "From Melting Pot to Multiculturalism; or, The Privatization of Israeli Identity", in Anita Shapira, ed., *Israeli Identity in Transition*, p.226.

政治意识的觉醒，长期占据主导地位的以排斥阿拉伯人、否定流散地、压制东方犹太人等为前提的国家集体认同以及主流政治叙述开始不断遭受着来自许多不同群体的强有力的冲击与挑战。阿摩斯·埃伦在 1987 年写道："在一个很重要的意义上，现代民主国家已经生活在一个后民族主义的时代，即使在相对年轻的以色列国，今天很少有人不加反思地宣扬民族主义。"①

当前以色列历史意识中的主要争论焦点②

霸权的历史意识	质疑的历史意识
民族的	世界的
集体主义	个人主义
犹太复国主义者	巴勒斯坦人
以色列	犹太人
劳工运动	右翼、自由派、左派
阿什肯纳兹（欧洲世系）	密兹拉齐（中东世系）
世俗	宗教（正统派）
男性	女性

在多元文化主义的政治诉求下，建国初期那种包纳一切时代与地区、反映所有人群与团体的统一叙述逐渐式微，到 20 世纪 80 年代，以色列逐渐成为民族、宗教、族群、意识形态等多重身份认同相互竞争的多元社会。围绕不同的群体身份认同，当前以色列存在着四对主要的社会对立：犹太人与阿拉伯人（指以色列境内的阿拉伯公民）之间的区分、宗教阵营与世俗人士之间的区分、阿什肯纳兹人与东方犹太人（包括俄裔新移民）之间的区分、鹰派阵营（以利库德集团为代表的右翼）与鸽派阵营（以工党为代表的左翼）之间的区分。③ 这几大社会对立在以色列建国之时即已初现雏形，但当

① Amose Elon,"A Letter from Israel",*New Yorker*,27 July(1987),p.33.

② Uri Ram,"Postnationalist Pasts:The Case of Israel",*Social Science History*,Vol.22,No.4(Winter,1998),p.528.

③ 实际上,以色列社会还长期存在男女性别之间的对立,尽管以色列议会早在 1951 年就通过了男女平等的法律,但在日常宗教及社会生活中仍沿袭保守的律法传统,使犹太妇女处于不平等的地位;而且,由贫富分化引起的阶层矛盾也一直存在。但性别和阶层之间的裂痕在其他国家也十分普遍,本书在此选取具有以色列社会特色的民族、宗教、族群、意识形态等方面集中进行分析。

时以色列政府通过一系列强制、合作、同化或安抚的措施而暂时得到有效的控制。[1] 进入 20 世纪 80 年代以来，这些对立逐渐摆脱政府的控制与影响，从而构成当代以色列主要的社会裂缝（social cleavages），[2] 也是滋生诸多社会问题与社会矛盾的温床，更是可能导致社会走向分裂的重要隐患。

首先，犹太人与阿拉伯人之间的对立是以色列社会特征最为显著的矛盾，这种对立使以色列社会面临着旷日持久的分裂威胁。犹太人与阿拉伯人之间在民族身份、宗教信仰、语言习俗等方面存在着根本的不同，因而后者被视为"内部的他者"。以色列控制下的阿拉伯人构成少数地位，占全国人口大约 1/5 的以色列阿拉伯人不能占有土地、不能服役参军，不能担任国家高级职务；[3] 而且，他们时刻被监视，以防止他们与以色列境外阿拉伯人相勾结形成"第五纵队"。以色列政府对他们实行严格控制，时刻压制他们对于民族自决权利的要求，甚至通过修建隔离墙这种不正常的形式来加强统治："对阿拉伯少数民族实行严格控制，使其处于从属地位。正如犹太人自己多年来被强迫居住在隔都一样，现在，以色列的阿拉伯人居住在被犹太人所包围的他们自己的隔都之内。"[4] 需要指出，以色列政府并非同等对待其境内的阿拉伯人，而是采取"分而治之"的策略，作为阿拉伯人内部的德鲁兹人成为以色列政府拉拢争取的对象，这些人享有政府给予的种种优待，并且得以进入以色列国防军的体系之中，组成著名的"少数兵团"参加了历次中东战争。

除犹太人与阿拉伯人的对立以外，受全球劳动分工的影响，以色列公民与外籍劳工之间的区分也日益成为突出的社会现象。据不完全统计，以色列境内各种合法与不合法的外籍劳工约 30 万人左右，其中大部分以劳工签证的方式暂时居住在以色列，主要集中在特拉维夫、耶路撒冷、海法等大城

---

① Yossi Yonah, "Israel as a Multicultural Democracy: Challenges and Obstacles", *Israel Affairs*, Vol.11, No.1 (January, 2005), p.108.

② 由于以色列国内部存在的诸多社会裂缝，导致以色列政府沦为"不堪重负的政体"（Overburdened Polity）。参见 Dan Horowitz & Moshe Lissak, *Trouble in Utopia: The Overburdened Polity in Israel*, Albany: State University of New York Press, 1989。

③ Sammy Smooha, "Part of the Problem or Part of the Solution: National Security and the Arab Minority", in Avner Yaniv, ed., *National Security and Democracy in Israel*, Boulder: Lynne Rienner Publishers, pp.112-113.

④ Ahron Bregman, *A History of Israel*, New York: Palgrave Macmillan, 2003, p.81.

市。阿拉伯人为以色列主要的劳动力来源，其他则来自第三世界国家，包括中国、泰国、菲律宾、尼日利亚、罗马尼亚、拉丁美洲国家等，在当地主要从事农业、家政、清洁、建筑等体力性工作。[①] 有不少外籍劳工在签证到期后继续滞留以色列成为非法移民，尤其是来自非洲的非法移民人数最多，主要集中在特拉维夫南郊、埃拉特等地。外籍劳工为以色列补充了社会经济发展所必需的劳动力资源，却无法享受基本的社会保障与福利，成为诱发本土以色列人与外籍劳工之间社会纠纷的重要原因。

其次，宗教与世俗之间的冲突在以色列要比任何西方民主国家都更为显著，也更加复杂。宗教人口[②]与世俗人口的区别不仅体现在宗教信仰上，而且在生活方式、教育状况、政治倾向、居住习惯等方面存在显著的不同，例如宗教群体拥有自己的教育系统（从小学、中学直到大学），通常支持宗教政党并且一般居住在不同的社区。[③] 而且，这种差异在许多情况下是难以调和的。以色列建国以来一直没有一部成文宪法，重要的原因就是宗教势力的强烈反对，正统派（尤其是极端正统派）认为随着犹太移民的逐渐同化，应在以色列建立一个以传统犹太律法为基础的神权国家。世俗力量对宗教势力坚持以《托拉》作为宪法的做法表示不满，故而宪法问题至今仍悬而未决。

以色列国虽然奉行政教分离的政策，但宗教势力渗透到政党选举、民事婚姻、节日饮食等社会许多角落。宗教阵营强调，至少在日常生活特别是涉及个人地位有关问题上必须实施宗教准则和法律，而世俗主义者虽承认国家公共生活与传统犹太教联系的重要性，但坚决反对宗教过多干预私人生活，特别是婚姻问题。政教冲突还集中表现在"谁是犹太人"、"安息日之争"、"犹太饮食法"等一系列问题之上。宗教势力的不断扩张不仅影响着以色列作为世俗民主国家的性质，而且导致以色列的政治生态发生了改变，最突出

---

① 参见 David V.Bartram,"Foreign Workers in Israel:History and Theory",*International Migration Review*,Vol.32,No.2(Summer,1998),pp.303-325;Israel Drori,*Foreign Workers in Israel:Global Perspectives*,Albany:State University of New York Press,2009.

② 需要指出，以色列社会的宗教信仰并非是一种两极化的状况，而是存在程度上的区分。根据信仰程度的差异，以色列犹太人在宗教上大致分为四大群体：极端正统派"哈雷迪"（Haredi）、一般正统派"达提"（Dati）、传统主义者"马索提"（Masorti）、世俗人士"希罗尼"（Hiloni）。

③ Yochanan Peres,"The Religious-Secular Cleavage in Contemporary Israel",in Eliezer Ben-Rafael,Thomas Gergely & Yosef Gorny,eds.,*Jewry between Tradition and Secularism:Europe and Israel Compared*,Leiden:Brill,2006,p.121.

的表现就是出现显著的"右倾化"，促使强硬派得势。可以说，宗教在以色列国的地位是一个"永久性的尴尬"（perpetual dilemma）:[①]　一方面，借助传统立国的以色列人必须通过犹太教来体现与过去的历史性联系；另一方面，世俗民主国家的基本定位又制约着宗教力量的过分发展。实际上，政教冲突是长期制约以色列社会发展的重要方面。

再次，东方犹太人（Mizrahim，也作"密兹拉齐人"）与阿什肯纳兹人之间的区分，[②]成为导致并加剧以色列政治动荡与社会矛盾的重要因素。自建国初期以来，以色列政府采取了内部的东方主义，认为来自落后的东方社团的犹太人会成为社会进步的负担，会削减以色列的"西方化"构造而沦为"中东特征"的国家。在以色列犹太人内部已经明显分裂成两个社会层次，他们不仅在思想观念与社会地位上差异很大，而且讲不同的语言：东方犹太人多讲阿拉伯语，西方犹太人则讲意第绪语、波兰语、德语、英语等欧洲语言。有学者将这种现象称之为"两个以色列"："有一个以色列是西方式的，比较繁荣，受过良好教育，而且在实质上控制着这个国家的各种机构。另一个以色列，也就是通常所谓的第二个以色列，是东方式的，它比较贫穷，缺乏技能，而且，虽然在数量上居多数，但是在内层权力机构内代表他们的人数不够。"[③]　随着阿以冲突的不断升级特别是第三次中东战争后，大批塞法尔迪人从阿拉伯国家来到以色列，使得东方犹太人的总数大增而超过了阿什肯纳兹人。

新到的东方犹太人通常集中居住在贫民区，多数从事着体力性劳动，而且待遇和收入较低，他们（特别是黑色犹太人）被视为以色列犹太人中间最为贫困的群体。东方犹太人长期游离于国家权力体制之外，不能平等地分享国家政治、经济、文化发展的各项优待条件。[④]　例如，以色列国内围绕黑

---

①　S.Zalman Abramov, *Perpetual Dilemma: Jewish Religion in the Jewish State*, New York: Associated University Press, 1976.

②　俄裔犹太人在族群来源上属于阿什肯纳兹人，但由于进入以色列的时间较晚，在许多方面与东方犹太人一样遭受不公平的对待，基于行文方便把其放在与阿什肯纳兹人对立的东方犹太人阵营进行叙述。

③　[美]劳伦斯·迈耶:《今日以色列》，第159页。

④　Gabriel Piterberg, "Domestic Orientalism: The Representation of 'Oriental' Jews in Zionist/Israeli Historiography", *British Journal of Middle Eastern Studies*, Vol. 23, No. 2（November, 1996）, pp. 125 – 145; Joseph Massad, "Zionism's Internal Others: Israel and the Oriental Jews", *Journal of Palestine Studies*, Vol. 25, No. 4（Summer, 1996）, pp. 53–68.

色犹太人问题展开许多争论，虽然大拉比署将他们认定为犹太人，但老移民对其肤色的偏见始终存在。作为新移民的东方犹太人与阿什肯纳兹老移民的主要区分在于，前者很大程度上并非由于意识形态（即受犹太复国主义的感召）而移民的，而更多出于改善自身经济状况与政治地位的务实考虑。东方犹太人感受到他们被西方犹太人所歧视，通常选择与宗教势力结盟以图改变主流政治格局，从而获得自身地位的改善与提高。[1] 此外值得注意的是，新移民极力强调以原居地文化为核心的族群认同，例如俄裔犹太人坚持使用俄语、成立俄语媒体报纸等："俄裔移民是一个不同的群体。对于他们来说，犹太性首先意味着一种缺乏明确而特定遗产的历史文化集体的归属感。因而，当许多移民已将以色列性作为他们认同的重要部分时，绝大多数俄裔移民的首要认同是被归化的、带俄罗斯性的犹太性。"[2] 这些不同于主流政治认同的文化表达，对以色列社会的整合构成了有力的冲击。

最后，"鹰鸽之争"成为撕裂以色列政治与社会的主要诱因，而且直接影响着中东和平进程的开展。在围绕如何处置 1967 年六日战争中以色列新占领土（戈兰高地、约旦河西岸、加沙地带以及东耶路撒冷[3]）的问题上，一般认为反对归还这些领土的人被视为鹰派，而支持归还者就被视为鸽派，但具体就归还领土多少的不同，鹰派与鸽派内部还存在差异。大体而言，在以色列的普通民众中，属于鹰派的比例大约占 30%，鸽派大约为 40%，其余大约 30%为中间派；而在以色列议会的席位中，鹰派的比例大约为 40%，鸽派大约为 30%，其余大约 30%为中间派。造成这种状况的主要原因是，鹰派通常借助民众的不安全感与恐惧意识，以保障国家安全与维护国家利益的名义渲染阿拉伯人的外部威胁，从而容易获得选民的支持，在议会中占据更大的比例。鹰派不仅极力反对在涉及巴勒斯坦难民以及新占领土的归还问题上进行妥协，而且主张奉行强硬的外交及军事政策，对外部的军事威胁采取先发制人的措施，例如，以色列鹰派多次强调要求对伊朗核设施采取先发

---

[1]　Eliezer Ben-Rafael,"Mizrahi and Russian Challenges to Israel's Dominant Culture:Divergences and Convergences",*Israel Studies*,Vol.12,No.3(Fall,2007),pp.68-91.

[2]　Eliezer Ben-Rafael & Yochanan Peres,*Is Israel One? Religion, Nationalism, and Multiculturalism Confounded*,Leiden:Brill,2005,p.274.

[3]　这次战争中被以色列占领的西奈半岛后来在 1979 年《埃以和平条约》签署后逐步归还埃及。

制人的打击措施，等等。这种情况致使鹰派势力的主张在以色列的对外决策中通常占据上风。而且，鹰派的政治宣传与政治动员具有多米诺效应，受到持强硬立场的鹰派往往获得更多选票的影响，原本属于鸽派的政治人士为迎合选民抛弃原来的温和立场而转向强硬。[①]

就党派而言，"鹰鸽之争"以及由此伴生的政治分歧导致以色列政坛形成左右翼壁垒分明的政治格局：左翼阵营是以工党为首，包括联合工人党、以色列共产党等劳工党派，而右翼则以利库德集团为首，包括全国宗教党、沙斯党、以色列我们的家园党等宗教—民族党派。在 1977 年以前，主导以色列政坛的都是以工党为首的左翼党派，鹰派势力的影响还是有限的；1977年以色列大选，工党首次在选举中落败沦为在野党，右翼的利库德集团在宗教势力支持下获胜上台。在以宗教力量为首的保守势力影响下，鹰派极力反对"以土地换和平"对以色列向阿拉伯人做出领土妥协的行为，从而导致以色列政治与社会之间的裂痕在不断加深。进入 2000 年以来，以色列政党的分化越来越剧烈，工党沦为以色列第三大党，难以与利库德集团相抗衡，形成中间派的前进党与右翼的利库德集团并立的局面，但"鹰鸽之争"始终是以色列政坛的核心问题。

总体而言，以色列社会内部围绕民族、宗教、族群与意识形态等方面出现显著的裂缝，可以被称为一个多裂缝的社会（a Multi-Cleavage society）。就其对立程度而言，民族→宗教→族群→意识形态，依次呈递减态势。前两种层面的对立几乎是难以调和的，它们的要求是"不同公共空间的多元文化主义"（multiculturalism in separate public spaces，简称 MSPS）；而后两种对立是可以调和的，它们要求"相同公共空间的多元文化主义"（multiculturalism in common public spaces，简称 MCPS）。[②] 在这些裂缝的基础上，除去意识形态的分歧，以色列社会形成显著的权力分层（参见下图）：阿什肯纳兹人位于权力的核心（鹰鸽之争可以视为阿什肯纳兹人的内部分歧），东

---

① 然而，以色列政坛的鹰派与鸽派并非一成不变的，两者之间是可以相互转换的。伊扎克·拉宾、西蒙·佩雷斯等一开始就是鹰派，后来才转变成支持和平解决巴以冲突的鸽派。有关佩雷斯如何从鹰派转变为鸽派，参见 Guy Ziv, *Why Hawks Become Doves：Shimon Peres and Foreign Policy Change in Israel*, Albany, NY：State University of New York Press, 2014。

② Yossi Yonah, "Israel as a Multicultural Democracy：Challenges and Obstacles", *Israel Affairs*, Vol.11, No.1（January, 2005）, p.101.

方犹太人与宗教阵营等群体（包括德鲁兹人、贝都因人、阿拉伯基督徒）
位于半边缘，而阿拉伯人（除去德鲁兹人、贝都因人、阿拉伯基督徒）以
及外籍劳工则位于边缘地位。实际上，阿什肯纳兹犹太人这个群体自 19 世
纪末以来就在巴勒斯坦的犹太社团及其后的以色列国牢牢占据着几乎不可撼
动的政治、经济与文化优势地位。有鉴于此，有学者将以色列称为"阿什
肯纳兹霸权性族群国家"（Ashkenazi hegemonic ethnic state）①。

以色列多元社会示意图

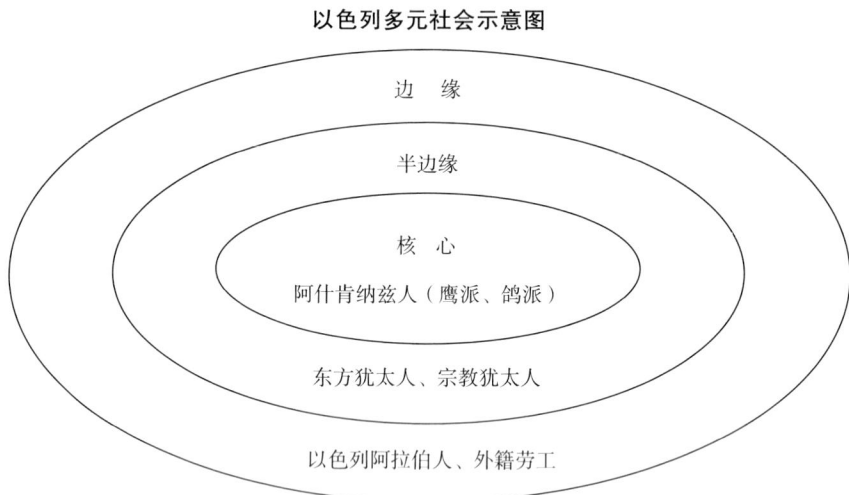

在由以上区分形成的权力等级体系中，以色列社会被这些权力分层深深
撕裂，并且滋生了诸多的社会问题与社会矛盾。这种由社会对立所导致的权
力分层及其强化，产生了两个方面的消极后果：在社会—经济层面上，导致
不同群体之间的贫富差距不断加大，处于弱势地位的群体通常遭受着低收
入、失业、缺乏基本保障等；在族群—宗教上，不同群体之间的政治偏见与
隔阂不断加深，弱势群体在政治参与和政治动员方面都受到一定的限制。进
入 20 世纪下半叶以来，随着多元文化主义在以色列国内的发展，原来受到
压制与排斥的群体开始觉醒，开始了反对阿什肯纳兹霸权地位的斗争，由此
进行了族群政治动员，强调要求参与和分享国家权力。首先，宗教势力通过

---

① As'ad Ghanem, *Ethnic Politics in Israel: The Margins and the Ashkenazi Center*, London: Routledge, 2010, p.xi.

扩建定居点运动来否定传统的政治犹太复国主义，对犹太复国主义进行了极端化的解析。成立于六日战争后的"信仰者集团"就是突出的代表。[1] 其次，在民族关系上，长期以来以色列对于境内阿拉伯人的歧视对待激起了后者的反抗，1987 年 12 月爆发的"因提法达"大起义促使以色列境内阿拉伯人的巴勒斯坦民族意识开始觉醒和高涨，他们开始自称为以色列境内的巴勒斯坦人，而非作为以色列公民的阿拉伯人。再次，东方犹太人发起的族类政治动员打破了以色列建国以来的政治格局，东方犹太人组建政党参加选举并获得一定的议席。1981 年泰米党（Tami）以及 1984 年沙斯党（Sephardi Torah Guardians，简称 SHAS）[2] 的成立就是其中的突出代表。东方犹太人的族性文化张扬有着自身独特的特征，他们往往依附于宗教政党，比较偏向宗教传统。[3] 苏联解体后进入以色列的俄罗斯犹太移民也组建了代表自身利益的政党——"以色列我们的家园党"，参加议会选举并取得一定数量的席位，[4] 从而有力地冲击了主流政党的主导地位。

　　不同族性与社会集团的政治诉求张扬，一方面促进了以色列民主性的进步，同时也导致以色列政治格局多元化，主要政党所获席位不断被小党侵蚀，例如，2013 年 1 月成立的第 19 届以色列议会由 13 个政党组成，获得选票最多的利库德阵营拥有 31 席，第二大党未来党仅为 19 席。而且，多元文化主义在以色列社会的一个重要倾向就是，它在一定程度上助长了右翼激进势力的快速发展，这严重阻碍着巴以双边关系乃至整个中东和平进程。其中的典型事例就是——1995 年 11 月 4 日致力于推动中东和平进程的以色列总理伊扎克·拉宾在众目睽睽之下被宗教极端分子刺死于特拉维夫国王广场。拉宾遇刺充分暴露了以色列社会中的宗教与世俗、鹰派与鸽派之间的矛盾，有学者就此事件的象征意义分析道："拉宾遇刺对于以色列人来说是一个极

---

① Kevin A. Avruch,"Traditionalizing Israeli Nationalism:The Development of Gush Emunim",*Political Psychology*,Vol.1,No.1(Spring,1979),p.54.

② 奉行极右路线的沙斯党,吸引了以色列各宗教党派中的东方犹太人,势力迅速扩张,其议会席位迅速蹿升,一度成为仅次于工党和利库德集团的以色列第三大党。它取代全国宗教党成为经常参加内阁的宗教党派代表,成为左右以色列政坛一股不可忽视的重要力量。

③ Adam Garfindle,*Politics and Society in Modern Israel:Myths and Realities*,Armonk,NY:M.E.Sharpe,2000,p.292.

④ 在 2009 年的以色列议会选举中,该党赢得 15 个席位,成为第 3 大党。之后该党与利库德集团等党派组建联合政府,该党领导人阿维格多·利伯曼出任副总理。

为震惊与深刻创伤的事件。它直接暴露了以色列社会内部以色列身份与犹太身份之间、和平进程的支持者与反对者之间的深刻对立，并使这种对立之于以色列的威胁得到强调。……以色列人现在从事的政治与文化论争将危及以色列的民主秩序，甚至导致他们内部发生一场战争。……对于许多世俗、左翼的以色列人而言，敌人不再是巴勒斯坦人，而是试图将神权统治强加于这个国家的犹太宗教狂热分子。对于宗教右翼势力来说，这些世俗的以色列人已经屈服于外邦文化的诱惑而只是‘讲希伯来语的外邦人’。"[①] 此外，2000年第二次因提法达起义的爆发，全面暴露了以色列社会犹太人与阿拉伯人之间的矛盾，两大民族之间的互不信任加剧，伊斯兰激进势力采取自杀性袭击，而以色列方面则使用"定点清除"政策进行报复，导致以暴易暴、冲突不断升级，从而给中东和平进程带来严重的负面影响。

在多元文化主义者看来，阻扰他们认同以色列国的根本困境就在于，以色列国存在犹太性与民主性的悖论。以色列国《独立宣言》声称将保证全体公民不分宗教、信仰、种族与性别而享有政治上的平等权，阿拉伯人作为以色列境内最大的少数民族，长期以来被视为异己和被排斥的对象，他们无法也不能被整合进以色列国家的集体认同之中，甚至常常遭到怀疑和监视。此外，以色列社会对待宗教群体、东方犹太人等的做法也欠缺妥当，使之沦为权力分层体系下的半边缘群体，遭受着不公正的对待。对于以色列处理族群关系的做法，学界形成两种具有代表性的对立观点：一是认为它是"族群民主"（Ethnic Democracy），以色列作为一个民主国家，包括阿拉伯人在内的所有公民都享有选举权与参政权，这些都在法律上得到了保障；另一些学者将之斥为"一族政治"（Ethnocracy），认为以色列代表着世界范围内普遍的模式，就是某个主导族群对其他族群享有霸权地位。[②] 多元文化主义主张以色列政府应该承认诸多群体在以阿什肯纳兹霸权为主导的以色列民族国家与文化建构过程中所遭受的不公正待遇，从根本上改变对国内弱势与边缘

---

① Dov Waxman, *The Pursuit of Peace and the Crisis of Israeli Identity*, New York: Palgrave Macmillan, 2006, p.122.

② 各自代表性的观点，参见 Sammy Smooha, "Ethnic Democracy: Israel as an Archetype", *Israel Studies*, Vol.2, No.2(Fall, 1997), pp.198-241; Oren Yiftachel, *Ethnocracy: Land and Identity Politics in Israel/Palestine*, Philadelphia: University of Pennsylvania Press, 2006。

群体的态度，以更加宽容的心态和平等的政策来对待他们。在此基础上，维护群体正义、保障社会公平，建构一个包容与接纳不同民族、宗教、族群、意识形态的公民身份共同体，许多不同群体以自由、平等的公民身份参与以色列的经济、社会和文化生活，在此基础上，以色列国才能成为一个真正代表境内所有公民、体现各大群体的多元民主国家（Multicultural Democracy）。

就集体认同层面而言，多元文化主义带来的重要影响就是，它导致以色列社会"集体记忆的私人化"（Privatization of Israeli Collective Memory）。以大屠杀为例，以色列建国以来的大屠杀记忆可以分为三个阶段，每个阶段都以占据主导地位的记忆为特征，但这些主导记忆的霸权地位又受到其他竞争性的边缘性记忆的挑战：（1）"分裂性记忆时期"（the divided memory period）：以对恐怖的初次揭露为开始，持续于建国过程中，结束于艾希曼审判。这个时期对大屠杀持有一种二元的态度：一方面对受害者经受的折磨和痛苦表示情感认同；一方面又对他们过于懦弱的行为提出批评。这种分裂性记忆把幸存者吸收进了阿什肯纳兹霸权（Ashkenazi Hegemony），但同时又把他们建构为"他者"。（2）"民族化记忆时期"（the nationalized memory period）：从艾希曼审判开始，犹太复国主义充分利用了人们对大屠杀受害者的同情，大屠杀的教训向以色列人灌输了一种"整个世界都在与我们作对"，使强硬政治变得合法化。（3）"私人化记忆时期"（the privatized memory period）：开始于20世纪80年代，它是以色列经历的私有制革命在意识形态上的产物，同时也受到黎巴嫩战争和巴勒斯坦大起义中所遇到的政治、道德困境的影响。私人化记忆将大屠杀变成一种私人记忆，这种记忆与作为受害人、幸存者或"第二代"的每个犹太人的命运息息相关。①

多元文化主义的激烈批评削弱并瓦解着以色列的集体主义精神，推动了20世纪80年代以色列社会的私有化革命，而这场政治经济领域的私有化革命蔓延到社会文化领域，通过与后犹太复国主义相结合，不可避免地导致以色列的集体记忆走向"私人化"："后犹太复国主义的原罪话语（guilt discourse）与私人化的集体记忆作为私有化革命反对犹太复国主义集体主义精

---

① 参见 Daniel Gutwein,"The Privatization of the Holocaust: Memory, Historiography, and Politics", *Israel Studies*, Vol.14, No.1（Spring, 2009）, pp.36–64。

神斗争的有力武器而出现。"[1] 在多元文化主义的冲击下，以色列社会的集体认同也经历着深刻的转型，它由建国初期的单数形式碎化为复数形式，强调不同群体乃至个人都可以拥有不同的身份，[2] 从而呈现出一幅多元化、碎片化的身份认同。这种状况充分表明，处于政治权力边缘的社会群体并没有分享与主流社会相同的集体记忆，而是强调自己的身份认同以与之对抗，试图找回被长期压抑排斥的群体记忆。在此情况下，以色列作为民主国家与犹太国家的根本属性饱受质疑，"以色列性"（Israeliness）正处于岌岌可危的境地，有学者将此危局称为"处在十字路口的以色列民主"。[3]

客观来讲，以色列多元社会的出现是与世界范围内的多元文化主义浪潮密切相关的。以色列是典型的移民国家，复杂多样的民族构成是其显著特征，而且移民的过程仍在不断进行中，这与加拿大、美国、澳大利亚等多元社会有着相似之处。以色列多元社会的兴起与发展，促使建国初期确立的主流话语不断被解构，长期维系的集体认同也面临着严峻的威胁。然而，与其他的多元社会相比，以色列有其特别之处，而这种不同恰恰成为以色列社会虽然多元但不至于走向崩解的重要稳定器。除具有"民主国家"与"犹太国家"的属性以外，以色列国还具有"安全国家"（即强调国家安全的极端重要性）的属性，它与前两者共同构成以色列赖以存在并不同于其他国家的三大支柱。这三大支柱之间相互维持、互为补充，[4] 在调节社会矛盾与整合集体认同上发挥了重要的作用。以色列作为一个民主国家，被压抑的边缘群体始终存在其表达政治诉求的渠道，他们可以通过组建政党、参加选举等方式改善自身地位，东方犹太人在20世纪80年代末以来政治地位的提高就是鲜明的体现。这一整套行之有效、运转合理的民主程序确保了以色列社会

---

[1]　Daniel Gutwein, "From Melting Pot to Multiculturalism; or, The Privatization of Israeli Identity", in Anita Shapira, ed., *Israeli Identity in Transition*, p.226.

[2]　Rebecca Kook, "The Fact of Pluralism and Israeli National Identity", *Philosophy & Social Criticism*, Vol. 24, No.6(Nov., 1998), pp.1-24.

[3]　Raphael Cohen-Almagor, ed., *Israeli Democracy at the Crossroads*, London: Routledge, 2005.

[4]　当民主国家、犹太国家与安全国家三者之间发生矛盾时，通常以后两大属性为准进行优先考虑。对以色列国基本属性的分析，参见张倩红、艾仁贵：《犹太文化》，人民出版社2013年版，第300—306页。

不会发生像中东其他许多国家那样的政治动乱。①而且，自建国以来以色列始终处在极其尴尬与窘迫的地缘政治环境之中，周围的阿拉伯国家大都对其采取持久的敌视态度，由经常性的外部威胁所催生的社会现实与国民心理，为凝聚集体认同提供了必要的刺激因素，使之成为以色列多元社会保持稳定的另一重要保障机制。

更为关键的是，在以色列多元社会的诸多裂缝中，仍然存在一种超越分歧的"主导文化"（dominant culture），虽然它的统治力与建国初期已无法相提并论。这是它与其他西方多元社会的根本不同之处。占据这个国家绝大多数人口（75%以上）的犹太人所掌握的主导文化的活力并没有衰退，只是不断受到其他（以及内部）小群体的冲击；而且处于裂缝中的弱势群体，尚不具备与主导群体相抗衡的经济与政治实力。民族与宗教的关系在以色列是一种特殊的存在，它们既是社会裂缝的由来同时也是认同维系的纽带："民族主义与宗教的关系……这一主题遍布于许多裂缝之中，这种装置促使主导文化与其裂缝之间形成一种特殊的关系。换言之，它被称为一种裂缝的系统，这是一种根据内在动力和外部影响而开放与发展的系统，但所有这些实体在根本上随它们作为这个社会组成部分的获得与失去而转变。……总之，以色列作为一个整体无可否认，但这种观点不能作为一个决定性的论断来加以认可；它对所有那些相关者来说都是一种挑战。"②

正因为如此，尽管以色列主流的政治文化语境不断遭遇来自内部的批评与质疑，有人甚至把多元文化主义看作是社会根基的撼动者，把后犹太复国主义斥之为以色列社会的掘墓人。特别是近些年来随着多元文化主义思潮在全球范围内遭遇挫折，也有以色列人公开声称多元文化主义在以色列国宣告失败，但客观而论，多元文化主义确实加大了以色列社会的开放程度，推进了以色列社会的政治民主化进程，因此也成为以色列民族国家建构过程中一道抹不去的风景。

---

① 自2011年席卷整个中东地区的政治剧变（西方世界称为"阿拉伯之春"），引发了中东自1945年以来前所未有的政治动荡与社会失序，其影响至今仍未结束，而以色列几乎是本地区唯一得以幸免的国家。
② Eliezer Ben-Rafael & Yochanan Peres, *Is Israel One? Religion, Nationalism, and Multiculturalism Confounded*, p.300.

主要参考文献

中 文 著 作

1．《马克思恩格斯选集》，人民出版社 2012 年版。

2．《圣经》中文和合本，中国基督教协会 1989 年版。

3．《密释纳·第一部：种子》，张平译注，山东大学出版社 2011 年版。

4．［以］阿巴·埃班：《犹太史》，阎瑞松译，中国社会科学出版社 1986 年版。

5．［美］本尼迪克特·安德森：《想象的共同体：民族主义的起源与散布》，吴叡人译，上海人民出版社 2005 年版。

6．［英］鲍曼：《现代性与大屠杀》，杨渝东、史建华译，译林出版社 2002 年版。

7．［英］查姆·伯曼特：《犹太人》，冯玮译，上海三联书店 1991 年版。

8．［英］约翰·德雷恩：《旧约概论》，许一新译，北京大学出版社 2004 年版。

9．［德］克劳斯·费舍尔：《德国反犹史》，钱坤译，江苏人民出版社 2007 年版。

10．［美］路易斯·芬克尔斯坦编：《犹太人与世界文化》，林太、张毛毛等编译，上海三联书店 1993 年版。

11．〔英〕芬纳：《统治史（卷一）：古代的王权和帝国》，马百亮、王震译，华东师范大学出版社 2010 年版。

12．〔美〕亨利·富兰克弗特：《王权与神祇》，郭子林等译，上海三联书店 2007 年版。

13．〔美〕亨利·富兰克弗特：《古代埃及宗教》，郭子林等译，上海三联书店 2005 年版。

14．〔美〕加利·格林伯格：《圣经：摩西出埃及与犹太人的起源》，祝东力、秦喜清译，光明日报出版社 2001 年版。

15．〔法〕莫里斯·哈布瓦赫：《论集体记忆》，毕然等译，上海人民出版社 2002 年版。

16．〔奥〕西奥多·赫茨尔：《犹太国》，肖宪译，商务印书馆 1993 年版。

17．〔美〕亚伯拉罕·赫舍尔：《觅人的上帝》，郭鹏等译，山东大学出版社 2003 年版。

18．〔英〕埃里克·霍布斯鲍姆等编：《传统的发明》，顾杭、庞冠群译，译林出版社 2004 年版。

19．〔英〕亨利·卡坦：《巴勒斯坦，阿拉伯人和以色列》，西北大学伊斯兰教研究所译，北京人民出版社 1975 年版。

20．〔美〕保罗·康纳顿：《社会如何记忆》，纳日碧力戈译，上海人民出版社 2000 年版。

21．〔美〕亚伯拉罕·科恩：《大众塔木德》，盖逊译，山东大学出版社 1998 年版。

22．〔美〕撒母耳·科亨：《犹太教：一种生活之道》，徐新等译，四川人民出版社 2009 年版。

23．〔德〕维尔纳·科勒：《圣经：一部历史》，林纪焘等译，三联书店 1998 年版。

24．〔英〕沃尔特·拉克：《犹太复国主义史》，徐方、阎瑞松译，上海三联书店 1992 年版。

25．〔美〕大卫·鲁达夫斯基：《近现代犹太宗教运动——解放和调整的历史》，傅有德等译，山东大学出版社 1996 年版。

26．〔英〕诺亚·卢卡斯：《以色列现代史》，杜先菊等译，商务印书馆1997年版。

27．〔英〕塞西尔·罗斯：《简明犹太民族史》，黄福武等译，山东大学出版社1997年版。

28．〔美〕劳伦斯·迈耶：《今日以色列》，钱乃复等译，新华出版社1987年版。

29．〔意〕莫米利亚诺：《现代史学的古典基础》，冯洁音译，华东师范大学出版社2009年版。

30．〔以〕西蒙·佩雷斯：《新创世记》，高秋福、戴惠坤译，新华出版社2002年版。

31．〔以〕艾兰·佩普：《现代巴勒斯坦史》，王健等译，上海人民出版社2010年版。

32．〔美〕萨义德：《最后的天空之后：巴勒斯坦人的生活》，金玥钰译，新星出版社2006年版。

33．〔美〕萨义德、〔美〕巴萨米安：《文化与抵抗：萨义德访谈录》，梁永安译，上海译文出版社2009年版。

34．〔美〕罗伯特·塞尔茨：《犹太的思想》，赵立行、冯玮译，上海三联书店1994年版。

35．〔英〕安东尼·史密斯：《民族主义：理论，意识形态，历史》，叶江译，上海人民出版社2006年版。

36．〔法〕舒拉基：《犹太教史》，吴模信译，商务印书馆2001年版。

37．〔德〕哈拉尔德·韦尔策编：《社会记忆：历史、回忆、传承》，季斌等译，北京大学出版社2007年版。

38．〔美〕迈克尔·沃尔泽等编：《犹太政治传统（卷一）》，刘平等译，华东师范大学出版社2011年版。

39．〔美〕威廉·夏伊勒：《第三帝国的兴亡：纳粹德国史》，董乐山等译，三联书店1974年版。

40．陈恒、耿相新主编：《新史学（第八辑）：纳粹屠犹——历史与记忆》，大象出版社2007年版。

41．陈贻绎：《希伯来语〈圣经〉导论》，北京大学出版社2011年版。

42．傅有德等:《犹太哲学史》,中国人民大学出版社 2008 年版。

43．李炽昌、游斌:《生命言说与社群认同:希伯来圣经五小卷研究》,中国社会科学出版社 2003 年版。

44．梁工:《圣经时代的犹太社会与民俗》,宗教文化出版社 2002 年版。

45．潘光主编:《犹太研究三十年,1978—2008》,上海社会科学院出版社 2008 年版。

46．王立新:《古代以色列历史文献、历史框架、历史观念研究》,北京大学出版社 2004 年版。

47．徐新、凌继尧主编:《犹太百科全书》,上海人民出版社 1993 年版。

48．徐新:《犹太文化史》,北京大学出版社 2006 年版。

49．殷罡主编:《阿以冲突——问题与出路》,国际文化出版公司 2002 年版。

50．游斌:《希伯来圣经的文本、历史与思想世界》,宗教文化出版社 2007 年版。

51．张倩红:《困顿与再生:犹太文化的现代化》,江苏人民出版社 2003 年版。

52．张倩红:《以色列史》(修订本),人民出版社 2014 年版。

53．张倩红、艾仁贵:《犹太文化》,人民出版社 2013 年版。

54．周燮藩主编:《犹太教小辞典》,上海辞书出版社 2004 年版。

55．朱维之主编:《希伯来文化》,上海社会科学院出版社 2004 年版。

外 文 著 作

1．David Aberbach, *Jewish Cultural Nationalism: Origins and Influences*, London: Routledge, 2008.

2．S. Zalman Abramov, *Perpetual Dilemma: Jewish Religion in the Jewish State*, New York: Associated University Press, 1976.

3．P. R. Ackroyd & C. F. Evans, eds., *The Cambridge History of the Bible*, Vol. 1, Cambridge: Cambridge University Press, 1970.

4．Yohanan Aharoni, *The Land of the Bible: A Historical Geography*, trans. &

ed. Anson F. Rainey, Philadelphia: Westminster, 1979.

5. Oz Almog, *The Sabra: The Creation of the New Jew*, trans. Haim Watzman, Berkeley: University of California Press, 2000.

6. S. Almog, *Zionism and History: The Rise of a New Jewish Consciousness*, New York: St. Martin's Press, 1987.

7. Albrecht Alt, *Essays on Old Testament Religion*, trans. R. A. Wilson, Garden City: Doubleday, 1968.

8. Alexander Altmann, *Moses Mendelssohn: A Biographical Study*, Philadelphia: The Jewish Publication Society of America, 1973.

9. Hannah Arendt, *Eichmann in Jerusalem: A Report on the Banality of Evil*, New York: Penguin, 1994.

10. David Armitage et al., eds., *Milton and Republicanism*, Cambridge: Cambridge University Press, 1995.

11. Jan Assmann, *Moses the Egyptian: The Memory of Egypt in Western Monotheism*, Cambridge: Harvard University Press, 1997.

12. Salo W. Baron, *A Social and Religious History of the Jews*, Vol. 5, New York: Columbia University Press, 1967.

13. Salo W. Baron, *The Jewish Community: Its History and Structure to the American Revolution*, Vol. 1, Philadelphia: The Jewish Publication Society of America, 1942.

14. Salo W. Baron, *History and Jewish Historians*, Philadelphia: Jewish Publication Society of America, 1964.

15. Omer Bartov, *Murder in Our Midst: The Holocaust, Industrial Killing, and Representation*, New York: Oxford University Press, 1996.

16. Yehuda Bauer, *Rethinking the Holocaust*, New Haven: Yale University Press, 2001.

17. Benjamin Beit-Hallakmi, *Original Sins: Reflections on the History of Zionism and Israel*, London: Pluto Press, 1992.

18. Eliezer Ben-Rafael & Yochanan Peres, *Is Israel One? Religion, Nationalism, and Multiculturalism Confounded*, Leiden: Brill, 2005.

19 . H. H. Ben-Sasson, ed. , *A History of the Jewish People*, Cambridge: Harvard University Press, 1985.

20 . Nachman Ben-Yehuda, *The Masada Myth: Collective Memory and Myth-making in Israel*, Madison: University of Wisconsin Press, 1995.

21 . Meron Benvenisti, *Sacred Landscape: The Buried History of the Holy Land since 1948*, trans. Maxine Kaufman-Lacusta, Berkeley: University of California Press, 2000.

22 . E. R. Bevan & C. Singer, eds. , *The Legacy of Israel*, Oxford: Clarendon Press, 1927.

23 . David Biale, *Power and Powerless in Jewish History*, New York: Schocken Books, 1986.

24 . David Biale, ed. , *Cultures of Jews: A New History*, New York: Schocken Books, 2002.

25 . Baruch Bokser, *The Origins of the Seder: The Passover Rite and Early Rabbinic Judaism*, Berkeley: California University Press, 1984.

26 . G. J. Botterweck, H. Ringgren & Heinz-Josef Fabry, eds. , *Theological Dictionary of the Old Testament*, Vol. 8, trans. Douglas W. Stott, Grand Rapids, MI: Wm. B. Eerdmans, 1997.

27 . G. J. Botterweck, H. Ringgren & Heinz-Josef Fabry, eds. , *Theological Dictionary of the Old Testament*, Vol. 9, trans. David E. Green, Grand Rapids, MI: Wm. B. Eerdmans, 1998.

28 . Ahron Bregman, *A History of Israel*, New York: Palgrave Macmillan, 2003.

29 . Michael Brenner & Gideon Reuveni, eds. , *Emancipation through Muscles: Jews and Sports in Europe*, Lincoln & London: University of Nebraska Press, 2006.

30 . Marc Zvi Brettler, *God is King: Understanding an Israelite Metaphor*, Sheffield: Sheffield Academic Press, 1989.

31 . John Bright, *A History of Israel*, Philadelphia: Westminster Press, 1981.

32 . Douglas A. Brooks, ed. , *John Milton and the Jews*, Cambridge: Cambridge University Press, 2008.

33 . Simcha S. Brooks, *Saul and the Monarchy: A New Look*, Burlington, Vt. :

Ashgate,2005.

34 . Martin Buber,*Kingship of God*,trans. Richard Scheimann,New York:Harper & Row,1967.

35 . Elisheva Carlebach,John M. Efron & David N. Myers,eds.,*Jewish History and Jewish Memory*, *Essays in Honor of Yosef Hayim Yerushalmi*, Hanover & London:Brandeis University Press of New England,1998.

36 . David Cesarani,ed.,*After Eichmann:Collective Memory and the Holocaust since 1961*,London:Routledge,2005.

37 . Brevard S. Childs, *Memory and Tradition in Israel*, London: SCM Press,1962.

38 . Jeremy Cohen & Richard I. Cohen,eds.,*The Jewish Contribution to Civilization: Reassessing an Idea*, Oxford: The Littman Library of Jewish Civilization,2008.

39 . Mitchell Cohen,*Zion and State:Nation,Class and the Shaping of Modern Israel*,New York:Basil Blackwell,1987.

40 . Raphael Cohen-Almagor, ed., *Israeli Democracy at the Crossroads*, London:Routledge,2005.

41 . Tim Cole,*Selling the Holocaust:From Auschwitz to Schindler*,New York: Routledge,1999.

42 . Allison P. Coudert & Jeffrey S. Shoulson, eds., *Hebraica Veritas? Christian Hebraists and the Study of Judaism in Early Modern Europe*,Philadelphia: University of Pennsylvania Press,2004.

43 . Frank M. Cross, *Canaanite Myth and Hebrew Epic*, Cambridge: Harvard University Press,1973.

44 . Petrus Cunaeus,*The Hebrew Republic*,translated and annotated by Peter Wyetzner,Jerusalem:Shalem Press,2006.

45 . Alain Dieckhoff, *The Invention of a Nation: Zionist Thought and the Making of Modern Israel*,London:Hurst & Company,2003.

46 . Pinchas Doron-Spalter,*Major Concepts of the Talmud*,Vol. 1,Jerusalem: Targum Press,2008.

47 . T. Dothan & Moshe Dothan, *People of the Sea*: *The Search for Philistines*, New York: Macmillan Publishing Co., 1992.

48 . Thomas B. Dozeman, *God at War*: *Power in the Exodus Tradition*, New York: Oxford University Press, 1996.

49 . Ze' ev Drory, *The Israel Defense Force and the Foundation of Israel*: *Utopia in Uniform*, London: Routledge, 2004.

50 . Abba Eban, *My People*: *The Story of the Jews*, London: Weidenfeld & Nicolson, 1969.

51 . Amos Elon, *The Israelis*: *Founders and Sons*, New York: Holt, Rinehart & Winston, 1971.

52 . Isidore Epstein, trans. & ed., *The Babylonian Talmud*, 35 vols., London: Soncino Press, 1935–1952; Reissued in 18 vols., 1961.

53 . Richard Evans, *In Hitler's Shadow*, New York: Pantheon, 1989.

54 . Helen Fein, *Genocide*: *A Sociological Perspective*, London: Sage Publications, 1993.

55 . Shmuel Feiner & David Sorkin, eds., *New Perspectives on the Haskalah*, Portland, Oregon: The Littman Library of Jewish Civilization, 2001.

56 . Shmuel Feiner, *Haskalah and History*: *The Emergence of a Modern Jewish Historical Consciousness*, trans. Chaya Naor & Sondra Silverston, Oxford: The Littman Library of Jewish Civilization, 2002.

57 . Shmuel Feiner, *The Jewish Enlightenment*, trans. Chaya Naor, Philadelphia: University of Pennsylvania Press, 2004.

58 . Louis H. Feldman, *Josephus and Modern Scholarship* (*1937 – 1980*), Berlin: Walter de Gruyter, 1984.

59 . Louis Finkelstein, ed., *The Jews*: *Their History, Culture, and Religion*, New York: Harper & Row, 1949.

60 . Norman G. Finkelstein, *The Holocaust Industry*: *Reflections on the Exploitation of Jewish Suffering*, New York: Verso, 2003.

61 . F. S. Frick, *The Formation of the State in Ancient Israel*, Sheffield: JOST Press, 1985.

62 . François Furet, *Unanswered Questions*: *Nazi Germany and the Genocide of the Jews*, New York: Schocken Books, 1989.

63 . Frank E. Gaebelein, ed., *The Expositor's Bible Commentary*, Vol. 3, Grand Rapids, MI: Zondervan Publishing House, 1992.

64 . Yoav Gelber, *Palestine*, *1948*: *War*, *Escape and the Emergence of the Palestinian Refugee Problem*, Brighton: Sussex Academic Press, 2001.

65 . Gerald E. Gerbrandt, *Kingship According to the Deuteronomistic History*, Atlanta: Scholars Press, 1986.

66 . Norman K. Gottwald, *The Tribes of Yahweh*: *A Sociology of the Religion of Liberated Israel*, *1250–1050 B. C. E.*, Maryknoll: Orbis Books, 1979.

67 . Norman K. Gottwald, *The Politics of Ancient Israel*, Louisville, KY: Westminster John Knox Press, 2001.

68 . Lester L. Grabbe, *Ancient Israel*: *What Do We Know and How Do We Know It*? London: T&T Clark, 2007.

69 . Gil Graff, *Separation of Church and State*: *Dina de-Malkhuta Dina in Jewish Law*, *1750–1848*, Alabama: University of Alabama Press, 1985.

70 . Julius Guttman, *Philosophies of Judaism*, New York: Shocken Books, 1973.

71 . Nadia Abu el-Haj, *Facts on the Ground*: *Archaeological Practice and Territorial Self-Fashioning in Israeli Society*, Chicago: University of Chicago Press, 2001.

72 . Baruch Halpern, *The Constitution of the Monarchy in Israel*, Chico: Scholars Press, 1981.

73 . Don Handelman, *Models and Mirrors*: *Towards an Anthropology of Public Events*, Cambridge: Cambridge University Press, 1990.

74 . Hannah K. Harrington, *Holiness*: *Rabbinic Judaism and the Graeco-Roman World*, London: Routledge, 2001.

75 . Yoram Hazoni, *The Jewish State*: *The Struggle for Israel's Soul*, New York: Basic Books, 2000.

76 . G. C. Heider, *The Cult of Molek*: *A Reassessment*, Sheffield: JSOT Press, 1985.

77 . Abraham Mayer Heller, *The Jew and His World*, New York: Twayne Pub-

lishers,Inc.,1965.

78 . Ronald Hendel, *Remembering Abraham: Culture, Memory, and History in the Hebrew Bible*, Oxford: Oxford University Press, 2005.

79 . Abraham J. Heoschel, *The Prophets*, Philadelphia: The Jewish Publication Society of America, 1962.

80 . Arthur Hertzberg, ed., *The Zionist Idea: A Historical Analysis and Reader*, Philadelphia: The Jewish Publication Society of America, 1997.

81 . Jonathan M. Hess, *Germans, Jews and the Claims of Modernity*, New Haven: Yale University Press, 2002.

82 . Raul Hilberg, *The Destruction of the European Jews*, London: W. H. Allen, 1961.

83 . Christopher Hill, *The English Bible and the Seventeenth-Century Revolution*, London: Allen Lane/Penguin, 1993.

84 . George Horowitz, *The Spirit of Jewish Law*, New York: Bloch Publishing Co., 1978.

85 . Albert M. Hyamson, *A History of the Jews in England*, London: Chatto & Windus, 1908.

86 . Tomoo Ishida, *History and Historical Writing in Ancient Israel*, Leiden: Brill, 1999.

87 . A. R. Johnson, *Sacral Kingship in Ancient Israel*, Cardiff: University of Wales Press, 1967.

88 . G. Lloyd Jones, *The Discovery of Hebrew in Tudor England: A Third Language*, Manchester: Manchester University Press, 1983.

89 . Modecai M. Kaplan, *The Greater Judaism in the Making: A Study of the Modern Evolution of Judaism*, New York: Reconstructionist Press, 1960.

90 . Jonathan Karp & Adam Sutcliffe, eds., *Philosemitism in History*, Cambridge: Cambridge University Press, 2011.

91 . David S. Katz, *Philo-Semitism and the Readmission of the Jews to England, 1603–1655*, Oxford: Oxford University Press, 1982.

92 . Steven Katz, *The Holocaust in Historical Context*, Vol. 1: *The Holocaust*

and Mass Death Before the Modern Age, Oxford: Oxford University Press, 1994.

93 . Elie Kedourie, ed., *The Jewish World: Revelation, Prophecy and History*, London: Thames & Hudson, 2003.

94 . Orna Kenan, *Between Memory and History: The Evolution of Israeli Historiography of the Holocaust, 1945–1961*, New York: Peter Lang, 2003.

95 . Walid Khalidi, ed., *From Haven to Conquest: Readings in Zionism and the Palestine Problem until 1948*, Beirut: Institute for Palestine Studies, 1971.

96 . Walid Khalidi, *Before Their Diaspora: A Photographic History of the Palestinians, 1876–1948*, Washington, DC: Institute for Palestine Studies, 1984.

97 . Walid Khalidi, *All That Remains: The Palestinians Villages Occupied and Depopulated by Israel in 1948*, Washington, DC: Institute for Palestine Studies, 1992.

98 . Laleh Khalili, *Heroes and Martyrs of Palestine: The Politics of National Commemoration*, Cambridge: Cambridge University Press, 2007.

99 . John Klier, *Russians, Jews, and the Pogroms of 1881–1882*, New York: Cambridge University Press, 2011.

100 . Milton R. Konvitz, *Judaism and Human Rights*, New York: W. W. Norton & Co., 1972.

101 . Dominick LaCapra, *Representing the Holocaust: History, Theory, Trauma*, Ithaca: Cornell University Press, 1994.

102 . M. Willard Lampe, *The Limitations upon the Power of the Hebrew Kings: A Study in Hebrew Democracy*, Philadelphia: University of Pennsylvania, 1914.

103 . Leo Landman, *Jewish Law in the Diaspora: Confrontation and Accommodation*, Philadelphia: Dropsie College, 1968.

104 . Ruth Langer, *Cursing the Christians? A History of the Birkat HaMinim*, Oxford: Oxford University Press, 2011.

105 . Ronit Lentin, *Co-memory and Melancholia: Israelis Memorializing the Palestininan Nakba*, Manchester: Manchester University Press, 2010.

106 . Nora Levin, *The Holocaust: The Destruction of European Jewry, 1933–1945*, New York: T. Y. Crowell, 1968.

107 . Charles S. Liebman & Eliezer Don-Yehiya, *Civil Religion in Israel: Traditional Judaism and Political Culture in the Jewish State*, Berkeley, University of California Press, 1983.

108 . Saul Lieberman, ed., *Salo Wittmayer Baron Jubilee Volume*, Jerusalem: American Academy for Jewish Research, 1974.

109 . Meir Litvak, ed., *Palestinian Collective Memory and National Identity*, New York: Palgrave Macmillan, 2009.

110 . Yair Lorberbaum, *Disempowered King: Monarchy in Classical Jewish Literature*, London: Continuum, 2011.

111 . Yehuda Lukacs & Abdullah M. Battah, eds., *The Arab-Israeli Conflict: Two Decades of Change*, Boulder & London: Westview Press, 1988.

112 . Yaakov Malkin, ed., *Free Judaism & Religion in Israel*, Jerusalem: Milan Press, 2002.

113 . Menahem Mansoor, *Jewish History and Thought*, Hoboken, NJ: Ktav Pub. House, 1991.

114 . Frank E. Manuel, *The Broken Staff: Judaism Through Christian Eyes*, Cambridge, MA: Harvard University Press, 2010.

115 . Nur Masalha, *The Politics of Denial: Israel and the Palestinian Refugee Problem*, London: Pluto Press, 2003.

116 . Tamar Mayer & S. Ali Mourad, eds., *Jerusalem: Idea and Reality*, London: Routledge, 2008.

117 . P. Kyle McCarter, *I Samuel: A New Translation*, Garden City: Doubleday, 1980.

118 . J. G. McConville, *God and Earthly Power*, London: T&T Clark, 2006.

119 . Paul R. Mendes-Flohr & Jehuda Reinharz, eds., *The Jew in the Modern World: A Documentary History*, New York & Oxford: Oxford University Press, 1980.

120 . Michael A. Meyer, *The Origins of the Modern Jew: Jewish Identity and European Culture in Germany, 1749 – 1824*, Detroit: Wayne State University Press, 1967.

121 . Michael A. Meyer, *Response to Modernity: A History of the Reform Move-

ment in Judaism, New York: Oxford University Press, 1988.

122 . Mack Michael, *German Idealism and the Jew: The Inner Anti-Semitism of Philosophy and German Jewish Responses*, Chicago: The University of Chicago Press, 2003.

123 . Alan Mintz, *Hurban: Responses to Catastrophe in Hebrew Literature*, New York: Columbia University Press, 1984.

124 . Benny Morris, *1948: A History of the First Arab-Israeli War*, New Haven: Yale University Press, 2008.

125 . George L. Mosse, *Fallen Soldiers: Reshaping the Memory of the World Wars*, New York: Oxford University Press, 1990.

126 . Donald F. Murray, *Divine Prerogative and Royal Pretension: Pragmatics, Poetics and Polemics in a Narrative Sequence about David*, Sheffield: Sheffield Academic Press, 1998.

127 . David N. Myers, *Resisting History: Historicism and Its Discontents in German-Jewish Thought*, Princeton: Princeton University Press, 2003.

128 . Eric Nelson, *The Hebrew Republic: Jewish Sources and the Transformation of European Political Thought*, Cambridge, MA: Harvard University Press, 2010.

129 . Jacob Neusner, *The Way of Torah: An Introduction to Judaism*, Belmont, Calif. : Wadsworth, 1993.

130 . Jacob Neusner, *The Idea of History in Rabbinic Judaism*, Leiden: Brill, 2004.

131 . Martin Noth, *The Deuteronomistic History*, Sheffield: JSOT Press, 1981 (1943).

132 . W. O. E. Oesterley & T. H. Robinson, *A History of Israel*, Vol. 1, Oxford: Clarendon Press, 1932.

133 . Ben C. Ollenburger, *Zion, the City of the Great King: A Theological Symbol of the Jerusalem Cult*, Sheffield: Sheffield Academic Press, 1987.

134 . Jakob J. Petuchowski, ed., *New Perspectives on Abraham Geiger*, New York: Katv Publishing House, Inc., 1975.

135 . Horst Dietrich Preuss, *Old Testament Theology*, Vol. 1, Louisville: West-

minster John Knox Press,1995.

136 . J. B. Pritchard,ed.,*Ancient Near Eastern Texts Relating to the Old Testament*,Princeton:Princeton University Press,1955.

137 . Emanuel Rackman,*Modern Halakhah for Our Time*,Hoboken,N. J. : Ktav Publishing,1995.

138 . Donald B. Redford,*Egypt*,*Canaan*,*and Israel in Ancient Times*,Princeton:Princeton University Press,1992.

139 . Jehuda Reinharz & Walter Schatzberg,eds.,*The Jewish Response to German Culture:From the Enlightenment to the Second World War*,Hanover & London: University Press of New England,1985.

140 . H. Reviv,*The Elders in Ancient Israel:A Study of a Biblical Institution*, Jerusalem:Magnes Press,1989.

141 . Eugene L. Rogan & Avi Shlaim,eds.,*The War for Palestine:Rewriting the History of 1948*,Cambridge:Cambridge University Press,2007.

142 .Philip George Rogers,*The Fifth Monarchy Men*,Oxford: Oxford University Press,1966.

143 . Thomas C. Römer,*The So-called Deuteronomistic History*,London:T&T Clark,2005.

144 . Alan Rosenbaum,ed.,*Is the Holocaust Unique?Perspectives on Comparative Genocide*,Boulder:Westview Press,2009.

145 . Jason P. Rosenblatt,*Renaissance England's Chief Rabbi:John Selden*, Oxford:Oxford University Press,2006.

146 . Robert I. Rotberg,ed.,*Israeli and Palestinian Narratives of Conflict: History's Double Helix*,Bloomington:Indiana University Press,2006.

147 . Nathan Rotenstreich,*The Recurring Pattern:Studies in Anti-Judaism in Modern Thought*,London:Weidenfeld & Nicolson,1963.

148 . Nathan Rotenstreich,*Jews and German Philosophy:The Polemics of Emancipation*,New York:Schocken Books,1984.

149 . Cecil Roth,*The Jewish Contribution to Civilization*,London:Macmillan & Co.,1938.

150 . Danny Rubinstein, *The People of Nowhere: The Palestinian Vision of Home*, trans. Ina Friedman, New York: Random House, 1991.

151 . Richard L. Rubenstein, *After Auschwitz: Radical Theology and Contemporary Judaism*, Indianapolis: The Bobbs-Merrill Co., 1966.

152 . Ahmad H. Sa'di & Lila Abu-Lughod, eds., *Nakba: Palestine, 1948, and the Claims of Memory*, New York: Columbia University Press, 2007.

153 . R. Sayigh, *Palestinians: From Peasants to Revolutionaries*, London: Zed Books, 2007.

154 . Simon Schama, *The Embarrassment of Riches: An Interpretation of Dutch Culture in the Golden Age*, New York: Alfred A. Knopf, 1987.

155 . Friedrich Schleiermacher, *On Religion: Speeches to Its Cultured Despisers*, Introduction, translation and notes by Richard Crouter, New York: Cambridge University Press, 1988.

156 . Gordon Schochet, Fania Oz-Salzberger & Meirav Jones, eds., *Political Hebraism: Judaic Sources in Early Modern Political Thought*, Jerusalem: Shalem Press, 2008.

157 . Ismar Schorsch, *From Text to Context: The Turn to History in Modern Judaism*, Hanover: Brandeis University Press, 1994.

158 . Helena L. Schulz, *The Palestinian Diaspora: Formation of Identities and Politics of Homeland*, New York: Routledge, 2003.

159 . Tom Segev, *The Seventh Million: The Israelis and the Holocaust*, trans. Haim Watzman, New York: Hill & Wang, 1993.

160 . Hershel Shanks, *Ancient Israel: From Abraham to the Roman Destruction of the Temple*, Washington, D. C. : Biblical Archaeology Society, 1999.

161 . Anita Shapira, *Land and Power: The Zionist Resort to Force, 1881–1948*, trans. William Templer, Stanford, Calif. : Stanford University Press, 1992.

162 . Anita Shapira & Derek J. Penslar, eds., *Israeli Historical Revisionism: From Left to Right*, London: Frank Cass Publishers, 2003.

163 . Anita Shapira, ed., *Israeli Identity in Transition*, Westport, Conn. : Praeger Publishers, 2004.

164 . Martin Sicker, *The Political Culture of Judaism*, Westport, Conn. : Praeger Publishers, 2001.

165 . Carlo Sigonio, *The Hebrew Republic*, trans. Peter Wyetzner, Jerusalem: Shalem Press, 2010.

166 . Neil Asher Silberman, *A Prophet from amongst You : The Life of Yigal Yadin : Soldier, Scholar, and Mythmaker of Modern Israel*, Reading, Mass. : Addison-Wesley, 1993.

167 . Neil Asher Silberman & David Small, eds., *The Archaeology of Israel : Constructing the Past, Interpreting the Present*, Sheffield: Sheffield Academic Press, 1997.

168 . Laurence J. Silberstein, ed., *New Perspectives on Israeli History : The Early Years of the State*, New York: New York University Press, 1991.

169 . Abba H. Silver, *The Democratic Impulse in Jewish History*, New York: Bloch Publishing, 1928.

170 . Susan Slyomovics, *The Object of Memory : Arab and Jew Narrate the Palestinian Village*, Philadelphia: University of Pennsylvania Press, 1998.

171 . David Sorkin, *Moses Mendelssohn and the Religious Enlightenment*, London: Peter Halban Publishers, 1996.

172 . David Sorkin, *The Berlin Haskalah and German Religious Thought : Orphans of Knowledge*, Portland: Vallentine Mitcell, 2002.

173 . Roni Stauber, *The Holocaust in Israeli Public Debate in the 1950s : Ideology and Memory*, trans. Elizabeth Yuval, London: Vallentine Mitchell, 2007.

174 . Dan Stone, ed., *The Historiography of Genocide*, New York: Palgrave Macmillan, 2008.

175 . Mayer Sulzberger, *The Am Ha-aretz, the Ancient Hebrew Parliament : A Chapter in the Constitutional History of Ancient Israel*, Philadelphia: Julius H. Greenstone, 1909.

176 . Adam Sutcliffe, *Judaism and Enlightenment*, Cambridge: Cambridge University Press, 2003.

177 . S. Talmon, *King, Cult and Calendar in Ancient Israel*, Jerusalem: Magnes

Press, 1986.

178. Yaakov Y. Teppler, *Birkat HaMinim: Jews and Christians in Conflict in the Ancient World*, trans. Susan Weingarten, Tübingen: Mohr Siebeck, 2007.

179. J. H. Tigay, *Deuteronomy*, Philadelphia: The Jewish Publication Society of America, 1996.

180. R. de Vaux, *Ancient Israel: Its Life and Institutions*, trans. John McHugh, London: Darton, Longman & Todd, 1961.

181. Pierre Vidal-Naquet, *The Jews: History, Memory, and the Present*, New York: Columbia University Press, 1996.

182. David Vital, *Zionism: The Crucial Phase*, Oxford: Clarendon Press, 1987.

183. J. Wellhausen, *Prolegomena to the History of Israel*, Gloucester: Peter Smith, 1973.

184. R. J. Zwi Werblowsky & Geoffrey Wigoder, eds., *The Oxford Dictionary of the Jewish Religion*, New York: Oxford University Press, 1997.

185. Keith W. Whitelam, *The Invention of Ancient Israel: The Silencing of Palestinian History*, London: Routledge, 1996.

186. Max Wiener, *Abraham Geiger and Liberal Judaism: The Challenge of the Nineteenth Century*, trans. Ernst J. Schlochauer, Philadelphia: The Jewish Publication Society of America, 1962.

187. E. C. Wines, *Commentaries on the Laws of the Ancient Hebrews*, Philadelphia: Presbyterian Board of Publication, 1853.

188. Yigael Yadin, *Masada: Herod's Fortress and Zealots Last Stand*, trans. Moshe Pearlman, London: Weidenfeld & Nicolson, 1966.

189. Leni Yahil, *The Holocaust: The Fate of European Jewry, 1932–1945*, Oxford: Oxford University Press, 1990.

190. Yosef H. Yerushalmi, *Zakhor: Jewish History and Jewish Memory*, Seattle & London: University of Washington Press, 1982.

191. James E. Young, *The Texture of Memory: Holocaust Memorials and Meaning*, New Haven: Yale University Press, 1993.

192. Leon I. Yudkin, *Isaac Lamdan: A Study in Twentieth-Century Hebrew Po-*

etry, London：East & West Library, 1971.

193．Yael Zerubavel, *Recovered Roots：Collective Memory and the Making of Israel National Tradition*, Chicago & London：University of Chicago Press, 1995.

外 文 论 文

1．Diana Allan, "Mythologizing Al-Nakba：Narratives, Collective Identity and Cultural Practice among Palestinian Refugees in Lebanon", *Oral History*, Vol. 33, No. 1(Spring, 2005), pp. 47-56.

2．Robert Alter, "The Masada Complex", *Commentary*, Vol. 56, No. 1(July, 1973), pp. 19-24.

3．Gulie N. Arad, "Israel and the Shoah：A Tale of Multifarious Taboos", *New German Critique*, No. 90(Autumn, 1983), pp. 5-23.

4．Shlomo Aronson, "The Post-Zionist Discourse and Critique of Israel：A Traditional Zionist Perspective", *Israel Studies*, Vol. 3, No. 1 (Spring, 2003), pp. 105-129.

5．Shlomo Aronson, "Israel's Security and the Holocaust：Lessons Learned, but Existential Fears Continue", *Israel Studies*, Vol. 14, No. 1 (Spring, 2009), pp. 65-93.

6．Kevin A. Avruch, "Traditionalizing Israeli Nationalism：The Development of Gush Emunim", *Political Psychology*, Vol. 1, No. 1(Spring, 1979), pp. 47-57.

7．Maoz Azaryahu, "Mount Herzl：The Creation of Israel's National Cemetery", *Israel Studies*, Vol. 1, No. 2(Fall, 1996), pp. 46-74.

8．Maoz Azaryahu & Aharon Kellerman, "Symbolic Places of National History and Revival：A Study in Zionist Mythical Geography", *Transactions of the Institute of British Geographers*, Vol. 24, No. 1 (1999), pp. 109-123.

9．Maoz Azaryahu & Arnon Golan, "(Re)naming the Landscape：The Formation of the Hebrew Map of Israel, 1949-1960", *Journal of Historical Geography*, Vol. 27, No. 2(2001), p. 178-195.

10．Doron Bar, "Holocaust Commemoration in Israel During the 1950s：The

Holocaust Cellar on Mount Zion", *Jewish Social Studies*, Vol. 12, No. 1 (Fall, 2005), pp. 16-38.

11. Guido Bartolucci, "The Influence of Carlo Sigonio's 'De Republica Hebraeorum' on Hugo Grotius' 'De Republica Emendanda'", *Hebraic Political Studies*, Vol. 2, No. 2 (Spring, 2007), pp. 193-210.

12. Guido Bartolucci, "Carlo Sigonio and the 'Respublica Hebraeorum': A Re-evaluation", *Hebraic Political Studies*, Vol. 3, No. 1 (Winter, 2008), pp. 19-59.

13. Z. Ben-Barak, "The Mizpah Covenant (I Sam 10:25): The Source of the Israelite Monarchic Covenant", *ZAW*, Vol. 91 (1979), pp. 30-43.

14. Gerald J. Bildstein, "A Note on the Function of 'The Law of the Kingdom Is Law' in the Medieval Jewish Community", *Jewish Journal of Sociology*, Vol. 15 (1973), pp. 213-219.

15. Miriam Bodian, "The Biblical 'Jewish Republic' and the Dutch 'New Israel' in Seventeenth-Century Dutch Thought", *Hebraic Political Studies*, Vol. 1, No. 2 (Winter, 2006), pp. 186-202.

16. Baruch M. Bokser, "The Wall Separating God and Israel", *The Jewish Quarterly Review*, New Series, Vol. 73, No. 4 (Apr., 1983), pp. 349-374.

17. M. F. C. Bourdillon, "Oracles and Politics in Ancient Israel", *Man*, New Series, Vol. 12, No. 1 (Apr., 1977), pp. 124-140.

18. I. Braverman, "Planting the Promised Landscape: Zionism, Nature, and Resistance in Israel/Palestine", *Natural Resources Journal*, Vol. 49, No. 2 (Spring, 2009), pp. 317-361.

19. Edward Breuer, "Of Miracles and Events Past: Mendelssohn on History", *Jewish History*, Vol. 9, No. 2 (Fall, 1995), pp. 27-52.

20. Saul B. Cohen & Nurit Kliot, "Place-Names inIsrael's Ideological Struggle over the Administered Territories", *Annals of the Association of American Geographers*, Vol. 82, No. 4 (1992), pp. 653-680.

21. Yitzhak Conforti, "Zionist Awareness of the Jewish Past: Inventing Tradition or Renewing the Ethnic Past?" *Studies in Ethnicity and Nationalism*, Vol. 12, No. 1 (2012), pp. 155-171.

22 . Ruth Ebenstein, "Remembered Through Rejection: Yom HaShoah in the Ashkenazi Haredi Daily Press, 1950–2000", *Israel Studies*, Vol. 8, No. 3 (Fall, 2003) , pp. 141-167.

23 . Daniel J. Elazar, "Deuteronomy as Israel's Ancient Constitution: Some Preliminary Reflections", *Jewish Political Studies Review*, Vol. 4, No. 1 (Spring, 1992) , pp. 3-39.

24 . Ghazi Falah, "The 1948 Israeli-Palestinian War and Its Aftermath: The Transformation and De-Signification of Palestine's Cultural Landscape", *Annals of the Association of American Geographers*, Vol. 86, No. 2(July, 1996) , pp. 256-285.

25 . Jackie Feldman, "Between Yad Vashem and Mt. Herzl: Changing Inscriptions of Sacrifice on Jerusalem's ' Mountain of Memory ' ", *Anthropological Quarterly*, Vol. 80, No. 3(Fall, 2007) , pp. 1147-1174.

26 . David C. Flatto, "The King and I: The Separation of Powers in Early Hebraic Political Theory", *Yale Journal of Law & the Humanities*, Vol. 20, No. 1 (2008) , pp. 61-110.

27 . Philip Friedman, "The European Jewish Research on the Recent Jewish Catastrophe in 1939–1945", *Proceedings of the American Academy for Jewish Research*, Vol. 18(1948-1949) , pp. 179-211.

28 . Idit Gil, "The Shoah in Israeli Collective Memory: Changes in Meanings and Protagonists", *Modern Judaism*, Vol. 32, No. 1(Feb. , 2012) , pp. 76-101.

29 . Robert Karl Gnuse, "Holy History in the Hebrew Scriptures and the Ancient World", *Biblical Theology Bulletin*, Vol. 17(1987) , pp. 127-137.

30 . Anna Maria Lazzarino Del Grosso, "The Respublica Hebraeorum as a Scientific Political Model in Jean Bodin's ' Methodus ' ", *Hebraic Political Studies*, Vol. 1, No. 5(Fall, 2006) , pp. 549-567.

31 . Majid Al-Haj, "Multiculturalism in Deeply Divided Societies: The Israeli Case", *International Journal of Intercultural Relations*, Vol. 26(2002) , pp. 169-183.

32 . Rachel S. Hallote & Alexander H. Joffe, "The Politics of Israeli Archaeology: Between ' Nationalism ' and ' Science ' in the Age of the Second Republic", *Israel Studies*, Vol. 7, No, 3(Fall, 2002) , pp. 84-116.

33 . K. M. Heffelfinger, " ' My Father is King' : Chiefly Politics and the Rise and Fall of Abimelech", *JSOT*, Vol. 33, No. 3(2009), pp. 277-292.

34 . Tomoo Ishida, "Nāgîd: A Term for the Legitimation of the Kingship", *Annual of the Japanese Biblical Institute*, Vol. 3(1977), pp. 35-51.

35 . Jonathan Jacobs, "Return to the Sources: Political Hebraism and the Making of Modern Politics", *Hebraic Political Studies*, Vol. 1, No. 3(Spring, 2006), pp. 328-342.

36 . Jonathan Karp, "The Mosaic Republic in Augustan Politics: John Toland's ' Reasons for Naturalizing the Jews ' ", *Hebraic Political Studies*, Vol. 1, No. 4 (Summer, 2006), pp. 462-492.

37 . Haim Kaufman, "Jewish Sports in the Diaspora, Yishuv, and Israel: Between Nationalism and Politics", *Israel Studies*, Vol. 10, No. 2(Summer, 2005), pp. 147-167.

38 . Philip L. Kohl, "Nationalism and Archaeology: On the Constructions of Nations and the Reconstructions of the Remote Past", *Annual Review of Anthropology*, Vol. 27(1998), pp. 223-246.

39 . Leo Landman, "Dina D'Malkhuta Dina: Solely a Diaspora Concept", *Tradition*, Vol. 15, No. 3(Fall, 1975), pp. 89-96.

40 . Leo Landman, "A Further Note on 'The Law of the Kingdom Is Law' ", *Jewish Journal of Sociology*, Vol. 17(1975), pp. 5-42.

41 . Christine Leuenberger & Izhak Schnell, " The Politics of Maps: Constructing National Territories in Israel", *Social Studies of Science*, Vol. 40, No. 6 (2010), pp. 803-842.

42 . Bernald M. Levinson, "The First Constitution: Rethinking the Origins of Rule of Law and Separation of Powers in Light of Deuteronomy", *Cardozo Law Review*, Vol. 27, No. 4(2006), pp. 1853-1888.

43 . Charles S. Liebman, "The Myth of Defeat: The Memory of the Yom Kippur War in Israeli Society", *Middle Eastern Studies*, Vol. 29, No. 3 (July, 1993), pp. 399-418.

44 . H. F. Lutz, "Kingship in Babylonia, Assyria, and Egypt", *American An-*

thropologist, New Series, Vol. 26, No. 4(Oct. -Dec. , 1924), pp. 435-453.

45 . Nur Masalha, "Remembering the Palestinian Nakba: Commemoration, Oral History and Narratives of Memory", *Holy Land Studies*, Vol. 7, No. 2(Nov. , 2008), pp. 123-156.

46 . Nur Masalha, "60 Years after the Nakba: Historical Truth, Collective Memory and Ethical Obligations", *Kyoto Bulletin of Islamic Area Studies*, Vol. 3, No. 1(July, 2009), pp. 37-88.

47 . Joseph Massad, "Zionism's Internal Others: Israel and the Oriental Jews", *Journal of Palestine Studies*, Vol. 25, No. 4(Summer, 1996), pp. 53-68.

48 . Kalman Neuman, "Political Hebraism and the Early Modern 'Respublica Hebraeorum': On Defining the Field", *Hebraic Political Studies*, Vol. 1, No. 1 (Fall, 2005), pp. 57-70.

49 . Julian Obermann, "The Divine Name YHWH in the Light of Recent Discoveries", *JBL*, Vol. 68, No. 4(Dec. , 1949), pp. 301-323.

50 . Dalia Ofer, "Linguistic Conceptualization of the Holocaust in Palestine and Israel, 1942 - 53", *Journal of Contemporary History*, Vol. 31, No. 3 (July, 1996), pp. 567-595.

51 . Dalia Ofer, "The Strength of Remembrance: Commemorating the Holocaust During the First Decade of Israel", *Jewish Social Studies*, Vol. 6, No. 2(Winter, 2000), pp. 24-55.

52 . Dalia Ofer, "The Past That Does Not Pass: Israelis and Holocaust Memory", *Israel Studies*, Vol. 14, No. 1(Spring, 2009), pp. 1-35.

53 . Fania Oz-Salzberger, "The Jewish Roots of Western Freedom", *Azure*, Vol. 13(Summer, 2002), pp. 88-132.

54 . Fania Oz-Salzberger, "The Political Thought of John Locke and the Significance of Political Hebraism", *Hebraic Political Studies*, Vol. 1, No. 5(Fall, 2006), pp. 568-592.

55 . Nathan R. Perl-Rosenthal, "The 'Divine Right of Republics': Hebraic Republicanism and the Debate over Kingless Government in Revolutionary America", *William and Mary Quarterly*, 3rd Series, Vol. 66, No. 3 (July, 2009), pp.

535-564.

56. Julie Peteet,"Words as Interventions:Naming in the Palestine-Israel Conflict",*Third World Quarterly*,Vol. 26,No. 1(2005),pp. 153-172.

57. Jon Petrie,"The Secular Word HOLOCAUST:Scholarly Myths,History,and 20th Century Meanings",*Journal of Genocide Research*,Vol. 2,No. 1(March,2000),pp. 31-63.

58. Joseph W. Pickle,"Schleiermacher on Judaism",*The Journal of Religion*,Vol. 60,No. 2(Apr.,1980),pp. 115-129.

59. Gabriel Piterberg,"Domestic Orientalism:The Representation of 'Oriental' Jews in Zionist/Israeli Historiography",*British Journal of Middle Eastern Studies*,Vol. 23,No. 2(Nov.,1996),pp. 125-145.

60. Dan A. Porat,"The Nation Revised:Teaching the Jewish Past in the Zionist Present(1890-1913)",*Jewish Social Studies*,Vol. 13,No. 1(Fall,2006),pp. 59-86.

61. Aaron Rakefet-Rothkoff,"Dina D'Malkhuta Dina:The Law of the Land in Halakhic Perspective",*Tradition*,Vol. 13,No. 2(Fall,1972),pp. 5-23.

62. Uri Ram,"Zionist Historiography and the Invention of Modern Jewish Nationhood:The Case of Ben Zion Dinur",*History & Memory*,Vol. 7,No. 1(Summer,1995),pp. 91-124.

63. Uri Ram,"National,Ethnic or Civic? Contesting Paradigms of Memory,Identity and Culture in Israel",*Studies in Philosophy and Education*,Vol. 19(2000),pp. 405-422.

64. Julia Resnik,"'Site of Memory' of the Holocaust:Shaping National Memory in the Education System in Israel",*Nations and Nationalism*,Vol. 9,No. 2(2003),pp. 297-317.

65. Ahmad H. Sa'di,"Catastrophe,Memory and Identity:Al-Nakba as a Component of Palestinian Identity",*Israel Studies*,Vol. 7,No. 2(Summer,2002),pp. 175-198.

66. Adiel Schremer,"'The Lord Has Forsaken the Land':Radical Explanations of the Military and Political Defeat of the Jews in Tannaitic Times",*Journal of*

Jewish Studies, Vol. 59, No. 2 (Autumn, 2008), pp. 183-200.

67 . Howard Schuman, Vered Vinitzky-Seroussi & Amiram D. Vinokur, "Keeping the Past Alive: Memories of Israeli Jews at the Turn of the Millennium", *Sociological Forum*, Vol. 18, No. 1 (March, 2003), pp. 103-136.

68 . Barry Schwartz, Yael Zerubavel & Bernice M. Barnett, "The Recovery of Masada: A Study in Collective Memory", *The Sociological Quarterly*, Vol. 27, No. 2 (Summer, 1986), pp. 147-164.

69 . Anita Shapira, "Ben-Gurion and the Bible: The Forging of an Historical Narrative?" *Middle Eastern Studies*, Vol. 33, No. 4 (Oct., 1997), pp. 645-674.

70 . Anita Shapira, "The Holocaust: Private Memories, Public Memory", *Jewish Social Studies*, New Series, Vol. 4, No. 2 (Winter, 1998), pp. 40-58.

71 . Anita Shapira, "Politics and Collective Memory: The Debate over the 'New Historians' in Israel", *History & Memory*, Vol. 7, No. 1 (Spring/Summer, 2000), pp. 9-40.

72 . Anita Shapira, "The Bible and Israeli Identity", *AJS Review*, Vol. 28, No. 1 (Apr., 2004), pp. 11-41.

73 . Tali T. Shimony, "The Pantheon of National Hero Prototypes in Education Texts Understanding Curriculum as a Narrative of National Heroism", *Jewish History*, Vol. 17, No. 3 (2003), pp. 309-332.

74 . Mark Silk, "Notes on the Judeo-Christian Tradition in America", *American Quarterly*, Vol. 36, No. 1 (Spring, 1984), pp. 65-85.

75 . Kimberly Stratton, "Imagining Power: Magic, Miracle, and the Social Context of Rabbinic Self-Representation", *Journal of the American Academy of Religion*, Vol. 73, No. 2 (June, 2005), pp. 361-393.

76 . Paul Tillich, "Is There a Judeo-Christian Tradition?" *Judaism*, Vol. 1 (1952), pp. 106-109.

77 . Yechiam Weitz, "The Holocaust on Trial: The Impact of the Kasztner and Eichmann Trials on Israeli Society", *Israel Studies*, Vol. 1, No. 2 (Fall, 1996), pp. 1-26.

78 . C. U. Wolf, "Traces of Primitive Democracy in Ancient Israel", *Journal of*

Near Eastern Studies, Vol. 6, No. 2(Apr. ,1947) ,pp. 98-108.

79 . Hanna Yablonka, "The Development of Holocaust Consciousness in Israel: The Nuremberg, Kapos, Kastner and Eichmann Trials", *Israel Studies*, Vol. 8, No. 3(Fall, 2003) ,pp. 1-24.

80 . James E. Young, "When a Day Remembers: A Performative History of *Yom ha-Shoah*", *History & Memory*, Vol. 2, No. 2(Winter, 1990) ,pp. 54-75.

81 . Yael Zerubavel, "The Death of Memory and the Memory of Death: Masada and the Holocaust as Historical Metaphors", *Representations*, No. 45 (Winter, 1994) ,pp. 72-100.

82 . Yael Zerubavel, "The Forest as a National Icon: Literature, Politics, and the Archeology of Memory", *Israel Studies*, Vol. 1, No. 1 (Spring, 1996), pp. 60-99.

83 . Yael Zerubavel, "The ' Mythological Sabra ' and Jewish Past: Trauma, Memory, and Contested Identities", *Israel Studies*, Vol. 7, No. 2(Summer, 2002), pp. 115-144.

84 . Oliver Zimmer, "In Search of Natural Identity: Alpine Landscape and the Reconstruction of the Swiss Nation", *Comparative Studies in Society and History*, Vol. 40, No. 4(Oct. ,1998) ,pp. 637-665.

85 . Jonathan R. Ziskind, "Petrus Cunaeus on Theocracy, Jubilee and the Latifundia", *The Jewish Quarterly Review*, New Series, Vol. 68, No. 4(Apr. ,1978) ,pp. 235-254.

86 . Jonathan R. Ziskind, "Cornelius Bertram and Carlo Sigonio: Christian Hebraism's First Political Scientists", *Journal of Ecumenical Studies*, Vol. 37, No. 3/4(Summer-Fall, 2000) ,pp. 381-400.

译名对照及索引

（按汉语拼音排序）

后　　记

　　本书系国家社科基金一般项目"犹太—以色列史专题研究"的最终结项成果（项目编号：07BSS012，主持人：张倩红）。该项目于 2007 年立项，在起初阶段由于资料不足，再加上课题难度超过了预期，不得不申请延期，直到 2013 年才最终结项。呈现给读者的这项成果由张倩红、胡浩、艾仁贵执笔完成。分工情况如下：张倩红负责框架设计、全稿审定与上编部分（其中部分章节与艾仁贵合作）；胡浩负责中编；艾仁贵负责下编。需要特别指出的是，课题组成员利用去以色列与美国学习进修的机会，拜访了不少相关的知名学者，收集了大量的研究资料，为课题的全面开展打下了基础。河南大学犹太—以色列研究中心张礼刚、刘百陆、马丹静等老师都不同程度地参与课题论证和研讨过程；西北大学中东研究所王铁铮教授、黄民兴教授与郑州大学历史学院陈天社教授等对成果提出了中肯的修改意见，在此一并致谢。尤其还需提及的是，人民出版社的杨美艳女士多年来一直给予我许多支持与鼓励，感激之情难以言表，能与她相识、相知既是缘分更是一种福分。

　　本书的定位是：犹太史研究的新维度，那么"新"究竟体现在何处？本书不是按照历史线索系统叙述犹太史的发展脉络，而是在历史叙事的基础上尽力展示古代犹太政治传统的形成及其对后世的影响；研究犹太人如何面对复杂的历史遭际、以独特的历史意识来看待民族之过去、定格新环境下的族群认同，并进而影响到对现实命运的抉择；探讨犹太人如何从古老的民族传统中挖掘出某些历史元素，赋予其当下意义，并诠释成一种本民族所特有的集体记忆，使之成为民族国家建构的强大动力。不仅如此，本书所选择的国家形态、历史观念、集体记忆这三个相互关联的主题都是国际犹太学界的前沿热点问题，可以说吸取了最新的学术成果，反映了当代西方史学对于犹太研究的重大影响。

著名历史学家汤因比曾概括了人类历史上的 26 个文明形态，强调犹太人是罕见的在缺乏国家疆域载体的情况下依然保持了文明延续性的民族。那么，到底是什么因素保持了犹太文明的恒久性？这一直是一个见仁见智的问题。犹太人的回答是："精神创造奇迹"、"观念改变世界"。本书的立意是力图彰显思想观念与精神要素如何来源于历史、塑造了历史、又超越了历史。学者们一致认为犹太人最独特的地方就在于在失去国家、没有疆土的前提下，却构造了"手提的祖国"——以精神理念与道德藩篱来维护民族疆界。在古典时代，希伯来人为人类文明贡献了许多独特的精神遗产。进入启蒙时代以后，犹太思想开始转向历史，犹太学借助于启蒙理性的动力，冲破神权史观的羁绊而成为现代学科门类。这一学科自其诞生那天起，在民族抉择的每一个关键时刻总是责无旁贷地永立潮头，不仅历经启蒙与改革的精神荡涤，而且成为民族主义运动的坚强捍卫者，考古发掘与史学考证都被赋予了前所未有的政治色彩。以色列国家建立后史学研究依然是牵动着国家命运的敏感点，一批批历史学家被推到了国家政治的风口浪尖，他们被支持者誉为"民族精神的卫士"，被反对者斥之为"新殖民主义者的喉舌"。由于史学书写与民族政治的高度契合，毫无疑问会为史实甄别和价值判断带来诸多的迷惑，但我们却从中感悟到了关注民族命运、关注社会现实、关注国家前途的殷切的学科使命；从殚精竭虑的古典先知到近代以来的史学论争，从犹太复国主义对民族史学的构建到当今以色列社会的"历史学革命"无不体现出犹太历史学者的社会情怀与忧患意识。

展望未来，以色列国将如何消弭裂痕继续作为一个民主国家整体而存在？世界犹太人将如何承载起沉甸甸的历史记忆？未来的历史学家将如何表达当今纷繁复杂的历史观念？这一切不仅仅是以色列人与犹太人所必须回答的难题，也是许多具有深厚历史传统的国家在全球化背景下不得不面对的挑战。历史是过去的现在，现在是未来的历史，正是过去与现在乃至未来之间的交错和互动共同构成了历史。每个时代、每种时势都会造就出先知先觉的伟大智者，他们既能穿越于过去与现代之间，又能汇聚历史的力量来驱散现实认知的迷障，用心用情地诠释何为他们心目中的历史。帕斯卡尔说"人是能够思想的芦苇"，只要历史的车轮不停息，史学家所营造的精神家园就永远为"思想的芦苇"所眷顾……

张倩红

2014 年 11 月 24 日

责任编辑:杨美艳　柴晨清
封面设计:肖　辉
版式设计:肖　辉　周方亚
责任校对:胡　佳

图书在版编目(CIP)数据

犹太史研究新维度——国家形态·历史观念·集体记忆/张倩红 等著.
　-北京:人民出版社,2015.4
　(国家哲学社会科学成果文库)
ISBN 978 - 7 - 01 - 014603 - 4

Ⅰ.①犹… Ⅱ.①张… Ⅲ.①犹太人-民族历史 Ⅳ.①K18

中国版本图书馆 CIP 数据核字(2015)第 047833 号

犹太史研究新维度
YOUTAISHI YANJIU XIN WEIDU
——国家形态·历史观念·集体记忆

张倩红　等著

人 民 出 版 社 出版发行
(100706　北京市东城区隆福寺街 99 号)

北京中科印刷有限公司印刷　新华书店经销

2015 年 4 月第 1 版　2015 年 4 月北京第 1 次印刷
开本:710 毫米×1000 毫米 1/16　印张:27.5
字数:450 千字

ISBN 978 - 7 - 01 - 014603 - 4　定价:80.00 元

邮购地址 100706　北京市东城区隆福寺街 99 号
人民东方图书销售中心　电话 (010)65250042　65289539